卓越体育教师教研能力培养专项教材
体育课程思政教学研究示范系列教材

卓越体育教师教学能力
培养理论与实践

但艳芳　赵富学　主编

人民体育出版社

图书在版编目（CIP）数据

卓越体育教师教学能力培养理论与实践 / 但艳芳，
赵富学主编. -- 北京：人民体育出版社，2023

ISBN 978-7-5009-5505-4

Ⅰ.①卓… Ⅱ.①但… ②赵… Ⅲ.①体育教师—教
学能力—师资培养 Ⅳ.①G807

中国版本图书馆CIP数据核字(2022)第044557号

*

人 民 体 育 出 版 社 出 版 发 行
北京中献拓方科技发展有限公司印刷
新 华 书 店 经 销

*

710×1000　16开本　23.25印张　425千字
2023年2月第1版　　2023年2月第1次印刷

*

ISBN 978-7-5009-5505-4
定价：99.00元

社址：北京市东城区体育馆路8号（天坛公园东门）
电话：67151482（发行部）　　　邮编：100061
传真：67151483　　　　　　　　邮购：67118491
网址：www.psphpress.com

（购买本社图书，如遇有缺损页可与邮购部联系）

前　言

对于教育而言，教师是立教之本，强教之源。学校体育的兴衰成败与体育教师群体素质息息相关。党的十八届三中全会针对学校体育工作作出"强化体育课和课外锻炼，促进青少年身心健康、体魄强健"的战略部署，对体育教师专业发展提出了新要求。2014年颁布的《教育部关于实施卓越教师培养计划的意见》对卓越体育教师培养也提出了明确思路与路径，为我国卓越体育教师培养指明了方向。2018年9月17日，为强化我国各类教师的教学能力和水平，培养造就一批教育情怀深厚、专业基础扎实、勇于创新教学、善于综合育人和具有终身学习发展能力的高素质专业化创新型中小学教师，响应习近平总书记的号召，教育部正式发文实施卓越教师培养计划2.0。2022年教育部印发的《教育部教师工作司2022年工作要点》提出教师是教育发展的第一资源，是支撑新时代教育改革的关键力量。随着社会的发展，现阶段的教师教育发展已然从向"合格"标准的看齐走向了对"卓越"信念的追求。因此，卓越体育教师教学能力培养是促进体育教师职业发展的现实需要，同时也是提升学校体育教学质量的必由之路。

本书研究阐述了卓越体育教师教学能力的构成子集和培养要求，解决卓越体育教师教学能力的优化问题，聚焦卓越体育教师教学能力培养的理论基础，为卓越体育教师教学能力的培养和提升提供新思路和新方向。在具体研究过程中，主要运用文献研究法、历史分析法、案例研究法等，同时涉及了哲学方法论、教育教学、体育人文社会学、体育技术学科、运动训练学等多学科理论知识，并参照和吸收了众多前人的研究成果与经验，其目的在于了解现阶段卓越体育教师教学能力培养的现实困境，将卓越体育教师教学能力培养的理论基础与教学实践相结合，按照学科结构理论的原理和要求界定符合体育学科特点的卓越教师教学能力内涵，探讨卓越体育教师教学能力的组成要素以及与普通体育教师之间的相互关系，构建卓越体育教师教学能力培养体系，以期实现卓越体育教师教学能力的培养和提升。

该书的编写有以下两个维度：从结构体系上看，其构成划分为两个层次，分别为卓越体育教师教学能力培养总论与理论基础、教学能力的具体划分与培养策略。第一个层面明确卓越体育教师教学能力培养的基本范畴与理论支撑，第二个层面是对卓越体育教师教学能力的具体内容、培养要求及培养策略进一步整合、深化，补充近期关于体育的最新研究成果，尤其是将体育课程思政融入到其中，拓展卓越体育教师教学能力的内涵，力求将卓越体育教师教学能力的培养放在新时代的背景下，以更开放、更先进、更宏观的视野把握卓越体育教师教学能力培养理论与实践的内涵与走向。

从内容上看，理论与应用相结合。卓越体育教师教学能力的培养与提升归根结底都是为了指导学校体育实践、提升体育教学质量服务。本书在探索卓越体育教师具体教学能力培养的过程中，从学科素养与知识视野拓展能力、教学目标与教学内容设计能力、教学过程设计与教学实施能力、教学评价设计与诊断反馈能力、教学反思与教学质量改进能力、课程资源系统的开发与整合能力、教学研究团队组织与建设能力、教学系统的开发与建构能力和教学质量的分析与评价能力这些方面展开论述，尽可能与具体的教学实践相结合，并在各章节中加上了适当的示例、案例及说明，增加了大量近几年有关学校体育学研究中的热点问题，吸收了近几年各期刊以及博士论文为主的高层次研究成果，体现了卓越体育教师培养的实用性与时代性。

扩大卓越体育教师数量，整体提升体育教师群体素质离不开科学理论的指导和教师群体对系统化科学知识的掌握，卓越体育教师教学能力培养的理论与实践研究将会伴随体育教学改革的推行而深入发展。在后续研究中，建议将卓越体育教师教学能力培养的研究和日常体育教学活动紧密结合起来，按照新课改和现实要求不断深化，在研究质量上力求突破，使其研究成果更加完整、更具针对性。相信未来围绕卓越体育教师教学能力培养的理论研究与实践探索会有可观的拓展空间。

编者

2022年10月

目　　录

第一章　卓越体育教师教学能力培养概论 …………………………（ 1 ）

　第一节　卓越体育教师教学能力培养的背景 …………………（ 2 ）

　第二节　卓越体育教师教学能力的若干概念 …………………（ 5 ）

　第三节　卓越体育教师教学能力培养的目的与意义 …………（11）

　第四节　卓越体育教师教学能力培养的原则与方法 …………（16）

　第五节　卓越体育教师教学能力培养现存问题与研究内容 ………（24）

　本章小结 …………………………………………………………（28）

第二章　卓越体育教师教学能力培养的理论基础 ………………（30）

　第一节　教师职业生涯发展理论 ………………………………（30）

　第二节　教师专业发展阶段理论 ………………………………（38）

　第三节　TPACK教师知识框架理论 …………………………（44）

　第四节　具身认知理论 …………………………………………（49）

　本章小结 …………………………………………………………（55）

第三章　卓越体育教师教学能力的层次与结构 …………………（56）

　第一节　教学能力的内容解构 …………………………………（57）

第二节　一般层次的卓越体育教师教学能力结构 ……………………（64）

第三节　专业层次的卓越体育教师教学能力结构 ……………………（72）

第四节　教学研究层次的卓越体育教师教学能力结构 ………………（78）

本章小结 ……………………………………………………………（84）

第四章　卓越体育教师学科素养与知识视野拓展能力 ………（86）

第一节　卓越体育教师的学科素养建构 ………………………………（86）

第二节　卓越体育教师学科素养的培养与评价 ………………………（94）

第三节　卓越体育教师的知识视野体系 ………………………………（103）

第四节　卓越体育教师知识视野的拓展 ………………………………（107）

本章小结 ……………………………………………………………（113）

第五章　卓越体育教师教学目标与教学内容设计能力 ………（115）

第一节　卓越体育教师教学目标设计能力的培养基础 ………………（115）

第二节　卓越体育教师教学目标设计能力的培养途径 ………………（126）

第三节　卓越体育教师教学内容设计能力培养的基础 ………………（133）

第四节　卓越体育教师教学内容设计能力的培养途径 ………………（141）

本章小结 ……………………………………………………………（147）

第六章　卓越体育教师教学过程设计与教学实施能力 ………（149）

第一节　卓越体育教师的教学过程设计思路 …………………………（149）

第二节　卓越体育教师教学过程设计能力的培养 ……………………（160）

第三节　卓越体育教师教学实施设计要素 ……………………………（164）

第四节　卓越体育教师教学实施能力的培养 …………………………（171）

本章小结 ……………………………………………………………（177）

第七章　卓越体育教师教学评价设计与诊断反馈能力 ……… （179）

第一节　卓越体育教师教学评价的设计思路 ……… （179）

第二节　卓越体育教师教学评价设计能力的培养 ……… （187）

第三节　卓越体育教师教学诊断反馈能力 ……… （196）

第四节　卓越体育教师教学诊断反馈能力的培养 ……… （203）

本章小结 ……………………………………………… （208）

第八章　卓越体育教师教学反思与教学质量改进能力 ……… （209）

第一节　卓越体育教师教学反思概述 ……………… （210）

第二节　卓越体育教师教学反思能力的培养 ……… （218）

第三节　卓越体育教师教学质量改进概述 ………… （222）

第四节　卓越体育教师教学质量改进能力的培养 ……… （233）

本章小结 ……………………………………………… （237）

第九章　卓越体育教师课程资源系统的开发与整合能力 …… （239）

第一节　体育课程资源系统理论的构建 …………… （240）

第二节　卓越体育教师课程资源系统的开发 ……… （250）

第三节　卓越体育教师课程资源系统的整合 ……… （257）

第四节　卓越体育教师课程资源开发与整合能力的培养 ……… （263）

本章小结 ……………………………………………… （271）

第十章　卓越体育教师教学研究团队组织与建设能力 ……… （272）

第一节　卓越体育教师教学研究团队的目标 ……… （273）

第二节　卓越体育教师教学研究团队的建构 ……… （277）

第三节　卓越体育教师教学研究团队的管理　……………………………（283）

第四节　卓越体育教师教学研究团队组织与建设能力的培养　…（290）

本章小结　………………………………………………………………（297）

第十一章　卓越体育教师教学系统的开发与建构能力　………（299）

第一节　体育教学系统概述　…………………………………………（299）

第二节　不同形式体育活动系统的组织与管理能力培养　………（313）

第三节　多形式优质课活动参与提升能力培养　…………………（317）

第四节　混合式教学支撑平台开发与实现能力培养　……………（325）

本章小结　………………………………………………………………（333）

第十二章　卓越体育教师教学质量的分析与评价能力培养　…（334）

第一节　体育教学质量分析与评价概况　…………………………（334）

第二节　卓越体育教师教学质量的分析与评价能力体系构成　…（340）

第三节　卓越体育教师教学质量分析与评价能力的改进　………（348）

第四节　卓越体育教师教学质量分析与评价能力的提升思路　…（356）

本章小结　………………………………………………………………（359）

第一章 卓越体育教师教学能力培养概论

　　"卓越教师"即教师队伍中杰出的教师。2014年9月9日，习近平总书记同北京师范大学师生代表座谈时指出，"教师重要，就在于教师的工作是塑造灵魂、塑造生命、塑造人的工作。一个人遇到好老师是人生的幸运，一所学校拥有好老师是学校的光荣，一个民族源源不断涌现出一批又一批好老师则是民族的希望；加强教师教育体系建设，加大对师范院校的支持力度，找准教师教育中存在的主要问题，寻求深化教师教育改革的突破口和着力点，不断提高教师培养质量。"①习近平总书记的重要讲话从战略高度阐明了教师工作的重要性，是当前和今后一段时期教师队伍建设，特别是教师教育工作的纲领和指南。2018年9月17日，为培养造就一批教育情怀深厚、专业基础扎实、勇于创新教学、善于综合育人和具有终身学习发展能力的高素质专业化创新型中小学教师，教育部发文实施卓越教师培养计划2.0。可见，教师教学能力的培养已经受到国家和社会的重点关注，提升教学能力也成为教师专业发展的重要方向。成为卓越体育教师，是体育教师所追求的一种理想境界，卓越体育教学能力的培养是理想境界的基础，培养卓越体育教师首先应培养其卓越的教学能力。卓越体育教师教学能力的培养要求学校每名体育教师发展自我、融入社会及掌握工作所必需的系列知识、技能和态度，也要求体育教师要达到每一个政策标准。培养卓越体育教师教学能力也是基于时代和社会发展对教育的需求提出来的，是对国务院中央文件的有力落实，是对优秀体育教师表彰认可的传承，也是对体育教师培育和体育教师发展相关研究的有力跟进。本章从卓越体育教师教学能力培养的背景、相关概念、目的与意义以及培养原则与方法四个方面对卓越体育教师教学能力培养概况进行阐述。

---

① 党怀兴. 深入学习习近平同志的教育思想着力培养党和人民满意的好教师［J］. 当代教师教育，2017，10（2）：1-9.

1

第一节 卓越体育教师教学能力培养的背景

进入社会主义新时代，建设社会主义现代化教育强国、体育强国对学校体育人才的培养提出了更高的要求。学校体育教育质量提升的首要因素在于体育教师的教学能力。近年来，我国教师教育体系不断完善，相关改革持续深入，培养质量得到阶段性提高，但也存在教师培养适应性和针对性不足、教学方法和实践创新能力不够、课堂教学质量不高等问题。为解决这些问题，2018年9月，教育部颁布《关于实施卓越教师培养计划2.0》[①]，标志着教师教育阶段性发展理论的深入，为全面提升教师培养质量提供了新方向，也为卓越体育教师教学能力的培养理论与实践提供了依据和准则。卓越体育教师教学能力的培养要紧扣时代和国家政策对学校体育提出的新要求。

一、时代背景

百年大计，教育为本；教育大计，教师为本。教师在学生体育学习过程中扮演着重要的角色并发挥着关键作用。教师教育对提升整个教学团队的教学水平、整体素质以及教师队伍建设的加强，都具有先导性和先决性作用。随着教育改革的不断深入，人们逐渐意识到教师在教育改革发展中的关键作用，大力培养高素质师范生，为我国基础教育培养符合新世纪要求的卓越师资队伍并为之所用奠定基础，是现高等师范院校教育教学的重要任务。在追求高质量教育的今天，只有拥有高水平的师资队伍，才有可能真正提高教育质量，为达到社会发展对教师提出的新要求，我国教育部于2014年9月启动"卓越教师培养计划"。旨在全面提高教师质量，为基础教育"培养一大批师德高尚、专业基础扎实、教育教学能力和自我发展能力突出的高素质专业化中小学教师"，师范院校的体育教育，要提高体育师范生的培养质量，为未来基础教育输送优质体育师资。体育教育应以培养具有卓越教师潜质的、热衷于从事体育教育教学工作的专业人员为目标，找到体育教师教育教学中存在的问题，对体育教师教育

---

①中华人民共和国教育部. 教育部发布《关于实施卓越教师培养计划2.0的意见》教师〔2018〕13号［EB/OL］.（2018-09-10）［2018-10-10］. http://www.moe.gov.cn/srcsite/A10/s7011/201810/t20181010_350998.html.

教学进行改革。本书以体育教师教育教学改革为例，探索卓越学科教师的成长规律，以适应基础教育体育变革和体育教师专业发展的需要，为学生未来从事体育教育事业奠定夯实基础。

随着体育课程改革的全面推行，体育教师作为体育教学改革的第一执行者，是否愿意且有能力去落实体育教育改革理念，是影响体育教育教学改革成败的关键因素。新一轮基础教育体育课程改革对体育教师教学能力提出了更高的要求，体育教师的教学能力不仅是个人专业发展的问题，更是提高学校体育教学质量、推进体育教育改革的关键要素。在卓越教师培养计划实施的背景下，卓越体育教师教学能力的内涵和构成是怎样的？目前的教学能力水平又如何？怎样促进卓越体育教师教学能力的提高？都是亟待解决的问题。

二、政策背景

2003年，教育部师范司召开"教师教育改革与发展研讨会"，教师教育改革热潮在全国兴起。改革围绕教师教育制度体系、教师教育课程体系与教学内容、教师教育人才培养模式及教师教育技术手段等方面进行研究。"卓越教师"计划正是教师教育人才培养模式改革的探索与实践。同时，教师专业化也是卓越教师培养的必由之路。2010年，教育部联合行业协（学）会实施以培养创新型高质量工程技术人才为目标的"卓越工程师教育培养计划"（以下简称"卓越计划"），为促进我国由工程教育大国向工程教育强国的首次飞跃。该计划以部分高校为依托，借鉴卓越医师、卓越律师和卓越教师三大计划实施，创立协同培养人才创新机制，志在提升人才培养质量，扩大教育对外开放水平，推动教育改革等，在内容上为今后卓越教师的培养奠定基础。

2011年，教育部和财政部联合印发《关于"十二五"期间实施"高等学校本科教学质量与教学改革工程"的意见》[①]（教高（2011）6号），配合"卓越计划"的实施，欲形成一批培养高素质人才的支撑专业点，并探索建立中国特色的人才培养国家标准。"卓越计划"是继"211"和"985"工程之后教育领域开展的又一重大改革工程，促使高校从培养理念、培养目标、培养模式和培养方法等方面进行改革，提升人才培养质量，为卓越教师的培养提供了政策保障。

为主动适应新时代教育改革发展的总体要求，认真贯彻落实习近平总书记

[①] 财政部. 教育部关于印发《高等学校本科教学质量与教学改革工程的意见》的通知［J］. 中华人民共和国财政部文告，2011（2）：35-37.

在北师大师生代表座谈会上的讲话精神，教育部于2014年发布了《关于实施卓越教师培养计划的意见》（教师（2014）5号）[①]。文件指出要针对教师培养的薄弱环节和深层次问题，联合各教师教育院校深化教师培养机制、课程、教学、师资、质量评价等方面的综合改革，培养一大批有理想、有道德、有学识、有爱心、党和人民满意的好老师。随后，教育部与各省教育厅积极组织全国各高师院校申报"卓越教师培养计划改革项目"，于2014年12月公布选出的80个"卓越教师培养计划项目"，各高校深入贯彻国家和本省关于加强教师队伍建设的有关文件精神，认真落实本省教育规划纲要和人才发展纲要。结合各地区基础教育教师队伍实况，各高校积极制定了符合本校、本地区实际的卓越教师标准，试行卓越教师培养质量年度报告制度，创造性地实施了"卓越教师"人才培养计划，在思想上和行动上推动着卓越教师培养计划的全面发展。

新时代对我国教育领域提出了新要求：教育要顺应时代潮流，实现共同发展。教师教育改革也出现了一些新情况和新问题，面临着新的机遇与挑战。为缓解关起门来办教育、教育理想化以及理论与实践"两张皮"等问题，教育部于2018年9月发布《关于实施卓越教师培养计划2.0的意见》（教师（2018）13号）[②]，提出要建设优化师资队伍，推动高校配足、配优符合卓越教师培养需要的教师教育师资队伍；在岗位聘用、绩效工资分配等方面，对学科课程与教学教师实行倾斜政策，并对师范生的综合素质、专业化水平和创新能力作出明确要求。"卓越教师培养计划2.0"的出台引起了众多学者对体育学科的关注，体育教师教育改革必须加强战略谋划、精准发力，关注学科差异、坚持问题导向、创新人才培养体制、优化课程体系、完善保障机制，着力推进卓越体育教师培养计划升级、推动体育教育专业化发展以及深化教师教育机制和模式改革。另外，由中学教师专业发展标准及指导课题组编著的《中学教师专业发展标准及指导（体育与健康）》亦将体育教师专业发展划分为3个阶段：从新手到熟练阶段、从熟练到成熟阶段和从成熟到卓越阶段。追求卓越是一名体育教师发展的最高境界和理想目标。

通过对"中小学卓越体育教师教学能力培养"的研究、对卓越体育教师专业特征的凝练和概括、对卓越体育教师成长轨迹及其表象的探究和对卓越体育教师

---

① 教育部启动实施卓越教师培养计划［J］．人民教育，2014（20）：4．
② 中华人民共和国教育部．教育部发布《关于实施卓越教师培养计划2.0的意见》教师〔2018〕13号［EB/OL］．（2018-09-10）［2018-10-10］．http://www.moe.gov.cn/srcsite/A10/s7011/201810/t20181010_350998.html.

成长范式及其策略的探讨，探索出卓越体育教师教学能力的培养方法与路径，为优秀体育教师明确教学目标、制定职业生涯发展规划、激励其快速成长，从而为成就一大批中小学卓越体育教师提供了必要的理论支持与实践指导。

第二节　卓越体育教师教学能力的若干概念

培养卓越体育教师的教学能力，首先要明确什么是卓越教师；教师教学能力由哪些方面组成；在卓越教师的基础上再清晰什么是卓越体育教师，和普通体育教师的区别是什么；明确卓越体育教师的教学能力和普通体育教师教学能力有哪些不同之处。对卓越体育教师教学能力中若干概念的界定是确保卓越体育教师教学能力培养质量的关键，只有充分明晰和了解卓越教师、教学能力、卓越体育教师、卓越体育教师教学能力的内涵和特质，才能更好地促进卓越体育教师教学能力的培养。

一、卓越教师

我国"卓越教师"的概念最早体现在2010年教育部联合行业协（学）会上提出的"卓越工程师计划"，欲在全国范围内加速培养创新性专业人才，加强教师职业荣誉感。2012年相关师范院校相继申报"卓越教师培养体制改革试点项目方案"。2014年教育部在《关于实施卓越教师培养计划的意见》中明确指出，目前我国教育改革发展中最重要最紧迫的事，是在全国范围内培养具有全面发展性的高质量教师。自此，我国卓越教师计划全面开启，并在2018年出台了《关于实施卓越教师培养计划的意见2.0》，意见旨在进一步促进教师综合素质的发展，预计到2035年培养数以百万计的骨干教师、数以十万计的卓越教师、数以万计的教育家型教师。

国内目前关对卓越教师的界定还没有具体的定论。石中英认为"卓越教师心中要有爱、要有较高的专业素养"[1]。柳海民、谢桂新认为"卓越教师的理想规格：一是专业精神朴实高尚；二是专业知识融会贯通；三是专业能力卓著出色"[2]。刘湘溶认为，"作为一位卓越教师要具有：包容进取的教师德行；教

①石中英.成为一名卓越的教师［J］.中国教师，2018（12），5–6.
②柳海民，谢桂新.质量工程框架下的卓越教师培养与课程设计［J］.课程·教材·教法，2011，31（11）：96–101.

师文化所浸染的胸怀教育、坚持理想、从容淡定的教师气质；广博的知识素养和深厚的文化涵养；过硬的教育实践能力这四个方面的特征"[1]。傅怀梁认为"卓越教师的组成要素为：高尚的师德；二是丰富的知识；三是出色的执教能力；四是较强的创新能力。"刘利平、朱广东认为，"具有为人师表的人格风范、健全的民主法治观念、强烈的创新意识、良好的研究能力深厚的文化底蕴和完备的知识结构[2]"这样标准的人称之为"卓越教师"。关于卓越教师的概念国外比较权威的是：2018年发表在《欧洲教师教育杂志》（European Journal of Teacher Education）的文章《探究卓越教师的特点：教师自己的看法（Exploring the characteristics of teachers for excellence teachers' own perceptions）文中指出：在苏格兰认为卓越体育教师就是"有能力为孩子们提供良好的服务，并确保学生发挥出自己的潜力的教师"。国内研究较为权威的定义是：认为卓越教师是优秀突出、超出寻常的教师，其理想规格是"专业精神朴实高尚、专业知识融会贯通、专业能力卓著出色的教师[3]"。国家在21世纪大力发展"卓越教师"，旨在为教师创造一个持续学习追求卓越的环境，进而可以培养高质量的教学，更好的促进学生们的学习发展，一切发展都是为了下一代的成长。

虽然各位专家学者对卓越教师的理解和界定存在差异，但究其实质，他们对卓越教师的界定都有一个共同点：即卓越教师要有良好的职业道德、心中要有爱、要对学生充满爱；要有优秀学术素养、扎实的文化功底和广阔的学术视野；要有较好的掌控课堂教学的能力；要有自主学习的意识和能力。

综上，本书认为拥有良好的职业道德素养、拥有广博的科学文化基本知识、拥有较强的教学技能和专业知识、较好的创新意识等方面都优秀突出，并且在教育实践中有促进学生素质全面发展的能力，称之为"卓越教师"。

二、卓越体育教师

《现代汉语词典》对"卓越"的解释是：杰出，超出一般，非常优秀，表现技艺或成就高超出众。本来"优秀"就是一个无法划出明确边界的词，"非常优秀"毫无疑问是"优秀中的最优"，更难明确量化边界，至于达到何种程

---

[1]刘湘溶. 高师院校卓越教师培养模式创新的探索与实践［J］.湛江师范学院学报，2012，33（1）：8-11.

[2]刘利平，朱广东.浅谈卓越教师的标准及其培养路径［J］.教育教学论坛，2012（S5）：45-47.

[3]柳海民，谢桂新. 质量工程框架下的卓越教师培养与课程设计［J］.课程·教材·教法，2011，31（11）：96-101.

度的"优秀"才能称得上"卓越",我们无法作出回答。但"卓越体育教师"就是体育教师群体中最优秀的那一部分,是优秀体育教师群体中的优秀。尽管给"卓越体育教师"作出明确的理论界定尚存在不小的难度,但并不妨碍我们对卓越体育教师的理解与认同,即:卓越体育教师是发展的,无论教育发展处于哪种阶段,无论我们选择怎样的"卓越"标准,卓越体育教师在体育教师群体中都是客观存在的。当前我国通过职称、荣誉等方式对体育教师群体作出的区分在很大程度上也说明了卓越体育教师的客观存在,卓越体育教师一定是专业技术职称最高的、获得殊荣最多、级别最高的那一部分特殊群体。美国对于卓越体育教师的界定与我国有一定的差别。美国卓越体育教师认证标准内容包括了解学生、专业知识、教学准备、促进学生学习、对学生的期望、学习环境、课程选择、教学评价、公正公开与多元化、自我反思与专业成长和促进学生体育生活方式的形成11个方面(见表1-1)。很显然,将教师有效促进学生学习作为该认证体系的中心,而教师对学生有强烈的信任感,对学生坦诚以待,对体育学科知识有重要而独到的见解并广泛涉猎其他领域的知识,设计适合学生体育发展的课程计划,创设自然的批判性的学习环境,建立一种公平和互相尊重的氛围,注重贴近学生生活的思想和行为目标的达成,在评价学生学习目标达成的同时检查自己的成绩,不断反思教学方法与技巧,促进学生健康体育生活方式的形成等都是卓越体育教师的重要特征。

表1-1 NBPTS优秀体育教师认证标准内容

标准	名称	概述
标准一	了解学生	通过教学过程中的对学生的了解,以合理的途径与学生进行沟通、交流
标准二	专业知识	能够对体育教学内容有透彻地了解,对体育教学规律有深刻地认识
标准三	教学准备	能够科学运用体育教学准则,制定出适合学生身体发展、灵活性强、时效性强的教学计划
标准四	促进学生学习	依托体育教师的榜样作用,促进学生对体育的学习,激励学生热爱体育运动
标准五	对学生的期望	建立良好的教学环境,并且使之保持良好的创造性与发展性
标准六	学习环境	能够为学生进行体育教学建立一个科学合理的学习环境

标准	名称	概述
标准七	课程选择	能够设计出适合学生发展的课程计划，以满足教学需要
标准八	教学评价	能够建立完善的教学评价体系
标准九	公平公开与多元化	能够在教学过程中建立一种公平和互相尊重的氛围
标准十	自我反思与专业成长	能够主动对教学过程中出现的问题进行自我反思，以培养体育教师的创造性、增强专业知识
标准十一	体育生活方式的形成	促进学生体育生活方式的形成

梳理现阶段学术界关于卓越体育教师的概念界定，主要有两种观点：第一种观点认为卓越体育教师是一种超出"优秀"的状态，在教学当中呈现出不断超越自我、不断进行反思进步并且具有开放的专业素质，在不断地自我肯定与否定的完善过程中发展和革新，同时可以成为广大普通教师专业发展的榜样，激励和引领广大教师走上专业化发展的道路[①]。第二种观点认为卓越体育教师指优秀杰出的体育教师，其具有"学以致用"的能力和"教以致道"的境界，并且表达出主动适应教育变革的理想追求，相对科学而言，特指对原有领域知识体系的突破与超越，与同行相比具有"出于其类，拔乎其萃"的涵义[②]。

综上，卓越体育教师相对于普通教师突出了以下三个关键特质：1.强大的职业素养，扎实的专业素质；2.敢于创新、敢于突破自我的精神品质，即在不断地自我肯定与否定的完善过程中发展和革新；3.严于律己，整躬率物，即与同行相比具有"出于其类，拔乎其萃"的涵义。

三、教学能力

关于教学能力的概念界定，具体包括教学能力的内涵及教学能力的构成两个部分。对于教学能力的内涵与教学能力的构成，不同的学者有不同的观点，目前尚未达成共识。

顾明远在《教育大词典》对教学能力的定义是：教师为达到教学目标而从

① 秦燕，龚江泳. 基于卓越体育教师理念下的教师评价机制优化策略［J］. 体育世界（学术版），2019（2）：59，57.

② 何劲鹏. 卓越体育教师核心素养的内涵及实践探索［J］. 体育学刊，2017，24（2）：91-95.

事教学活动所表现的种心理特征，由一般能力和特殊能力组成，一般能力指教学活动所表现的认识能力，特殊能力指教师从事具体教学活动的专门能力[1]。

罗树华、李洪珍提出，教学能力主要是指教师应当普遍具有的运用特定教材、从事教学活动、完成教学任务的能力。孙亚玲从教学有效性角度，认为教学能力是教师为提高教学有效性在教学的全过程中所表现出来的规划设计、组织与管理、动手操作、表达、评价与反馈、调节与控制、理解与交往、教研和科研等综合能力。李红萍认为，教师的教学能力是教师专业发展的核心内容，是指导学生学习、从事教学实践活动的能力，包括教学认知能力、教学执行能力、教学反思能力、教学创新能力及专业发展能力。赵菊珊、马建离提出，教学能力是指教师从事教学活动、完成教学任务、指导学生学习所需要的各种能力、素质的总和。孙宏燕基于教师个人的专业水平与知识能力，在特定教学情境中表现出来的教师创造能力与知识传授水平的综合体现。

康锦堂认为，教学能力主要包括教学表达能力、教学组织能力、教学操作能力和教学研究能力。薛天祥提出，教学能力主要包括教师的教学预见能力、教学实践能力、教学表达能力和教育机智。陈永明等认为，教师的教学能力主要有教学设计的能力、教学语言表达能力、课堂组织与管理能力、运用现代教育技术能力和教学测量与评价能力。教学能力包含教学设计能力、教学实施能力和学业检查评价的能力。周川提出，教师必须的教学能力主要有教学设计的能力、教学实施的能力、学业检查评价的能力，以及终身学习能力、反思教育能力、基于网络资源的教育能力、激活创造性的能力、心理辅导能力。

综上，不同学者关于教学能力的内涵与教学能力构成的认识，可以看出教学能力是教师从事教学活动的过程中所必备的，且能力的构成并非是单一的，而是一种综合能力，其具体能力有哪些不同学者有不同的观点。

基于此，本书将教学能力定义为教师从事教育教学活动，为达到教学目标完成教学任务、实现自身专业素质不断提开所具备的能力，具体包括教学设计能力、教学指导能力教学设施能力教学研究能力、教学反思与自我评价能力等。

四、卓越体育教师教学能力

教师教学能力又称为教师职业能力，是指从事教师职业所必须具备的基础能力。教学能力是教师驾驭有关知识和技能顺利完成教学活动所必备的心理特

---

[1]顾明远.教育大词典［M］.上海：上海教育出版社，1990.

征。可见教学能力与有关的知识、技能是分不开的，教师必须有系统的知识和技能结构，才能有较高的教学能力。体育教学能力是指以一定的生理（身体素质）和心理（个人职业价值取向）为支持条件，以理论知识和运动技能为必要条件在教学活动中不断完善，逐步提高并能外显的能动的心理特征。体育教学能力在具体学科教学活动中表现出来的一种特殊能力（专业能力），除了包括专业教师的教学能力之外，还包括其职业特点。体育教学能力包括了体育教学认知能力和体育操作能力两个方面的内容。

结合卓越教师教学能力的特点以及体育学科的特殊性，我们认为卓越体育教师教学能力可以从宏观和微观两个层面进行认识（见图1-1）。

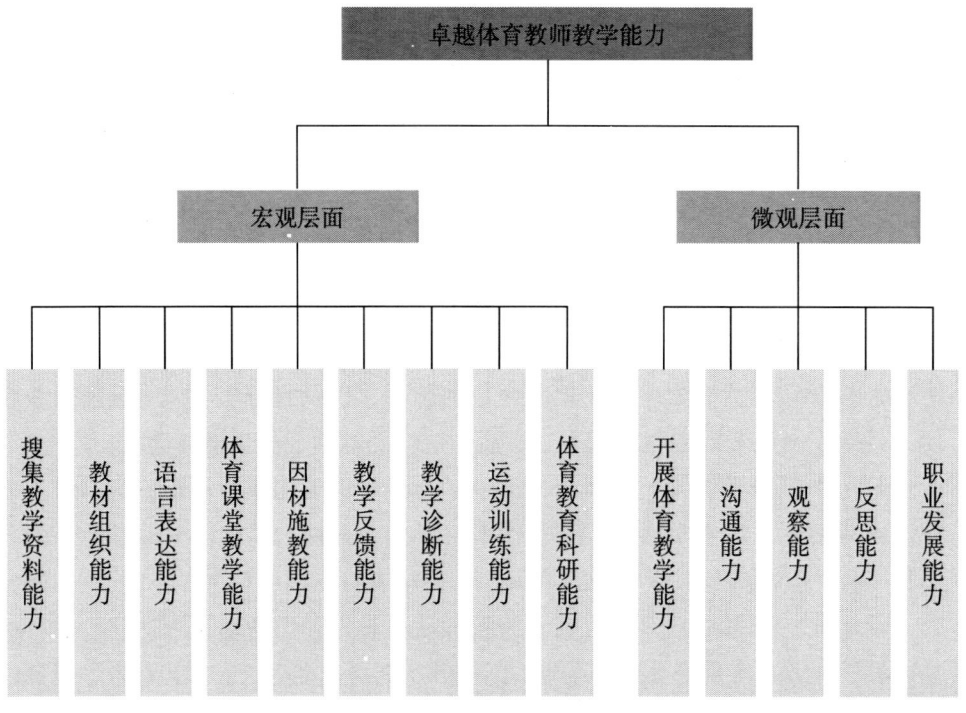

图1-1 卓越体育教师教学能力

从宏观层面看，卓越体育教师要具有搜集教学资料能力、教材组织能力、语言表达能力、体育课堂教学能力、因材施教能力、教学反馈能力、教学诊断能力、运动训练能力和体育教育科研能力；从微观层面看，卓越体育教师要有目的、有计划地开展体育教学能力，能够与教材、与学生进行对话的沟通能力，敏锐发现学生的体育进步变化的观察能力，并对体育教学进行反省和审视的反思能力以及职业发展能力。

第三节　卓越体育教师教学能力培养的目的与意义

教学能力是教师完成教育任务应具备的基本能力，也是体现体育教师综合能力的一个主要方面。韩愈说：师者，传道授业解惑也。作为教师，给学生解惑实际就是教师教学能力最直观的体现。体育教师教学能力的强弱直接关系到体育教学目标的实现与否，而卓越体育教师教学能力的培养亦是其进行高效教学的基础。作为卓越体育教师，要具备正确解读政策文件的能力、高效学习国家领导人关于体育教育的讲话的能力、以及汲取最新体育专业知识的能力，专注于体育教学能力的提升，最终能完成立德树人、提升学生综合素质的教育任务以及促进体育教育高质量发展的任务。

一、卓越体育教师教学能力培养的目的

（一）落实立德树人、提升学生综合素质的教育任务

中共中央办公厅、国务院办公厅《关于全面加强和改进新时代学校体育工作的意见》[①]（以下简称"两办《意见》"），两办《意见》明确提出："学校体育是实现立德树人根本任务、提升学生综合素质的基础性工程。大中小（幼）各学段的体育课是实现立德树人根本任务的主渠道和主阵地，体育教师是完成立德树人根本任务的重要保障，教学能力是基础。要真正贯彻落实好立德树人的根本任务，需要准确理解和把握立德树人的内涵。所谓"立德"，就是坚持德育为先，通过正面教育来引导人、感化人、激励人；所谓"树人"，就是坚持以人为本，通过合适的教育来塑造人、改变人、发展人。而作为体育教师群体中最突出、最优秀、超出优秀的卓越体育教师在落实"立德树人"根本任务的同时还要重视自己的表率作用，卓越体育教师要先立德，才能更好地

---

① 中华人民共和国教育部. 中共中央办公厅国务院办公厅印发《关于全面加强和改进新时代学校体育工作的意见》和《关于全面加强和改进新时代学校美育工作的意见》［EB/OL］.（2020−10−15）［2022−10−05］. http://www.moe.gov.cn/jyb_xxgk/moe_1777/moe_1778/202010/t20201015_494794.html.

引导、感化和激励学生①，在教学过程中，运用优秀的教学能力，得当的教学方法，润物细无声地将立德树人贯彻体育课堂全过程。作为卓越教师还要用发展的眼光看待学生的发展需求，不能仅仅着眼于当下。教育是国之大计，体育是教育的重要组成部分，只有把"立德树人"贯彻到体育教育事业发展中，贯彻到体育课堂教学中，把握教育时机，注重德育渗透，强化课程思政，排除一切影响学生人格健全、意志坚定的不良因素，做到以树人为核心、以立德为先导，牢牢把握"立德树人"根本任务，培养社会主义建设者和接班人，才能真正有助于建设教育强国。卓越体育教师肩负全面育人的重任，其专业发展要基于把立德树人作为教育根本任务的新政策，日常教学要树立良好的师德风范，扎实推进体育人的教育教学工作。近日，习近平总书记在给全国高校广大青年教师团队代表回信中强调，广大教师要立德修身，潜心治学，开拓创新，当好学生成长的引路人。认真上好每一节课，善于发现学生的优点，用更高的道德标准要求自己，为学生树立遵规守纪、阳光向上的标杆，这是每一个合格体育教师都应具备的素质，以这样的标准要求自己对于提升教学质量、促进立德树人教学目标的实现、为学生当好引路人具有重要意义。在当今市场化的社会环境下，竞争合作是各行各业的必然趋势，道德素养成为职业发展的重要因素。学生不但要有竞争意识，也要有团队合作精神，这直接影响着他们进入社会后的适应能力。因此，卓越体育教师的育人能力、职业素养关乎学生成长，甚至影响人才供给水平。卓越体育教师提升育人能力的路径有很多，如帮助学生做好人生职场规划、优化教学设计，坚持终身学习、不断改善育人方式，坚持常思常问、提高学校体育科研能力，强化专业技能培养、发展体育教学专业力等。在具体教学中，要充分发挥体育课堂的育人功能，把体育教学和德育培养有机联系起来，言传身教，潜移默化地将德育内容内化为学生的思想品德。优化课程设计，强化教学评价。科学的教学方法、良好的课程设计是实现教学目标以及教学任务的主要途径。为了使立德树人目标在体育教学活动中取得更好效果，将目标融入到教学方法、课程设计的改进中就成为必要。要在体育教学大纲中，将"立德树人"理念以具体的形式体现出来，并附以切实可行的评价标准。根据青年学生的身心特点改革完善教学方法，充分挖掘资源，大力融入德育要素，做好资源整合，使体育学科在促进学生身心和谐发展、形成正确"三观"、实现全面育人和科学育人中发挥重要作用。

①于素梅，王晓燕. 新时代体育教师一体化发展的内涵与路径［J］.体育学研究，2021，35（6）：12-17.

体育教学是学校素质教育的重要领域，肩负着提高学生身体素质的重任，也承载着立德树人的育人使命。习近平总书记强调，我们要弘扬中华体育精神，弘扬体育道德风尚，推动群众体育、竞技体育、体育产业协调发展，加快建设体育强国。体育强国建设离不开体育教学、离不开道德培育，在高校体育教学中应进一步将身体素质锻炼和思想道德培养有机结合起来，凝聚教师团队力量，拓宽德育培养领域，丰富德育培养方式，通过体育课堂增强德育的实效性和感召力，全面培养德行兼备、身心健康的新时代青年，为实现中华民族伟大复兴的中国梦打下坚实人才基础[1]。立德树人重实践，体育课堂必不可少。体育教学不仅需要向学生传授体育知识、培养学生的运动能力，更要对学生进行思想品德教育和人格培养。与其他学科相比，体育课程教学中蕴含着很多竞争和团体协作场景，道德的践行、规则的遵守和团队精神的培养，都能够更好地促进学生树立正确价值观念，提高学生素养。具体来说，体育课程能增添生命活力，促进心理健康。学校教育的初衷，是为了将学生培养成符合社会发展的高素质人才，而身体健康是学生成才的必要基础。通过参加体育运动，学生不仅可以提高身体机能水平、促进骨骼肌肉生长发育，更重要的是，能够缓解心理上的不良情绪，增强自信和自我认同感，进而以健康的身心状态投入到学习生活中去。体育课程对塑造学生顽强意志品质也有重要作用。在体育课堂上进一步感悟体育精神，可以磨炼、锻造学生不怕困难、勇于挑战的意志，更好传承不屈不挠、自强不息的精神，促进学生提升职业发展和社会适应能力。体育课程还能助推学生竞争能力和集体责任感的提升。卓越体育教师的专业发展对落实立德树人的根本任务起着决定性作用，卓越体育教师教学能力的系统培养和提高是落实立德树人的前提条件和根本落脚点。

（二）实现体育教育高质量发展

体育教师是推动体育教育高质量发展的关键，卓越教师的教学能力是优质教育服务的核心元素，是教育人才的典范代表，是推进教育事业实现创新驱动式发展的中流砥柱。体育教育专业担负着为国家培养体育师资的重大任务，其思想政治教育一定要围绕培养卓越体育教师的目标，增强教师基本教育水平，提升教师综合素质等开展，为将来成为一名卓越的体育教师奠定基础。

---

[1]郑继超，董翠香，董国永．习近平教师重要论述引领新时代体育教师发展的策略研究［J］．体育学研究，2021，35（6）：18-24．

2021年初，脱贫攻坚战获得全面胜利，疫情防控取得显著成就，习近平总书记在党的十九届五中全会上提出"三新要求"。新发展阶段是实现马克思主义中国化和中华民族伟大复兴的一个崭新阶段，是我国奋力实现第二个百年奋斗目标的新时期，标志着我国进入了一个全新的阶段。"十四五"规划纲要中明确指出，"建设高质量教育体系"。学校体育教育作为我国教育事业高质量发展的核心构件，是实现民族复兴梦和体育强国梦的重要依托；作为教育事业现代化发展的关键内容，是培养"少年强、体育强、中国强"时代新人的有力途径。因此，提出"新发展阶段学校体育教育高质量发展"，是学校体育教育助力我国向第二个百年奋斗目标全力进军的应势而动，是经济与教育全面推进高质量发展下，学校体育教育的应有之义。新发展阶段学校体育教育高质量发展有助于落实"立德树人"的根本任务，切实贯彻"健康第一"的教育理念，更好地实现教育公平，助力体育强国和健康中国建设。

二、卓越体育教师教学能力培养的意义

（一）理论意义

1. 实施素质教育的必然要求

"卓越体育教师教学能力"的培养，有利于学生素质教育的有效开展，著名教育家蔡元培先生曾指出教育最主要的目标是"养成健全的人格"[①]。教师教育对学生人格的影响深远，其影响主要在教学过程中，故卓越教师教学能力的培养是实施素质教育的必然要求，也是提高体育教育专业教育质量和素质教育能否有效开展的关键。

2. 丰富体育教师及体育在校师范生培养模式

"卓越体育教师教学能力"的培养可提升师资队伍素质水平。目前，我国体育教师的培养不被重视，卓越教师的理念更是没有深入到体育工作者的思想与工作中。通过"卓越体育教师教学能力"培养来组建一支高师资的教师队伍在目前

---

① 陈卫东. 教育就是养成健全人格——蔡元培论习惯与人格培养［J］. 少年儿童研究，2003（3）：36-37.

基础教育的改革路途中也是十分有必要的。"卓越体育教师教学能力"的培养对高师院校体育教育专业大学生素质的全面发展具有推进作用，对高等师范院校体育教师的教育工作提出了更高的要求，在此，围绕卓越体育教师培养方案构建一个培养模式，对于高师院校在校师范生的教育培养有一定的理论意义。

（二）实践意义

1. 促进卓越体育教师专业发展

卓越体育教师教学能力的构成与培养策略需要从实践探索中得以证实，有效供给体育教育事业发展所需要的人才是体育教师教育改革的出发点和落脚点。专业能力是卓越体育教师专业发展的重点内容，而教学能力是教师专业能力的核心和集中体现，因此，教学能力的发展是体育教师专业发展的重要内容。卓越体育教师如果缺乏高水平的教学能力，就会影响教师的专业发展，影响教学质量，甚至影响教师的专业地位，所以体育教师的专业发展要求教师必须具备一定的体育学科基础知识和基本技能。卓越教师专业能力的核心和本质是教学能力，体育教育工作者要想成为卓越体育教师，就必须具有较强的教学能力。因此，卓越体育教师的专业发展需要教学能力的发展。当下，体育教育专业毕业生就业难、基础教育体育师资需求缺口大、体育教师成长后继乏力、学生体质持续下降都是不争的事实。实践是检验真理的唯一标准，这不由得引发我们思考体育教师培养面临的严峻现实和深层次问题，立足现实、回应实践、展望未来，高瞻远瞩地提出卓越体育教师成长这一现实而又长远、必要而又紧迫的命题对完成体育教师教育的使命和责任有着重要的现实意义。因此，在实现教育现代化、建设人力资源强国的国家战略目标下，加强对卓越体育教师教学能力培养理论与方法的探究，有利于从理性的角度，全面、系统、深入地探讨卓越体育教师专业特征与成才规律，有利于全面提高体育教师培养的合理性、针对性、科学性和有效性，为体育教育专业建设和体育教师继续教育提供理论参考，对提高体育教师素质、树立体育教师专业形象、促进体育教师专业成长具有重要意义。

2. 落实"卓越教师培养计划"

2010年，我国教育部联合行业协会实施了以培养创新型高质量工程技术人才为目标的"卓越工程师计划"，2011年教育部颁布了《小学教师专业标准

（试行）》《中学教师专业标准（试行）》①两个文件，规定了我国对中小学教师作为专业人员的基本素质要求。在对高素质教师没有明确其内涵的背景下，"卓越教师"这个概念被提出来。针对中小学卓越教师提出明确要求。2014年，教育部出台了《教育部关于实施卓越教师培养计划的意见》，在文件中指出，实施卓越教师培养计划的目标是"培养一大批师德高尚、专业基础扎实、教育教学能力和自我发展能力突出的高素质专业化中小学教师"②。我国学者施雨丹和卢晓中为了解当前中小学教师对卓越教师素质构成的认识，对广州市中小学教师进行访谈分析，研究结果发现，"职业道德、教学能力、科研素养、专业引领和传承是教师认为卓越教师最重要的素质构成"③。研究也表明，教学能力是卓越教师最核心的实力，一线教师们也深刻地感受到了教学能力的重要性，卓越教师在教学实践特别是教学能力方面与一般教师有所不同。卓越体育教师已具备自己的一套教学风格和教学技巧，脱离了模仿和摸索的阶段，形成了自己的教学特色。要想成为一名卓越体育教师，首先要教得好，教得好就必须具备的教学能力。因此，为了顺利实施卓越教师的培养计划，就需要教师加强自身的教学能力，完善教学能力结构，这也是从一般教师到卓越教师成长的必然要求。

第四节　卓越体育教师教学能力培养的原则与方法

　　培养、提高卓越体育教师教学能力十分重要，应贯穿于教师教学生涯始终。随着体育课堂需求的不断增加，对卓越体育教师教学能力也提出了更高的要求，卓越体育教师应该通过各种途径和方法提升自身教学能力，从而提高课堂教学效果，达到全面提高学生身体素质的最终教学目标。培养、提高卓越体育教师教学能力，要遵循知识更新原则、教师创新原则、现代信息技术原则、合作探究原则、对学生科学评价原则以及合理利用和开发资源等原则，并采用

---

①中华人民共和国教育部. 关于印发《幼儿园教师专业标准（试行）》《小学教师专业标准（试行）》和《中学教师专业标准（试行）》的通知（教师［2012］1号）［EB/OL］. http://www.moe.gov.cn.http.gzlib.proxy.chaoxing.com/publicfiles/bussiness/htmlfies/moe/s6991/201212/xxgk_145603.html.

②毕景刚. "卓越教师" 计划之背景、内涵及策略［J］. 教育理论与实践，2014，34（11）：33-35.

③施雨丹，卢晓中. 论卓越教师的素质构成——基于广州市中小学教师的访谈分析［J］. 中国教育学刊，2015（9）：92-96.

科学方法提升卓越体育教师的教学能力。

一、卓越体育教师教学能力培养的原则

随着体育教学改革的不断深入，广大一线体育教师已经成为改革的主力军，其专业素养决定着教学质量，同时也决定着课程改革的效果。体育教师专业素养中最核心的要素就是教学能力，是体育教师各种素养的综合体现[①]。因此，要推动卓越体育教师培养计划在学校体育中的有力实施和是实现，需要体育教师在教学过程中充分发挥自身的教学特点和经验，遵循以下特点，在卓越计划政策支持下形成优于普通体育教师的卓越体育教学能力。

（一）知识更新原则

市场经济的发展和科技竞争已经给教育提出了新的挑战。教育不仅是一项事业，更是为了使人的潜能得到充分地发挥，使人的个性得到自由和谐地发展，因此学校体育对体育教师的专业水平要求越来越高，单凭职前文凭是不够的，"教师要给学生一碗水，自己要有一桶水"这强调教师知识和能力储备的必要性，而科技突飞猛进的今天，新的科技成果不断涌现，这就更加强调知识的更新能力。如：具有现代教育理论、人体解剖学、运动生理学、运动心理学、运动训练学等体育理论知识，及取得运动员等级证书、裁判员证书、社会体育指导员证书等相关的体育技能知识证书。既有理论知识又有技术知识、多种综合知识和专业技术知识。

（二）教师创新原则

新体育课程标准十分注重教师和学生的创新能力，创新被视为新课程的生长点。因为只有教师不断地创新，学生才会有创新意识和创新能力。体育教师应不断积极改革，力求形式多样化，改变单一考试方法，改变传统陈旧教法。教师应是一名决策者、创新者，而不应是实施者、依赖者，只有这样，学生才能更好地主动学习而不是被动接受。体育教师应重视学生的学习兴趣、需求和

---

①沈武旗.中学体育教师教学能力的构建与提升策略［J］.体育教学，2017，37（7）：14-16.

爱好，鼓励学生发挥他们的求索精神，敢于发表意见。因此，有意识地培养学生的创造性思维能力、创造性意识能力、创造性发展能力、创造性动手能力十分重要。故首先 要求体育教师大胆实践，敢于创新，在体育教学中善于打破常规、突破传统、具有敏锐的洞察能力和丰富的想象力，如：练习投掷时，让学生每人叠一只纸飞机进行投掷练习，通过观察飞机飞行轨迹来引导学生练习投掷技术。又如：练习立定跳远时，教师将青蛙放在沙池，让学生观察青蛙跳跃的动作，引导学生进行练习。只有教师首先成为创新者才能引导学生大胆探索、敢于怀疑、敢于创新、积极提出自己的新观点、新创意。

（三）现代信息技术原则

现代技术教育是信息时代的教育，现代信息教育可使学生的视野开阔，提高学习效率，拓展教学空间。随着教学手段的现代化，现代信息教学将广泛应用于教学之中。新课程标准强调信息技术在教学中的作用及对教学效果的影响，因此体育教师应充分利用计算机及多媒体教学。掌握将现代化技术渗透到体育教学、体育管理、体育科研中去的能力。如：运用优秀运动员的图片进行动作技术分析，对网络课程资源的开发和利用，运动心率测试的运用等。有利于诱导学生形成学习先进技术意识及方法。因此体育教师必须掌握现代化的设备大胆改革，提高课堂质量。这既是革新教育手段的前提，又是我们培养学生"有理想"的需要，更是教师在21世纪应关注和具备的知识素养。

（四）探究合作学习原则

新课程标准指出，教师在体育教学中要改变学生机械模仿的学习方式，在教学过程中要培养学生形成积极的学习态度和正确的价值观。把自主、合作、探究，变成教师的自觉追求，促使学生主动学习。让学生的学习过程更多地成为学生发现问题、提出问题、分析问题和解决问题过程，引导学生在获得知识的过程中学会学习，学会独立思考和与人合作，倡导学生主动参与，敢于探究学习，交流学习与合作学习为主要特征的学习方式。在探究与合作学习中教师应运用新课程的标准要求，选择有价值有吸引力的题材让学生探究、分析。教师应放手让学生探究，但对学生情况应了如指掌。在探究性学习中要培养学生自律性行为，保证教学的顺利进行，从而收到预期效果。

（五）对学生的科学评价原则

评价的目的是促进学生的全面发展，不仅要关注学生的学业成绩，还要发现和发展学生多方面的潜能，了解学生的发展需求，让学生认识自我、建立自信，促进学生在原有的水平上进一步发展。在评价时要注意以下几方面：（1）要关注对学生的学习过程的评价；（2）恰当地对学生的基础知识进行评价；（3）重视评价学生发现问题、解决问题的能力；（4）体育教师对学生的评价应着眼于对学生学习过程的评价，而不能像过去的只关注学生的考试结果。如：练习短跑，既要对动作技术进行评价又要结合成绩评价。对学生学习过程中所表现的学习态度、学习行为给予必要、及时、适当的鼓励，作出客观、公正的评价，体育教师要从实际出发，针对各项练习，运用恰当的评价方式发挥评价作用，这样才有利于学生和教师的发展。

（六）课程资源的开发与利用原则

新课程标准指出，积极利用和开发课程资源是顺利实施课程的重要组成部分，因地制宜地开发利用各种课程资源，可以发挥课程资源应有的教育优势，体现课程的弹性和地方特色。教师要从以下几方面入手：（1）人力资源的开发，学校教育活动的直接参与者是教师和学生。在体育与健康课程实施过程中，除了体育教师以外还应开发和利用班主任、校医等人力资源，发挥体育特长生的作用，如请他们做示范、当体育委员等。（2）体育设施资源的开发，发挥体育器材的多种功能，如：垫子可以用来跳高也可以用做前后滚翻等；栏架可以跨栏也可以做足球门。根据学校情况利用废旧器材，如：用铁圈、木桩作篮球架，用旧足球、沙子制成实心球等。（3）自然地理资源的开发，春季可以开展春游、植树，夏季可以游泳，秋季可以爬山、秋游，冬季可以滑冰、滑雪等。体育教师要对现有体育设施充分并发挥其应有的作用，同时要努力开发它的潜在功能。

二、卓越体育教师教学能力培养的方法

培养和提高体育教师的教学能力十分重要，应贯彻于教师一生之中。培养和提高体育教师教学能力的途径很多，可以采取进修、及函授学习等。除此之

外，更重要的是坚持自学，不断完善和拓宽知识面，提高运动技术水平。从而有效地提高自身的教学能力。

（一）加强自主专业学习，不断夯实教学能力

现代社会倡导的是学习型社会，提倡终身学习。体育教师作为教师中一员，更应秉承终身学习的理念，将学习作为生活中的一部分。为了能够更有效地提高教学质量，体育教师更应加强自身的学习能力，通过各种途径，如书籍、网络、函授等方式，不断地充电、不断地进行再教育，全面提高教学能力。首先，青年体育教师应不断汲取体育学科专业知识，充分利用学校提供的资源进行知识更新，在夯实体育学科专业知识的基础上，还要积极补充相关学科及交叉学科知识，做到融会贯通，从而提升教学认知能力。其次，卓越体育教师还需要不断学习教育理论基础、体育基本理论，以科学的理论指导教学方法，提升体育教学组织能力；通过教育心理学的学习，掌握学生的发展规律、顺应学生的成长轨迹，做到因材施教，提升教学效率；通过教师职业道德法规的学习，增强自身责任意识，深化立德树人的教育理念，调动教学热情；通过运动训练学、运动生理学及运动解剖学的学习，了解学生运动技能形成规律，运动素质的发展顺序，进而提高体育教学的科学性。同时，卓越体育教师在学习教育理论的基础上，还要加强自身教学实践能力，通过讲课比赛、带队训练、带队比赛、课程观摩等渠道，全面提升体育教学实践能力。最后，卓越体育教师还应不断拓宽学术视野，密切关注国内外研究动态，通过参加国内外学术会议、体育学术名师讲座等渠道，开拓体育学术视野，明确学科发展动态，提升体育教学研究能力。

（二）加强体育基本理论的学习

党的十八大以来，党中央加快实施创新驱动发展战略，强调完善知识创新体系，强化基础研究、前沿技术研究、社会公益技术研究，并作出了"建设世界一流大学和一流学科"等一系列重大战略决策部署，对包括体育学在内的所有学科建设提出新的更高要求，指明了努力方向。

中华人民共和国成立以来特别是改革开放以来，我国体育事业取得了举世瞩目的辉煌成就，推动了体育学的繁荣发展。但是，面对发展迅速的体育实践和日益复杂的体育现象，体育学基本理论研究和教学仍相对滞后。因此，加强

体育学基本理论研究，应从整体性、历史性、国际性和实践性四个维度进行探索和努力。

加强体育学基本理论研究，要注重突出整体性。普遍联系观点是唯物辩证法的一个基本观点。体育作为人类社会的文化现象，涉及哲学、史学、社会学、管理学、经济学、教育学、法学、医学、理学、工学等诸多学科领域。因此，体育学被视为一门综合性科学。体育学以人们对体育需求的认识和体育实践的发展为直接动力，在与自然科学、社会科学、人文科学等众多相关学科的交融中汲取了丰富的营养，逐渐形成了体育的本质、体育与社会促进、体育与人的发展、体育与传统文化的关系等研究内容，建立起具有鲜明的综合性和应用性特征的科学体系。要树立"跳出体育研究体育"的思维，坚决打破学科壁垒，综合运用多学科的研究方法，加强体育学与其他学科交叉融合领域的研究，克服片面化、碎片化的研究倾向，增强对体育学研究的整体性和协调性，拓展体育学科的领域和内涵。

加强体育学基本理论研究，要注重突出历史性。唯物史观认为，社会历史既是联系的整体，又是发展的过程。历史、现实、未来是相通的，以史为鉴，可以知兴衰。人类是在不断总结历史经验的过程中向前发展的，科学也是在对过去研究成果传承的基础上不断进步的。要加强我国体育学发展史的研究，坚持联系、全面、发展和变化的观点，做到在分析文献和解读社会背景中把握体育学发展过程中的阶段特征，尽量真实地还原或呈现体育学的发展轨迹，不断从中汲取智慧和力量。要通过研究梳理我国体育事业发展的历史脉络与特点，揭示我国体育事业发展的一般规律和在不同历史时期的特殊规律，剖析体育与政治、经济、文化、教育等方面的内在联系，总结体育发展进程中的成功经验和失败教训，探讨体育学学科的本质规律和发展方向，为建设一流体育学科提供启迪与借鉴。

加强体育学基本理论研究，要注重突出国际性。国际合作交流是全球化时代科学发展的重要途径。体育是国际竞争与交流的重要形式，是展示国家形象与实力的重要窗口，深受世界各国的重视，许多国家在竞技体育、大众体育、学校教育、体育产业等方面积累了丰富的经验。开放是体育学繁荣发展的必由之路。要密切关注国外体育研究的最新动态，积极吸收借鉴国外体育学研究的最新成果，拓宽我国体育学理论研究的视野，加速提升研究水平，增强我国在世界体育学交流中的话语权。让国际体育学术界更多地听到中国的强大"声音"。因此，在全球化和国际化的视野下，我国体育学研究应从国内现实需求出发，关注国际研究热点领域、前沿课题及研究范式，把科学研究置身于国际学术背景中，创造出高质量的体育学研究成果，努力形成一批我国可复制、可推广的成功经验，提升体育学对我国体育实践的契合度和贡献率，为推动我国学校体育、群众体育和竞技体育协调融合发展、建设体育强国提供学理支撑。

加强体育学基本理论研究，要注重突出实践性。马克思主义认识论告诉我们，理论源于实践，又指导实践，伟大的实践孕育伟大的理论。科学研究始于问题，每个学科都有相应的问题群。当前，我国经济发展进入了新常态，踏上了由体育大国向体育强国迈进的新征程，体育事业发展面临着一系列新课题，这就要求必须不断适应新形势、研究新情况、解决新问题。要面向我国体育发展和学科建设的实践，突出问题导向，把握研究特性，选准研究方法，强化问题意识，善于发现问题，主动分析问题，科学回答问题，有效破解制约我国体育事业发展中的重大理论和实践问题，不断提高理论研究的针对性和实效性。当前，要从人才培养、竞技训练、管理体制、文化培育、产业发展等方面进行深入研究，推出一批高水平、可应用的研究成果，为全面深化体育改革、转变体育发展方式，为提高发展水平提供理论支撑和智力支持。

（三）构建多层次的卓越体育教师教学能力培训体系

卓越体育教师的教学能力是一个不断提升的过程，需要制定多层次、全方位的培训体系，为卓越体育教师教学能力可持续发展提供机制保障。

深化岗前培训。当前岗前培训多注重高等教育学、高等教育法规和高等学校教师职业道德基础知识等内容的传授，以期增强教师的教学理论基础。除此之外，学校还应组织一定的体育科学基础知识培训以及校本培训，通过介绍学校相关管理制度、教学科研环境、政策实施等情况，让卓越体育教师更好地了解与掌握教学工作的基本规律，明确自身努力方向及目标，为其教学发展奠定方向基础。同时，培训还应增设教学实践环节，通过教学观摩的形式，观察经验丰富的教师从备课、上课到课后反思研究的教学全过程，形成对教学的系统了解，同时配合模拟教学、体育微格教学等实践形式，加深对教学环节的熟悉程度，提高岗前培训实用性。最后，为确保培训效果，还应确立严格的考核机制，并且设置相应的教学能力学分，将学分成绩保留至教师职后培训当中，促进岗前职后培训一体化以及培训效果的连贯性，形成卓越体育教师自主规划与发展的外部约束力。

制定有针对性的培训内容。有针对性的培训内容是提升培训有效性的重要途径。一方面，卓越体育教师作为体育教师队伍中的一类特殊群体，其发展需求与其他教师不同。因此，高校教学培训首先应进行全面调研，确立卓越体育教师教学能力发展的整体目标。其次，应针对卓越体育教师的实际需求为其提供特殊的培训内容，增加教学技能培训、国际化视野培训、实践创新方法及交叉学科知识培训所占比重。再次，应广泛听取卓越体育教师建议，选择教师认同与推荐的教学专家为其进行教学案例讲解，针对卓越体育教师的薄弱环节开展讲座，增加教师与真正认同的教学名师的交流机会，激发青年教师教学兴趣，形成聚合，从而更深层次地提升卓越体育教师教学理论水平与实践技能。另一方面，卓越体育教师群体中教师的学科专业、性格特点、教龄经验不同，个体间存在较大差异。因此，高校不能只关注体育教师群体的共性需求，还应着眼于收集卓越体育教师的个性化问题并加以解决，使他们体会到自身需求得到有效满足，提高卓越体育教师对培训组织的信任感与参与积极性。其次，由于很多提升需求具有一定的缄默性，卓越体育教师也很难将其表达出来，此时就需要一定的间接手段对其需求进行收集，如通过组织学科专家进行课堂现场的观察、通过对教师教学日记信息的提取等方式。最后，应以卓越体育教师个体为单位，定期进行面对面谈话，以期最大化确认发展需求，量体裁方制定符合卓越体育教师发展规律的培训内容。

发挥教发中心咨询服务功能，构建培训信息共享平台。长期以来，教学发展中心的定位比较模糊，在学术性还是行政性的功能确立上存在摇摆。因此，应该明确教学发展中心的服务性功能，将其确立为学术型发展组织，避免因行政权力凌驾于教师之上而造成体育教师对教学培训产生反感进而远离，使教学发展中心成为促进立体化教学能力培训的中介，构建卓越体育教师教学能力终身发展服务体系。在此基础之上，教学发展中心要完善教学咨询功能，聚集一批高水平、专业化的教学专家为其提供长期的指导服务，确保教学培训长效发展。具体应安排专门的、配备有咨询顾问的教学咨询室，建立卓越体育教师教学档案，针对教师教学具体情况给予教学指导，持续关注前来教学咨询的卓越体育教师的发展情况，并不断调整发展目标，使卓越体育教师尽早完成向熟练教师的成长。同时，要发挥培训信息共享平台的作用，帮助卓越体育教师教学能力的个性化发展。培训信息平台作为一种虚拟的网络存在，具有潜在的平等性与开放性，有助于灵活教师自主选择性，提高自由交流度。因此，学校教学网络资源平台应根据教育教学需要，不断加强教学资源库建设，开设教师互动专项模块，激发教师学习动力与交流热情，为卓越体育教师提升教学能力提供多样的教学资源支撑以及突破时间地点限制的学习方式[1]。

---

①李培彤. 高校青年教师教学能力提升研究［D］. 咸阳：西北农林科技大学，2019.

鼓励外出进修学习，加强卓越体育教师教学实践能力的培养，学校可以选派卓越体育教师，参加国内外知名大学的访学活动，定期安排教师参加进修班，开展多种形式的教学培训。另外，可以通过加强卓越体育教师的专业能力来提升教学能力，卓越体育教师还应该积极响应体教融合文件精神，明确教学研究目标，以此提升自身教学能力[①]。

（四）注重对体育教师教学管理能力的培养

优良的教学管理能力是卓越教师必要素质之一，因此，必须加强对中学体育教师教学管理能力的培养。中学学生基数较大，学校管理工作压力大，这需要大量的管理工作人员。体育教学管理包括诸多关于学生运动、广播体操、课间活动等方面的工作，工作任务量较重。学校的某些行政工作人员因缺乏专业体育知识使得很多工作难以顺利开展，最终导致体育教学工作效率大打折扣。对此，学校可组织体育教师参与课间运动、广播体操等多方面的工作，让体育教师在体育教学和与之相关的行政工作中学到更多关于教学与管理的知识和技能。当然，体育教师在参与具体教学管理工作中时，也能从学生日常学习的各方面深入了解学生，便于体育教学工作更好地开展。

第五节　卓越体育教师教学能力培养现存问题与研究内容

卓越体育教师教学能力的培养是一项艰巨又十分重要的任务，明确卓越体育教师教学能力培养的影响因素是提升教学能力的前提，其次，还要针对问题进行分析，明晰问题出现的原因，并提出针对性的解决策略，共促卓越体育教师教学能力的培养与提升。现阶段卓越体育教师教学能力培养存在的问题可以从宏观及微观两个层面进行分析，宏观层面上主要是培养标准不明确以及方案不均衡，微观层面上主要是理论与实践之间的脱节以及卓越体育教师教育教学科研能力不足。在卓越体育教师教学能力的培养过程中，不仅需要体育教师努力，还需要政府、学校等各方力量的相互配合。此外，本节还将介绍整本书的行文脉络和整体研究内容。

---

①封棚琛.论多层次高校青年教师教学能力培训体系的构建［J］.教育与职业，2009（35）：57-58.

一、卓越体育教师教学能力培养的现存问题

（一）卓越体育教师培养标准不明确

如何划分卓越体育教师培养标准是目前困扰"卓越体育教师"计划在各个阶段院校开展实施的一个重大难题，"在国内，2011年、2012年国家有关教育部门也下发了各个类型人材基地的老师教学课程理论和教师专业要求"①。这些只是作为一名优秀体育教师应完成的基本要求。而本科高校在制定卓越体育老师培养标准方面都是书面文字上的要求，没有在日常教学活动中实践和学生亲身体验站在课堂教学的感受，如果仅仅是到下面中小学实习做为培养卓越体育教师教学能力奠基石，无法达到培养卓越体育教师的最终要求。而且尚未成立一系列较为成熟且具体的卓越体育教师标准的方案。

（二）卓越体育教师培养方案不均衡

2011年国家教育部颁布了《关于大力推进教师教育课程革新规定》等文献，各高校根据文献指示实质要求。"联系本校卓越教师培养路径规划实行，均对体育教师课程体系与内容推行了调整与改革"②。但遗憾的是许多本科院校在制订人材培养方案过程中，学科专业课程知识内容的设置以及对实践技能课的学习要求呈现出"一边倒"的趋向。培养方案通篇都是关于体育技能理论课，对强化实践呈现过犹不及的诠释，在方案中过度看重对学生体育技能的培养，即过度夸大教学技能与技术的训练，忽视了对"如何教，怎样教"以及体育教育理论对"为何教了，如何教"的引导与指导。

（三）教育理论与实践之间存在鸿沟

当前，我国许多地方师范院校实施的"卓越教师培养方案"缺乏综合性、

①张海钟，高岩. 教育基本规律与当前高校教学管理中的几个问题辨析［J］. 黑龙江教育（高教研究与评估），2015（8）：43-44.

②王瑛，李福华. 关于"卓越教师计划"实施的思考——基于若干所高等院校"卓越教师计划"实施情况分析研究［J］. 中国大学教学，2013（4）：26-28.

跨学科的课程内容，不同类别课程比例安排不合理，专业课程挤压教育类课程，理论课程挤压实践课程，这种教育理论与实践之间存在的鸿沟使卓越体育教师教学能力培养面临重重困难。在体育专业技能的展示与示范方面，卓越体育教师能够将体育专业技能完成过程进行清晰呈现，并获得较好的效果。但是，在讲解体育专业技能的基本原理、动作要领等方面较为欠缺，体育专业技能与理论知识储备不同步，致使学生难以深层次地理解运动技能的形成过程，从而降低了体育教学效果。首先，理论知识与教师实践相脱节。教师普遍认为培训活动中专家所提出的一些理论知识根本不能指导具体的教学实践。教师工作的对象是处于情境中的学生，这要求教师工作具有不确定性和"在场性"。实际上，在追求技术理性的背景下，将研究者的理论成果"贩卖"给教师"消费"，这剥夺了教师的亲历和现实经验，出现教师个体缺场和教师对理论产生焦虑的现象，最终导致教师在具体的教育情境中不能很好地处理教育理论与实践的关系。其次，体育教师不能将实践与理论联合起来。一般来说，一线体育教师通常重视具有操作性的程序性知识，而轻视不具操作性的理论性知识，将理论知识应用到教学实践的能力较低，很少会将实践知识上升到理论高度。然而，理论知识源于实践又指导实践，实践离不开理论的指导，理论与实践是相辅相成的。虽然理论知识的抽象性使教师在教育教学实践中不能信手拈来，但如果体育教师将理论知识与教学实践对立起来，不能将二者很好地结合起来，则会阻碍体育教师走向卓越体育教师步伐[①]。

（四）体育教学科研能力不足

对于卓越体育教师而言，除了完成基本的教学任务之外，还应该积极从事体育教学研究工作，研究体育教学过程中存在的问题，反思体育教学存在的问题及提出相应的改进措施，从而进一步提高自身教学能力。作为卓越体育教师，一定要在体育科研方面下功夫，了解现阶段最前沿的体育教育理论知识、教育教学方法和科学的体育训练方法，并将其运用到体育教学实践中，将在体育教学实践中遇到的问题写进论文中，写到体育教学的大地上，更好地与同行进行讨论交流。可实际上，许多卓越体育教师较少对体育教学过程进行反思、交流，并且在体育教学改革、体育教学设计等方面的积极性不高。

①罗小娟. 基于自我决定理论的卓越教师投入性学习能力培养［J］. 教育发展研究，2017，37（24）：28-37.

二、卓越体育教师教学能力研究内容

本书以《教育部关于实施卓越教师培养计划2.0》为依据，分析卓越体育教师培养计划的新特点与新要求，明确卓越体育教师教学能力的构成，探索卓越体育教师教学能力培养策略。由十二个章节构成（见表1-2）：

表1-2　卓越体育教师教学能力研究内容

第一章	卓越体育教师教学能力培养概论
第二章	卓越体育教师教学能力培养的理论基础
第三章	卓越体育教师教学能力的层次与结构
第四章	卓越体育教师学科素养与知识视野
第五章	卓越体育教师教学目标与教学内容设计能力
第六章	卓越体育教师教学过程设计与教学实施能力
第七章	卓越体育教师教学评价设计与诊断反馈能力
第八章	卓越体育教师教学反思与教学质量改进能力
第九章	卓越体育教师课程资源系统的开发与整合能力
第十章	卓越体育教师教学研究团队的组织与建设能力
第十一章	卓越体育教师教学系统的开发与建构能力
第十二章	卓越体育教师教学质量的分析与评价能力

第一章卓越体育教师教学能力培养概论，在时代特点以及对教育要求的基础上，基于《教育部关于实施卓越教师培养计划2.0的意见》进行卓越体育教师教学能力构成分析，对卓越体育教师教学能力培养的目的与意义进行论述，并采用文献研究法，对卓越体育教师教学能力中相关概念的内涵进行厘定，在此基础上，对卓越体育教师叫教学能力培养的原则与方法展开简单的论述。第二章从卓越体育教师教学能力培养的理论基础展开论述，理论基础是我们培养卓越体育教师教学能力的根基，根据卓越教师以及体育学科的特殊性。本章重点剖析卓越体育教师能力培养的理论基础，从教师职业生涯发展理论、教师专业发展阶段理论、TPACK教师知识框架理论、具身认知理论四个方面对卓越体育教师教学能力的培养做理论阐述。第三章主要从卓越体育教师教学能力的层次与结构两个方面展开剖析，卓越体育教师教学能力的培养。本书认为卓越体育教师教学能力主要分为一般教学能力、体育专业教学能力、教学研究能力。

一般教学能力由自研能力、教学设计能力、教学实施能力和教学评价能力构成，是体育教师教学活动的基础能力。卓越体育教师的专业教学能力大体可分为"体育课前的教学设计能力，教学过程中的实践与调控能力，教学末的拓展能力"。教学研究能力主要包含反思能力、科研能力、创新能力与合作能力，教学研究能力是提高教学质量的有力支撑，更是课堂教学不断焕发生机与活力的"原动力"。第四章对卓越体育教师学科素养与知识视野进行深入研究，对卓越体育教师学科素养的内涵、要素、功能以及知识视野体系进行详细论述，并提出相应的培养方法。第五章侧重于对卓越体育教师教学目标与教学内容设计能力的培养，教学目标设计能力的培养要根据教学目标的依据和原则进行合理科学的培养。第六章从卓越体育教师教学过程设计与教学实施能力展开论述，在体育教学过程设计的含义和意义的基础上，阐述卓越体育教师体育教学过程设计的用意、具体内容、原则；结合体育课堂教案的具体案例，阐述卓越体育教师在体育教学过程中需要培养的四大能力，卓越体育教师体育教学实施设计的基本要求、具体步骤及其教学实施能力培养的内涵与途径。第七章从卓越体育教师教学评价设计与诊断反馈能力进行论述，本章节针对体育教师教育课程中存在的问题，进行体育教师教育课程教学改革。第八章对卓越体育教师教学反思与教学质量改进能力的培养展开研究，体育教师的教学反思能力与教学改进能力的培养进行深层次的分析。从理论层面分析教学反思与教学改进所涵盖的内容及内涵，卓越教师的教学反思能力及改进能力在体育教学中的有着重要意义。第九章主要是针对卓越体育教师课程资源系统的开发与整合能力的研究。第十章从目标、结构、机制、制度四个方面对卓越体育教师教学研究团队的组织与建设能力培养进行详细论述，促进教学研究的开展和教学经验的交流。第十一章对卓越体育教师教学系统的开发与建构能力培养研究，围绕体育课堂教学系统的开发与设计能力培养、不同形式体育活动系统的组织与管理能力、多形式优质课活动参与提升能力培养、混合式教学支撑平台开发与实现能力培养等方面对推进卓越体育教师教学系统的开发与建构能力培养策略进行了深入探讨。第十二章卓越体育教师教学质量的分析与评价能力的培养，主要从教学质量分析与评价体系的构成、保障、改进和提升四个方面进行论述，以促进卓越体育教师教学质量分析与评价能力培养。

本章小结

本章围绕卓越体育教师教学能力培养的概况展开论述，卓越体育教师教学能力的培养背景要以新时代教育发展改革为目标，以教育部《卓越教师培养计划》《卓越教师培养计划2.0》为依据。卓越体育教师教学能力的培养，首先要明确卓越体育教师的内涵，紧贴新时代的要求，熟知现阶段国内外体育发展的最新动态，以培养顺应时代发展、紧跟教育政策、教学能力卓绝的卓越体育教师。在卓越教师培养计划的背景下，卓越体育教师教学能力主要包括一般教学能力和特殊教学能力两个部分：一般教学能力由教学设计能力、教学实施能力、教学评价能力和教育科研能力组成；特殊教学能力主要是指体育专业的教学能力，由体育课前教学设计能力、教学实践能力、调控能力和教学拓展能力组成。弄清楚卓越体育教师教学能力的组成是培养的前提和基础，卓越体育教师教学能力培养的目的和意义为我们怎么培养卓越体育教师教学能力提供了一定的方向，卓越体育教育的培养要以落实立德树人的根本任务和促进体育教育高质量发展为目的，培养、提高卓越体育体育教师的教学能力要遵循知识更新原则、现代信息技术原则、探究合作学习原则和课程资源的开发与利用原则。在具体的体育教学过程中，卓越体育教师应通过加强自身学习能力，夯实教学能力提升基础、加强体育基本理论的学习、加强教育管理能力等方法提升教学能力，达到显著提高体育教学质量和效果的目的，以提高学生综合素质为最终教学目标。卓越体育教师教学能力的培养，不仅要遵循体育教学的一般规律，采用科学的原则和方法，还要瞄准现阶段卓越体育教师教学能力培养存在的问题，精准发力，共促卓越体育教师教学能力提升。

第二章　卓越体育教师教学能力培养的理论基础

　　教师是立教之本，强教之源。学校体育的兴衰成败与体育教师群体素质息息相关。党的十八届三中全会针对学校体育工作做出"强化体育课和课外锻炼，促进青少年身心健康、体魄强健"的战略部署，对体育教师专业发展提出了新的要求，对培养一批师德高尚、专业基础扎实、教育教学能力和自我发展能力非常突出的高素质专业化体育教师提出了新期望①。《教育部关于实施卓越教师培养计划的意见》对卓越体育教师培养提出明确思路与路径，为我国卓越体育教师培养指明了方向，随着社会的发展，现阶段的教师教育发展已然从向"合格"标准的看齐走向了对"卓越"信念的追求②。2014年9月《卓越教师培养改革计划》的颁布和实施，使我国教师教育在自身完善的同时，逐渐向国际化、开放化、一体化的方向发展③。如何构建高质量的教师教育体系，促进教师教育向卓越教师教育发展，已经成为当下热门的话题之一。卓越体育教师是体育教师群体中最优秀的那一部分，卓越体育教师的成长必须通过"科学理论"的指导，掌握系统化科学知识，并以此建立自身的理论体系。本章从教师职业生涯发展理论、教师专业发展阶段理论、TPACK教师知识框架理论、具身认知理论四个方面对卓越体育教师教学能力的培养做理论阐述。

第一节　教师职业生涯发展理论

　　生涯是指与个人终生所从事工作或职业有关的过程，也可以指整个人生的发展，除终生事业外，还包括个人生活，甚至是个人一生的志向与抱负。生

---

①新华社.中共中央关于全面深化改革若干重大问题的决定［J］.中国合作经济，2013（11）：14.

②教育部关于实施卓越教师培养计划2.0的意见［J］.中华人民共和国教育部公报，2018（9）：31–34.

③张格格.基于"合格"走向"卓越"：当前我国教师教育政策导向研究［D］.辽宁：渤海大学，2016.

涯发展是指个人预备或选择某一行业，决定进入这一行业，适应行业中的种种规则或要求，以及在这一行业中学习和扮演各种角色，逐渐由较低层级发展到较高层级的历程。教师职业生涯发展是指教师的职业素质、能力、成就、职位和事业等随时间轨迹而发生的变化过程及相应的心理体验与心理发展历程。教师的职业生涯发展包含两个维度，一是时间维度，二是领域维度，包括职业理想、知识水平、教育观念、教学监控能力、教学行为与策略以及对教学的心理感受等[①]。

一、傅乐——教师生涯关注阶段论

傅乐（F.Fuller）认为，在成为教师的过程中，教师的关注事物可分为四个阶段[②]：

（一）教学前关注阶段

教学前关注阶段是师资培养的时期，教师对于角色仅处于想象，因为未曾经历教学角色，没有教学经验，所以只关注自己。对于教学前关注阶段，常常是不表同情的，甚至还带有敌意，在学习观察中，教师通常持有批判的态度。

（二）自我关注阶段

自我关注阶段是初次实际接触教学工作，所关注的是教师的生存问题。所以，教师们关注班级管理、熟练教学内容以及上级督导者的评鉴。在此阶段，教师具有相当大的压力。

（三）任务关注阶段

任务关注阶段所关注的是教学情境的限制和挫折，以及教师各种教学能

---

①韩歌萍.教师职业生涯发展阶段论［J］.理论导刊，2008（11）.

②Fuller F，Brown O. Teacher Education，Seventy-fourth Yearbook of the National Society for the Study of Education（Part 2）［C］. Chicago：University of Chicago Press，1975.46.

力与技巧要求。因此在这个阶段里，教师重视的是教学所需之知识、能力与技巧，所关注的是自己教学的表现，而不是学生的学习。

（四）学生关注阶段

学生关注阶段是教师经历了前三个阶段之后才出现的阶段，许多在职前接受师范教育的教师们，在当时都表达了对学生学习、社会、品德和情绪需求的关注，却没有实际的行动，当时不是不行动，而是不知道该如何做。一直到准教师担任了真正的教师后，从实际工作的经验中学习到如何克服困难、繁重工作的调配时，才能真正地关注到学生的一切学习。

在傅乐提出的这四个阶段中，最困难的转折是在第三与第四阶段之间。要实现由第三阶段到第四阶段的跨越，需要体育教师放弃自我防御的心理，放弃工作是为了获得赞许以及其他外界奖赏的想法，而且他们需要建立足够的信心以掩饰自己的不足转变到能够认识自己的感受、长处与限制。这就需要体育教师注重在实际教学工作中多与学生沟通交流，善于自我总结反思，向卓越体育教师靠拢。

傅乐所提出的这一套教师生涯关注阶段理论从职前教师（包括实习教师）所关注问题的角度来研究教师的专业发展，这也恰如另一位美国学者费斯勒（R.Fessler）所言："该研究没有囊括教师发展的方方面面，只是从教师所关注的事物在教师不同发展阶段的更迭这一个侧面来探讨教师的发展。"[1]

二、费斯勒——教师职业生涯发展阶段

费斯勒（R.Fessler）依据多年研究教师职业生涯发展的成果，于1984年提出了一套动态的教师生涯循环（The Teacher Career Cycle），将教师职业生涯发展，从新进人员到资深成熟教师的发展过程，分为下列八个主要的阶段[2]，如图2-1所示：

---

[1]杨秀玉.教师发展阶段论综述 ［J］.外国教育研究，1999（6）：36-41.

[2]Ralph Fessler. Understanding and Guiding the Professional Development of Teachers. New York：Longman，1992，p.22.

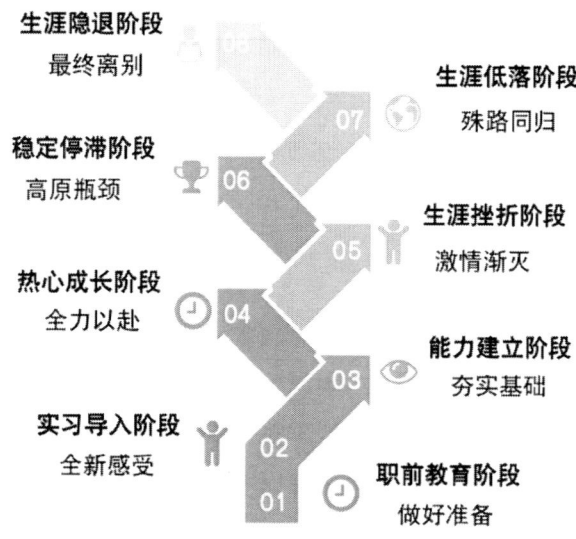

图2-1　费斯勒教师职业生涯发展阶段

（一）职前教育阶段

职前教育阶段是特定职业角色的准备时期，即教师的培训养成时期。主要是在学院或大学进行知识学习和专业训练，它也包括教师从事新角色和新任务的再训练，或者参加高等教育机构的再教育学习，或者在工作中进修。

（二）实习导入阶段

这个阶段是教师最初任教的前几年，他们要适应教师角色的转化，要适应学校系统的运作。这个时期的新教师努力表现，希望能为学生、同事、上级及其它人员所接纳，要能稳妥地处理日常事务。

（三）能力建立阶段

这个阶段是教师改善教学技巧，提高教学效率，寻求新的教学材料，发现和运用新方法、新策略的时期。这个时期的教师一般容易接受新观念，乐于出席研讨会、观摩会，热衷于研究、进修课程。该阶段的工作富有挑战性，他们渴望教学技能的全面提高。

（四）热心成长阶段

这个阶段的教师在能力水平建立以后，热心于不断成长，并能持续不断地追求自我实现，他们积极主动，热爱工作，不断充实、丰富教学方法，持有较高的工作满意度，积极支持和参与学校的各种职业教育活动。

（五）生涯挫折阶段

这个阶段的教师可能受到某种因素的影响而产生教学上的挫折，出现理想幻灭、工作不满意、情绪沮丧等问题，并开始怀疑自己的工作能力及所从事职业的正确与否，许多人称之为教师的职业倦怠期，这种挫折感是生涯发展周期的中间阶段经常出现的问题。

（六）稳定停滞阶段

这个阶段是生涯发展中的"平原期"。有的教师出现停滞状态，抱有"做一天和尚撞一天钟"的态度。这些教师只做分内的工作，只求无过，不求有功。还有些教师维持原状，这个阶段的教师是缺乏挑战性的状态。

（七）生涯低落阶段

这个阶段是教师准备离开教育职业的低潮时期。有些教师回顾过去，桃李春风，满心喜悦；而另一些则因为一事无成，苦楚忧虑，这个时期也许是几年，也许是几月或几周。

（八）生涯引退阶段

这个阶段是教师离开教学生涯以后的时期。有些人寻找了临时的工作，有些人享受天伦之乐，有些人选择非教学工作，如从事服务或管理类工作。

费斯勒的教师生涯发展论是费斯勒围绕教师职业（生理）年龄为基础建立的理论，是一种动态且灵活的非线性的发展模式。该模式中的各发展阶段间保持并列关系，是无绝对顺序的，这个过程受到环境因素（包括个人环境和组织环境）的影响[1]。在体育教师追求卓越的过程中，该理论可以帮助教师更好地了解自己的优缺点、价值观、职业目标和职业生涯发展的可能影响因素，从而做出科学、适合自己的教师职业生涯规划，以积极的态度回应自身在职业生涯周期不同阶段的变化和需求，实现不同发展阶段的目标。这就要求卓越体育教师有较强的抗压与适应能力和自我更新意识能力，有较高的自我要求，并且能长期持以终身学习的态度。

三、教师职业生涯周期的主要阶段及特点

教师职业生涯周期每一阶段都具有不同特点，我们把卓越教师的成长过程分为四个阶段：准备期、适应期、发展期、创造期[2]。在每个阶段结束时，他们可以分别成为新任教师、合格教师、卓越教师和专家教师。

（一）准备期

职业准备期是指教师从事教育工作以前的阶段，是接受教育和学习的阶段。

这个时期教师的素质特征：以书本知识的学习为主，并且他们的知识和经验具有一般化和表面化的特点，最终形成了教师所需的一部分独特的优良素质。

（二）适应期

职业适应期是教师走上工作岗位，由没有实践体验到初步适应教育教学工作，具备最基本、最起码的教育教学能力和其他素质的阶段。这一阶段的主要活动是开始从事各种教育教学工作，具体包括：熟悉学校的工作环境和工作常规、熟悉教材和学生、备课、上课、带班当班主任等。

这一时期教师的素质特征：在知识上，开始形成实际的、具体的、直接的知识和经验；在能力上，教育教学实践能力开始初步形成，也是这一阶段素质上的一个明显变化；在素质上，水平还处于较低的层次，项目还不够全面和平衡。

---

[1]张悦，庞海芍. 以教学行为状态为视角的高校教师职业发展体系的优化——基于费斯勒模式职业阶段划分的实证分析［J］.中国成人教育，2021（1）：34-40.

[2]韩刚.从匹配到建构：师范生职业生涯教育课程探究［D］.上海：上海师范大学，2018.

（三）发展期

职业发展期是教师在初步适应教育教学工作后，继续在教育教学实践中锻炼自己的教育教学能力和素质，使之达到熟练程度的时期。

这一时期教师的素质特征：在素质水平上，向着熟练化、深广化的方向发展，专业化水平逐渐提高；在素质项目上，向全面化和整体化方向发展；在素质上的倾向性上，由注重教的方面向注重学生的方面转变。

（四）创造期

职业创造期是教师开始由固定的常规的自动化的工作进入到开始探索和创造的时期，是形成自己的独到见解和教学风格的时期。

这一时期教师的素质特征：在素质上，注重发展创新性素质；在活动上，具有探索性；在成果上，开始注意理论总结的工作，并且形成自己的教育思想。

四、卓越教师成长的规律性：影响因素与成长机制

（一）卓越教师的成长是敬业精神形成并发挥作用的过程

教师的成长过程是他们敬业精神形成并发挥作用的过程。首先，敬业是教师获得成功的基本条件和内在动力，敬业是教师的"才"得以挖掘、显现并发挥、发展的动力。具有敬业精神的人，他们在自己的工作中兢兢业业、默默奉献，因其谨慎务实的处事态度、出类拔萃的业务水平终将取得骄人的成绩。其次，敬业不仅是教师完美人格的构成要素，而且是塑造教师完美人格的重要条件。完美的人格应该是一个人的气质和风度、学识和才华、品质与品格的总和，敬业精神无疑是构成教师完美人格的重要的品质、品格之一。完美人格的塑造既靠社会条件的制约和影响，又靠自己的锻炼和修养。具有敬业精神的教师往往因为其以大局和工作为重的行事作风、团结协作的处世原则、乐于奉献的生活理念而获得良好的人际关系，不断地完善自身的人格。再次，敬业精神是教师实现其人生价值、社会价值的重要保证。一个人的人生价值是通过他们的品格、劳动态度和对社会的实际贡献来实现的。因此，教师只有通过能动的

创造活动，才能实现其人生价值。最后，只有每个教师具有强烈的使命感和责任感，培养锻炼优良的职业道德品质，树立高尚的敬业精神，在工作中身心愉悦、全身心投入，才能面对挑战，担负起新世纪的历史重任，从而既实现了自己的价值，又为社会创造了价值[①]。

（二）卓越教师的成长是提高教育教学素质和结构更新的过程

教师的成长过程与教育素质的提高和教学结构的更新有着必然的联系。教师专业成长是指教师在教育教学领域中加强学习，不断提高自身素质和能力的过程。教师素质从理论上讲，就是教师在教育教学活动中表现出来的，决定其教育教学效果，对学生身心发展有直接而且显著影响的心理品质的总和。从结构上讲，教师素质至少包括以下成分：教育观念、职业理想、知识水平、教学监控能力、教学行为与策略及专业成长能力[②]。在现有的师资水平层次的基础上提高教师素质，依赖于专业成长，通过专业成长提高教师的工作责任感，促进教师教育观念的转变和更新，培养教师对教学活动的监控能力，从而更好地认识和发现教育规律，学习新的教学方法和策略，改善教育行为，取得良好的教学效果。

（三）卓越教师的成长是不断学习、实践、创造的过程

卓越教师之所以有较高的素质水平，有合理完善和不断调整的素质结构，是他们不断学习、不断实践、不断创新的结果。我们把卓越教师的实践活动划分为三种，即学习、教学实践、创造。这三种活动在形成卓越教师素质的过程中有着不同的作用。学习主要是提高他们的理论水平，开阔视野；教学实践主要是提高他们教育教学的实践能力；而创造主要是提高他们的创造性素质，促使他们做出创造性成就。

---

①俞位增，蔡文兰.教师敬业精神的培育与道德激励［J］.中国成人教育，2008（19）：46-47.
②林崇德，申继亮，辛涛.教师素质的构成及其培养途径［J］.中国教育学刊，1996（6）：16-22.

（四）卓越教师的成长是不断利用资源和条件，进行优势积累的过程

卓越教师在教育教学素质上的优势及适应性，一方面取决于他们不断学习、不断实践和不断创造，即他们的实践活动；另一方面，也取决于他们的生活环境和外部条件。一般说来在他们成长的过程中，他们善于利用自身相对的资源优势和比较有利的外部条件，从而形成外部的优势积累。影响教师成长的环境因素有以下几个方面：家庭环境和所接受的教育、学校工作条件、社会背景和机遇等。

（五）卓越教师的成长是不断的自我反馈、自我监控的过程

自我监控就是某一客观事物为了达到预定的目标，将自身进行的活动过程作为对象，不断地对其进行积极的计划、监察、检查、评价、反馈、控制和调节的过程[①]。卓越教师的成长在于他们非常重视目标的确定，其确定目标主要是根据自身和社会的需要，卓越教师的成长还在于他们非常重视反馈调节环节。

要想成为卓越体育教师，需将以上五点贯穿成长过程的始终。只有把握好教师发展过程终身性、阶段性、专业性的规律，保持敬业的态度，不断提高体育教学能力，不断进行实践，充分利用现有资源和条件，并不断自我反思、评价、调节，才能更好地规划职业发展，有明确的目标指向，认识自身所处的阶段和具备的条件，因势利导，发掘自己的优势，分析自身的差距，找到适合自己发展的路径，寻求重点突破，在追求卓越的道路上越走越顺利。

第二节　教师专业发展阶段理论

教师专业发展阶段理论，对教师的专业发展具有重要意义，它指明了教师专业发展的阶段和路径，帮助教师明确自己在专业发展的过程中要经历的步骤，既有助于教师根据发展阶段制定自身发展的短期和长期的目标，同时也有

---

①Muraven M., Baumeister R.F., Tice DM.. Longitudinal improvement of self-regulation through practice：building self-control strength through repeated exercise［J］. J Soc Psychol, 1999, 139（4）：446-457.

利于学校或教师培训机构针对教师专业发展的特点提供促进专业发展的辅助性条件。教师专业发展阶段理论是建立在职业生命周期阶段论的研究与理论的成果之上的。美国学者傅乐（Fuller）在1969年编制的《教师关注问卷》（Teacher Concerns Questionaire）中，根据教师的需要和不同时期所关注的焦点内容把教师的成长划分为关注情景、关注自身生存和关注学生三个阶段，揭开了教师发展理论研究的序幕[①]。教师专业发展是一个由不成熟到相对成熟的过程，是以自我发展为核心的专业成长，发展既有阶段性，又有连续性[②]。每一个发展时期都会表现出一些典型的特征和需求，体现出阶段性的特征；同时发展又有连续性，前后发展阶段之间联系密切，前一阶段是后一阶段发展的前提，后一阶段是前一阶段发展的提升。教师的专业发展是阶段性和连续性的统一，呈现交叉重叠，螺旋上升的发展趋势。教师专业发展阶段理论对教师专业发展阶段进行划分并阐释各个阶段的发展特征及成长需求[③]。教师的专业发展不是一蹴而就的，是一个长期甚至是终身的过程，同时又是一个动态的、处于不断变化和革新的过程。这需要教师具有终身学习、终身发展的意愿，具备自主思考及规划职业生涯的能力，教师专业发展的要求使教师专业发展阶段理论的研究成为必然。教师专业的发展过程，以刚入职的新教师为起点，在教师不同的成长时期，有着不同的发展基础和条件，有着不同的发展目标和要求，也面临着不同的困难和障碍，从而表现出不同阶段的发展特征。结合我国的教育现实，将教师专业发展总结为以下几个阶段（图2-2）：

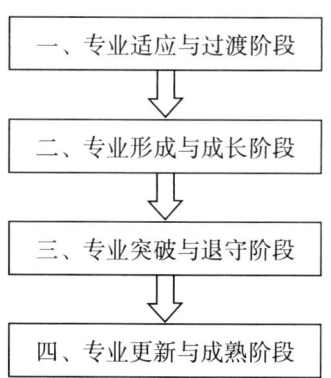

图2-2　教师专业发展阶段理论

---

①张琳. 教师专业发展阶段理论研究述评［J］.创新创业理论研究与实践，2018，1（22）：22-23.

②刘佳. 中学教师影响教学有效性的能力素质与关键行为研究［D］.上海：华东师范大学，2018.

③张美兰. 基于专业发展阶段理论的小学教师分层培训探讨［J］.成都师范学院学报，2018，34（12）：25-30.

一、专业适应与过渡阶段

新手教师面临着从学生向教师转变的过程，很多教师都把这一阶段视为专业发展生涯中最困难的一段。从学生到老师的转变，新手教师开始真正脱离学生的角色，走上教师的岗位，从人际关系的一极跨到另一极。

在现实生活中，新手教师拥有的学生文化特质与他即将生活于其中的文化有着很大的不同。不少教师在刚入职时，会将自己以前就读的大学和任教的学校这两个环境进行比较，有时会感到不适应，产生角色迷惑，由此产生害怕、焦虑、寂寞与孤立的情绪，而且值得注意的是，他们往往是在孤独地面对转变的挑战，所以新教师在入职阶段很容易产生离职想法[1]。

在入职阶段，新的角色要求他们必须尽快适应工作环境和校园氛围，适应日常工作程序；尽快克服自己恐惧、不安全的心理状态，把自信的一面完全展现给他人；必须学会与学生、同事、领导等沟通。新手教师需要花大量时间对自己进行改造，即在入职阶段，完成从学生到教师、从服从者到管理者的转变，期间有可能会出现适应性困难，因而其职业认同随之出现波动，处于低谷期。

这一时期的教师，由于对学校各方面的情况了解甚少，对职业角色要求和规范了解有限，跟实际工作密切相关的专业知识、经验和技能掌握不多，因而碰到的困难大多与如何适应并完成常规的教学工作和管理工作有关，又面临着同事之间各种形式的竞争与身份转换之后所产生的心理上的不适应和职业的陌生感，所以这一时期，是教师专业发展较为困难的时期[2]。

虽然不同教师个体专业适应的方式与时间都有所不同，但毫无疑问，教师的入职阶段是每个教师进入教师岗位后专业发展的关键时期。在这个时期，教师作为个体进入教师群体后，必须在社会和教师群体的相互作用下，认识和掌握教师角色的群体规范，从而成为具有相应行为模式的合格教师。

二、专业形成与成长阶段

从事教学工作三到五年的教师，基本可以胜任自己的工作，能够达到胜任教师的岗位要求。这个阶段的教师所获知识还是以理论知识（观念层面的知

---

①柏晶.文化学视角下对入职阶段教师专业发展之我见［J］.文教资料，2014（34）：51-52.

②卢真金.教师专业发展的阶段、模式、策略再探［J］.课程.教材.教法，2007（12）：68-74.

识）为主，知识内容包括师生沟通艺术、新课程背景下发展性教师评价体系的构建、教学方法的改革、中小学学生自主学习（合作学习、研究性学习等）的方法指导、教育科学研究方法、中小学学生心理健康问题和信息技术等。教师获得这类知识是为了能够了解我国教育改革与发展的动态、开阔视野、学习教育科学新知识、研究和掌握教育规律；增强学习意识、角色意识、竞争意识和创新意识；改善心智模式、更新教育观念、提高再学习能力、教育教学能力和教研能力[①]。

由于此阶段的教师既有一定的理论基础，又有比较丰富的教育教学实践经验，因此本阶段知识获得的目标要求也发生了变化，理论学习不再是本阶段的目的，提高自身的实践能力成为本阶段学习的重要任务，也就是实现从理论知识到实践知识的转变，最终指导实践。因此，该阶段是生成实践性知识的重要阶段，胜任教师所要完成的知识任务就是要实现理论知识向实践性知识的转型，当然，这种转型并非一次性完成的，知识的存在形式经由多次转化，先从陈述性知识或程序性知识状态转化成策略性知识，再从策略性知识转化为实践性知识，最后指导教师的教育教学实践[①]。

这一时期的教师逐渐适应了自己的工作，开始形成简单的教育观念，并初步了解实际的教育教学工作。还能够比较自如地驾驭课堂教学，形成了自己的教学风格和教学模式，在这一时期，教师在教学技能等方面进行不断的改进与提高，压力和不适已经逐渐消失，能够比较轻松、自信地面对自己的工作。

这个阶段的教师正处于感受职业、关注教法、学会操作的学习期。这个时期对学生进行知识传授和能力的培养，在教学中所不同的是：因教师本身教学的态度、素质、领悟、能力及教学艺术的不同，对借用来的教学设计研究、处理的不同，演绎的效果亦不尽相同，所以在这些合格的教师中，也出现了优劣课堂之分。合格是专业再发展的基础，是提升到另一阶段的最有力的保障。专业发展的初级阶段对于卓越教师来说很重要，这一阶段的历练会夯实教学的基本功，牢固专业教学知识，是向个性化中级阶段发展不可缺少的最基本的条件。

三、专业突破与退守阶段

由于长年累月固定的教学模式或一成不变的教育教学情境，这时，教师对职业的新鲜感和好奇心开始减弱，使得一些教师可能觉得自己的技能和绩效停

---

①郑彩国. 教师专业发展的阶段划分及其知识转型 [J]. 教育探索，2007（11）：74-75.

滞不前，工作进入应付或维持现状。有的教师尽管希望在专业发展上有更大的突破，但在发展道路和策略的选择上进入了迷惘和困惑的状态，从而对工作逐渐丧失了激情，工作陷入一种僵持状态，有的教师则开始寻求教学上的突破，想要进一步创新与发展。

这个阶段的教师，可以称之为是教学能手、学科带头人。这个阶段的教师逐渐在他人编制设计内容的基础上进行再开发、再探究，逐步开始独立设计教学、挖掘文本内涵，即我们所说的"原创教学设计"[1]。这个阶段的教师正处于接受职业、关注教材、学会创作的感性经验积累期。这个阶段也是个具有挑战性的阶段，在这个时期教师往往会出现"学科高原现象"，出现这样的现象我们不应气馁或者放弃，而要鼓励自己坚持，一定会突破、一定会进步。当进入此阶段教学水平就有了一个飞跃，教师由关注教法转为关注教材，关注学生，真正做到心中有教材、心中有学生、心中有课堂，对教学也会产生浓烈的兴趣和成就感。如今已有一部分教师在教学中重视"原创教学设计"，亦有一部分教师还在摸索、探讨、前进中。

四、专业更新与成熟阶段

专业成熟阶段的教师应积极参加专业继续教育，要以科学的发展观为指导，坚持可持续发展的道路，学会自我超越，要有与时俱进开拓创新的精神和检讨已有的教育理念和方法，冲破旧理念的束缚，灵活自如地应用各种教学技能并组成新的教学方式，发展更加实用和自主的教育方法。

优秀成熟的教师多数是各个学校的中青年卓越教师，他们在理论知识上的追求主要是延展性的知识，体现出前沿性、创造性、研修性和高素质、高水平、高起点等特点[2]。学习内容方面包括现代教育理论和教改研究（特别是特级教师的教学风格研究）、素质教育研究、中外教育教学的比较研究、人文与自然科学发展的新知识研究过程和结题报告等方面的指导；在教学技能方面强调教学评价和教学测评技术、现代信息技术与学科教学的整合；在学科延展方面开展艺术理论的学习和学习心理的学习等。通过学习，树立科学的教育观和发展观，具备一定的创新精神和改革意识；确立素质教育的观念，掌握现代教育

---

[1]罗晓杰.国内外教师专业发展阶段研究述评［J］.教育科学研究，2006（7）：53-56.

[2]吴志刚，李丽.青年体育教师专业发展阶段特征及策略探讨［J］.沈阳体育学院学报，2007（2）：83-85.

理论，具有坚实的科学基本理论、基础知识和基本技能，能不断更新自己的知识结构，及时了解教育发展的最新动态；拓宽自己的人文、社会和科学知识，提高科学素养，具有从事教学研究和教育科学研究的能力，以及主动吸纳处理信息和促进自我发展、自我完善的能力，具备将现代信息技术应用于学科教学的能力，增强教育教学实践的能力，初步形成具有个性特色的教学风格。作为学校教学熟练阶段的教师拥有更多接触名师和外出学习观摩的机会，加之他们无论是理论、还是实践经验都比较丰富，为他们生成实践性知识提供了许多便利的条件。因此，从知识获得的方面来看，熟练阶段的教师所要完成的知识转型，即把自己的工作实践提升转化为实践性知识，把工作经验提炼成知识，这是知识发展的重要步骤，可以认为是实现了质的飞跃。通过自己的心理加工和改造，把别人的实践性知识定向迁移为自己的实践性知识，并纳入到自己的心理图式之中，由于经过了学习者自己的心理加工和改造，所以这种迁移绝非对别人的实践性知识的简单移植或嫁接，而是实现了基因变异。

成熟时期的教师表现出明显的稳定性特征，同时也因其资深的工作经历、较高的教学水平和较为扎实的理论功底，在努力钻研业务和开展教研中，结合自身特点和教育发展要求，逐步发展新的教学技能和教育思想，形成独特的教育教学模式，专业达到了成熟状态，成为领军人物[①]。初级阶段是基础，是胜任教学；中级阶段是发展，是原创教学；高级阶段是引领，是发展教学。多数教师稳定在初级与中级的发展阶段。若再深入发展即可走进高级阶段，这一阶段是享受职业、关注学科、学会研究发展教学阶段，即学科专家，引领学科走上学科教学高地。带领一批青年教师推进学科向前发展，走上由经验积累阶段到专业发展之路。三个不同阶段，体现的是三种不同的职业态度、不同的教学理念、不同的研究层次、不同的教学设计、不同的教学效果。

成为卓越体育教师是一个过程，教师可以通过专业发展的四个阶段，结合自身实际，对标自己所处的阶段，根据不同阶段的主要任务，树立当前阶段的发展目标，如在专业适应与过渡期，努力融入校园环境，适应教学工作；在专业突破与退守期，沉下心钻研，力求实现从"量变"到"质变"的飞跃。且体育教师可以根据专业发展的四个阶段找到自己的"最近发展区"，在教育教学中有意识、主动、积极地去学习、思考和创新。用高标准来要求自身的专业水平不断向高领域拓展延伸，从而在专业学科教学中形成自己的教学风格与独立见解，在教育教学的发展道路上越走越宽。

---

①王克强.探究"有效教师"专业发展的五个阶段［J］.现代教育科学，2012（6）：71–73，27.

第三节 TPACK教师知识框架理论

TPACK是Technological Pedagogical Content Knowledge的缩写，即整合技术的学科教学知识，是美国学者科勒（Matthew J. Koehler）和米什拉（Punya Mishra）于2005年在舒尔曼（Shulman）提出的学科教学知识PCK的基础上提出的。从2005年开始，国内外学者对TPACK展开了大量的理论和实践研究，通过研究，大家一致认为对于TPACK的研究将有利于提高教师掌握和运用信息技术的能力，教师的TPACK能力是未来教师必备的能力。TPACK框架包含三个核心要素，即学科内容知识（CK）、教学法知识（PK）和技术知识（TK）；四个复合要素，即学科教学知识（PCK）、整合技术的学科内容知识（TCK）、整合技术的教学法知识（TPK）、整合技术的学科教学知识（TPACK）[1]，如图2-3所示。TPACK是教师应当具备、且必须具备的全新知识，它的贯彻、实施离不开教师，所以在推广、应用TPACK过程中，必须强调教师是教学改革的积极参与者，课堂教学的设计者、实施者；在教学过程中教师应起引导和监控作用。这种观点对教师教育和教师专业发展具有重要指导意义。

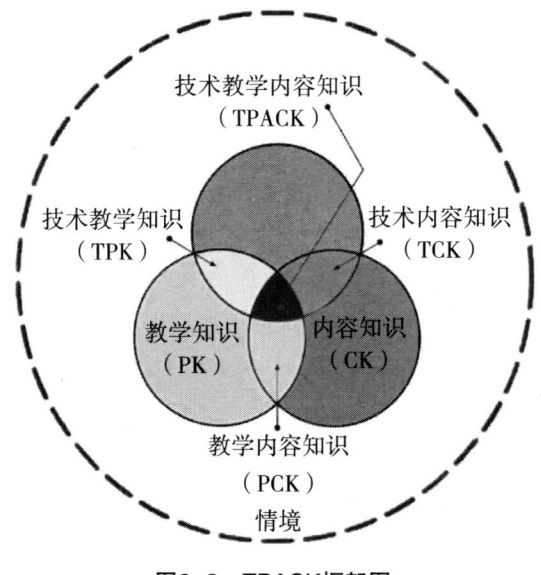

图2-3 TPACK框架图

---

[1]Koehler, M. J., Mishra, P.（2005）. Teachers learning technology by design. Journal of Computing in Teacher Education，21（3），94-102.

一、学科教学知识（PCK）

PCK这一术语最早出现于1986年舒尔曼教授在美国教育协会会刊《教育研究者》发表的一份研究报告，该项目由斯宾塞基金会所资助，研究对象为斯坦福大学一组科学、数学、社会学科和英语专业的职前教师，研究主题是他们的学科知识与教学方法发展之间的关系。文中舒尔曼教授首次提出学科教学知识PCK概念，即Pedagogical Content Knowledge，将其定义为教师个人教学经验、教师学科内容知识和教育学的特殊整合。

学科教学知识（PCK）的特征如下：

（一）转化性

教师的PCK是教师关于如何将自己所知道的学科内容以学生易理解的方式进行加工、转化、表达与教授给学生的知识。因此教师学科教学知识虽不同于学科内容，但其指向特定的学科及其内容的加工、转化、表达与传授与特定主题紧密联系，即与学科内容息息相关[①]。

（二）实践性

教师的PCK是关于如何教的知识是教师基于课堂实践以及在生活与学习中所获得的经验并对其进行反思、归纳与总结，经过综合、转化而不断获得与丰富。因此，教师学科教学知识离不开教师在实际的教学实践环境中所获得的经验及其基于经验的有目的、有重点的反思，而获得PCK的过程中，始终离不开教师的工作、生活的专业场景。正是这种由实践→经验积累→反思→再实践→再经验积累→再反思……不断往复的知识结构重组与学习的过程中，教师获得了成长与发展。离不开教师的实践，所以PCK具有实践性。

---

①王荟，王乐乐，王银平. 解构与建构：PCK视域下体育教师教学能力发展研究［J］. 青少年体育，2022（5）：116–117，96.

（三）个体性

PCK是教师个人在所任学科和所在班级的特定范围内，不断将各方面知识进行综合、创新的探究过程。具体而言，教师必须通过自身对社会所指导的学科教学论这种理论形态的"公共知识"（public knowledge）进行理解、概括与系统化，并通过与教育实践行为之间的不断互动，才能逐步内化为自己所拥有的、真正信奉并在实践中实际应用的知识，即教师的"个体知识"。此外，不同个体在对自己已有知识结构进行重组与学习时，由于其已有经验与背景不同也会导致教师学科教学知识表现出较大的个体差异。所以教师的PCK具有明显的个体性，不同教师的PCK是不同的。

（四）情境性

教师的PCK涉及教师如何教的知识，而教学是不可能脱离具体的情景而产生的，情景是整个教学与学习中重要而有意义的组成部分，情境不同，所产生的教学与学习也不同，教学与学习会受到具体的情境特征的影响。教师学科教学知识正是这样一种反应教师教学现场的特点、与学科内容紧密相关的"视情形而定"的知识。所以教师的PCK具有情境性的特点。

（五）整合性

PCK是学科和教学两种知识的融合的产物，具有融合性或整合性。教师只有在不断的教学与持续的使用个人的学科专业知识于教学活动中，学科专业知识和教学知识才能融合起来形成学科教学知识。PCK本质上并非是单独存在的知识体系，而是教师在教学过程中融合学科与教学知识形成的知识。

二、整合技术的学科内容知识（TCK）

整合技术的学科内容知识（Technological Content Knowledge）是一个强调技术和学科内容的相互交叉的理论框架。斯劳（Slough）和康奈尔（Connell）使用了类似透镜的方法，认为技术和学科内容通过教和学可以整合成一种知识。此外，根据斯劳和康奈尔使用透镜"放大"教和学，提供了一个更加专注的方法和协作专业化发展的过程。斯劳和康奈尔提供了计算机集成可视化的例子，展示了技术和学科内容重叠的部分，提供了一种新的方式来建构科学的理解。TCK框架和TPACK框架有区别，是因为TPACK框架把技术作为一种知识领域概念，这个知识领域是从学科内容或者教学法中分离出来的，并且专注于三种必要的知识领域交叉重叠的部分[①]。

技术和学科知识之间的关系一直伴随着支持数据表征和处理的新技术的产生（从纸笔到计算机）而发展，具有悠久的历史。技术的变化为理解世界带来新的隐喻，而这种表征和隐喻并非只停留在表面的，它们通常会引发学科本质的根本变化，如模拟技术、可视化技术引发的数学、科学领域本质的变化[②]。因此，整合技术的学科内容知识（TCK）是指对技术和学科内容之间双向影响、制约方式的理解。但这和当初舒尔曼提出教学研究"缺失范式"[③]一样，目前一部分对使用技术进行教学的关注和理解，而忽视了学科内容。而TPACK框架中的TCK强调理解技术和学科内容的双向互动，必须是针对具体的学科内容。

三、整合技术的教学法知识（TPK）

整合技术的教学法知识（Technological Pedagogical Knowledge）类似于我们通常说的信息技术整合[④]（因为TCK而很容易被忽视），是指对教学和学习如何因具体技术的使用而改变的理解。它包括理解具体技术工具（如只能白板、Web Quests）同教学之间的互相支持和限制，并据此开发合适教学设计和策

---

①杜亮亮. 教师整合技术的学科教学知识（TPACK）的研究现状及发展趋势［J］. 数字教育，2015，1（5）：18–22.

②Hughes，J.E.，& Scharber，C.M.（2008）. Leveraging the de-velopment of English TPCK within the deictic nature of literacy. AACTE Committee on Innovation and Technology（Ed.），The Hand–book of technological pedagogical content knowledge（TPCK）for e–ducators（pp.87–106）. Mahwah，NJ：Laewrence Erlbaum Associates.

③Olphen，M.V.（2008）. TPCK：An integrated framework for educat–ing world language teachers.AACTE Committee on Innovation and Technology（Ed.），The Handbook of technological pedagogical con–tent knowledge（TPCK）for educators（pp.107–128）. Mahwah，NJ：Laewrence Erlbaum Associates.

④Grandgenett，N.F.（2008）. Perhaps a matter of imagination：TPCK in mathematics education.AACTE Committee on Innovation and Technology（Ed.），The Handbook of technological pedagogical con–tent knowledge（TPCK）for educators（pp.145–166）. Mahwah，NJ：Laewrence Erlbaum Associates.

略。如前所述，大多数的技术的开发并非以教育为最初目的[1]，因此，教师需要发展出创造性的适应性（creative flexibility），克服技术的功能固着效应，根据具体的教学目标对技术进行重新设计[2]。

四、整合技术的学科教学知识（TPACK）及启示

整合技术的学科教学知识（TPACK）框架强调的是教师对教学内容、教学方法、技术的理解以及这三者之间如何相互作用，从而达到最优化的教学。是高于三个核心元素的知识，涌现于三个核心元素的互动之中。传统的观点认为，教学法和技术的选择与使用是由学科内容决定的。但事实上，新技术通常会引发对学科内容和教学法的思考和重构（如互联网的出现对教学和知识组织产生的影响）教学方法也同样能够影响具体技术和学科内容的选择和设计（如将电脑游戏作为一种教学方法，必须对技术和内容进行重设计）。这便是TK、CK、PK三者之间张力和动态平衡的表现。由于每个"劣性教学问题"或教学情境都是独一无二的，教师要实现使用技术进行有效教学，就必须深刻理解CK、PK、TK以及他们之间的张力和动态平衡，并能不断根据三个元素的变换进行重新平衡。

总的来说，TPACK在舒尔曼的PCK基础上，加入了技术元素并突出了在技术使用中学科内容和教学方法的角色，减少了技术对它们产生的反作用[3]，同时强调了三个核心元素的平等性和统一性。这一框架克服了以往将技术元素作为孤立的、外在的元素（以及隐含的技术是中立的这一思想）来思考整合技术教学的局限。同时需要注意的是，TPACK框架中的三个核心元素TK、PK、CK之间的联系是深刻的而非表面的、浅显的[4]。

---

①詹艺，任友群. 整合技术的学科教学法知识的内涵及其研究现状简述［J］. 远程教育杂志，2010，28（4）：78-87.

②DePlatchett，N.（2008）. Placing the magic in the classroom：TPCK in arts education.AACTE Committee on Innovation and Technology（Ed.），The Handbook of technological pedagogical content knowl-edge（TPCK）for educators（pp.167-192）. Mahwah，NJ：Laewrence Erlbaum Associates.

③Hughes，J.E.（2000）. Teaching English with technology：Exploring teacher learning and practice. Unpublished doctoral dissertation，Michigan State University，East Lansing，MI.

④詹艺，任友群. 整合技术的学科教学法知识的内涵及其研究现状简述［J］. 远程教育杂志，2010，28（4）：78-87.

第四节 具身认知理论

具身认知（embodied cognition）理论作为一种新兴的认知理论，强调身体在认知活动中的重要作用，认为认知过程并非抽象的符号加工，而是与身体的物理属性、感觉运动系统的体验紧密联系在一起，是促进卓越体育教师专业发展的重要理论。简言之，具身认知理论在教学过程中的应用，强调认知、身体、环境的一体性，重视身体、体验、情境在认知过程中的作用，认为学习不仅仅是大脑的事情，而更是全身心参与的过程。这些思想与新课改的目标相契合，为教学实践方法的改进提供了新的契机与路径。具身认知，是心理学中一个新兴的研究领域，主要指生理体验与心理状态之间有着强烈的联系。生理体验"激活"心理感觉，反之亦然。简言之，就是人在开心的时候会微笑，而如果微笑，人也会趋向于变得更开心[①]。

一、具身认知理论由来

自20世纪60年代以来，认知心理学一直是西方心理学的主流。最初，以计算机模拟为基础的符号加工模式在认知心理学中居于支配地位，其后，神经的网状结构和并行加工原理为基础的联结主义模式进入认知心理学家的视野。同行为主义相比，这两种模式都把心理学家注意的中心转向内部心理过程，着力探求调节行为的认知机制，因此被称为"认知主义"（cognitivism）。然而有证据表明，受认知语言学、文化人类学、哲学、机器人技术、人工智能等学科的影响，认知心理学正在经历着一场"后认知主义"（postcognitivism）的变革。在这场变革中，一个"幽灵"盘旋在认知科学实验室的上空，这个"幽灵"就是具身认知，具身认知成为一个焦点论题，代表了认知心理学研究中的一个新取向。

二、具身认知理论的基本内涵

具身认知理论认为，认知是包括大脑在内的身体认知。身体的解剖学结

---

①尹自强. 基于具身认知的课堂行为规范新探［J］. 教学与管理，2014（15）：100-102.

构、身体的活动方式、身体的感觉和运动体验决定了我们怎样认识和看待世界，我们的认知是被身体及其活动方式塑造出来的。它不是一个运行在"身体硬件"之上并可以指挥身体的"心理程序软件"。"具身认知的研究纲领强调的是身体在有机体认知过程中所扮演的角色"①，它同传统认知主义视身体仅为刺激的感受器和行为的效应器的观点截然不同，它赋予身体在认知的塑造中以一种枢轴的作用和决定性的意义，在认知的解释中提高身体及其活动的重要性。

传统认知主义的基本信条是"认知是可计算的"。依据这种观点，认知过程类似于计算机的符号加工过程，都是一种对信息的处理、操纵和加工。尽管两者的结构和动因可能不同，但在功能上是类似的，即都是一种"计算"（computation）。计算机和人脑都是加工和操纵符号的形式系统，计算机依据人们设定的逻辑规则进行符号运算，认知过程则是基于人们先天或后天获得的理性规则，以形式化的方式对大脑接收到的信息进行的处理和操作，从本质上讲都是一种计算过程，所以"认知的本质就是计算"。如果把大脑比作计算机的硬件，那么认知就是运行在这个"硬件"上的"软件"或"程序"。由于程序从功能上是独立于硬件的，那么从理论上讲，认知独立于包括大脑在内的身体，于是就出现了所谓的"离身的"（disembodied）的认知或心智（mind）。"离身的心智表现在人脑上，就是人的智能，表现在电脑上，就是人工智能"②。总之，认知虽然表现在包括大脑在内的身体上，却不依赖于身体，其功能是独立的。

认知心理学的联结主义模式并不接受符号加工模式在计算机和人脑之间所作的类比。它主张大脑是由天文数字般的神经元相互联结构成的复杂信息处理系统。因此，联结主义建构了"人工神经网络"，力图体现大脑神经元的并行分布式加工和非线性特征，研究目标从计算机模拟转向人工神经网络的建构。试图找寻认知是如何在复杂的联结和并行分布加工中得以涌现（emergence）的。然而，无论联结主义的研究风格与符号加工模式多么迥然相异，两者在"认知的本质就是计算"方面是相同的，认知在功能上的独立性、离身性构成了二者理论预设的基础。

---

①Niedenthal, P.M., Barsalou, L.W., Winkielman, P., Krauth-Gruber, S., & Ric, F. (2005). Embodiment in attitudes, social perception, and emotion. Personality and Social Psychology Review, 9, 184-211.

②Landau, M.J., Meier, B.P., Keefer, L.A. (2010). A metaphor-enriched social cognition. Psychological Bulletin, 136, 1045-1067.

具身认知的倡导者对这种离身的认知提出异议。"心智锁在身体之中，在任何时候，它都占有一个特殊的空间，且面临一个具体的方向。这些事实形成了具身认知的部分基础"[1]。具身认知的思想家主张思维和认知在很大程度上是依赖和发端于身体的，身体构造、神经结构、感官和运动系统的活动方式决定了我们怎样认识世界，决定了我们的思维风格，塑造了我们看世界的方式。如果我们拥有蝙蝠的生理结构，我们所感知到的世界就完全不是现在的样子。我们感知到的世界同我们身体的解剖学结构是完全一致的。因此，认知是身体的认知，心智是身体的心智，离开了身体，认知和心智根本就不存在。"心智之所以从根本上是具身的，并非仅仅因为心智的过程必须以神经活动为基础，而是因为我们的知觉和运动系统在概念形成和理性推理中扮演了一种基础性的角色"[2]。"基于这样一种视角，具身认知拒绝这样一种观点，即认为在知觉运动系统的背后存在一个'心智'，这个心智具备各种形式命题和推理规则，指挥着前者的运作。无论我们心目中的那个理性的、基于规则的和推理的东西是什么，它都完完全全地嵌入我们的身体活动中"[3]。

三、具身认知理论的理解

（一）认知过程的方式和步骤取决于身体物理属性

这一命题最明显的例证是深度知觉的研究。对于深度知觉来说，最重要的影响因素是导源于两眼视差双眼网膜影像的差异，但是这种差异同身体和头部的转动有很大的关系，头部转动和身体的运动使双眼网膜影像差异明显，促进了深度知觉的形成。因此，头部的转动和身体的前后运动实际上构成了深度知觉信息加工的步骤。人的感知能力，如知觉的广度、阈限、可感知的极限等都是由身体的物理属性决定的。

---

[1] Landau, M.J., Meier, B.P., Keefer, L.A.（2010）. A metaphor-enriched social cognition. Psychological Bulletin, 136, 1045-1067.

[2] Barsalou, L.W.. Grounded cognition. Annual Review of Psychology, 2008, 59, 617-645.

[3] Niedenthal, P.M., Barsalou, L.W., Winkielman, P., Krauth-Gruber, S., & Ric, F.（2005）. Embodiment in attitudes, social perception, and emotion. Personality and Social Psychology Review, 9, 184-211.

（二）认知的内容也是由身体提供

"人们对身体的主观感受和身体在活动中的体验为语言和思想部分提供了基础内容，认知就是身体作用于物理、文化世界时发生的东西"[1]。莱考夫（Lakoff）和约翰逊（Johnson）关于概念形成的研究为这一命题提供了佐证，他们指出，人类抽象思维大多是隐喻（metaphor）的。所谓隐喻就是用一个事物来理解另一个事物，例如，把爱比作旅程，以旅程隐喻爱，意味着爱有一个开端，但是不一定有一个尽头，旅程有欢乐有辛苦，有意外的发现，爱也同样如此。人类的抽象思维大多利用了这种隐喻性的推理，即使用熟悉的事物去理解不熟悉的事物。但是如果追根溯源，人们最初熟悉的事物是什么呢？就是我们的身体，我们的身体以及身体同世界的互动提供了我们认识世界的最原始概念，例如，上下、左右、前后、高矮、远近都是以身体为中心，冷、热、温、凉也是身体感受到的。以这些身体中心的原型概念为基础，我们发展出其他一些更抽象的概念，如形容情感状态，我们使用了热情、冷淡、兴高采烈、死气沉沉、精神高涨、趾高气扬等；以身体为中心，我们把上面的、接近的视为积极的，把下面的远离我们的，视为消极的，所以有了提拔、贬低、亲密、疏远、中心、边缘等术语，这些术语追根溯源都与身体的位置或活动有关。

（三）认知是具身的，而身体又是嵌入在环境中

认知、身体和环境组成一个动态的统一体，所以，认知并非始于传入神经的刺激作用，结束于中枢提供给外导神经的信息指令，相反，认知过程或认知状态适应扩展至认知者所处的环境[2]。之所以如此，是因为"外部世界是与知觉、记忆、推理等过程相关的信息储存地。认知过程是个'混血儿'，既有内部的动作，也有外部的操作"[3]。在认知操作中，我们利用存在于大脑中的信息，这种认知操作理所当然地被视为认知过程的一个部分。但是在认知过程中，我们也利用著储存在环境中的信息，如计算器、纸张、铅笔甚至房间中的

---

①沈丹萍，欧阳芸芸. 具身认知理论及其对课堂教学的启示［J］. 中小学心理健康教育，2014（12）：4–6.

②叶浩生. 具身认知：认知心理学的新取向［J］. 心理科学进展，2010，18（5）：705–710.

③Barsalou, L.W.. Grounded cognition. Annual Review of Psychology，2008，59，617–645.

灯光和装饰品。如果利用脑内信息的操作属于认知过程，那么利用环境结构信息的操作为什么不能被视为认知过程必不可少的组成部分呢？"在解决乘法问题时，铅笔与纸张如此紧密地融合于认知的动作中，以至于没有原则性的理由把这些外部物体同认知系统的其他成分区别开来，以这种或那种方式，人类可以把环境结构纳入认知加工。环境因而从认知上变得更加友好，因为它为人类的认知省去了许多不必要的步骤"[1]。

认知心理学中的这种具身思想并不是某个思想家在一夜醒来之后突发的一个念头。实际上，它有着深刻的哲学渊源，是欧美哲学家反思和批判主客二元论的产物。德国哲学家海德格尔曾试图以"存在"（Being-in-the-world）的概念超越二元世界的划分[2]。存在是在世界中的存在，在这里，没有主体和客体的划分，主客的界限是模糊的。人认识世界的方式是用我们的身体以合适的方式与世界中的其他物体互动，在互动的过程中获得对世界的认识。法国身体现象学的代表人物梅洛，庞蒂在其代表作《知觉现象学》一书中提出了具身哲学的思想。主张知觉的主体是身体，而身体嵌入世界之中，就像心脏嵌入身体之中，知觉、身体和世界是一个统一体[3]。从心理学发展史的角度来看，具身思想可追溯至杜威和詹姆斯的机能主义。杜威指出，把经验和理性截然分开是错误的，一切理性思维都是以身体经验为基础；詹姆斯的情绪理论更是直接提出了身体在心智和情绪形成中所发挥的作用。此外，皮亚杰和维果茨基也着重分析了认知和其他高级心理机能对外部活动的依赖性，这些理论观点都强调了身体活动（感知运动）的内化对思维和认知过程的作用，给具身认知的思想加以启示，促进了具身认知研究思潮的形成。

四、具身认知理论的教学启示

在第二代认知科学的具身理论中，身体不再仅仅是物理意义上的"肉体"，它是认知和情感形成的基础性核心，是我们和环境互动交流的支点。传统的体育教学仅仅把学习的主体看成是"脑部人"，而完整的人应该意味着身与心的统一，因此，现代体育教学应该重视身体在教学中的重要性。

---

[1]Landau, M.J., Meier, B.P., Keefer, L.A. (2010). A metaphor-enriched social cognition. Psychological Bulletin, 136, 1045-1067.

[2]牟成文, 吕培亮. 论海德格尔的"存在"概念 [J]. 宁夏社会科学, 2020 (6)：24-29.

[3]钱捷. 本体的诠释——析海洛-庞蒂现象学的"肉体"概念〔下〕 [J]. 哲学研究, 2001 (6)：53-61.

（一）尊重和解放学生的身体

传统体育教育往往把学生的身体当成约束和管制的对象，比如要求学生上课时身体一动不动地端坐，双手必须统一放在桌上或背后；要求学生统一着装，甚至统一发型；教师占用课间休息时间和体育课的现象也屡见不鲜，这些都是限制身体的表现。显然，体育教师常常忽视身体对于认知加工和情感培养的重要作用，而我们的认知依赖于个体的身体属性、动作经验、运动图式以及文化经验，这些方面的差异致使每个人身上都有其独特的装扮行为、习惯性小动作以及小癖好等，这是其个体生活经验具身化的倾向性结果，它决定了个体的倾向性反应，如果只是简单粗暴地要求一致的行为反应，将会引发个体的内部混乱，造成不良的情绪体验。与之相反，尊重并接受这种差异性，可以使个体以差异化的恰当模式适应教学情境，促进身体和心理的健康发展。所以在卓越体育教师在教学中更应该注重身体在教学过程中的舒适度和主体性，尊重和解放身体，给予身体一定的自由。当然身体的自由并不意味着随意放任学生的行为，使课堂成为毫无纪律、散漫无序的学习场所。身体的自由必须是一种规则中的自由，是建立在公共规则之上的自由，这也需要卓越体育教师具有较好的组织和教学能力。

（二）增加师生身体互动

传统体育教学往往缺乏恰当的师生身体互动，师生之间身体的交流方式仅仅局限于体罚，这种不平等的身体地位导致很多师生之间存在一种对抗的关系。而心理学研究表明，适当的身体触碰能增进彼此之间的好感（Niedenthal，2007）。可见身体不仅能促进认知的发展，是认知的基础，也是表达情绪与情感的中介。卓越体育教师应当增加恰当的师生身体互动，如一个眼神、一个动作、一个姿势、一次拥抱都可能成为鼓励学生的重要动力，让学生感受到来自教师的温暖和关注，身体的充分互动与交流有助于体育课上学生的成长和师生之间健康关系的培养。

（三）创设丰富的教学情境

具身认知的另一个重要特征就是对环境的强调，认为大脑嵌入身体，身体嵌入环境，三者构成了一体的认知系统。身体一旦离开了情境，就无所谓社会实践，更谈不上参与活动系统，无法进行交互联系。传统的体育教学情境往往是无趣乏味的，并没有采用生动的形式进行表现，所以我们应该利用视频、录音、实物、课件甚至身体等去创设。卓越体育教师要创设丰富多彩的情境背景，必要时可以开展一些户外活动和社会实践，让学生回归大自然，融入真实的社会环境，给学生创造充足的与环境互动的机会，充分且恰当地调动学生的视觉、听觉、味觉、嗅觉和触觉等多种感知觉经验，让学生在看、听、说、触摸、做、玩等学习方式中体会到学习的丰富性和趣味性，多层次多渠道地让学生接触学习内容。这些富有情感色彩、生动形象的具体场景或问题情境，可以提高学生上课时的注意力和好奇心，让学生身临其境地去发现问题、思考问题、解决问题，这样不仅有利于知识的获得和应用，还能活跃课堂气氛，培养师生合作的氛围，让学生通过身体和环境的互动实现健康全面的成长。

本章小结

本章重点剖析卓越体育教师能力培养的理论基础，从教师职业生涯发展理论、教师专业发展阶段理论、TPACK教师知识框架理论、具身认知理论四个方面对卓越体育教师教学能力的培养做理论阐述。教师职业生涯发展理论从四个方面来论述，一是傅乐的教师生涯关注阶段论；二是费斯勒将教师职业生涯发展阶段；三是阐释了教师职业生涯周期的主要阶段及特点；四是分析教师成长的规律性，概括为影响因素与成长机制两大类，其贯穿卓越体育教师成长过程的始终。通过第一节理论的学习可以帮助体育教师在追求卓越的过程中更好地做出科学、合适的教师职业生涯规划。教师专业发展阶段理论，结合我国的教育现实，将教师专业发展总结为专业适应与过渡期、专业形成与成长期、专业突破与退守期以及专业更新与成熟期四个阶段，卓越体育教师可以根据专业发展的四个阶段找到自己的"最近发展区"，在教育教学中有意识、主动、积极地去学习、思考和创新。关于TPACK教师知识框架理论，TPACK是Technological Pedagogical Content Knowledge的缩写，即整合技术的学科教学知识，重点解析TPACK框架的四个复合要素，对其特征和概念进行详细解读，该理论对卓越体育教师教育和教师专业发展具有重要指导意义。最后对具身认知理论由来、概念、理解进行多方位深层解析，对于卓越体育教师在尊重和解放学生的身体、增加师生身体互动、创设丰富的教学情境三方面有很好的启示作用。

第三章 卓越体育教师教学能力的层次与结构

教育大计，教师为本。教学能力是是反映教师教学质量的重要指标，关系到学校的教育教学层次与水平。2018年国务院印发的《关于全面深化新时代教师队伍建设改革的意见》和2022年教育部印发的《教育部教师工作司2022年工作要点》均提出教师是教育发展的第一资源，是支撑新时代教育改革的关键力量[1][2]。随着我国的教育水平的不断提高和体育教育改革的不断深入，对体育教师的教学能力也提出了更新更高的要求。教师教学能力具有复杂的要素结构，其结构由多种不同层次、不同性质的一般教学能力、专业教学能力、教学研究能力所构成。一般层次教学能力是开展有效教学的前提，专业层次教学能力是进行有效教学的关键，教学研究层次教学能力是教师教学能力不断提升的保障。三种能力在交互作用的联系中，表现出了基础素质—专业能力—研究创新的逻辑发展关系，正是这种相互影响、关联递进、共同促进的关系形成与发展了卓越体育教师的教学能力，三种能力在成长过程中会逐渐培育和加强教师的职业素养，是教师教学能力可持续发展的重要驱动力。体育教师只有明确自身应该具有的教育教学能力结构要素及其相互关系，在教学中综合运用才能不断地充实和发展，形成稳定、整合的优化结构，促进教师教学能力与综合素质不断提高，不断向卓越体育教师迈进。因此，为促进学校体育工作能够更好实施并推动卓越体育教师长远发展，本章对教师教学能力的构成、建构维度与特征属性进行分析，通过归纳总结卓越体育教师教学能力的不同层次结构要素从而对如何培养卓越体育教师、提升体育教师的教学能力寻找路径。

---

[1]中共中央国务院关于全面深化新时代教师队伍建设改革的意见［N］.人民日报，2018-02-01（1）.

[2]教育部等四部门关于印发《深化新时代职业教育"双师型"教师队伍建设改革实施方案》的通知［J］.中华人民共和国教育部公报，2019（11）：30-34.

第一节　教学能力的内容解构

教学能力是教师进行高质量教学的核心能力，对教师教学行为和人才培养质量产生直接影响。要科学、高质、高效地培养卓越体育教师教学能力，必须对教学能力智力基础、能力构成、维度建构及其特征属性具有正确的认识。否则，认识上的混乱必然导致实践上的无序与偏差。教学能力是专业发展的能力，其建构维度包括教学理论、教学意识、教学行为。教学能力是动态发展的能力，具有指向性和自我发展性的特征属性，其形成与发展是在教学实践中内化、整合的心理过程。有研究者指出：教学能力是一个由多种要素构成的复杂的集合体。以教学能力的发展轨迹为线索，可将教学能力分为一般层次、专业层次、教学研究层次三个层面，其呈现了卓越体育教师教学发展的历程，也表现了教师做人、做事、做学问三者完美统一。

一、教学能力的智力基础

在一定意义上，教师的教学活动是一种认识性活动。因此，它有鲜明的智力基础[①]。因此，探讨教师教学能力层次与结构有必要首先探讨其智力基础，在一定意义上智力本身是教师教学能力结构的一个组成部分。在众多智力成分中，我们认为三种智力成分对教师教学能力而言最为关键、最为重要，即：分析性思维能力、批判性思维能力和创造性思维能力。

（一）分析性思维能力

分析性思维能力是在思维中将对象的整体进行一定的分解，划分出对象的属性、特征等不同的成分。分析性思维也叫理论思维，基本上是逻辑思维的同义语，它是由分析、判断、比较和评价等问题解决活动构成的思维，其基础是形式逻辑，其基本形式是概念、判断、推理、证明和分类等。在形式逻辑范围内，要遵循同一律、矛盾律、排中律和充足理由律。在辩证逻辑范围内，它要遵循对立统一、量变质变和否定之否定规律。就思维形态来说，分析性思维主

---

①余承海，姚本先.论高校教师的教学能力结构及其优化［J］.高等农业教育，2005（12）：53-56.

要属于抽象思维。主要是为了强调它的自觉性、条理性和层次性。分析性思维与直觉思维是一对范畴，它会直接影响到体育教师传授知识的准确性、全面性和系统性。

（二）批判性思维能力

批判性思维能力表现为在思考问题时，对事物的性质、价值、精确性、真实性等作出个人的判断，敢于否定和怀疑，并产生独立的、综合的有建设意义的见解，是对"旧"的扬弃和对"新"的建构。批判的态度是激发创造性思维的动力，是创造性思维的本质特征之一，也是卓越体育教师可贵的品质。

（三）创造性思维能力

创造性思维能力是指在创新、发现、发明、想象、猜想等问题解决活动中表现出来的思维。创造性思维与体育教师教学活动中思想的开放性、教学设计的灵活性、教学方法的启发性等有密切的关系。从信息论的角度看，创造性思维具有突破性、建构性、非常规性及联系性四个特征。

二、教学能力的构成

教师教学能力是一种综合能力，具有复杂的要素结构，由若干不同层次、不同性质的子能力构成。在对教学能力进行划分的过程中可根据不同的标准归纳出不同的教学能力构成。基于下述分析，我们提出如下关于教学能力结构的理论构想如图3-1所示。

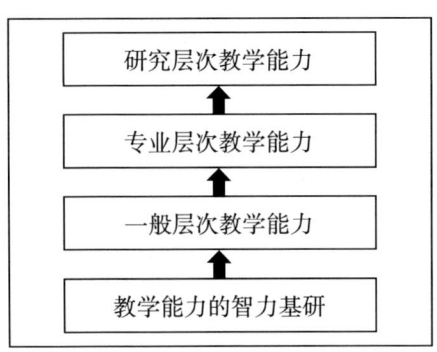

图3-1 教学能力结构的构成要素

（一）教学能力的构成层次

有学者认为，教学能力可分为一般与特殊两个层次。部分学者将一般层次再分为基础和一般两个部分，认为教学能力由智力基础、一般教学能力和特殊教学能力构成。少数学者将一般层次细分为一般能力层次、一般活动层次、一般教学层次三个方面，将特殊层次细分为学科层次和个性化层次两个方面，从而把教学能力分为"一般能力、一般活动能力、一般教学能力、学科教学能力和个性化教学能力"。从一般到特殊的发展过程，是教学能力从低层次到高层次的发展过程，也是其特殊性愈加凸显的过程。

（二）教学能力的构成子集

教学能力是由不同子能力有机构成的集合，研究者根据不同的划分方式将其划分为不同的能力子集。

1. 根据能力的层次划分

根据能力的层次划分，可将教学能力分为"一般教学能力、特殊教学能力和教学研究能力"、"普适性能力和非普适性能力"、"基础因素、一般因素和特殊因素"或"核心层、动力层和保障层"等。例如，廖嗣德指出教育教学能力包括一般教育教学能力和特殊教学能力[①]。余承海、姚本先认为，教学能力包括智力基础和一般能力，前者包括四种思维："分析性思维、批判性思维、创造性思维和实践性思维"[②]，后者包括"完善和更新知识及结构的能力、驾驭学科内容的能力、学术研究的能力、培养学生终身学习的能力、哲学思辨能力、熟练地操作设备能力、有效获取外文资料及较高的阅读理解能力"。许峰认为，教学能力分为核心层、动力层和保障层，核心层包括专业水平、教学设计能力、教学实施能力和课程开发能力，动力层包括教师观念和自我教育能力，保障层包括学习、合作与专心能力[③]。王沛、关文军、王阳认为，教育教学能力包括核心能力群和外生能力群，前者包括知识提取、教学监控和教学执行

---

①廖嗣德.中小学教师教育教学能力结构研究［J］.辽宁教育研究，2000（6）：48-51.

②余承海，姚本先.论高校教师的教学能力结构及其优化［J］.高等农业教育，2005（12）：53-56.

③许峰.产业结构转型省级背景下高职教师教学能力研究［J］.中国教育技术装备，2013（33）：39-40.

能力，后者包括教学效能感、教学个性和职业性向，认为职业生涯规划与管理能力对教育教学能力起到保障作用①。

2. 根据能力的属性划分

根据能力属性，教学能力被分为"知识结构、效能感与监控力"、"基本素养、知识结构与教学技能"或"教学经验、教学知识与教学方法"。例如，张学民、申继亮等将教学能力分为知识结构（本体性知识、实践性知识、基本心理能力）、教学效能感（一般教学效能感、学科效能感、活动效能感）和教学监控力（计划与实施、组织与管理、反馈与调节、反省与评价）②。朱欣欣认为，教育教学能力由基本素养、知识结构和教学技能构成③。龚红月、程炎明认为，教学能力由教学经验、知识积累和教学方法构成④。于素梅、石雷认为，教学能力由基本素养、知识结构和教学技能构成⑤。

3. 根据能力的重要性划分

部分研究者根据能力的重要性等级或贡献大小划分教学能力的子集。如，申继亮、王凯荣根据能力的重要性给出小学教师的教学能力构成与排序："语言表达能力、组织教学能力、培养学生良好学习习惯的能力、全面掌握运用教材的能力、调动学生学习积极性及学习兴趣的能力、应变能力、思想素质与敬业精神、概括能力、备课能力、知识结构、设计问题的能力、渊博的知识、因材施教的能力、培养学生自学的能力、教师的兴趣爱好、教学反馈能力、洞察学生心理变化的能力、积累经验教训的能力、实验操作能力、板书的能力以及留作业的能力"⑥。

———————————

①王沛，关文军，王阳. 中小学教师教育教学能力的内涵与结构［J］. 课程·教材·教法，2010（6）：92-96.

②张学民，申继亮，林崇德. 小学教师课堂教学能力构成的研究［J］. 心理发展与教育，2003（3）：68-72.

③朱欣欣. 教师教育教学能力构成的研究［J］. 教育评论，2004（5）：61-62.

④龚红月，程炎明. 高校教师对教学能力结构的认知——基于暨南大学的调查［J］. 高教探索，2012（4）：74-79.

⑤于素梅，石雷. 体育教师教育教学能力阶段性结构体系建构［J］. 南京体育学院学报，2009，23（5）：9-12.

⑥申继亮，王凯荣. 论教师的教学能力［J］. 北京师范大学学报（人文社会科学版），2000（10）：64-71.

4. 根据能力的表现形式划分

根据能力的表现形式，教学能力被分为隐性和显性两大类，隐性能力包括教学的观察力、记忆力、思维力和想象力，显性能力包括课堂教学能力（含教学认识、决策、实施与反馈的能力）、第二课堂组织能力（含活动组织、实践参与及辅导的能力）和教学科研能力（含经验概括、教学实验和论文写作的能力）[1]。

5. 根据工作对象划分

有研究者根据教学工作对象不同，将教学能力划分为处理教材的能力、运用教学手段的能力、处理师生关系的能力以及学科知识整合创新的能力、教学模式运用和创新的能力、促进学生发展的能力等。

三、教学能力的维度建构

（一）"教学理论"维度

教学理论是由庄严的态度、完整的知识体系组成的，其具体表现为教学热情、负责、深厚的学科知识和广博的文化素养。其中理论作为教师教育的知识解释系统，不是机械概念的教条，而成为自觉的、有生命赋予的积极的参与[2]。这体现在庄重的态度上，心理学家卡耐基将热情称为"内心的神"，他认为热情居于成功要素之首，没有热情，其他的能力都无法发挥出来。优秀的体育教师大多对自己所教的学科有深刻的认识，具有扎实的专业知识、浓厚的人文素养和教育理论功底，对哲学、社会科学、自然科学有独到的见解，这些为传授知识提供可能。

（二）"教学意识"维度

教学可以看作是精神活动，意识是人一切精神活动的初始形态，是教师教学过程中各种感觉、思维的综合。正如德国诗人海涅所说的，思想走在行动之

---

①康锦堂.教学能力结构及测评［M］.厦门：厦门大学出版社，1991.
②宁虹.教师能力标准理论模型.教育研究，2010（11），77–82，94.

前。无论这些思想是以现形的形态出现，还是隐形的状态存在，它始终影响着教学行为，缺乏教学意识的教师，即使掌握了很多的教学理论，也很难形成卓越的教学能力，成为教学卓越的教师。因此，教学意识是教学能力的核心，包括崇高的教学信仰、正确的教学认识。教学意识是正确认识教学的前提，教师首先应明确教学卓越、教育可实现、学生可教的信念，才能以开放的心态和思维认识教与学。正确的教学认识包括理解"教"与"学"、"师"与"道"、"学"与"生"、"学"与"习"等。教学意识要求教师在认识层面实现四个回归，回归常识——教育的常识就是读书；回归本分——教书育人是教育分内的事；回归初心——教育工作者的初心就是培养人才；回归梦想——教育梦就是报国梦、强国梦[1]。认识到四个回归，教师就完成了定位，明确了目标，认清了方向[2]。

（三）"教学行为"维度

教学行为是教师教学能力的直接体现，它受意识支配并被意识觉察。有效的讲授体现为精讲与精练学科知识、丰富和巧用语言表达、整合与使用多媒体技术；科学的引导包括设疑与讨论创造情景、课上和课下辅导学习；动态的监控体现为关注与应对学生差异、促进与调控非预设事件；正向的激励体现为尊重与赞赏学生努力、评价与反馈学习情况。从理论层面看，这四个方面的内容与有效教学环境的教学论原则是一致的。该维度的内容同样突出了以学习者为中心，注重知识中心，关注评价中心，获得修正的机会。及时的反思包括理解与借鉴他人经验、反思与改进教学不足。在进行教学活动过程中，掌握教学规律非常重要，这里的规律是直接经验与间接经验的统一。反思作为一种内部行为，只能通过教师个体体察获得，他人无法判断反思何时发生，也无法判断其有效性。这里不把反思单独作为一种能力要素划分，而是将他划分为一种隐形的教学行为。这些能力行为确实交织在教学过程中，体现着教学能力。

四、教学能力的特征分析

教学能力，就是教师拥有并在教学活动中表现出来的能力，是教师顺利完

---

①孙玉清."四个回归"彰显大学之道的时代内涵.中国高等教育，2016（21）.

②万玉凤.高等教育要做到"四个回归"教书育人（高教论坛），2017（9）.33-35.

成教学活动的主观条件，它直接影响教学活动的成效和质量，决定着教学活动的实施和完成。从顺利完成教学活动的需要出发，教学能力应是由教师拥有的多种相互联系的素质成分构成，其具有如下特征：

（一）教学能力具有指向性

教学能力的研究是出于对卓越教师培养的考虑，也就是说，教学能力是实现卓越教师培养的出发点，由此可以认知教学能力中的要素都是对于"卓越"的一种表现。教学理论是卓越的，是具有学科知识和知识解释系统的集合；教学意识是卓越的，是教学认识和教学信仰的集合；教学行为也是卓越的，是培养学生批判性思维的能力是无法替代的组成部分。无论是卓越的意识、卓越的理论还是卓越的行为都是为了培养卓越的教师。同时，卓越教学能力最终面向的也是卓越教师培养。具备卓越教学能力的教师能够关注知识和技能，更加注重情感态度与价值观念直接面向有效的教学结果，而这更好地促进了一流人才的培养，将对不同背景的学生思想、行为、道德和情感产生持久且积极的影响，使学生不仅具备内嵌于专业发展的能力，也具备与环境无关的普适性的特质，长效促进学生的学习与发展。

（二）教学能力具有自我发展性

卓越的教学理论、卓越的教学意识和卓越的教学行为是卓越教学能力系统中相互联系的三个部分，三者既相互联系也相互独立，具有系统存在的价值，也具有独立要素的意义。从整体到局部分析，可以发现卓越的教学能力具有自我发展的特性，表现在面向能力系统的循环、面向知识体系的融通、面向教学行为的创造三个方面。

1. 面向能力系统的循环

通过对卓越教学能力的构成要素探寻了解到卓越的教学理论是卓越教学能力的基础，它受卓越的教学意识的调控；卓越的教学意识是精神活动的起点，意识引发行为，这是行为理论的基本内容。即卓越的教学行为是对卓越的教学意识的外化显现并时刻被卓越的教学意识所觉察。正如生物学上一个良好的自然生态系统最重要的是"循环"，且卓越教师教学能力系统也具备这种循环特性。在整个循环中，意识贯穿在卓越教师教学能力发展的全过程，支配和伴随着教学能力的发展和延续，卓越的教学理论是卓越的教学意识和卓越的教学行为的支撑，三个维度的能力互相作用，形成了一个具有发展连续性的微循环。

2. 面向知识体系的融通

知识的融通是卓越教师教学能力的基本保障，教师应具备专业的学科知识以及哲学、社会科学、自然科学、心理学等其他学科领域的知识。高等教育在本质上是一种专业教育，以培养具有专业知识技能的高素质人才为目标，这就决定了教学具有专业性的特点，专业知识和专业技能所占的比重越来越大，影响程度越来越深。其它领域的知识为简化和解释复杂的原理和概念提供了帮助，与专业知识不可分离，共同构成知识解释系统。也就是说教师专业以外的知识能够辅助专业教学，并且专业以外的知识体现了教师专业角度的见解。知识不能脱离态度而单独存在，教学态度让理论知识具有精神意识，使教育不止步于概念的讲解，而是对知识的再思考。教师只有具备高度的责任感和教学热情，才能主动运用自身的知识体系来开展教学实践和进行教学研究。

3. 面向教学行为的创造

教师教学行为的种种指标实际上是方法和工具的结合，只有通过创新，才能产生促进学生学习的教学行为。学生背景不同，智力不同，因此，在创新的过程中，应该秉承"因材施教"的认识理念，对不同类型的学生采取不同的方法和工具的组合行为，引导其智力发展和个人成长。动态监控也是创造性的一种体现，是对实践教学随机状况的一种应对。这一点与"教学机智"相通，也就是说教师能够在偶发的教学情况中，面对情景做出行为反应。这种生成性行为也是行为创新性的表现。

第二节　一般层次的卓越体育教师教学能力结构

体育教学是一项非常复杂的身体教育过程，构成体育教学的诸多因素中，存在着教与学、个性与共性、教材的统一性与学生的兴趣等矛盾，如何解决这些矛盾，让构成体育教学的诸多因素协调统一起来，很大程度上取决于体育教师的一般层次的教学能力。它是实施教学行为与过程的常规性能力，是教学能力最直接的表现与载体，反映了教师教学的基本素质与素养[1]。教师一般教学能力的培养应从教师个人内生动力出发，加大对教师的培训体系完善，优化体育教师一般层次教学能力的结构，从而真正提升教师的文化素养等基础能力，为成为卓越体育教师奠定基础。

一、卓越体育教师一般教学能力的结构要素

一般教学能力，顾名思义指体育教师在进行教学活动中所需要的基础能力，是教师从事教育教学活动的前提。这项能力不仅是体育教师需要的教学能力，还是其他学科教师需要的教学能力，是所有教师都应具备的一般教学能力，其结构框架可以大致分：学习自研能力、教学设计能力、教学实施能力和教学评价能力[2]。

（一）教学自研能力

随着教育理念和教学改革的不断深入，对于体育教师的自研能力也提出了新的要求。因此，作为一名新时代背景下的高校体育教师，除了拥有良好的身体素质及专业的体育技能之外，体育教师还须具备丰富和扎实的理论知识储备和真才实学。同时，体育教师也不能墨守成规，必须学会与时俱进，不断更新知识结构和完善补充新知识体系，将研究工作和教育教学工作紧密结合，具备能够对学术文章进行指导和改进的能力，同时掌握翻译外文体育资料以及教材编写的能力。作为一名教师不仅要学习研究课程标准、教材、教参、人体科学知识和专业技能，而且应当不断学习教育教学理论与课程理论，从而及时更新教育理念，紧跟课程改革与时代的步伐。

（二）教学设计能力

教学设计是进行教育教学活动之前所做的计划和安排，通过教学设计能

---

①张洪春，许新华. 高职院校教师教学能力结构及要素关系研究［J］. 高等职业教育（天津职业大学学报），2015，24（4）：16-20.

②马军. 体育教学技能的理论研究与实践——评《体育教学技能实训教程》［J］. 中国成人教育，2019（12）：97.

力的研究，可以帮助学校选拔和培养青年体育教师，使培养合格的体育教师有据可依，一位优秀的体育教学设计者，通常对教学的任务进行了深入的研究，从而提高自己的教学素质和教学水平。首先，它应包含认识学生的能力。由于不同学生的知识、技能与认知水平存在差异，且体育兴趣、需求等又各不相同，这就要求教师能够对每位学生做出客观、准确的认识，而且确保制订教学计划时能够区别对待、分层设计，以实现教学效益的最大化。其次，是制定或确定教学目标的能力。制定或确定教学目标是进行教学设计的前提。再次，是合理选择与运用教学内容的能力。教师必须尽量熟悉各类教材与教参，理解其特点，要研究教材和分析教材的内涵，要把握教材的重点与难点，从而具备运用、驾驭教材与教参的能力。最后，教学设计能力还应当包括选择教学方法与运用教学策略的能力、体育教案设计能力、体育活动内容设计能力、设计体育与健康教学计划的能力，其中对于体育教案教学内容、练习密度的设计以及制订不同环节模块计划的能力尤为重要[①]，如表3-1所示。

表3-1　体育课堂教案设计内容

授课班级			授课教师			单位	
学生人数			授课时间			课次	
教学内容	主教材： 辅教材：						
课的结构	教学与练习内容	练习		目的要求	教师引导与组织	学生参与	
		次数	时间				
开始部分							
准备部分							
基本部分							
结束部分							
场地器材					练习密度预计		
课后反思							

---

①蔡蓓.卓越体育教师核心素养的内涵及实践探索［J］.课程教育研究，2018（11）：209.

（三）教学实施能力

教学实施能力是教师从事教育行业所必须具备的一种能力，是在具体的教学实践和活动中所培养和展现的一种综合能力，同时教学实施是教育教学中最重要的环节，通过教学实施，使学生的身体和心理都得到全面发展。教学实施能力是教师在实现教学目标的过程中解决教学问题的能力，是教师能否顺利完成教学任务的核心能力，是教师教学基本能力的核心要素。它主要包括教学组织与管理能力、教学表达能力（含语言、非语言）、讲解与示范技术动作能力、发现与纠正错误动作的能力、课程资源开发与利用的能力、传授体育与健康基础知识的能力、教学拓展能力、因材施教的能力、处理"教学生成"的能力和教学监控的能力等。

（四）教学评价能力

教师进行教学评价是教师"教"与学生"学"的过程和结果，对教学结果进行评定，从而促进教学质量的提高。教师在对课堂进行教学评价时大多是以形成性评价为主，新时代下的教学评价的内容主要从学生的体能、体育健康知识与技能、学习态度、情意表现、合作精神与健康行为五个方面来进行评价。如今教学评价能力也是教师教学能力中的重要部分，教学评价对教学工作起着判断和导向作用，能够帮助体育教师发现教学过程中的问题，促进教师专业水平的提高，从而改进教学工作；教学评价还能让学生更加全面地掌握自己的学习程度，通过及时的反馈，使学生认识到自己的优势与不足，明确自己将努力的方向。教学评价是体育教学活动的重要环节，教师只有对教学对象与自身的教学作出客观、正确的评价，才能不断促进教学质量的提升，真正实现教学相长。教学评价不仅包含教师对学生学习的评价，而且应当包含教师对自我教学的评价与教学资源（如教学内容、教材教具）的评价[1]。

---

[1]张翔，张瑞. 基于全程实践理念的卓越中小学体育教师培养研究［J］. 体育科技，2019，40（3）：
　　125–126.

二、卓越体育教师一般教学能力的培养要求

（一）关注教师内生动力，促进教师个人发展

卓越的教学能力往往只是卓越教师在教学方面的一点体现，具备卓越教学能力的教师在人格魅力和科研成绩上往往也有很高的造诣。这些教师的优秀很大程度上在于个人对自我价值实现的追求。关注教师内生动力，带动教师的教学热情，这种主观发展往往比外在物质激励刺激下的被动发展更有效力。蔡继红认为教师发展的内在动力来自两个方面：一是教师自我价值的实现[1]。不同教师自我职业发展定位不同，有的教师以科研发展为主，有的教师则对教书育人有着强烈的追求，因此致使他们开展教学的动机不同，后者无疑会对教学质量有更加严格的要求，并容易在教学上获得更大的成功。二是教师自我效能感，在教学过程中，教师的自我效能感是教师对自身教学能力的内在信念，能够激发教师挖掘教学潜能，直接影响着教师在教学过程中的努力程度。增强教师教书育人的内生动力，激发他们的主动性和创造性，是培养教学能力的关键。

（二）建立完善的培训体系，提高体育教师学科自信

新时代加强教师培训系统，有效提高体育教师的学科自信变得尤为重要。因此，要落实教师培训规模，加大教师"国培"机会，建立健全完整的教师培训体系。学校应该重视教师的培训，增加教师学习交流的机会。为了提高体育教师队伍整体素质，适应基础教育改革发展和全面推进素质教育的需要，使体育教师教学中能够具备高素质与专业化，国家应该重视加强教师的职前、职中与职后培训，建立健全教师培训体系，对教师提供分层培训课程，规范培训课程考核评价，加强培训组织保障，因此来提升培训质量，促进教师专业能力的提升[2]。教师的培训内容不应该从近期目标出发，更要考虑长远目标，使教师通过培训学习增加自己的认识，跟随时代潮流发展不断更新教学观念。学校应鼓励教师参与培训，并且为教师尽可能地提供更多的培训机会。学校应该加强注

①蔡继红.马斯洛需要层次学说述评［J］.理论界，2011（5）.22–24.
②董翠香.学校体育学［M］.杭州：浙江大学出版社，2004.

重教师的教学培训，增加培训经费的投入，使教师的培训形式多样化且更加具有针对性，在理论修养与实践能力等方面提升自己，促使体育教师提高学科自信，使教学培训更加符合新时代卓越体育教师发展需求。

（三）构建学习共同体，发挥教师群体效应

当前，学科发展呈现高度分化而又高度融合的趋势，在这样的背景下，如果说科学研究尚且可以求个人突破，那么教学必须需要整个团队和学校的氛围来带动，从这个角度上看，构建学习共同体十分重要。共同体受办学定位和教育理念的影响，具有共同的价值追求和教学改革的方向，在共同体内部，例如各院系、年级组、工作坊等小的共同体又有具体的教学目标。在共同体当中，体育教师之间称为价值共同体，则教学就变成了一种集体性的活动，追求教学改革和教学卓越更加可靠。无论是在大的共同体还是小的共同体中，都应该建立资深教师职业经验的分享机制，通过公开课、展示课等形式组织青年教师学习，创造教师之间合作对话与分享交流的平台，发挥资深教师的"传、帮、带"的作用。教师之间的帮扶应该是协同互助的，新入职的年轻教师需要有经验的教师带动，很多进入教学瓶颈期的老教师，对新事物的接受能力比较差，因此也需要多跟年轻教帅接触，来激发他们的教学热情。

三、体育教师一般教学能力方面存在的问题

（一）对新时代下的体育教学理念认识不足

当前来看，教师对新时代要求下的体育教学理念的认识还不够清晰，随着时代的发展，教师的教学理念也应该不断进行更新转变，陈旧的理念将不能适应新时代教学的要求。教师没有真正将以学生为本的教学理念实践到体育课堂教学过程中，没有很好地做到以学生发展为中心。很多教师对于政策文件的解读能力不强，导致自身思想观念的局限性。很多教师没有立足于新课程体育教学的新理念，机械的传授技能知识，忽视了学生的主体地位，使学生养成了不爱思考，对知识没有求知欲和探索的现象。在教学中忽视了"立德树人"的根本任务，缺少了德育元素的融入。另外，部分教师比较注重教学结果，却忽视了教学的过程，这种重视教学结果忽视教学过程的行为对于学生来说也是不公

平的，不利于课堂效果的提高。

（二）对于新样态的课程设计把握能力欠缺

新时代背景下要求体育教师要科学、规范且高效地上好每节体育课，体育教师应该审时度势，提高自身能力以适应新样态的课程体系设计。但教师在教学设计过程中仍过于模式化，不够贴近学生实际特点，教师还是存在着传统的应试教育教学观念，很多教师在备课的环节存在程序化的问题，更多考虑的是教学任务目标，忽视了学生的实际情况，没有做好备课设计，并未注重提高学生的专项化、趣味化、多样化等，没有真正以"学、练、赛、评"融入到教学活动中。另外在体育教学中没有明确新时代的育人目标，忽视了课程思政元素的融入，没有做到全程与全方位地育人。新时代也要求教师能够掌握现代信息技术，将其应用于教学之中，体育教师在课堂上使用多媒体技术已经逐渐成为教学新趋势，教师的信息素质的培养也越来越重要，传统的体育教学已经不能够再满足新课程标准的要求。因此卓越体育教师对新样态的体育教学设计应该更加注重全面性与科学性。

（三）教学能力评价体系不够完善

对教师而言，教学能力提升必须以正确方向为引导，而正确的引导方向则是以完善的评价体系为基础的。因此，要确保体育教师教学能力不断提升，学校必须要构建完善的教学评价体系，并实时分析教学活动开展中出现的问题，从而明确掌握教师在各个方面能力建设中存在的一些不足之处，然后有针对性地进行改善，最终达到提升教师能力的目的。教学能力评价多是以理论知识评价内容为主，但部分教师多是以职称晋升为目的的，这就使得教学评价和体育专业理论课程教师实际需求在整体方向上发生偏差，无法有效实现教师能力的提升。

四、卓越体育教师一般教学能力的提升策略

（一）积极转变教学理念，实施研究型教学

目前中国学校普遍存在着"轻教学、重科研"的教育教学观念，然而科研水平的提高并没有使教学质量有明显提高。要提高教育质量，应从重视教学开

始，转变教学理念，强调科研驱动式教学，实施研究型教学。研究型教学是教师运用科学的理论和方法，有目的、有计划、有组织地对教学中的问题进行探究，以解决教学中的问题，揭示教学规律，为提高教学质量提供理论依据和实践指导。学校体育教师在教学过程中要牢固树立全面发展观念、人人成才观念、多样化人才观念、终身学习观念和系统培养观念。同时教师要不断创新教学方法，立足问题导向，与学生协作学习，教学过程中实现师生学术思想的碰撞，有利于教师教学能力的全面提升。同时，教师要主动就教学过程中发现的具体问题开展研究，不断开辟科研新方向，形成以教学带动科研、以科研促进教学的良性循环，进而达到教师教学能力与科研水平的联动性提升，从真正意义上促进卓越体育教师教学理念的转变。

（二）强化学习与实践，提高课堂教学设计的能力

实践证明，课堂教学设计能力的提高，一方面要强化学习，另一方面要强化实践。只有强化学习，才能把握准课堂教学设计所涉及的各种元素的内涵。正所谓书读百遍，其义自见。强化学习不仅要向各种体育专业书籍、杂志和课标学习，还要向具有一流课堂教学设计能力的教师学习，并且做到敏而好学、不耻下问，经常研读他们的课堂教学设计。强化实践，即强化自己课堂教学设计多实际操作。特别是多参加高水平的教学竞赛，由于高水平的教学竞比规格要求高，再加之有指导教师指导，因此参加者更容易在其中受到历练。也正是在不断强化学与实践的过程中，体育教师课堂教学设计的能力得到了提高，进而在今后课堂教学设计时，才能更突出自身设计才能的与众不同[1]。

（三）强化教师教学能力评价体系建设

教学能力评价体系建设的完善可以从三个方面着手：一是建立常态化的教学诊断培训机制，真正将体育教师的教学能力体现在教学活动中，倒逼体育专业理论课程教师教学能力的提升。二是要针对学生群体做好满意度调查，从学生的个性化学习需求出发，了解教学活动中存在的一些问题，从而更好地促进体育专业理论课程教师教学能力提升。三是可以采用独立的第三方评价机制，由社会层面专业机构对体育专业理论课程教师教学能力进行评价，以确保体育

---

[1]贾军. 卓越教师培养计划的具体实施和策略研究［J］. 当代体育科技，2018，8（36）：202.

专业理论课程教师教学能力的全面提升。

第三节　专业层次的卓越体育教师教学能力结构

专业层次的教学能力是体育教师完成体育教学工作所必须具备的能力，是教师为达成教学目标而开展具体专业教育教学活动所具备的能力，并在整个教学活动过程中得以表现。专业层次的教学能力是体育学科教师所特有的职业能力，只有遵循"完善体育教师优秀人才选拔体系、增加体育教师师德培养课程、完善体育教师评价激励机制"的培养要求，不断提高专业技能素质、完成继续教育，才能实现卓越体育教师教学能力层次结构更好的优化，促进卓越体育教师教学能力的发展。

一、卓越体育教师专业教学能力的结构要素

体育专业教学能力是体育教师完成体育教学工作所必须具备的特殊工作能力，它与体育教学过程紧密相连，并在整个教学活动过程中得以表现。分析卓越体育教师专业教学能力的结构组成可以从学生体育学科核心素养的培育入手，通过对学生运动能力的培养、对学生健康行为的培养与对学生体育品德的培养三个方面来体现卓越体育教师专业教学能力，如图3-2所示。

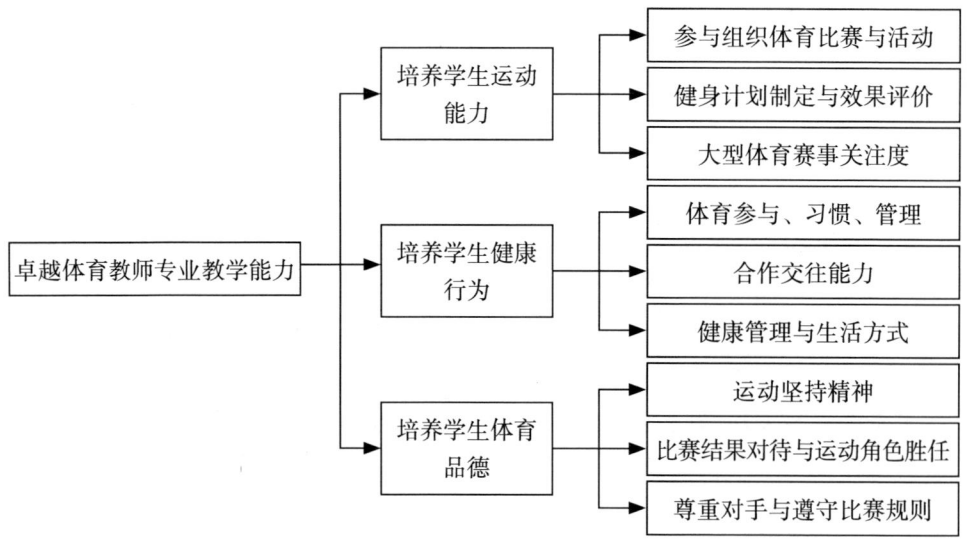

图3-2　体育学科专业教学能力结构模型

（一）学生运动能力的培养能力

运动能力是体育活动中身体活动能力、技术、战术能力以及心理能力的综合体现，具体表现形式为体能状况、运动认知与技战术运用、体育展示与比赛，是体育教师深度教学的内在追求，是人类活动的基础。学生可以运用他们所学的运动知识、技能和方法参加或者组织各项活动和比赛，体能与运动技能水平显著提高，掌握和运用选学运动项目的裁判知识和规则，具备分析和解决问题的能力、独立制订和实施锻炼计划，并对练习效果作出合理评估；了解和欣赏国内外的重大体育赛事。因此，培养学生运动能力不仅要增强其体魄培养其兴趣，还要培养学生运动核心理念，使学生能够熟练掌握和运用相关运动技能，为学生树立终身体育意识奠定基础。教师需要充分发挥学生在教学中的主体作用，调动学生的学习主动性，在教学实施中结合实际"对症下药"，设置合理的教学内容，营造良好的学习环境，进一步激发学生的运动兴趣，提升他们的运动技能，这也是卓越体育教师必须要具备的学生培养能力。

（二）学生健康行为的培养能力

健康行为是改善身心健康和积极适应外部环境的综合表现，行为导致结果，健康的行为是提升健康水平并逐渐形成良好生活方式的关键。具体表现形式为体育锻炼意识与习惯、健康知识的掌握与运用、情绪调控和环境适应。健康行为有利于学生养成健康习惯和健康意识，有利于学生的体魄强健和身心健康。体育教师通过对学生健康行为的培养，学生能够积极主动参与校内外的体育锻炼，掌握科学的锻炼方法，逐步形成锻炼习惯，掌握健康技能，学会健康管理；情绪稳定、包容豁达、乐观开朗，善于交往合作，适应自然环境的能力强；关注健康，珍爱生命，热爱生活，养成良好的生活方式，改善身心健康状况，提高生活和生存能力。卓越体育教师掌握学生健康行为的培养能力对学生的行为与习惯有着极为重要的作用，既能培养文明意识，促进学生文明习惯的养成；又能增强健康意识，促进学生身心全面发展；还能加强安全意识教育，培养学生高度的责任感，使安全问题不再成为体育教师开展体育数学活动的障碍，强化学生对体育伤害事故的防范意识，解决了学生体育技能形成过程中敏感且棘手的问题，这也是卓越体育教师专业层次教学能力培养的意义所在。

（三）学生体育品德的培养能力

体育品德是指在体育运动中应当遵循的行为规范以及形成的价值追求和精神风貌，对维护社会规范、促进社会风尚具有积极作用。这种品德是学生在体育与健康学习中自尊自强，主动克服内外困难，具有勇敢顽强、积极进取、挑战自我、追求卓越的精神；能够正确对待比赛的胜负结果，胜不骄、败不馁；胜任运动角色，表现出负责任的行为；遵守规则，尊重他人，具有公平竞争的意识和行为。体育品德也包括两部分内容，一是参加体育活动过程中形成的行为规范；二是参加体育运动过程中所形成的价值追求。体育行为规范是参加体育活动的最基本要求，也是体育育人的直接体现，体育价值追求是体育学科存在的独特意义，比如奥林匹克精神追求"更高、更快、更强"激励了无数人为之奋斗终身，这是体育运动价值魅力所在，也是体育学科的本质，是体育教师教学能力培养最深层次的价值追求。

体育课程的价值不仅仅是传授给学生体育知识，也在于它的育人功能。在体育教学中要注重提高青少年体质健康水平，促进其身心健康协调发展[①]。因此，在重视体育学科教育的基础上，还要加强学生思想品德行为的养成。在体育课中融入思政元素有利于发展隐性教育，促进学生全面发展。融入思政元素需要对教学目标的重新界定，重视德育教学目标融入体育课堂，重视发挥育人功能。教师在组织和实施学校体育教学改革过程中要以学生为本，突出学生在体育教学工作中的中心位置，强调指出了良好的品德修养在体育学科育人过程的重要作用。这就要求在体育教学过程中，教师需将体育育人的教学目标与培养学生的品德修养有机地结合，将学生的全面发展和社会需求相结合，将人文教育与体育品德教育充分融合，为学生的体育核心素养能力化发展提供动力。卓越体育教师应加强对学生心理健康教育方面的培养，可以引导学生进行科学锻炼，引导健康的行为和生活方式，可以提高学生的心理素质的承受能力，达到健全人格的目的，养成经常锻炼的好习惯，使学生形成积极乐观的人生态度。

---

①戴郁珠.“课程思政”视域下高校体育舞蹈育人体系建构研究［D］.成都：成都体育学院，2021.

二、卓越体育教师专业教学能力的培养要求

（一）完善体育教师选拔体系，吸引优秀人才

培养卓越体育教师要求从多个方面来强化教师队伍建设，可以通过完善教师的选拔体系来吸引更多的优秀人才。应该优化体育教师选拔体系，吸引高素质专业型人才。科学的教师选拔机制有利于提高教师队伍专业化的水平，对于教师个人的思想和行为具有很强的导向作用。对教师的选拔不应该仍停留在文化知识与专业技能方面，更应该注重个人的道德修养与创新思维方式，避免教师思想停留在"应试教育"导致思想停滞不前。并且应该看重选拔人才在任用期的表现情况，注重考察其对教师行为准则规范的理解等。拓宽教师选拔渠道，对于一些非体育专业但在专业技能方面有很大突出优势的人才应该注意引进，例如优秀的退役运动员或转行教练员等，对选拔机制进行优化与创新，再者也应该对一定教学经验的优秀教师进行引进与培养，对教师进行全面且完善的选拔，吸引更多优秀的人才来构建高素质专业化的体育教师队伍。

（二）增加教师师德培养类课程，提升育人能力

现在越来越多综合类大学的学生选择从事体育教师行业，因此职前体育教师的培养主要由综合类大学和师范类大学共同完成。这些培养单位在培养体育教师时，应该增加师德培养类课程，这些课程可以包含教师师德的培养，以及如何在课堂教学中进行育德和心理健康教育，这部分课程的学习可以提升体育教师在教学中实行立德树人等育人能力，提升卓越体育教师能力水平。

（三）完善教师评价激励机制，提高教学工作积极性

要想建设高质量教师队伍，学校应该激励体育教师树立高度的职业感，体育教师之所以缺乏对教学工作的热情，与学校对教师的评价激励是分不开的，有效的评价激励能够促进教师挖掘自身潜力，提高教学效果，促进高质量课堂的发展。此外，要将教师的师德师风纳入考核评价系统，引导教师以德施教，促使教师之间建立自评、互评机制。在对教师进行激励时要注重公平原则，能

够最大限度地避免激励差别过大带来的不公平现象。学校在对教师激励时应注重因人而异与因时而异，考虑到教师的自身情况，选择在合理的时机下促进对教师的激励。学校要完善教师评价激励机制，调动教师对体育教学工作的积极性，使教师不断挖掘自身潜力，促进教师在教学与科研能力的提高。

三、体育教师专业教学能力方面存在的问题

（一）体育教师的专项技能存在不足

卓越体育教师一般都具有几项专业技能，持有相关技能资格证书，能够完成相关体育运动技能。因此，在体育专业技能的展示与示范方面，体育教师能够将体育专业技能完成过程进行清晰呈现，并获得较好的效果。但是，在实际授课中部分体育教师并不重视"动作示范"的意义，且不重视自身运动技术理论的学习。在讲解体育专业技能的基本原理、动作要领等方面较为欠缺，体育专业技能与理论知识储备不同步，致使学生难以深层次地理解运动技能的形成过程，从而降低了体育教学效果。

（二）体育教师教学责任感不强

教师在提升自身体育教学能力、增强体育教学责任感方面的意识不强。多数青年体育教师没有为明确职业生涯设计规划，没有在专业发展方面给予足够的重视。其中，部分体育教师甚至连自己的工作职责都不清楚。此外，青年体育教师在体育教学责任感方面的意识也不强，在体育教学过程中，对于学生练习不闻不问，较少对自由散漫的学生进行批评教育，有的甚至听之任之，将"体育教学"视作"养家糊口"的工具。

（三）继续教育及培训机制不够完善

教学能力提升是在教学活动开展过程中逐步完成的，其不仅需要体育专业理论课程教师自身强化个人认知和学习，更需要学校层面提供相对完善的继续教育及培训。但是在目前高等教育活动开展过程中，学校层面只是从评价体系方面对教师进行管理，在继续教育平台搭建、培训体系建设等方面不够重视，

由此不仅造成体育专业理论课程教师重视度不足，还导致他们有现实需求时，学校所能够提供的支持力度也变得极为有限。同时，教学能力提升还需要学校层面搭建完善的评价体系，但多数学校在这方面的建设同样较为滞后，无法满足体育专业理论课程教师的现实实践需求，使得他们的教学能力难以实现有效提升。

四、卓越体育教师专业教学能力的提升策略

（一）坚持科学锻炼，提高专业技能素养

新时代要求下的体育课教学目标为：确保学生每天锻炼一小时，使学生至少掌握一门以上的技能，并且要求多加开展课外体育锻炼活动等[①]。这就要求体育教师能够进行自身专业技能的熟练掌握，并且能够传授给学生多样化的练习方法。教师应该加强科学锻炼，保持自己的体能和技能水平，在课堂上给学生示范动作的时候能够起到榜样作用，熟练娴熟的运动技能有助于提高体育教师的教学效果，教师在对薄弱技能的锻炼中可以向身边有经验的教师请教，加强对技能的查缺补漏。教师在日常生活中应该加强养成每天锻炼的好习惯、培养终身锻炼的意识，能够做到真正的榜样带动作用，为学生树立引领作用。对于自身的专业技能方面能够多学、多练专业技能，提高专业本领，能够在课堂教学过程中通过熟练与优美的动作示范与展示教会学生运动技能的要领。努力提高自身的课堂教学能力，在课堂上能够依据教育政策要求对教学模式、方法与手段进行更新与细化，积累丰富的教学经验。实现对教材的深入理解并提高课堂的把控能力。努力做到全方位提升专业化的技能素养，使体育课堂教学符合新时代的要求。

（二）坚持"立德树人"任务，加强师德师风建设

《意见》中提出要将"立德树人"作为学校体育发展的目标[②]。要想建设

---

①毛振明，杨多多，李海燕.《"健康中国2030"规划纲要》与学校体育改革施策（2）［J］.武汉体育学院学报，2018，52（4）：75-80.

②中共中央办公厅国务院办公厅印发《关于全面加强和改进新时代学校体育工作的意见》［J］.体育教学，2020，40（10）：5-7.

高质量的教师队伍，加强师德师风建设是首要。习近平总书记明确要求"要坚持社会主义办学方向，把立德树人作为教育的根本任务"。教师在教学中要落实立德树人就要加强学生的思想政治教育、品德教育，要不断激励引导学生，培养学生的世界观、人生观、价值观。教师在体育教学中融入思政元素，加强学生的思想品德修养，使学生在体育课上不仅学习运动知识与技能，还可以锻炼学生的人格，塑造其坚毅的灵魂，培养学生强大内心世界，促进学生德、智、体、美、劳全面发展。在新时代要有新思路和新举措，围绕立德树人的根本任务，以师德师风建设为着力点，教师应当开展"课程思政"教学设计，实现体育课堂教学"知识传授"和"价值引领"有机统一。教师应该具备良好的职业素养，把爱岗敬业的精神发挥到教学工作中去，有高度的职业认同感和使命感，教师要时刻以"四有"好老师的标准严格要求自己，真正的做到有理想信念、有道德情操、有扎实学识、有仁爱之心，并把"立德树人，全面发展"的育人理念内化于心，外化于行，用心带好一个班，上好每一堂课，做好身边每一件事，真正形成全员、全过程、全方位育人的工作格局。

（三）高度重视继续教育，加强体育教师的业务培训

教师教学能力的提升，除了自身原因外，学校提供的平台也非常重要，尤其是青年体育教师，刚刚大学毕业，体育教学能力、教学经验还比较欠缺，没有足够的积累，很难驾驭中学体育教学课程[①]。学校应为体育教师搭好平台，加大人力物力的投入，扩大渠道，让体育教师有更多的机会参与到教学能力提升的培训中去。同时，广大学校应重视以老带新，加大投入，配套经验资深老教师，发挥体育老教师的传帮带作用。除此之外，学校还可以组织可以教学能力提升讲座、论坛和各类培训，让广大青年体育教师获得外来知识的补充。

第四节　教学研究层次的卓越体育教师教学能力结构

教学不仅是一种知识的传授，也是教学相长、创造与拓展知识的过程。教

---

①秦燕，龚江泳. 基于卓越体育教师理念下的教师评价机制优化策略［J］. 体育世界（学术版），2019（2）：59.

学不仅仅是对学生培养的过程，也是教师发挥主动性、创造性与研究性教学的过程。教学研究能力是教师通过长期教学实践而发展起来的一种心智，是教师教学能力不断提升的动力源泉。教学研究层次的教学能力结构要素主要包含反思能力、科研能力、创新能力与合作能力。教师职业成长过程中，教学研究能力已成为教师提升教学效能、促进专业发展最为关键的因素，更是课堂教学不断焕发生机与活力的"原动力"。在卓越体育教师教学能力培养中，通过建立良好的科研环境平台，促进科研成果的高效转化，提升教师反思与创新素养来实现卓越体育教师教学能力的升华。由此可以看出，教学研究能力在卓越体育教师教学能力结构构成中具有举足轻重的地位。

一、卓越体育教师教学研究能力的结构要素

教学研究层次的教学能力要求教师以研究者的视角去审视教学活动，反思自身教学的不足与成功之处，从而发现与总结教学规律和经验，不断提高教学质量，培养创新与合作型思维模式。卓越体育教师教学研究能力结构要素由反思能力、合作能力、钻研能力和创新能力构成。

（一）教学反思能力

体育教师的教学反思是指，课下认真回顾自己的教学实践，进行全面地研究思考，回顾并总结课堂的经验，是对教学过程的反馈，进而提高教学效率的一种方式。教师可以通过回顾课堂，对课堂的流程进行归纳总结，发扬长处，查漏补缺，积累经验。教师反思的方式是与同事讨论，通过与同事间彼此交流心得经验来检讨自己的教学行为，达到提高教学监控的手段。教师的教学风格各不相同，教师教学中自我封闭不利于相互间的共同发展，要打破这种封闭，与同事间进行交流，相互进行教学内容的批判式探讨和研究更利于反思自身存在的问题。有的教师反思方式是通过听取学生的反馈得到信息，这种方式的优点是利于加深与学生的沟通交流，促进师生感情，也有助于了解学生真实的感受与需求，作出有针对性地计划。教师通过撰写课后总结的方式进行课后反思，分析总结后将课堂细节完整记录写入笔记教师反思的方式是对课堂内容的教师的反思形式多样，教师在进行课后反思应该结合实际情况进行。

（二）教学创新能力

新时代树立新思想，体育教师应当树立创新思维，若不想被时代淘汰，应该紧跟时代潮流，不断学习探索先进的教学模式，了解学科发展动态，始终回顾，可利用现代信息技术，通过对课堂内容的录制，反复观看查找不足。由此可见，在教育的最前沿，培养创新思维模式，在体育教育中主动加强教学创新能力的培养，教学活动的创新体现在多个方面。大部分教师从教学方法手段与课的组织形式方面进行创新，传统的体育课教学大多数教师是先讲解再示范，学生模仿练习，教学模式枯燥单一，教师的创新表现在发挥学生的思考能力，说出动作名称让学生模仿，教师提出问题，学生集体思考后练习，加深动作印象。在练习过程中教师通过对教学器械的创新改造发掘新用途，使学生产生更大学习兴趣等。在评价方式上进行创新，从单一的对学生的评价转变到教师的自我评价，师生间的相互评价。对学生评价考核的内容会根据学生的特点及技能的掌握程度进行创新。只有不断转变新理念，不断进行教学创新，才能不被淘汰。

（三）教学钻研能力

卓越体育教师应该具有良好的教学科研统筹能力，体育教师除了基本的课堂教学能力之外，教学钻研能力的提高是提高教师整体素质水平的重要途径。教师只有勇于探索教学新途径，才更有利于促进教学水平的提高。教学钻研能力要求教师以研究者的视角去审视教学活动，反思自身教学的不足与成功之处，从而发现与总结教学规律和经验，不断提高教学质量。在教师专业成长过程中，教学钻研能力已成为教师提升教学效能、促进专业发展最为关键的因素。教师教研能力的提高不仅利于教师提升职业幸福感，也利于教师紧跟时代步伐，培养终身学习的观念，不断探索行业未知，使自身能力适应新形势。教育钻研是先导，是提高教学质量的有力支撑，更是课堂教学不断焕发生机与活力的"原动力"，故教学研究能力在卓越体育教师教学能力中具有举足轻重的地位。

（四）教学合作能力

教学合作是教师成长和专业发展的主要路径，是教师自我发展的需要，更是提高教师队伍素质的必然趋势。目前，广大教育工作者越来越深刻地认识到教学合作的重要性，集体备课、甚至已成为课程研究发展的有效路径。卓越体育教师教学合作能力是确保课程研究开展不容忽视的能力之一。值得注意的是，除了强调师师之间的教学合作外，还应特别注意师生之间的教学合作能力的提升，从而更好地调动学生学习的积极性与主动性。

二、卓越体育教师教学研究能力的培养要求

（一）研读政策要求，明确新时代体育教学正确方向

体育教师要顺应时代潮流的发展，一系列政策文件为学校体育教育工作提出了新的愿景，体育教师作为学校体育教学工作的主要引导者，发挥着教书育人的重要作用。体育教师在思想上要与党和国家方针政策保持高度一致，教师要认真研读国家政策提出的教育要求，明确教师发展的愿景，在思想上有明确的体育教学方向。坚定职业理想与信心，能够根据时代要求强化知识体系，创新教学模式，将新时代元素融入到教学活动中，贯彻"健康第一"的指导思想，突出学生在体育课程中的主体地位，与学生创建和谐平等的师生关系，在教学过程中关注学生的情感体验，重视课程资源的开发与利用，能够正确理解且实施国家政策要求，把握现代教育的新方向。

（二）深入科学研究，提高科研素养

卓越体育教师不仅要求能够上好体育课，更要求体育教师能够拥有探索与解决事物的能力，科研与体育教学密不可分。体育教师应该加强科研意识，教师要勇于探索，不断加强教学拓展能力的发展。脱离科研的教学是没有可持续发展动力的，这就要求体育教师能在日常的体育教学中不断挖掘自身潜力，深入潜心进行研究，提高科研的能力，教师要避免闭门造车，应该加强与外界的教学交流与沟通，时刻掌握学校体育发展新动态，加强科研意识与行为培养，以获得最新的教学成果与方法。通过互相听课、科研培训等机会进行观摩和获得经验，将科研与课堂教学相统筹，体育教师要努力提高自身科研素质，在自己的专业领域多实践储备经验，进行课题研究，培养自身发现问题、解决问题的能力，提升教师自身科研素养。

（三）坚持终身学习理念，提高教学创新素养

卓越教师培养计划指出要培养具有终身学习能力的专业教师，而且当前教育提倡的是培养学生的创新能力[①]。因此教师以及其他从业者都需要具备终身学习能力，比如现在信息技术在教学中的应用可以让教师的教学完成的更顺利，这些新兴事物的产生需要教师始终坚持学习这些新知识，以此让教师保持与时俱进的教学能力，需要教师具备融合这些新知识新事物的能力，同时也需要教师具备教学创新能力，这样才能在教学过程中逐步培养学生的创新能力。

三、体育教师教学研究能力方面存在的问题

（一）体育教师的科研水平较低

对于体育教师而言，除了完成基本体育教学任务之外，还应积极从事体育教学科研工作，研究体育教学过程中存在的问题，反思体育教学效果与改进措施。实际上，多数体育教师较少对体育教学过程进行反思、交流，并且在体育课程改革、体育教育教学设计等方面的积极性不高。

（二）在教学研究中缺乏成果撰写的能力

体育研究成果撰写能力在体育教师的教学研究力里是相对欠缺的。在高质量教育体系下，研究型教师越来越重要，而成果撰写能力又是研究型教师必不可少的一项重要能力，缺少这项能力就不会是一名合格的研究型教师。当今体育教师没有将成果撰写能力重视起来，也没有着重锻炼自己的成果撰写能力，其教学实操能力较强，但理论撰写能力较差。

（三）教育科研与教学实践统筹能力不高

体育教师应当将教育科研与教学实践相结合，强化体育教研活动，促进体

---

①胡晓霞.基于跨学科视角的中学数学教师教学能力结构研究［D］.重庆：西南大学，2021.

育教师教学科研能力的提高，更好开展学校体育工作。但大多数体育教师存在教学实践与教育科研相脱节的现象。教师对于教育科研的积极性不够高，发表论文的教师较少，级别不高，并且在课题研究方面也普遍较弱，没有真正从思想上和行动上投入到其中去。大多数学校对于教师的科研能力不做硬性规定，学校领导对科研工作也不是很注重，加上投入较少，导致教师科研积极性不高，再加上对科研教育没有经过系统的培训，使他们更加无所适从。教师的观念还仅仅停留在完成课与上好课的层面，未深入考虑到教学科研对于教学活动带来的益处，使得教学科研与教学实践脱离。

四、卓越体育教师教学研究能力的提升策略

（一）建立良好的科研环境与平台，提升教师科研能力

为提高体育教师的科研热情，应当为其建立良好的科研环境与平台。学校应加大对教育科研的投入，保障教师科研工作的经费开支充足，实行定期科研活动，学校可以组建科研教育办公室，为教师搭建交流平台，教师之间互相观摩学习经验，鼓励教师之间互相合作交流，激励教育人才发挥科研带头人的引领作用；定期举行校园科研项目活动比赛，征集教师论文进行评比与展示，并且聘请骨干和高级教师进行对论文与课题的指导与评审，通过开展科研会议的方式强化教师对科研意识的推广，对于体育教师的优秀科研成果给予充分的鼓励与褒奖，促进教师的科研与创新意识。学校可以通过购买相关书籍或订阅时事热点报纸分发给各位教师，为教师的科研之路提供精神食粮，为教师提供定期外出培训交流的机会，举办教研专题研讨会议与讲座等，提高教师掌握教育发展的规律，发挥其科研能力水平。

（二）促进教学科研成果转化，激发教师科研积极性

卓越体育教师应该认识到科研对于体育教学能力的促进作用，将科研成果运用在具体的教学成果，将"教"与"研"结合起来并促进二者的发展。体育教师可以转变自己的科研态度，正确认识进行科研对于教学的作用，积极主动的进行科研，相关领导负责人应多手段的组织体育教师进行教科研活动并定期组织体育教师与外校进行科研交流，良好的科研氛围和有效的平台搭建都可

以很好的为体育教师的科研能力发展起助力作用。积极从事科研工作，对于体育教师学科知识的增长，工作能力的提高都有着极为重要的意义。学校应当鼓励体育教师进行科研活动，设立一定的奖励机制；积极为体育教师搭建科研平台，培养教师的科研意识，使教师在教学中不断思考，树立正确的科研观，从而激发卓越体育教师进行科研的积极性。

（三）坚持反思先行，优化教学行为

反思是教学活动中的基本功，在教学讲授环节、教学监控环节、教学评价环节都有着重要意义，没有反思的教学行为必定是陈旧、一成不变的，只有反思能力强的老师，才能在教学实践中取得长足进步。"反思"体现了教学学术的内涵，需要教师有教学研究的意识，敢于对现存的教学方法和教学模式质疑。反思主要是对教师本身的反思。从教学理论上看，教师首先要反思自己的教学态度是否认真？从教学意识上，是否将教书育人作为一项神圣的使命？反思在教学行为中，自己的方法是否已经落伍？总而言之，反思要着眼于解决教学过程中存在的问题，在理解和认识学生的基础上，寻找促进学生个性发展的教学方式，形成独具教师个人魅力和教学特色的行为模式，在反思中不断提升教学能力，成为真正的卓越体育教师。

本章小结

体育教师的教学能力是决定体育教师地位的核心因素，也同样衡量着体育教师在教学活动中发挥的作用大小。本章通过对教师教学能力的内容解构，重点剖析卓越体育教师教学能力的层次与结构，以教学能力的发展轨迹为线索，从一般层次、专业层次、教学研究层次对卓越体育教师教学能力结构要素进行论述，进一步提出卓越体育教师教学能力的培养要求及提升策略。其中，一般层次教学能力结构由教学自研、设计、实施、评价能力构成；专业层次教学能力由培养学生运动能力、培养学生健康行为、培养学生体育品德的能力构成；研究层次教学能力由反思、合作、科研、创新能力构成。在培养卓越体育教师的过程中，开拓提升体育教师教学能力的路径及策略将更有助于体育教师向卓越教师的过渡，这种提升途径不仅应该展现在体育教学业务的培训上，同样也应该注重体育教师自身师德风貌的提升，并树立竞争意识和自研意识，积极参与体育技能教学大赛，养成终身学习的观念。与此同时，培养卓越体育教师的教学能力不仅是通过国家、社会、学校，其自身是否对教学内容具有研究与创新能力也同样重要，这就需要体育教师不断强化自身学习，掌握更为新颖的教学能力并能够不断探索钻研提升其科研能力，以确保自身能够真正达到卓越体育教师教学能力层次与结构水平，最终实现卓越体育教师教学能力的提升。

第四章 卓越体育教师学科素养与知识视野拓展能力

21世纪以来，随着我国教育改革的不断深入，教育教师问题备受关注。不断提高教育的质量，提高教师的学科素养，走教师专业化的发展之路，是当前我国教育改革的必然趋势。2018年《中共中央国务院关于全面深化新时代教师队伍建设改革的意见》中多次提及教师素质，并提出"培养高素养教师队伍"的指导思想，其中明确指出当前主要任务是加强师资队伍建设，提升教师整体素质，努力打造一支高素质专业化教师队伍①。2017年教育部修订了《普通高中体育与健康课程标准（2017版）》，明确了体育学科核心素养的概念及内容，那么作为课堂引领者的体育教师，其学科素养、知识结构都影响着学生的认知过程和学科核心素养的形成。社会在不断发展，教育教学理念也在不断地更新与变革，卓越体育教师学科素养和知识视野的要求更应该与时俱进。拓展卓越体育教师学科素养和知识视野体系，是体育教师职业发展中的重要举措，能够对卓越体育教师培养起到参考作用；有助于体育教师自身专业成长和全面发展从而提升体育教师的整体水平。本章旨在通过卓越体育教师学科素养构建、知识视野体系的梳理与分析，探寻其学科素养与知识视野培养及拓展的策略，在促进卓越体育教师全面发展的基础上，提高卓越体育教师的学科素养水平，为培养出具备良好的职业操守、能够融汇贯通各方面知识、专业能力出色的体育教师提供一定的借鉴经验。

第一节 卓越体育教师的学科素养建构

体育学科素养的培养始于体育教师素养的提升，体育教师向卓越体育教师奋进之时必须明确学科素养的内涵要素、生成维度以及其价值意义和影响因

---

①中共中央国务院关于全面深化新时代教师队伍建设改革的意见［J］．人民教育，2018（Z1）：7–13.

素，从而全力促进卓越体育教师培养与革新，完成教育优化、高品质、可持续发展。最终成为有素养、有特色、有思想的卓越体育教师，为培养优秀人才奠定坚实基础。

一、学科素养的内涵要素

随着课程改革的深入，学生核心素养问题的提出，相应的教师学科素养也被提到了一个新的高度。没有高素质的教师，难以培养出面向未来，具有创新发展能力的人才。具体到各个学科，就要谈到教师学科素养的问题。所谓"学科素养"，是指在学科学习和教学实践活动中养成的具有该学科特征的基础知识、基本技能、基本品质和基本经验的综合[①]。系统的学科知识、学科技能、学科信仰、学科思维方式以及人格特征，是教师学科素养的灵魂。学科素养立足于学科，是学科教学的目标。学科素养包括基础素养和核心素养两部分：从整体来说，体育学科素养框架结构包括基础素养与核心素养。基础素养是核心素养的根基，基础素养之上为核心素养，其是基础素养的升华。

（一）基础素养的构成要素

1. 基础知识

基础知识指的是体育学科的专业知识，即教师要具备的学科知识、体育素养、体育学和教育学知识等，其中，体育素养主要是理解并应用体育运动知识（体育历史与文化、体育运动项目技能与规则、体育运动安全常识等）的能力，并将这些知识与生活紧密联系。

2. 基本技能

教师要有良好的教学能力、创造能力以及研究能力。针对课程教学，教师要能够正确把握教材，具有解读教材、开发教材、驾驭教材以及超越教材的能力；明确课程教学目标，落实重点、突破难点，板书设计要体现重、难点；教法选择立足学生主体，实施过程灵活多变。除此之外，教师还要掌握必备的教学反思能力，开展有关体育教学的研究活动。

---

①王露.教师学科素养的提升［J］.小学教学研究，2018（1）：4.

3. 基本品质

基本品质指的是教师特有的专业情感。体育教师要形成体育情意，不仅要热爱体育学科教学，同时也要充分利用体育学科独有的感染力来引导学生，调动学生的热情，塑造学生的个性，充分展示该学科的情感感染力。

4. 基本经验

基本经验指的是教师在长期的体育教学过程中所习得的经验与教训，同时也包括对其他任课教师经验的学习与汲取，最终形成符合自身教学实践的风格与行为方式。

（二）核心素养的构成要素

卓越教师核心素养是一个整体的概念，运用系统论的整体观念，可以构建出卓越教师核心素养构成要素及结构体系。在这个体系中，各要素不是孤立的，每个要素都有特定的意义，彼此相互关联。它是以必备品格和关键能力为两个维度，从价值层面、实践层面和动力层面，把职业道德素养、学科专业素养、教育教学素养、和学习反思素养有机耦合起来构成的一个整体结构体系（见图4-1）。

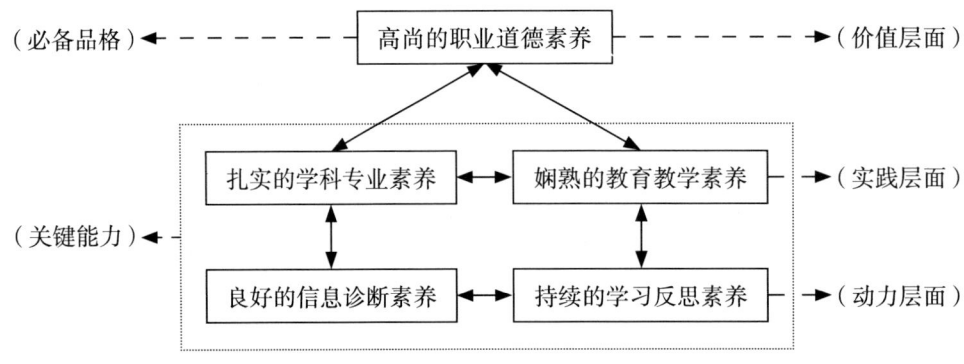

图4-1 卓越体育教师核心素养的构成要素和结构体系

1. 高尚的职业道德素养

高尚的职业道德素养是卓越体育教师核心素养的必备品格，归属于价值层面，对卓越体育教师起到价值引领和导向作用，指向卓越体育教师"为何教"

的问题。职业道德素养是卓越教师在体育教学实践中应遵循的职业规范和自我约束的集合体，是其开展体育活动时表现出的道德品质，其由职业理想、职业态度和职业良心等构成。职业理想是卓越教师根据个人内在需求和教师职业规范外在要求所制定的适合个体发展的目标追求，是卓越教师成长的内生性动力。职业态度是卓越体育教师在日常体育教学活动中表现出的持久且稳定的观念，是卓越体育教师成长的重要保障。职业良心是卓越教师对教师职业所需承担道德义务或责任的认同及情感的自觉，具有内隐性。高尚的职业道德素养是卓越教师对个人职业高度认同后的自然生发，也是新时代培育"四有"好老师的应有之义。

2. 扎实的学科专业素养

扎实的学科专业素养是卓越体育教师核心素养的关键能力，归属于实践层面，决定着体育教师专业发展的高度，可促进卓越教师纵深发展，成为学科专家，使其在教学中更触及学科本质，让学生理解学科知识的产生与来源、关联与结构、作用与价值以及学科的思想与方法等，使其知识结构化、素养显现化，指向卓越教师"教什么"的问题。高中各学科课程标准提出体育学科核心素养，倡导实施"素养为本"的学科教学，旨在发挥各学科的育人价值，这就要求卓越体育教师具备相应的学科核心素养。扎实的学科专业素养是卓越教师有效教导的前提，卓越体育教师学科专业素养的构成与学生要掌握的学科核心素养具有内在一致性。

3. 娴熟的体育教学素养

娴熟的体育教学素养是卓越教师核心素养的关键能力，归属于实践层面，决定着学科教师专业发展的广度，可促进卓越教师跨越发展，由学科教师转变为教育专家。体育教学素养是使卓越教师学科专业素养外显的有效工具，它由构建良好师生关系能力、课堂教学能力和教学研究能力等构成。卓越体育教师如果具备了构建良好师生关系的能力，就能在课程上构建和谐的教学生态，建立融洽的教学心理场；在教学管理中表现出对学生真诚接纳、尊重信任。课堂教学能力是卓越体育教师教育教学素养中的关键能力，在"素养为本"的育人时代，课堂教学的目的在于发展学生的核心素养，卓越体育教师应"以研究教为主"向"研究学为主"转变。教学研究能力是卓越体育教师面对教育教学活动中的现象或问题时，运用教学方法进行理论或实证研究的能力。卓越体育教师持续对教育教学问题深入调研以获得研究成果，是卓越体育教师不断走向卓越的核心竞争力。

4. 持续的学习反思素养

持续的学习反思素养是卓越体育教师核心素养的关键能力，归属于动力层面，是卓越体育教师专业发展的内驱力，由学习能力和反思能力构成，为卓越教师提供动力并指向"教的如何"的问题。学习能力是卓越体育教师发展其他能力的基础，是未来教育改革的关键。在学习型社会中，每个人只有不断学习才能适应社会的发展，体育教师更应如此。卓越体育教师的学习能力不是一成不变的，而是在持续的学习活动中不断发展的，当其面对复杂教育教学困境时，总能够主动学习，通过自身的努力探求问题解决方法。反思能力是卓越体育教师有意识持续性地对个人教学、职业理想和职业态度等方面进行理性审视、评价、调控和改进的能力。有效的教学反思一定是主动性、持续性和长期性的，影响卓越教师反思能力的因素有自身的学科专业素养、学校的反思氛围、反思方法和反思品质等。卓越教师具备反思能力，其最终目的在于解决问题，而不仅是发现问题，要在问题解决中提升其反思能力。所以，反思力与问题解决活动是密不可分的，可将反思结果在活动中检验，再对新活动进行反思，经历螺旋上升的过程，达到问题解决的目的。

二、学科素养的生成原则

（一）立足职业特点

当学科素养研究聚焦于某一特殊群体时，必然要建立在这一群体的基本特征与具体生活情境之中，体育教师作为具体的社会角色，教师的职业属性是其成长和发展的基本属性，他们的社会任务是教书育人，是学校教育开展的核心实施者。他们不是普通的"人"，也不是普通的"教师"，而是具有职业属性和学段学科属性的特殊"人"，脱离了中学体育教师这一职业情境而谈他们的学科素养无异于泛泛而谈，必然无法经受真理的检验。

（二）结合具体境遇

当今社会处于一个思想变迁、物欲横流的年代，各种诱惑会不断冲击教师群体的底线和原则，所以培养和发展卓越体育教师时，还要关注他们目前处于一个什么样的社会和生活环境。他们能否全身心投入到工作中、热爱自己的工作、胜任当前的体育教育工作、承担生活的重任，这些都是需要考虑的问题，因为这些都是直接影响他们工作、生活甚至是工作与生活的重要问题，而这些也正是学科素养研究所要重点解决的问题。

（三）把握学科、学段的基本特点

体育教师是体育教育、中学学段、教师职业在学校教育领域的结合，他们的教育目标需要达到什么水平，这是决定体育教师是否完成其社会责任的基本指标，而这些都是建立在、体育教育的具体环境之中。在建立体育教师学科素养时要特别注意结合这两方面的重要特征才能保证研究结果具有较高的针对性和明确的群体定向性。

三、学科素养的价值意义

无论源自不同的国际组织还是不同的国家，他们的价值取向均指向了21世纪信息时代个人生活、职业世界以及个体自我实现的特点和需求。由表4-1可以看出，个体发展、成功生活与社会发展是国内外学科素养研究中认同度较高的功能或价值指向，它在本质上属于教育哲学的本源回归，体现了教育的个体生命性、工具性和社会性价值的辩证统一。因此，我们可以认定核心素养发展的功能主要集中于两点，一是个人的发展，二是社会的发展。

表4-1　主要学科素养价值取向一览

研究主体	价值取向
OECD	促进成功生活、健全社会
欧盟	指向终身学习，注重人的自我实现和发展
美国	培养21世纪工作技能及核心竞争力
澳大利亚	参与发展中的工作形态与工作组织
中国	个人发展、社会发展、国家发展

（一）关乎课程改革的深化

随着基础教育课程改革的不断深入，如何提高教育质量和教学实效成为基础教学领域的热点问题。那么，提升体育教师学科素养、加强体育师资队伍建设就成为解决该问题的主要路径与方法之一。自2011年开始，"学科素养"频繁出现于国家教育文件当中，全面提高每一个学生的科学素养是科学课程的核心理念等。新课程改革要求改变原有课程教学过于重视机械体育知识传授的倾向，提倡培养学生的学科素养，而学生的学科素养又依赖于教师的有效引导，取决于教师自身学科素养的高低。事实上，调整课程结构、优化课程资源、改变人才培养模式，促使学生学习方式的根本转变，都离不开体育教师学科素养的提升。因而，提高体育教师学科素养是教师教育的奋斗目标，是课堂教学质量全面提升的有力保障，是体育课程改革的必然要求。

（二）关乎教师的专业发展

体育学科教学是学校教育教学的基本教学形态，但如今的教师工作已经不再是简单地授课，而是从单一的知识传授者转变为多元的职能承担者，这势必对体育教师教学工作的内容、过程与结果等提出了新的要求与目标。在此背景下，体育教师专业化发展俨然成为教育改革的核心内容。因此，提高体育教师的学科素养，走教师专业化发展道路，是当前基础教育改革与发展的必然趋势。体育学科素养是体育教师专业素养的主要组成部分，只有教师具备了本学科基本的专业素质，才能在真正意义上成为体育专业型教师。从一定意义上来说，学科素养是体育教师专业化发展的基石，而学科素养的缺失，已成为教师教育走向专业化道路的瓶颈。因此，深化体育教育实践，促进体育教师专业化发展进程，离不开教师素养的基石铺垫。

（三）关乎教学质量的提升

当前，各种教改创意并不鲜见。但总而言之，其理念核心都是"学为主体"。确实，以"学程"替代"教程"，强调学生的切身体验与主观建构，是教学创新的必由之路。这里体育教师的工作看似轻松随意，实则却更富挑战性、更具开放度。为了给"学程"保驾护航，体育教师需要考虑更多问题：如何确立适切的体育课程目标？如何组织精当的体育练习方法？如何设计合理的动作练习密度？如何提供必要的运动辅助？如何实施有效的学习评价，这些问题的提出、思辨与解答，无一不受教师学科素养的影响与制约。所以说，当我们从更深层次审视很多课堂教学行为的"优劣"时，不难发现，教师学科素养的"高低"是根源所在。

四、学科素养发展的影响因素

（一）知识素养的失衡

学科知识素养要求体育教师不仅要具备充足的体育专业知识，还要具备一定的教育心理学知识、通识性综合知识等，但在实践中，教师学科素养逐渐出现了厚此薄彼的不均衡现象，这主要表现在以下两个方面。一是体育专业知识与其他知识间的不平衡，二是体育专业重点知识与一般知识间的不平衡。这不仅不利于学生的综合发展，而且也限制了体育教师的专业成长。

（二）技能素养的局限

学科技能素养具体指体育教师开展体育教学应具备的教学技能、研究能力等。目前，体育教师的科研能力很薄弱，而对体育教学工作也几乎没有反思意识，大多数教师缺乏科研意识，这与新课程理念中"教师是研究者"还有一定距离。体育教师绝大部分精力都投入到了课堂教学过程中，而教学反思却很少形成客观的理论研究成果。一方面，是因为体育教师的科研意识比较淡薄，对科研意义的认识不足，从思想层面弱化了对科学研究的追求，更说不上行为能力的促进了。另一方面，体育教师教学压力大，既要关注教学成绩的提高，又要关注学生的全面发展，很难抽出时间来从事科研工作。

（三）经验素养的不足

学科经验素养来源于学科教学实践的积累，它既可以是体育教师自身习得的经验，也可以是对外在已有经验的学习。学科经验的不足，不单指的是数量性的不足，同时还包括质量的低下。从教学主体出发，大体可分为两种情况：

其一，受体育教师执教时间较短的制约，部分年轻体育教师经验不足，故而学科素养有待提高；其二，体育教师脱离课本，固守教材，缺乏反思成长意识，而对原有经验盲目推崇。

第二节　卓越体育教师学科素养的培养与评价

现代社会需要的卓越体育教师要具有崇高的思想道德，渊博的文化知识，创新的头脑，要具有自尊、自重、自强不息的品质以及博大的爱心、宽容心、要有强烈的事业心和无私奉献的精神以及能够以教师的职业道德严格要求自己、博采众长，在学生中树立良好的师德形象。这就要求卓越体育教师要培养自身的基础素养、核心素养，从而达到综合培养其学科素养，最终通过对体育教师基础素养和核心素养各方面的评价达到提升卓越体育教师学科素养的目的。

一、基础素养是卓越体育教师学科素养培养的前提

"校以育人为本，师以铸德为重"，道出了学校与教师的重任与职责[①]。健康乃生命之本，崇尚健康，发展体育兴趣，强健体魄，正是新时代所追求的美好理想，卓越体育教师承担着无比重任。卓越体育教师基础素养的培养主要包含四个方面的内容。

（一）转变单一灌输式教学，实现多元化与个性化发展

师者，所以传道授业解惑也。卓越体育教师在教学工作中具有不可替代的作用，教师的教学方法和教学手段会影响学生的体育学习。教学方式的墨守成规，不仅抑制了教学的自主性和创新性，也不利于学生兴趣的培养与形成，且极容易使课堂氛围变得呆板、沉闷，成为专制型课堂，与当前的教育改革理念相悖。而体育教学内容片面单一，"重技轻文"的理念使体育课堂中缺乏意志素质、道德品质和体育活动情感的体验式教育，使体育运动丧失了自身的娱乐性与教育性。运用多元化的教学模式，采用多种方式动态教学，卓越体育教师要根据教学需要及时调整教学策略，针对学生发展特点，有的放矢地进行教

---

①杨帆.新时代体育教师的基本素养及其路径研究［J］.西部皮革，2018，40（10）：99-100.

学。突出学生的主体地位，以学生的兴趣和个性发展为出发点，关注学生的个体差异，才能使每个学生都能体会体育学习的乐趣，进步成长。

（二）强化体育的跨学科融合交流，拓宽知识广度

当今社会，体育表现出特有的社会功能日趋突显，随之所提出的更新更复杂的问题需要体育的跨学科融和交流来解决。卓越体育教师身处基层教学一线，对体育现象和问题有着切身和直观的理解和感受，卓越体育教师助力于学科问题的解决有着深刻的现实意义。这需要克服体育学科文化障碍，创建学科之间的对话平台，促进体育与其他学科的跨越性融合交流，使学科间文化相互渗透。借鉴奥地利维也纳大学的跨学科教学模式，由包括体育学科在内的四个不同学科的教师组成教学团队，共同承担教学任务[①]。在基于解决同一问题的需要而产生的对话与互动，在合作中，各学科知识的交流与穿插，使体育教师的价值和地位得到平等对待，消除学校和个人对体育教师的偏见，同时使体育与各学科交叉学习不同领域知识，拓宽知识广度，创新问题解决思路。

（三）树立科学教育理念，提升师德层次

卓越体育教师应升华精神层面的追求，淡化个人主义、拜金主义。无论是在教育教学工作还是体育科研工作上都应该立足于科学，以科学的教育理念为先导。坚持以人为本的教育理念，树立体育教育的可持续发展观，包括身体素质的可持续提高、能力的可持续强化，体育知识的可持续积累等，在进行体育教育时应有不断创新的理念，紧跟时代发展的步伐，积极接受并运用新知识新观念，同时也要注意培养学生的创新思维与创新能力。树立现代化的教育理念，不仅要帮助学生形成锻炼的好习惯，建立健康第一和终身体育的思想，还要把学生思想品德教育与心理教育作为一个重要的任务，这就需要教师有崇高的思想修养和良好的职业素养。

（四）积极进行教师职业培训，形成良好的思想素养

体育教师进行职前职业培训是个体成为一名卓越体育教师的重要环节。体

---

① 杨帆. 新时代体育教师的基本素养及其路径研究［J］. 西部皮革，2018，40（10）：99-100.

育教师首先要对自我科学定位、客观评价，明确自我是否适合学校的工作岗位要求。而不是仅凭对工资待遇和个人喜好的偏向，通过招聘考试而进入工作岗位。例如，每年一些非体育专业的毕业生可以顺利地通过招聘考试，而进入工作岗位后，对体育基本知识和基础技能都说不清楚。因此，进行职前培训，严格考核教育单位用人，是必要手段。为了使体育教师不断的获得与提高职业知识与技能，以满足新时期对体育教师提出的新要求，在职教师也要积极进行职业培训，将职业技能培训目标与岗位能力要求融为一体，不断接受和学习新知识、新技能，使之具备渊博的知识和较高的思想素养，成为教育的中坚力量，才能更好地为教育事业服务。

二、核心素养是卓越体育教师学科素养培养的保障

"十年树木，百年树人。"卓越体育教师肩负着培养具有良好道德品质、健康体魄和运动能力的一代新人，决定着未来人才的身心健康素质。有好的教师，才有好的教育，教师的精神状态、思想境界、道德品质和专业能力影响着学生的学科素养，决定着学生的人格境界。从学生成长和教师发展这一角度出发，坚持以教师需求为导向，不断创新培训内容和形式，制定个性、丰富、多元、实效的培训方案，满足不同阶段体育教师的发展需求，让培训真正成为教师专业发展道路上的推手，成为提升体育教师核心素养的有效助力。

（一）从顶层设计到自我规划的逻辑一致性

有效的体育教师培训应该包括三部分：有效果、有效率、有成效。要做到培训的"三有"，需要培训规划部门全面的培训规划、人本的培训理念、科学的培训方案以及与之相适应的完善的培训评价体系[①]。培训的顶层设计是前提，是基础，只有做好顶层设计，才能保障各项培训有效开展。而作为培训的每一个个体，只有充分了解教师培训的总体规划和目的意义，才能结合自身的发展需求和追求愿景，做好人生的职业规划。而作为培训对象的体育教师，只有清

---

① 王妙香.教育供给侧结构性改革下的体育教师核心素养提升途径［J］.体育教学，2017，37（11）：44-46.

晰了解"五级发展"平台的定位，结合个人阶段发展目标，制定个人追求方向，并将每一个阶段的任务分配细化为个人的阶段目标，内化为自己的教育实践，并在教育教学实践活动中付诸行动才能实现个人专业的长久发展。

只有顶层设计和个人自我追求的内部逻辑存在一致性和实施过程的首尾呼应，环环相扣，才能真正提升体育教师的专业素养，才能在外力的助推下转变为自我的内在需求和内在动力，促进体育教师的专业成长。

（二）从理论学习到课堂实践的落地生根

真正好的培训一定是理论与实践的紧密结合，一定是从理论的学习内化到实践的转化落实。由于体育教师在学科专业上的影响，在接受理论培训过程中与实际的成效有一定的距离，如何让理论的学习能够真正内化为每一位体育教师的需求，我们在理论学习培训中做了一定的创新。同时结合区域的"新基础教育研究"课题，重点开展了新基础教育理论的学习。在理论学习过程中，既有专业的自我阅读消化，阅读分享，又有要求高水平的理论专家对教育理论进行深入浅出的讲解，将枯燥的理论知识转化为通俗易懂的话语，指导教师学习。通过理论学习，阅读分享，实践体悟，共生体和工作室的老师们逐渐改变了原有的课堂教学观，从理论学习理解"价值提升、重心下移、结构开放，过程互动、综合融通"到体悟课堂教学实践的"五还"，即"还时间、还空间、还工具、还提问权、还评议权"，老师们在课堂教学研讨中，已能够很好地结合体育课堂教学中的课堂教学组织学生练习，从优化课堂教学深入思考如何合理有效地利用时间，做到体育课堂教学的"五还"，让学生在课堂中有更加充足的时间进行有效的练习体验，掌握运动技能，形成锻炼意识。

"腹有诗书气自华"，理论学习带来思维的转变，思维改变带来的是课堂教学行为的改变，是课堂教学主体的改变和课堂教学模式的改变。在经历了理论学习培训之后，曾经被冠以"头脑简单，四肢发达"的体育教师已经从单纯的理论学习走向理论与实践相结合的教师研修道路上，在各级教学观摩和教学研究中逐渐脱颖而出。

（三）从线下学习到线上互动的网络研修

郑金洲教授指出，新时期教师所具备的素养为：信息素养、创新素养、跨学科素养、媒体素养、社会参与和贡献素养、自我管理素养①。其中信息素养摆在了首位。现代信息技术的迅猛发展、移动互联网终端设备的使用，为体育教师的学习提供了便捷有利的条件。"互联网+教育"下的微课、慕课、翻转课堂的个性化学习方式，更是成为卓越体育教师自我学习多元化内容的途径。改变传统的研修模式，从线下面对面的交流转化为线上无时无刻的网络互动。

从以面对面为主要形式的学科培训转化为不受时间、空间、人数、现场等限制的网络培训，线上的互动为每一位体育教师提供了及时、有效、共享的交流平台，有效提高了研修活动的质量，提升了卓越体育教师参与培训及时反思，互动分享说和写的能力。

（四）从单一学科到综合知识的有效融通

未来教育的竞争是人才的竞争。跨学科的人才发展对教师的专业发展提出了更高的要求和更新的挑战，体育教师专业发展不再局限于单一的学科，更需要有综合的学科知识，开放的眼界和跨学科学习的能力。"不识庐山真面目，只缘身在此山中"，作为体育教师也要有跳出学科看学科，跳出教育看教育的视野和情怀。在体育青年共生体的培训中，不仅要注重个人专业技能的提升培训，还要注重教师观课、评课、教学设计、课堂实践展示、微课制作、优课展示等培训指导，更要注重课题申报指导以及课题研究过程的跟踪。

针对不同年限教师的培训，改变以往单一的以技能为主的培训到综合的多层面指导，引导教师从注重本学科的专业技能学习到跨学科跨界的综合学习，以不断丰富拓展教师的知识面和思想境界，提升体育教师的核心素养。

（五）从零散的阶段培训到课程整体架构的长程设计

在体育培训中，我们原有的期初教材讲习、阶段性的主题研修、即时性的区域教研活动已经不能满足体育教师专业发展的需求，为改变这一现状，提高培训的实效性和针对性，我们根据教师的需求策划了专项的课程培训。首先我们通过手机APP进行调查问卷，对体育教师进行在线调查，了解体育教师对专项技能的要求，开设了以项目为主的专项技能培训。例如在足球专项课程培训

---

①王妙香. 教育供给侧结构性改革下的体育教师核心素养提升途径［J］. 体育教学，2017，37（11）：44-46.

方案中，将中国足球运动发展、校园足球开展现状、世界足球运动发展及课堂教学、足球基本技术、小学足球教材内容、足球游戏创编学习与足球战术指导等纳入课程整体架构中，同时在培训中与课例研讨、课题研究相结合。我们邀请高校专家、专业教练进行理论讲座和技术指导；邀请一线教师、优秀学员参与课堂教学实践展示。从足球理论知识的普及到运动技能的学练再到课堂教学实践的研讨与课题的研究，一个学期12次的专项培训中，课程培训班的老师在一起学习、交流、分享，从理论到实践，从听讲到学练，从评课到写作，整体架构的足球课程有效提高了体育教师的足球专业技能、课堂教学能力和教师科研意识。这样的课程培训有效提高了教师的综合能力，深受体育教师的喜欢。

从零星的培训到以专项培训为主的课程体系架构、长程设计，有效地提高了体育教师体育专项技能和理论研究水平，促进了体育课堂教学的有效实施和卓越体育教师核心素养的培养。

三、卓越体育教师学科素养的培养策略

体育学科素养的培养，不仅是某一专业技能的提升，或某一教学能力的培养；更是一个长期的过程，需要体育教师素养、体育学习方式、体育学习评价手段三个要素的合力[①]。

（一）以提升体育教师素养为起点

我国基础教育中，体育教师长期在"夹缝中生存"：体育成绩纳入中考成绩造就的体育教育应试化局面，与体育教育在学校学科教育中边缘化地位之间的"夹缝"；学科教育应有的顺序为"兴趣、动机、态度—思考力、判断力、表达力—观察技能、实验技能—知识与理解"，与其实际的顺序"知识点的巩固—知识点的评价"之间的"夹缝"；运动参与、运动技能、身体健康、心理健康与社会适应之教学目标，与体育教学"安全忧虑"之束缚之间的"夹缝"。处于"夹缝"的职业生存状态，体育教师的职业认同、专业理想将处于"稀缺"状态，无从谈及职业理想与素养，更无暇顾及学科"核心素养"。其二，当前教师评价多以"技术理性"为视角，重视体育教师对体育知识技能传

---

①燕凌，马克，李海燕.论体育学科素养的内涵、构成要素及培养［J］.体育文化导刊，2018（3）：108–112.

授效率、对体育知识技能掌握的精神水平、教授体育知识技能的熟练程度，学生成长成为缺失的关键性指标。其三，长期以来的课堂教学环境为"一对全体"的封闭环境，将全体学生视为一个人，体育课堂上只要一条"达标线"，如何体现"体育学科素养"的精神？

因此体育学科素养培养始于教师素养的提升。教师素养的提升则始于职业环境的改观，改变应试教育目标下学科有高低贵贱之分的局面，是提高体育学科质量的根本。其次，从课堂中解放体育教师，如果体育教师的眼中只有"达标"和"安全"，那么其手脚一定是束缚的，只能教授教材中明确知识，有动力去生成教育环境，以更好地传递知识，后者是主动的、与人格和社会有内在联系的知识，是指向核心素养的知识。最后，关注体育教师生存状态、提升体育教师的思想界域是一个漫长的过程，针对学科素养的体育教师研修是提升体育教师的主要途径，在研修中提升体育教师的学科价值认知，改观其对核心素养的理解。

（二）以体育学习方式转变为基础

体育学科教学一直以来强调"教师教什么""教师应该如何教"的问题，较少关注"学生学什么""学生如何学"的问题，因此出现体育教学强调整齐划一的课堂、过于强调测试项目训练、学生中考前后体育锻炼的"扇贝效应"等现象。最近，研究领域出现多种课堂教学的研究视角、诸如学习集体论视角、文化实践参与论视角、儿童权利论视角、学习共同体论视角等，这些视角理论基础各有不同，但又殊途同归，均关注学生与生活实践的关系，学生的主体性。早在一个世纪前，杜威提出以反思思维为基础、致力于问题解决的学习，这一学习理论的核心在于学生与知识、与生活、与教师及同伴、与自我保持"对话"的关系，保持生动的关联。

"对话性"的关系强调了学生与教师之间的平等地位，两者之间的建设性"对话"类似于苏格拉底的产婆术，教师的作用在于激发学生的学习兴趣与动机，建构问题情境，引发认知冲突，进而促成学生对知识的理解和建构。建构本身有"创新"的成分，所谓创新，一是新颖，二是有用。体育课堂教学领域的改革一直在追求"新颖"，恰恰忽视了知识的归宿即"有用"。有用则来自于学生与生活实践的对话。这需要将体育教学中的知识传授、技能学习与学生的健康生活、未来生活连接起来，学生洞悉体育学习与锻炼的意义，知道知识和技能的去处，那么体育教学本身就不再是"孤立"的、测试后被"抛弃"的任务。

（三）以体育学习评价方式的改革为核心

自19世纪学科教育定型化以来，教学多以客观测试为主。当前我国学生体育学习评价亦是以客观测试为主，通过国家体质监测标准测试学生特定技能的掌握程度。客观测试属于量化评价，这种方式早在20世纪80年代就已引发欧美国家批判浪潮，一是其无法测出学生真实的学习能力，只是对碎片化知识技能的检验；二是其远离现实生活，强调选拔与等级化，无法企及教育评价的真正目的。体育学科素养强调对知识、信息的整合；强调个体在真实情景中的表现，为此，体育学科学生评价中纳入质性评价的成分，达到教学目标—教学—教学评价的一体化，已是必然趋势。此即"表现性评价"（performance assessment），表现性评价以质性为基础，在有意义的情境中，以学习者的行为与表现为线索，对学生概念理解的深度和知识技能综合运用的程度进行评价。

四、卓越体育教师学科素养的评价途径

前面我们简单地谈到了体育学习的评价方式，在某种程度上是不够具体的。在这里，我们将具体的从教师"教"的评价、学生"学"的评价、教学细节评价来对卓越体育教师的学科素养进行评价。

（一）教师"教"的评价

针对卓越体育教师的评价内容，可以从三个角度进行分析，也就是师生及他们的关系。一是基于老师的视角看，其评价内容主要涉及到基础知识、基本技能、基本品质和基本经验以及系统的学科知识、学科技能、学科信仰、学科思维方式以及人格特征等。二是基于学生的视角来看，其评价内容不仅是学生进行国家体育锻炼所取得的达标率、学生的竞技成绩、体育特长生升学率以及群体运动效果，最主要的是学生的身心发展和长远发展。三是基于师生关系为视角来分析，该评价内容涉及到师生在体育课堂上的和谐度。当然优质课评比以及公开课等，也是评价师生和谐度的重要路径。目前，针对体育教师的评价内容过度体现在教学质量和能力层面，针对教师的道德素养、文化水平、创新能力和身心素质等层面的考核极为稀少。还有，在优选评价指标体系时，大多选择的是容易量化的指标，而那些较难被量化的定性指标往往被忽略。这意味

着，教师的评价指标和内容研究都有太多局限。之所以要对卓越体育教师展开评价，就是通过评价让教师了解自身的优点和不足，从而进行改善，得到提升教育效果的目的。为此，对卓越体育教师进行评价，不能够简单地进行评价，要对评价结果进行分析，进一步探究深层次问题。评价人员不仅要结合结果展开横向和纵向对比分析，同时还需要积极和体育教师进行交流，帮助他们知晓自身的问题，从而引导他们进行自我改善。这样才能够提升教师的教学能力和专业水平，教学质量也因此能够得到提升[①]。

（二）学生"学"的评价

体育学科中通过学生"学"对学科素养的评价要点有三个：一是重视形成性评价，将学生学习过程中的行为、言语、典型变化纳入评价，学生将在整个学习过程中体现自己的能力素养；二是重视真实情景下的评价，即在教学评价中为学生提供不良结构的课题任务，使评价超越体育知识识记与技能掌握的层面，强调知识之间的关联与问题的解决；三是重视学生的自我反思，体育学科素养的基础是"反思"。因此其评价应该着眼于学生的未来，在评价中促成学生对自我学习状态的评价、对自我学习方法的反省、对自我发展阶段的思考以及对自我未来发展的规划，这一过程贯穿着师生之间持续性对话的元素，教师将作为支持者促成学生反思的实现。通过对学生"学"的评价，可以真切反应出教师学科素养的发展水平，为提升教师自身学科素养提供一定的参考。

（三）教学细节的评价

评价不能只局限于第三方评价，自评同样十分重要。在体育教学中，培养学生的品德修养十分重要。作为教师，需要从作风、治学态度、品德等层面，给学生带来正面的影响。而且这些影响往往具有隐蔽性，需要对学生长期的耳濡目染。也就是说，想要达到这种效果，就需要教师提升自身的道德素养和人格魅力，正所谓"学高为师""身正为范"。作为教师，要强化细节教育，如果一些细节没关注到，那么就有可能出现"千里之堤毁于蚁穴"的现象，严重地影响到教育效果和质量产生细微的影响，也需要给予及时地纠正。同时，

① 秦强. 新课标下体育学科核心素养体系构建及评价研究［J］. 运动，2018（9）：9-10.

还要鼓励教师进行自评，使之更加清楚地认识自己，进而帮助自我完善，从而为社会培养合格的教师队伍人才。

第三节　卓越体育教师的知识视野体系

随着课程与教学改革的深化发展，处于终身学习时代的卓越体育教师，其知识视野体系是随着教育教学实践的积累而不断发生变化，同时也因为教育教学实践的革新而不断增加新的内容，这要求体育教师也须不断优化知识结构。作为卓越体育教师，我们唯有与时俱进，不断学习体育学科的本体知识结构要素、领会体育教师知识体系构建的独特意义与价值、明确其体系的发展路径、进行体育教学思路与方法创新，才能够更好地适应时代的发展和学生的需要。

一、体育教师的本体知识结构

本体知识指的是教师所具有的特定的学科知识。学科知识又称为"本体性知识"，它指的是某特殊学科领域内的基本思想、概念框架以及过程等方面的知识。对体育教师来说，就是体育教师的知识。体育教师的知识包括体育学科基础知识、体育学科教学知识二大类，两者协调统一，缺一不可（见图4-2）。

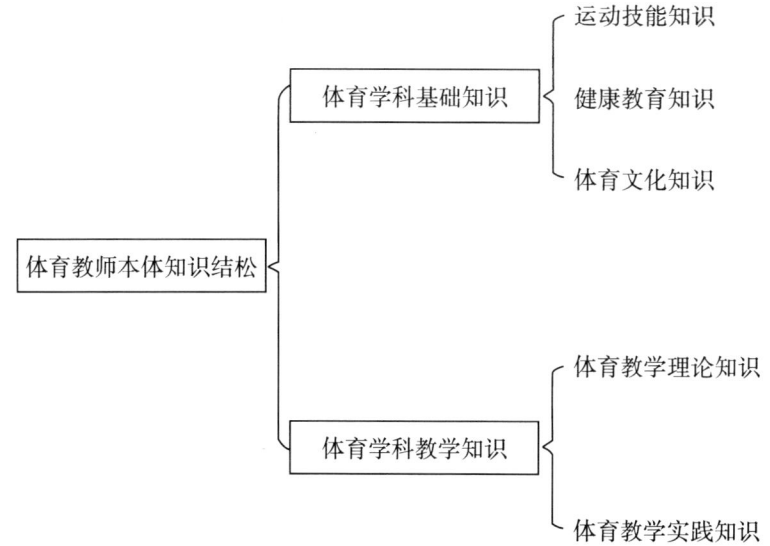

图4-2　体育教师知识结构组成要素

（一）体育学科基础知识

体育学科基础知识是教师进行体育教学，并使学生形成体育学科能力的基础，也是产生体育情感、形成体育品质的基础保障。体育学科基础知识是教师和学生都应具备和发展的基础知识，是凸显体育学科特征的学科知识，是与体育学科核心素养内涵相对应的知识。体育学科基础知识由运动技能知识、健康体育知识、体育文化知识三要素组成。

1. 运动技能知识

运动技能知识是体育学科特有的知识，是教师和学生运动参与的基础必备知识，是学生掌握走、跑、跳、投及各运动项目的技术技能，提高或保持运动能力、养成运动习惯的知识，是人们能够进行运动参与，形成和增强体育兴趣的基础。

2. 健康教育知识

健康体育知识是保障教师和学生进行科学运动、产生体育健身能力的知识，是防治运动损伤、进行体育康复、健康饮食营养的知识，是形成健康行为和习惯的保障，也是在运动参与中更好地掌握运动技能、更好地认识运动与健康关系的基础。

3. 体育文化知识

体育文化知识是教师和学生了解体育及体育项目历史文化和体育精神的基础知识，是更好地产生体育情感、形成体育品质的保障。体育教师三要素知识互相促进、协同发展，才能使教学能力进一步提高，促进卓越体育教师本体知识体系的完善。

（二）体育学科教学知识

体育学科教学知识是体育教师将基础知识转化给学生，并让学生将体育学科基础知识内化，进而形成能力和核心素养的关键。体育学科教学知识是在教学中引导学生理解、内化体育学科基础知识并形成其自身素养的知识。体育学科教学知识由体育教学理论知识和体育教学实践知识两个要素组成。

1. 体育教学理论知识

体育教学理论知识主要包括学生知识、体育教与学所需的一般理论知识、体育教学情境设置的理论知识、体育成绩测量与评价的知识，主要体现的是对学生身心特征，以及体育学科知识、能力、素养的现状与变化测评的知识。体育教学理论知识中教与学的理论知识是进行教学情境设计的理论基础，学生核心素养的养成需要创设与实际实践相结合的情境，不同教学内容也需要不同的教学设计。评价知识不仅包括对学生的各种知识、能力、态度、情感的评价，而且还包括对教师自身和教师之间的知识水平、教学态度和教学情意的评价。

2. 体育教学实践知识

体育学科教学实践知识是体育教师在学习其他教师教学经验知识的基础上，结合自身教学知识水平和教学实践充分反思不断总结的知识，是体育教师引导学生对体育学科知识进行思考、总结，并促进学生不断产生体育情感、形成体育品格的知识。主要体现在应对不同体育教学情境，充分利用现有教学条件的经验性知识。

二、体育教师知识结构体系的构建意义

（一）丰富教师体育文化内涵

体育教师充当着构建学生核心价值观的创建者、引导者的角色，承担着促进中学生身心健康发展的历史使命。传统概念的体育教师大多数是由过去狭窄的体育专业模式培养出来的，掌握的主要是以竞技运动项目技术分析和训练方法为主的专业知识，文化知识匮乏，无法适应社会全面发展的需求。构建卓越体育教师知识视野体系，有利于提高教师综合文化内涵，提升教师教学能力和教学质量。卓越体育教师知识视野体系的构建是我国体育教育事业未来发展的诉求，是培养新时代青少年社会主义核心价值观的必要途径。为避免我国传统体育文化消逝，构建卓越体育教师知识结构体系，培养卓越体育教师势在必行。21世纪我国学校体育将会更全面、更系统的发展，对未来中学体育教师提出更严格的要求。传统概念的体育教师已经不能满足我国未来体育事业的发展需求，要在传统基础上丰富体育教师体育文化内涵，建设具有中国特色的卓越

体育教师，为我国体育教育事业贡献力量。

（二）有效促进教师体育学科素养形成

国将兴，必贵师而重傅，国家兴衰在教育，教育成败在教师。这要求体育教师也须不断优化知识结构，才能在改革中更好地贯彻核心素养教育理念[①]。教师学科素养是在知识学习架构和教学过程中不断完善、不断提升，并最终得以深化落实的。深化教师知识视野体系，重在完成理论到实践的过渡，要求教师提升基本技能与基本能力，形成必备的教师学科素养。教师学科素养是学科专业知识、教育教学知识充分内化、整合、升华的结果。教师知识学习的最终指向教师学科素养层面。综上所述，学科素养是课堂教学的灵魂，缺乏学科素养的教师，其课堂是没有灵性的。同时，教师学科素养的发展，也是教师终身学习和不断解决现实问题的过程，是教师专业精神、专业知识、专业能力不断成熟、不断提升、不断创新的过程。因此，不断探索教师知识视野体系，有着极其重要的现实意义，构建卓越体育教师知识结构体系，有利于提升教育教学能力，有利于民族传统体育文化的传承。知识是促使人们形成品质和能力，形成素养的基础。体育教师必须掌握足够的体育学科知识和其他学科知识，具备良好的体育学科核心素养及其他学科核心素养，进而提高自身卓越发展。

三、体育教师知识结构体系的增设路径

（一）调整体育教育专业课程设置

形成"以点带面、点面结合"的发展模式，点带动面，面反哺于点，相辅相成。学校作为"点"，应调整体育教育专业课程设置，适当减少体育学科内不必要的课程，并根据学校实际情况有选择地开设民族传统体育文化和教育教学实践类课程，形成多元化课程设置，注重学生综合知识和实践能力的培养，构建"多节点"知识体系，培养符合未来发展的卓越体育教师。

---

①张光陆.学生核心素养视角下的教师知识：特征与发展［J］.课程·教材·教法，2018，38（3）：62-67，80.

（二）设置相应体育教师"充电"制度

各地方政府应根据地域体育发展和中学体育发展趋势适时地对体育教师进行"充电"，最大限度地开发体育教师的发展潜能，为青少年的全面健康发展服务，为卓越体育教师知识结构体系的发展设置一道可靠的保障。为保证执行力度，国家主管部门应组织进行各级各类体育大赛，形成"以赛促教"的发展理念，提高体育教师的积极性，加快体育知识传承进度。同时，能够加强学校间体育教师交流，促进卓越体育教师知识视野体系的完善。

（三）以学生为原点，促进体育教师知识结构重塑

除紧随国际体育教育事业发展趋势外，还应以学生的体育需求状况为基准。在此基础上体育教师应根据学生的需要，去糟取精，进而对体育教师知识结构体系进行完善，增加新鲜血液，提升体育教师教育教学能力，从而加快青少年全面发展。另外，体育教师应在中学生特殊发展阶段加快体育文化等知识的传递，使其传承于青少年，有利于学生的高质量成长和学校体育的发展。

第四节　卓越体育教师知识视野的拓展

在传统教学观念中常说"给学生一杯水、老师要有一缸水"，但在信息技术高度发展的今天，教师仅仅停留在过去的一缸水那是远远不够的，当今的教师要拥有的是源源不断的长江大河，浩瀚无垠的海洋，而且那水还不能是单一的颜色，要色彩斑斓。更不能是死水，要流动不止。社会在发展，时代在进步，知识也在更新，这就要求既是教育者又是受教育者的老师要时刻充电，丰富自己的知识，不断用先进文化充实自己，以免自己被知识的洪流淘汰，成为时代的弃儿。

一、提升教师知识掌握水平

想成为一名卓越体育教师，积累丰厚的学科专业知识无疑是非常必要的，那么我们该如何有效地提升体育教师的学科专业知识水平呢？这里有几点策略：

（一）重视职前学科专业知识的学习

体育教师在就高校时是分专业来学习的，所以体育教师在职前就应该好好学习自己的专业，把专业知识学精学透。但是，就读期间体育教师因为不面对教学实践而常常意识不到这些专业知识的积累对未来的教学实践的重要性，这就使体育教师对所学知识的理解和掌握不够精熟。鉴于此，体育教师在从事教学工作之后，可以抽时间对所学过的专业内容进行温故和再学习。只有不断"温故知新"才"可以为师矣"。

（二）在工作中继续积累学科专业知识

在参加工作之后，教师就会在备课中发现一些学科专业知识的短板，此时教师就可以借助学校的图书馆、网络进行学科专业知识的收集学习和积累。另外，课堂教学中的师生互动交流，尤其是一些学生提出的"刁钻古怪"的问题，也能帮助教师发现自身学科专业知识的不足，促进其查漏补缺。

（三）利用培训提升学科专业知识水平

除了在实践中拓展自己的学科知识之外，体育教师还可以根据自己的实际情况，参与一些培训或者进修来提升自己的学科专业知识水平。通过培训或进修活动，体育教师可以在夯实学科基本思想、原理和基本概念的基础上，拓展自己的知识结构，吸收新的前沿知识。

（四）通过日常阅读积累学科专业知识

每门学科都有一些相关的刊物和书籍，体育教师如果能够养成日常阅读的习惯，每天都阅读一些书籍、报纸或者杂志等，在日积月累之中，就能不断丰富自己的学科专业知识。除了这些纸质读物以外，体育教师还要充分利用互联网的便利性，在网上订阅一些专业读物进行阅读学习。尤其是现在手机几乎成为了人人必备的工具，借助各类阅读软件，订阅一些与学科专业知识相关的阅读材料，特别是有声读物，对体育教师专业发展也是极有裨益的。

二、制定教师职业发展规划

随着教学技术的更新和教学知识方式的改变，社会对体育教师的要求也越来越高，这就要求体育教师学为人先，与时俱进，生命不息，学习不止。制定职业规划，注入学习动力，做适应时代要求的学习型体育教师。

（一）明确职业定位，强化学习态度

"勤于学习，充实自我，这是成为一名优秀教师的基础。一个有理想的教师，一个要成为大家的教师，一个想成为教育家的教师，他必须从最基础的做起，扎扎实实多读一些书。"这句话指出了成为一名卓越教师的必要条件，教师的职业定位决定了自身的职业态度，职业态度又决定了行为方式。所以一个体育教师愿不愿持续学习，有没有保持终身学习的习惯，其实是和一个人的职业定位和职业规划息息相关的[①]。

（二）合理规划，提升学习动力

有规划的人生叫航行，没规划的人生叫流浪。"不谋万事者，不足谋一时；不谋全局者，不足谋一域。"成功的职业生涯无不从成功的目标定位开始。一名卓越体育教师也是这样一路走来的。英国哲学家休谟说："一切人类努力的伟大目标在于获得幸福。"在休谟看来，追求幸福是人类社会永恒的主题。在罗曼·罗兰看来，创造或者酝酿未来的创造，这是一种必要性，幸福只能存在于这种必要性得到满足的时候。由此看来，教师的工作只有具有了创造性，摆脱了简单重复的单一的说教，才具有独特的价值，也才有了获得幸福的可能。当一个人不断地获得职业幸福感的时候，他就会萌生学习动力，也更愿意为这项事业付出，更愿意去探索。

---

①桑国元，郑立平，李进成.21世纪教师的核心素养［M］.北京：北京师范大学出版社，2017：159–160.

（三）设定目标，促进学习

1953年，耶鲁大学对即将毕业的大学生做了一项调查：所调查的大学生中，只有3%的人有人生目标并写成了文字，97%的学生基本上没有明确的目标。20年后的1973年，研究者追踪所有参加过问卷调查的学生的现状，结论使人十分吃惊，3%的人拥有财富的总和比97%的人的财富总和还多的多。可见，目标对人的发展非常重要。对于卓越体育教师而言，规划自己的职业生涯是非常重要的任务。

三、加大教师在职培训力度

重视对在职体育教师的培训，是提高师资质量、稳定师资队伍、推动学校体育改革与发展的重要举措。

（一）体育教师在职培训的必要性

第一，体育教师自身素质不断提高的需要。培养人才要靠教育，教育的关键在教师。体育教师的政治思想水平、业务能力和文化修养，直接影响着教育的质量和学生的发展。为适应时代发展的要求体育教师必须不断地完善自我，通过在职培训提高自身的素质。

第二，体育知识更新的必然要求。由于现代科学技术日新月异地发展，许多知识、新理念不断渗透到体育科学中来，出现了许多以现代科学为依据的新概念、新观点、新理论、新技术以及新的教学形式、教学方法，新的检查评价方式等，从而对体育教师的工作提出了全新的、更高的要求。因此，体育教师必须要接受新知识的洗礼，通过在职培训不断提高，这样才能适应时代发展的需要。

第三，推动学校体育改革和促进学校体育发展的需要。体育教师是学校体育改革的具体实践者[①]。学校体育改革要求广大体育教师转变观念、更新知识、强化能力。因此，有必要通过在职培训培养在职体育教师深化改革的精神和能力。在职培训的模式有岗前培训、院校培训、校本培训等。

---

①潘绍伟，于可红.学校体育学［M］.北京：高等教育出版社，2015：339.

（二）体育教师在职培训的目标

中小学体育教师要热爱体育教育事业，以德育人，为人师表；要树立正确的教育观、质量观、人才观和师生观，提高实施素质教育的能力和水平；提高终身学习的自觉性，不断拓宽业务知识、提高业务水平；掌握必要的现代教育技术手段，积极参与教育教学科研，勇于探索创新，适应实施素质教育的需要。因此，对体育教师在职培训的目标是：强化职业信念，提高中小学体育教师思想政治素质和师德修养水平；具有一定的现代化教育意识和观念，掌握一定的现代教育技术；掌握一定的本学科专业理论和教育理论，熟悉体育教学规律和学生学习规律；掌握基本教学技能，能运用体育教学实践；基本掌握教育科研方法，并能积极开展教改实验和理论研究；逐步建立一支适应素质教育改革与发展需要的体育师资队伍[①]。

（三）体育教师在职培训的方法

体育教师应岗前培训，以便新体育教师能尽快适应新的工作环境。优秀教师与新教师结成师徒，进行个别指导促使新教师向老教师学习，更快地提高学科素养。在日常工作中应定期开办讲座，向众多的参加培训的体育教师同时介绍一个专题知识。除此之外，教研室可以多开展教学研讨会，参加体育教学研讨会能使体育教师和学校体育专家相互学习、交流信息、启发思维、了解到某一领域的最新情况、开拓视野。教师之间还可通过组织教学观摩、评估与交流，由参加者依据他们所看到的学校体育工作情况来观摩、分析、检查、评估、交流、研讨该校的体育教学工作，分析优点，找出不足。教师假期期间，学校应组织开展假期短训班，根据本地实际需要，利用寒暑假时间举办短训班，聘请有关专家来讲课并有计划有组织地安排教师到有关学校参观访问，教师有针对性地参观访问，可以从其他学校得到启发，对照、找出自己的不足，提高自己的知识、技能和水平。

---

①白鲲. 基于终身教育理念的体育教师继续教育策略［J］. 计算机产品与流通，2018（8）：158.

四、提高教师继续教育频次

体育教师继续教育是指已经达到国家规定的学历，并且具有教师资格证书的教师，对这些教师进行继续教育，提升他们的政治思想、教育科研能力、职业道德、专业素养，进而使他们更好地为教育事业服务。体育教师继续教育的目标是提升教师教学能力与政治素养，以新的理论知识、新的技术丰富教师知识体系，使教师能够将这些知识合理地渗透到体育教学中，进而潜移默化地引导学生、教育学生。时代的更替，社会发展日新月异，在此背景下，需要教师以学习来丰富自身、树立终身学习意识、使自己能够与时俱进、更好地投入到教育教学中，进而促进教育事业的发展。

（一）强化政策，引导教育

终身教育理念下，政府要发挥引导作用，多方面释放政策资源，带动社会各界参与到继续教育中，使体育教师能够朝继续教育方向发展。一方面，政府要根据社会发展情况，调整相应的政策资源，以此增强政策的宏观力度。政府可以将体育教师发展需要，社会经济发展需要置于一个框架中，给予政策上的引导，让社会各阶层与体育教师都参与到继续教育中，提升体育教师对继续教育的认同感。另一方面，政府要发挥自身作用，为体育教师继续教育提供平台，在职业生涯、理论研究的基础上提供相对于的资源，丰富继续教育课程，进而才能够更好的教育体育教师。

（二）提升教师创新能力

体育教师不仅要注重理论与实践教学的相融合，还应该树立终身教育目标，加强自身对教育的创新，潜移默化引导学生，培养学生创新能力，进而促进学生全面发展。体育教师要在授课中，采取多样化教学模式增强学生对体育教学的学习兴趣，培养学生体育技能与素养，进而促进学生全面发展。在继续教育中，要强化体育教师教学方法的培养，增强教师创新能力，使教师能够将所学能力更好的运用到体育教学中。一名卓越体育教师要有强烈的求知欲和创新能力，要不断吸取新知识、新信息、新理论，不断充实完善自己的知识结构，将其他学科的知识运用于体育教学活动中。只有不断提高教师的业务水平和创新能力，才能促进教学的发展，才能使快乐体育真正快乐起来。此外，学校还应该为体育教师营造一个良好的学习环境，增强他们的学习意识，进而才能够促进教育领域的发展。学校办学宗旨要以社会发展需要为前提，调整自身课程体系，这样不仅有利于教师与社会各界人士参与到继续教育中，还能够为教育领域营造一个良好的教学氛围，进而增强体育教师的学习意识。

（三）更新教师教育理念

素质教育理念的发展，为教育领域提出更高的要求，需要教师要摒弃单一授课模式，要以学生为教学主体，尊重学生，自己为教学引导者，发挥学生主观能动性，进而促进学生更好的学习体育课程。在体育课堂教学中，教师要善于引导学生，鼓励学生说出自己的想法，发展学生思维能力，从而提升体育教学质量。这无疑对体育教师传统教育理念形成一定的冲击，需要体育教师通过继续教育，来提升、完善自己，使自己能够与时俱进，顺应素质教育理念，更好为学生开展有价值的教学活动，进而才能够实现自身终身教育目标。

本章小结

社会和时代的发展需要教师追求学科素养的发展，要有自学意识，以终身教育为目标，不断汲取本领域和相关领域的知识，丰富知识结构，并通过理论学习和实践相结合来不断提高教师学科素养和科研能力，与时俱进。本章通过对于卓越体育教师学科素养构建、知识视野体系构建、学科素养培养、知识视野拓展进行分析阐述，以寻求为培养出具备职业操守、能够融汇贯通知识、专业能力出色的卓越体育教师提供一定的借鉴经验。对于卓越体育教师的学科素养而言，高水平的专业认知素养是不可或缺的，卓越体育教师的学科素养包含了基础素养和核心素养两个部分，其中基础素养要求卓越体育教师拥有强健的体魄以及精湛的运动技能，学科核心素养则在精神层面对卓越体育教师有所要求，不但包含了对于教师师德风貌的建设，更是要求教师能够不断强化自身体育知识，充分学习更为先进的体育教学手段和方法，这也是当代培养卓越体育教师所应注重的学科素养层面的培养。相比于学科素养的要求，卓越体育教师知识视野的扩宽也是需要学校教育所重视的，其本体知识结构由体育学科基础知识、体育学科教学知识二大类构成。处于终身学习时代的卓越体育教师，其知识视野体系是随着教育教学实践的积累而不断发生着变化，同时也因为教育教学实践的革新而不断增加着新的内容。作为卓越体育教师，我们唯有与时俱进，不断学习体育学科的本体知识、了解其知识体系的价值与意义，寻求本体知识体系的发展路径、才能够不断地完善自身，更好地适应时代的发展和学生的需要。

第五章 卓越体育教师教学目标与教学内容设计能力

在教育领域，目标表明社会期望学生通过学习所达到的结果，能使教师集中精力在重要的工作上，引导教师合理有效地使用资源、选择合适的教学方法和手段，同时在评价教学是否达到预期的效果时有了依据。体育教学目标同样也是希望学生通过一定阶段的体育学习，能够在体育知识和技能方面达到国家规定的最低要求。因此具体的体育教学目标也就成了测量与评价体育教学质量的指标，这是因为教学目标是体育教学活动的出发点和最终归宿，础教育课程改革的实施已有近十个年头，其影响力已深入人心。但概观教学实践，目前有关广大体育教师科学设计与应用体育教学目标"如何教学"达成共识的文献阙如不全，难以满足教学实施需要，与体育新课程逐力推进的需求还存在着很大差距。为此，辨析体育教学目标设计中存在的问题、培养卓越教帅的教学目标设计能力尤为重要，可以为规范日后的教学行为提供准绳。体育教学内容是人们根据体育教学的目标有目的、有意识地挑选出来、依据学生发展需要以及一定的教学条件加工出来的。而体育教学内容设计是课程设计的重要组成部分，涉及到目标引领下不同学段、不同学年、不同学期、课程单元教学内容的选择，涉及教学内容采取何种结构、方法、模式才能达到预期目标，是实现体育教学目的和教学内容的途径，目的在于促进体育教育改革，逐步完善课程教学内容和体系，使学生体质健康测试的合格率得到提升。本章将围绕卓越体育教师教学目标与教学内容设计能力的培养展开论述，通过对教学目标和教学内容的优化设计，激发学生运动兴趣、培养学生体育意识和锻炼身体的能力，帮助学生树立健康意识、养成良好的生活方式，让学生在运动能力、健康行为和体育品德等核心素养获得全面的发展。

第一节 卓越体育教师教学目标设计能力的培养基础

教学目标是一定教育价值观（教育目的、教育宗旨）在课程领域的具体化。体育课程目标是体育实践所追求的理想效果，体育课程的多目标是新《全国普通体育课程教学指导纲要》（以下简称《纲要》）的重要特点之一。在《纲要》中把"增强体质，增进健康，全面提高学生的体能和对环境的适应能力，促进其身心全面发展"作为我国体育教学目标的首要任务[1]。如何建立以健康体育、终身体育为主体的体育教学目标体系，并使教学目标朝多元、有序的方向演化，是目前面临的重要课题。在体育改革转型阶段，由于传统教学目标的层次分类不清，在目标制定和选用时容易产生疑惑，阻碍了目标的实现。

一、体育教学目标与体育教学目的

（一）体育教学目标的概念

体育教学目标的概念需要从两方面进行讲述。首先，从内涵上说，体育教学目标指教学活动开展之后，学生身心所发生的变化。美国心理学家布卢姆（Benjamin Bloom）为体育教学目标下了这样的定义："学生自身的一系列变化便是教育目标或体育教学目的"。其次，从外延上说，体育教学目标是由远程目标、中程目标、短程目标等一系列的目标群组成的。其中"远程目标""中程目标""短程目标"分别指国家规定的教育目的、学校设定的培养目标、培养目标的具体化。而体育教学目标是由体育与健康课程的总目标与体育教学目标所组成。

体育与健康课程的总目标：通过课程的学习，学生喜爱运动，积极主动地参与运动；学会体育与健康学习，增强科学精神、创新意识和体育实践能力；树立健康观念，形成健康文明的生活方式；遵守体育道德规范和行为准则，塑造良好的体育品格，发扬体育精神，增强社会责任感和规则意识[2]。

体育教学目标：体育教学目标是根据我国体育教学目的事先提出的预期成果。预期的教学成果可分为阶段性教学目标和最终所要达到体育教学的总目标。是在一定时间和范围内，师生经过共同的努力才能达到的教学结果、规格

---

①孙志成.《全国普通高等学校体育课程教学指导纲要》解读［J］.教书育人，2010（21）：66-67.
②贾莉莉. 一流本科教学内部质量保障的长效机制探析——以卡耐基·梅隆大学为例［J］. 现代教育管理，2017（8）：77-82.

或状态。它是体育教学的出发点和归宿，并且决定着体育教学活动的方向[①]。

（二）体育教学目的

我国教育目的：教育必须为社会主义现代化建设服务、为人民服务，必须与劳动生产和社会实践相结合，培养德、智、体、美、劳等方面全面发展的社会主义现代化建设者和接班人。学校体育是学校教育的重要组成部分，对学生的健康发展具有重要意义。不同体育教学目的在很大程度上决定了体育教学的发展以及在实践中所起的作用。我国体育教学目的从古至今发生了许多变化，从以往单一的满足政治需求到现在越来越重视人的发展，尤其是现在所提倡的"健康第一"的教学思想更加凸显了对学生的关注，这是一种巨大的进步。

（三）体育教学目标与教学目的的关系

体育教学目的和体育教学目标之间存在着某种特殊关系，前者相对稳定，后者相对灵活。体育教学目的是为实现教学目的而提出的，是对学校体育教学活动具有指导意义的一种总体性的要求。而体育教学目标只对某一特定的教学活动具有指导性作用。除此之外，体育教学目的带有某种意义的强制性色彩，而体育教学目标却相对自由。从这一层面上来说，教学目的是学校教学的规范，在一定时期之内不容许随意更改，而体育教学目标是一种教学策略，是可以调整的。

二、体育教学目标的层次与结构

学校体育学科包含了以下几个不同层面的目标，学校体育目标、体育课程目标、体育教学目标、课外体育目标、学习领域目标、水平目标、学段教学目标、年教学目标、学期教学目标、单元教学目标。体育课目标等。这些目标既存在一定的差异性，也具有较强的关联性，但这些目标有的是同一个层面的，有的是不同层次的。体育教学目标可被理解为体育教学活动的"第一要素"，上接学校体育目标、体育课程目标，下承水平教学目标、单元教学目标、课堂

[①]滕跃，邹路易，顾文秀，等. 关于高校青年教师提高教学能力的思考［J］. 教育教学论坛，2017（46）：52–53.

教学目标等构成一个较为连贯的目标体系，而在理论研究和教学实践中，由于这些目标之间的关系并不十分清晰，从而产生了一定的混淆，特别是在制定各层次的体育教学目标过程中，由于认知上的偏差造成了体育教学目标的泛化和淡化现象。因此，探讨体育教学目标的层次，了解不同年级的体育教学目标，有助于更好地落实教学目标，促进学生健康成长。

（一）体育教学目标的层次

体育教学目标体系的第三层级是体育课程目标和学段目标。课程目标（curriculum goals）也可以理解为学科目标，它是课程本身要实现的具体目标。体育课程目标（即体育教学目标）是学校体育目标的亚目标，它是体育教学中师生预期达到的教学结果和标准，是整个体育教学活动的出发点和归宿，决定着体育教学的方向。体育课程目标是整个体育目标体系中的核心，起着承上启下的作用，它相对教学目的和学校体育目标来说是具体的，是它们的亚目标，是学校体育目标在体育教学中的具体化；但相对于单元和课时教学目标来说，它又是概括和抽象的，具有指导意义。体育课程目标（即体育教学目标）的实现是分阶段的，不同阶段其体育课程目标不同，由此形成了"体育学段目标"。体育学段目标就是对处在不同受教育阶段的学生的体育行为的预期。体育学段目标服务和服从于学校体育这一总体目标，它对学生发展的不同阶段体育学习的不同侧重点做出规定由此形成了小学体育教学目标、中学体育教学目标和大学体育教学目标。

现阶段我国体育教学的目标是：通过体育教学，向学生进行体育、卫生保健知识教育，增强学生体质、促进心理健康、掌握运动技能、开发体育兴趣和习惯、培养创造力，使学生的身心得到健康的发展。大、中、小这三个学段目标是体育教学的分目标，说明了体育教学在不同学段的侧重点大、中、小这三个学段目标的最终结果是实现体育教学目标和学校体育目标。

1. 小学体育教学目标

不同时期的体育教学目标也不尽相同，这就需要依据不同时期学生身心发展的特点，准确地把握每个时期的教学目标。依据小学生身心发展的特点和体育需求，可以把小学体育教学目标划分为以下五点：

第一，养成主动参与游戏活动与运动动作技术学习的习惯，体验参加体育活动得到乐趣。

第二，养成正确的身体姿势和姿态，学习简单的体育保健常识知识，初步建立卫生保健和安全的观念。

第三，掌握基本的体育动作，发展学生基本的活动能力，并且能够说出练习运动项目的术语。

第四，了解一般的游戏规则，学会尊重和关心帮助他人，能够在活动中表现出团结协作的团队精神。

第五，通过体育与健康课程和体育活动的开展培养学生的自尊心和自信心。

2. 初中体育教学目标

初中生相对于小学生来说心智发展具有一定的差异性，特别是处于青春发育的关键期，根据初中生的身心发展特点和体育需求，可以把初中体育教学的目标确定为以下五点：

第一，初步形成良好的体育锻炼意识，能够自觉积极主动地去参与体育活动。

第二，能够理解体育锻炼对身体形态和机能的影响；能对健康的营养食品进行简单的选择；在运动时能够注意到安全问题。

第三，了解所学运动项目的简单技战术知识和竞赛规则；发展运动技战术能力；提高学生的速度、有氧耐力和灵敏性。

第四，学会调节自身的情绪和掌握调节的方法，通过体育树立自尊、自信和团结协作意识。

第五，理解并担任不同的运动角色，养成良好的体育道德行为，并能够做出简单的评价。

3. 高中体育教学目标

依据高中生身心发展的特点和体育需求，可以把高中体育教学目标划分为以下三点：

第一，运动能力：高中学生运动能力发展的重点是发展体能、运用技能和提高运动认知水平。通过体育与健康课程的学习，学生能够运用所学的运动知识、技能和方法，参加与组织体育展示和比赛活动，显著提高体能与运动技能水平，掌握和运用所学运动项目的裁判知识和规则，增强发现问题、分析问题和解决问题的能力；能够独立或合作制定和实施体能锻炼计划，并对练习效果做出合理的评价；了解和分析国内外的重大体育赛事和重大体育事件，具备一定的运动欣赏能力[①]。

第二，健康行为：高中学生健康行为养成的重点是锻炼习惯、情绪调控和适应能力。通过课程的学习，学生能够积极主动地参与校内外的体育锻炼，掌握科学的锻炼方法，养成良好的锻炼习惯，形成基本健康技能，学会自我健康管理；情绪稳定、包容豁达、乐观开朗；善于交往与合作，适应环境能力强；关注健康，珍爱生命，热爱生活；养成健康文明的生活方式，改善身心健康状况，提高生存和生活的能力。

第三、体育品德：培养学生积极进取，遵守规则和社会责任感，通过体育与健康课程的学习学生能够自尊自强、主动克服内外困难，具有勇敢顽强、积极进取、挑战自我、追求卓越的精神；正确对待比赛的胜利，胜不骄、败不馁；胜任不同的运动角色，表现出团队协助与负责任的行为；遵守规则、文明礼貌、尊重他人，具有公平竞争的意识和行为[②]。

（二）体育教学目标的结构

从目前的分类看，目标系统知识维度和时间维度的分类描述比较具体和全面，而逻辑维度还缺乏具体内容的描述。本研究将逻辑维度分为三个步骤，即基本目标、发展目标和终极目标。

基本目标是通过体育教学与课程管理，大多数学生应该完成的基本目标。教学的基本目标是社会需求对体育教学所提出的最基本要求，包括促进学生健康的体质、良好的思想品质、掌握一定的运动技能。健康的体质是一个人从事一切活动的基础，是体育教学必须达到的最基本的要求。促进学生良好的思想品德作为基本的教学目标，是因为它是实现体育教学其他目标的支柱和动力保证。而掌握一些运动技能是最基本的目标。

通过体育教学与课程管理，部分学有所长、有余力的学生或大多数学生应努力完成下列领域的发展目标。

发展目标包括体育能力及促进非智力因素的发展。体育能力是一种特殊能力，它是由体育知识、技术、技能和智力构成的一种个性身心品质的综合体[③]。在体育实践中表现为人们独立地、科学地从事体育锻炼和身体活动的能力。体

---

①林永柏.浅谈高校教师教学能力的构成及其养成［J］.教育与职业，2008（9）：121–122.

②魏红.开展未来教师培养保障高等教育质量［J］.北京教育（高教），2019（9）：11–13.

③陈志丹，宋建华.高校体育教学目标的多维审视［J］.中国成人教育，2005（12）：86–87.

育能力包括自主锻炼能力、娱乐能力、运动能力、组织管理能力和运用体育环境与条件保健生存能力等主要内容。体育能力是通过科学、合理的体育实践过程逐步发展和提高的。一般情况下，从事体育活动越持久、多样，掌握体育知识越丰富，体育能力发展就越全面。体育能力及所包含的主要内容反映了体育教学的实质内容，培养途径又体现在体育教学过程中。非智力因素是指学生对待自然和社会的态度以及解决问题起动力支配和情绪调控作用的个性心理，它包括兴趣、意志需要和情感等。非智力因素建立在思想品质基础上发展于教学实践过程之中，因此这一层次的目标起着承上启下的作用。

通过体育健康课程的系统学习，全体学生应该完成以下终极目标。终极目标就是要实现终身体育的价值，终身体育思想是从人的发展角度对体育问题的理性认识，它以人为出发点，从哲学的角度探讨人、体育、社会三者的关系，旨在塑造全面发展的人，充实人生和提高人的素质，实现体育对人类和社会发展的巨大功能。体育是系统接受体育教育的最后阶段，学生在体育实践中的发挥和长期性的保持均需要有较丰富的体育科学知识来指导。在人的一生中，体育起着承上启下、承前启后的重要作用，特别是对实施终身体育所起的作用，是任何一个阶段的学校体育所无法比拟的。因此在制定体育教学目标时，既要考虑到近期效益，更要着眼未来预见终身，体现现在目标和将来目标的结合。

三、体育教学目标的基本要素及特征

（一）体育教学目标的基本要素

一般来说，一个科学合理、完整的体育课堂教学目标，主要包括行为主体、行为动词、行为条件、表现程度四个要素，四个要素的具体表述如下：

1. 行为主体

行为主体即教学对象，体育课堂教学目标主要描述的是学生在课堂中的行为，而不是教师的行为，教师要始终围绕着学生来授课。在行为主体的表述上，要明确的说明教学活动的主要对象，如"高一年级学生"等。在具体的措施表述上，要换位思考，从学生的角度出发，正确的表述学生在课程学习中应该达到的目标是"学生能够正确的做出动作"或是"学生能够说出有关篮球运动的主要明星"等。

2. 行为动词

行为动词主要用来解决学生在课堂学习过程中可用来观察、测量的具体行为，即学生通过本次课堂学习后，能够达到一个什么水平。行为动词主要分为：认知类，如说出、复述、识别，辨析等；动作技能类如模仿、尝试、掌握、熟练、讨论等；情感类如培养、坚持、坚强、克服等。教师对于行为动词的选择要根据课堂教学内容的实际需要，尽量做到准确、具体[①]。

3. 行为条件

行为条件的选取影响着学生学习的难易程度。教师在教学活动中对学生提出的要求或定出的标准，是对学生学习结果的特点限制或范围等。对于行为条件的表述，在日常的体育教学活动中主要有以下几种：时间和速度因素，如"要求高一男学生能够在3分20秒以内跑完800米"；环境因素，要求学生能够在单杠上做引体向上10个；信息因素，如老师展示一个足球，学生要能说出世界杯足球的使用规格，如球的气压、材质、直径、体积大小等要求[②]。

4. 表现程度

表现程度是指学生对教学目标所要达到的最低表现水准或标准，用以评价学生在教学活动中掌握的学习的程度。在教学活动中，表现程度通常采用定量的指标或者标准，但是对于一些表演性的以及对学生情感态度的目标，在教学活动开展之前并不能具体化，只能通过教学的具体实施才能够体现出，这时只需要使用概括性的行为动词来描述教学的意图即可。例如，通过本次课的学习，使85%的学生能够掌握正确的原地单手肩上投篮的动作，能够快速地说出投篮的技术要领和注意事项，其中15%左右的学生能够掌握45°打板的技巧。

由于体育教学的复杂性和多样性，教学目标的表述既要考虑其具体、可测性，也要考虑某些目标的特殊性。在新的课程理念指导下科学地设计教学目标，切实把握好教学过程中教什么、学什么、评价什么、达成什么的问题，才能够有效地进行课堂教学，提高教学质量。

王皋华认为体育教学的认知目标应根据学生的心理发展水平，由低级到

---

①张明莉. 特岗计划实施对体育专业学生教学能力培养的教改研究［J］. 体育科技文献通报，2017，25（1）：41-42.

②付治国，刘国忠. 新课程理念下体育课堂教学目标的设计与编写［J］. 太原城市职业技术学院学报，2011（3）：133-134.

高级分为知道、理解、应用、分析、综合和评价；体育教学的情感目标分为接受、反应、判断、组织和态度；体育教学的技能目标分为知觉、模仿、变化、改进、选择、应变和创造[①]。根据王皋华的观点，同时参照梁占歌等[②]制定的常用词语汇总，制定出课时计划中技能教学目标编写常用的案例（见表5-1）。

表 5-1　体育教学目标常用词语

目标层次	常用词语
分析	学生能够分析、比较、对照、指出某些情况，来改变体育实践
评价	学生能够鉴别、比较、评定、判断某些技术要领、知识、价值
知觉	学生能够体会、感知、感受某些技术动作、感觉
模仿	学生能够模仿、重复、示范某些动作
生成	学生能够掌握、完成、维持、操作某些动作
熟练	学生能够熟练的完成动作、能够进行创编动作组合、能够改进动作

（二）体育教学目标的特征

1. 预期性

预期性是说在教学活动开展之前，教师就能够预测到学生所发生的变化，而预期所达到的目标是不是科学、明确将直接关系到体育活动开展的最终效果。结构化体育教学目标是一个纵横交织的有机体，之所以这样说是因为从纵向来看，体育教学目标又是由层级分明、连续递进的教学目标组合而成，即下位目标是上位目标的具体化，上位目标是下位目标实现的基础；从横向来看，不同的教学领域对于教学目标制定的要求各异所以目标设定内容不同，但各个目标之间又相互衔接形成了一个有机整体。

2. 具体化

制定体育教学目标的目的是帮助教学活动的开展，所以，体育教学目标最

[①]王皋华.体育教学目标的分类研究［J］.首都师范大学学报（自然科学版），1994（4）：104-107.

[②]梁占歌，张振华，黄武胜，等.体育教学目标设计的问题与策略［J］.吉林体育学院学报，2013，29（2）：109-112.

终要落实到师生具体的教学活动中去，这就是为什么要求教学目标要具体化的原因。所谓目标具体化，就是教学目标要对学生的具体任务进行详细说明，主要包括学生应该做什么、不该做什么、在何时做什么以及做到什么程度，如此才能更好地指导教学活动的完成。

3. 灵活性

之所以说体育教学目标具体灵活性，是因为它的制定需要以教学内容、学生具体特点、课时分配等条件为基础，尽可能做到因课、因班制宜。总之，灵活性的教学目标是满足学生身心需求，实现学生身心发展的重中之重。

四、体育教学目标设计的要求

（一）体育教学目标的设计要具有全面性

教学目标设计的好坏，直接关系到体育课堂教学的质量和效果。衡量体育教学目标是否合理，首先就要看该目标是否具有全面性和整体性[1]。

体育教学目标要在一节体育课堂中有所体现，允许教师在进行教学目标设计的时候有所侧重点，但是不能顾此失彼。体育课堂教学目标主要包括知识与技能目标、过程与方法目标、情感与态度目标。卓越体育教师在进行体育教育目标设计的时候主要是围绕着技能教学和锻炼学生的身体的原则，但是也必须要注意到其他方面的教学目标，在制定课堂教学目标时体育教学目标要有全面性。如果体育教师在设计体育教学目标的时候，考虑不全面，将会直接影响到整个教学过程和组织教法，教学目标缺乏全面性和完整性必然造成教学内容选择和教学措施的缺失，因而影响教学目标的实现。

（二）体育教学目标的设计要明确具体

教师在进行体育教学目标设计时，有的教师偏向于为学生提出远大的宏伟目标，而忽视"细小的"具体目标，使学生感到那些目标过于空泛、虚无缥

---

①何林.高校体育教育专业实践教学体系的构建与实践［J］.教育理论与实践，2018，38（9）：61-62.

缈、遥不可及，在学习过程中失去努力的激情。所以教师在进行教育目标设计时要避免这种倾向，努力使教学目标明确和学习内容具体。例如，"本堂课我们学习跳远中的助跑环节，其重点什么是难点是什么"[①]。

卓越体育教师在备课的时候必须面对的就是教学目标的编写，一个明确的教学目标地撰写主要包含：①执行目标的行为主体：必须要明确行为主体、行为目标描述的是学生的行为，不是教师自身的行为。教师要树立明确的"学生观"，学生既是学习的对象也是学习的主体；②选取合适的行为动词：行为动词的选取要可观察、可测量的行为动词，例如，做出、说出、模仿、指出、解决等；③一定的实现条件：条件是决定教学目标难度的实施因素，教师在考录运动技术目标难度的同时，可以利用教学目标中的条件因素来进行变化。如同样是篮球的投篮，可以根据条件的改变来改变教学目标的达成。例如：条件A，三步上篮；条件B，原地罚球区投篮；条件C，原地的三分区投篮；条件D，三分区原地接队友接球投篮。

（三）体育教学目标的设计要符合实际情况

体育教师在进行教学目标设计的时候要切合实际，教学目标的难度要适中，使学生能够通过"跳一跳，摘到桃子"。换言之，教学目标要有一定的难度，使学生通过努力"跳一跳"才能够摘到"桃子"；同时教学目标难度又不能太高，以至于学生无论怎么使劲"跳"也摘不到桃子。因此卓越体育教师在设计课堂教学目标时要结合学生的实际情况去制定，教学目标的确定要符合在学生的"最近发展区"，是学生通过努力能够完成的。

（四）体育教学目标的设计要有实现的评判标准

教学目标要发挥标准的作用，教学目标就必须是可测量的。如果教师制定的教学目标是含糊的、笼统的、模棱两可的，在教学实践中就难检测。评价的标准同样是改变教学目标难易程度的一个因素，同样是"接垫同伴隔网发过来的球"，可以通过改变标准去调整目标难度，例如，标准A，垫出的球要达到2

---

①许奋奋. 地方本科院校卓越体育教师人才培养的探索——以莆田学院为例［J］. 莆田学院学报，2017，
　24（4）：104–108.

米的高度，并且落到本方场地中；标准B，垫出的球要达到3米的高度，并落到本方场地的前半场；标准C，垫出的球要达到4.5米的高度，并且能够落到本方场地的前左半场规定的范围内。因此，体育教学目标的设计一定要有评判的标准，使教师能够评判出不同学生的学习情况进而判断教学目标的完成情况。

第二节　卓越体育教师教学目标设计能力的培养途径

教学目标的设计能力是卓越体育教师的重要能力之一，体育教学目标的编制作为教学设计的第一步，是体育课堂设计中最重要的环节之一，它既是体育教学实践活动的起点和归宿，也是评价体育教学成效的重要依据。作为卓越体育教师，必须苦练体育教学目标设计的基本功，培养较强的体育教学目标设计能力。体育教学目标的制定是教学活动实施的基础和前提，是教学活动开展的重要环节，教学质量的好坏，与教学目标的实现有重大关系[1]。本节将围绕卓越体育教师教学目标设计能力的培养策略展开，旨在使教师对教学目标的认识进一步提高。明确体育教学目标设计的意义是卓越体育教师教学目标设计能力培养的前提，卓越体育教师教学目标设计能力的培养要立足于体育教学目标设计的依据，并遵循一定的教学原则，最终达到促进卓越体育教师教学目标设计能力的提升的目的。

一、明确体育教学目标设计的意义

（一）有利于体育学科教学功能的发挥

要明确所要实现的体育教学功能，必须制定合理的教学目标，如体育教学的健身目标就要求在实际的教学中必须以增强体质为目标，这就可以实现体育教学的健身功能。愉悦身心的目标可以帮助实现体育教学的满足乐趣的功能。体育教学的运动技能目标，可以实现体育教学的授业功能，如有些老师不适当地制定了体育教学目标，使目标偏离了体育教学的基本方向，也就无法发挥好

---

[1]余延平.浅谈年轻体育教师在教学能力上的培养［J］.中国科技纵横，2010，（9）：224.

体育教学的主要功能，使这些体育课上得空洞而虚假，使体育教学的质量大为下降。

（二）为实现体育教学目的提供保障

只有合理地制定体育教学目标才能稳妥地实现体育教学目的，例如，针对高中阶段"培养学生锻炼身体的能力"的目的，制定的教学目标是"发展学生的素质，让全体学生都达标"就很不恰当，因为"培养学生锻炼身体的能力"必须是"掌握锻炼身体的方法"的目标，"全体学生都达标"不能标志学生锻炼身体能力的形成，因此这是个不恰当的目标，当然也就不利于体育目的（意图）的实现。

（三）明确和落实体育教学任务

体育教学目标决定着具体体育教学任务。目标是标志，没有标志就没有方向，但只有标志没有具体的行动，标志也是没有意义的。因此，要有具体的体育教学任务来支撑目标的实现。体育教学任务要以体育教学目标为依据，明确教学任务是以好的目标为前提，有了明确的教学任务目标才能够有效可行。在过去《体育教学大纲》里只有"一个体育教学目的和三条体育教学任务"也就是说是在个意图下面明确了三项工作。因此，该目标体系缺乏明确的目标性，指导性不强。

（四）指引、激励教师的"教"和学生的"学"

目标是对人的愿望和努力方向的反应，人只有明确了自己的目标，才能够发挥主观能动性，形成实现目标的动力。在制定教学目标时授课教师要主动和上课的学生共同制定，合理的体育教学目标必定充分反映着教师的努力方向和学生的学习愿望。因此，科学合理的体育教学目标必定可以指引教师的工作，激励学生学习。

（五）教学目标是教学成果的检验标准

对体育教学成果的评价要有一个标准，而其中最重要的评价标准就是体育教学目标，首先是体育教学目标的制定是否合理，其次是体育教学是否完成了教学目标，从这一点上讲体育教学目标有标准的性质，因此可以用来作为检验体育教学成果的标准①。

二、体育教学目标设计的依据

（一）贯彻"健康第一"的指导思想

体育与健康课程以贯彻和落实立德树人为根本任务，以健康第一位为指导思想。随着科学技术的迅猛发展和经济全球化的融合，人类社会的物质文化和生活水平从整体上得到显著提高，带来了人类生产和生活方式的巨大改变。人们体力活动减少的同时心理压力却不断增加，给人类的身体健康带来了日益严重的威胁。当今社会，人们比任何时候都更加关注和重视自身的身体健康状况和生活质量。由于学生的身体健康对国家未来的发展、社会的进步和个人的幸福都至关重要，体育与健康课程成为增进学生身体健康的重要途径，在不远的未来，青少年将成为我国社会发展的中坚力量，只有学生身心健康、体魄强健，才能使青少年一代在未来担当的起家庭的责任和中华民族伟大复兴的重任。

因此，学校教育要切实贯彻和落实"健康第一"的指导思想，加强学校体育工作的建设。

（二）尊重学生的学习需求

学生不仅是体育与健康课程的学习主体，同时也是课程的受教育者。教师在制定教学目标时，要充分地考虑学生在身心发展阶段的主要学习兴趣、需求、特点，结合地方、学校的实际情况和学生学习、生活、锻炼的具体条件，依据学生在各个不同的年龄阶段的身心特征和学生个体的差异性来确定不同的体育教学目标，满足学生身心发展和对知识、技能、战术和追求成功体验的需求。

---

①胡亦亮，周志慧."乡村振兴战略"视域下农村体育教师PCK研究——以四川省布拖县为例［J］.四川体育科学，2021，40（6）：119-126.

（三）以体育与健康课程教材为依据

"教材""课本"，它是依据课程标准而编制的、系统反映体育与健康学科内容的教学用书，教材是对课程标准的具体化。教材是学生获得系统知识、进行学习的主要材料，也是教师进行体育教学的主要依据，体育与健康课程不同于其他课程，主要是以实践性、亲身性为特点，因此教师在进行体育教学设计时更应该要参考教材，分析体育与健康课程的教学目标、内容范围和教学任务，防止出现教学问题[①]。

（四）以学校实际的体育教学资源为依据

体育教学资源是为教学的有效开展而提供的各种可被利用的条件，通常包括教师、学生、场地和器材等。教师和学生是体育教学中人的要素，体育教学场地和器材则是体育教学活动开展的物质要素，两者任何一方的缺失，都会导致教学活动无法开展。学校体育场地器材设施作为开展学校体育工作、提高学生身体素质的重要物质基础和保障，在体育教学目标的实现过程中发挥着不可缺少的作用。俗话说"巧妇难为无米之炊"，如果没有基本的体育教学设施作为保障，谈何实现体育教学目标。因此，教师在制定体育教学目标时，必须要结合教师和学生以及学校现有的场地、器材资源，以及可以简单进行开发改造的资源，才能确保所制定的教学目标能够得以实现。

三、立足学科特点、遵循体育教学目标设计原则

（一）整体性原则

体育与健康课程本身是具有整体性的，教师在教学实际活动中要把各个不同的教学要素构成一个整体的完整系统，要求卓越体育教师在教学过程中必须要协调好教学各个目标之间的关系，使各个教学目标有机的衔接起来，使各个教学目标的实现达成总的目标，产生良好的整体作用。为此，教师在教学活动

---

①何劲鹏.卓越体育教师核心素养的内涵及实践探索［J］.体育学刊，2017，24（2）：91-95.

中要树立整体性的教学目标观念，不断的根据具体的教学目标、教学任务、教学情境适时处理好各种教学要素间的关系，最终使总体的教学目标得到充分的实现[①]。

（二）科学性原则

体育教学活动要在科学理论的指导下，遵循科学的教学程序、运动科学的思维方法来进行教学目标的设计。教学目标的科学性要体现体育与健康课程的特征，符合体育教育的规律和学生身心发展的规律，不可定过高的教学目标，否则就会在教学活动中对学生产生负荷强度过大，导致学生产生运动损伤或不可逆的损伤。要掌握体育学科教学的基本规律，把科学的理论和训练内容加入到体育教学的目标中，不可忽视学生当前的学习水平，目标制定过高或过低，都会对学生的学习产生不良影响。

（三）灵活性原则

教师在教学活动中要根据不同的学生、时间、场合等具体情况灵活地设定不同的教学目标和实现方式。由于不同学生在体育基础和能力等方面存在着个体差异，因而目标的设定必须要具有一定的灵活性。教师在教学实践中要尽可能地按照教材设计难度不同的目标等级，使学生能够根据自身所处的实际水平确定自身需要达到的相应目标[②]。

（四）可测评性原则

体育教学目标作为检验教师教学质量和学生学习效果的标准，就必须是可以检测和评判的。体育教学目标的设计是用比较科学的、准确的逻辑语言来描述的，这种描述的一般比较抽象，很难去确定评价的标准。因此，卓越体育教师在进行教学目标设计时，要求可实际操作，不能用笼统、模糊的语言去描述，必须要有一定的量化指标，能够通过一定的内容条件和方式来比较客观的

---

①周琬馨.应用型大学教师教学能力评价体系研究［D］.厦门大学，2017.

②冯玉娟，赖光艳.新课程对体育教师教学能力的新要求［J］.体育师友，2005（1）：40-41.

进行评价和检测。例如，通过对垫球的移动和夹臂、送臂的动作的学习，提高学生的垫球准确率，使2/3的学生可以把60%～70%来自不同方向的球垫到目标范围内（目标：4米外，将球垫至墙壁上3米高，直径2米的圆圈内）。

（五）层次性原则

在体育课堂教学中，每次课可能包括五个学习领域（运动参与、运动技能、身体素质、心理健康、社会适应）的教学目标（如图5-1）。通常情况下，由于受到教材本身的特点、学生的实际情况、场地器材等因素的限制，一节课中要实现所有目标是不现实的。这就要求卓越体育教师制定每次课的教学目标时，首选既重要又具有关键性、迫切性的目标作为主干，对其他教学目标作出妥善安排和调整。

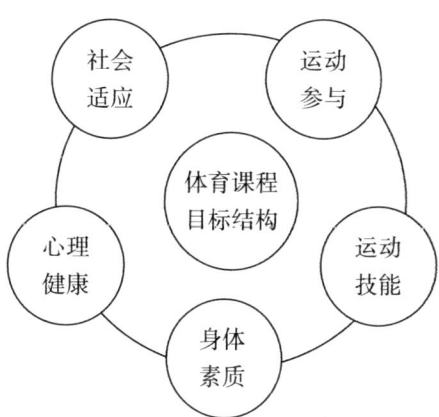

图5-1　体育课程目标结构图

（六）发展性原则

学生是体育活动的直接参与者，体育教学的效果最终要在学生身上落实并体现出来。但由于受体育教学本身的特点、动作技能形成规律和人体生长发育规律等影响，教学效果不是一蹴而就，而需要长时间不断地积累才能显现出它的综合效果。因而体育教学效果表现出它的滞后性、持效性。所以，体育教学目标的制定既要着眼于学生现在的发展水平和学习的需要，又要考虑学生潜在的发展和下一阶段或走向社会的需要。只有把学校体育的阶段效益与长远效益结合起来，才能更好地促进学生身心健康发展，培养学生终身体育意识。

四、卓越体育教师教学目标设计能力培养的主要措施

（一）强化学科专业理论知识

首先应明确当今体育教育中教学目标设计能力的构成，根据对相关理论的研究，在结合新课程标准的基础上对当前体育课程的教学设计进行分析可知，其主要包括如下几方面：①应制定出详细的学习目标；②应准确制定教学内容并选择合适的教学方法；③应可充分利用教学资源并能进行进一步的开发；④可针对性设计出个性化的指导方案；⑤可对教学过程进行随机调整；⑥可对教学效果进行评价等。其次应当确定出可影响教学目标设计能力的相关因素，对于专科学生进行教学设计的前提是要确保学生已经全面掌握相关的专业知识与理论基础，只有这样才能确保其相关能力培养的有效性。即使是针对文化知识基础较为缺乏的专科体育专业的学生，也必须具备足够的专业理论知识。

（二）整合优化理论课教学内容

在明确了相关的理论知识之后，就应当对教学内容进行相应的整合。此时则应根据不同课程的具体特征与教学任务对各项知识内容进行合理安排。通过对课程的合理设置，使这些理论内容既可以相互呼应又能做到各有侧重。

（三）开展技术课教师的专题培训

高校体育专业学生教学目标设计相关能力的培养需要经由对各种课程的学习之后才能予以获得，而由于对于体育专业学生而言其技术课在其课程设置上仍占据较大比例，因此必须要充分发挥这些课程的影响力。应当纠正技术课教师传统的技能至上的落后思想，并使其充分结合当今的教育实际，通过对中小学体育教育内容进行分析后，对其教学内容进行相应调整，并建议其要将重点设置在引导学生主动进行思考的能力的培养上，并为其全面发展打下夯实基础。

（四）转变教学指导思想与实施策略

第一，应实现一些主干课的转变，使理论与实践更加深入结合，学校相关管理者应在教学内容上全面落实相关理论基础，同时还应要求主干课教师彻底改变其传统的教学观念并在课堂上引导学生进行主动思考，并努力提升其课堂参与度与学习积极性。在课堂教育过程中，应加强与学生之间的互动并且要改变过去枯燥的理论教学模式，在实际教学中多引入案例分析以提升学生的学习兴趣，并帮助学生加深对抽象理论知识的学习记忆。在统一教材之外，教师还应当充分挖掘身边的可利用资源，积极对课程内容进行开发，不断激发学生的学习兴趣。同时对于一些核心的教育工作，卓越体育教师应当针对性的加入相关的模拟训练。如要求学生独立完成对某一课时教学内容的设计。此外，卓越体育教师还应带领学生走出课堂，深入到中小学实际的体育教学课堂上去，观摩实际的教学过程并加入模拟练习。要改变传统以教师为主体的教学模式，做到始终以学生为中心。

第二，应实现技术课的转变，并结合学生毕业之后的教师角色。通过对技术课教师的传统思想的纠正，改变其传统的授课方式。通过在实际的技术课堂上引入一些适合大众的运动项目，并充分结合学生毕业之后的体育工作，在课堂上就开始培养其之后的教为学能力。如采用角色扮演的教学方式，使学生提前进入体育教师的角色体验中进行模拟教学，以锻炼学生的教学能力。此外，教师还应当多进行一些相关技术问题的提问，引导学生对教育工作进行思考，为教学目标设计能力的培养拓宽道路。[①]

第三节　卓越体育教师教学内容设计能力培养的基础

教师教什么比怎么教更重要，教学内容的有效性非常重要。体育教学内容是实现体育教学目的的载体和途径，承担着提高学生健康，传授体育健康知识、培养学生体育技术能力的任务。当前，在体育教学实践场域中，诸如对体育教学内容认识和理解的肤浅化、片面化、单一化，对体育教学内容的选择、

设计及其呈现还缺乏足够的学理性、针对性和适切性，对体育教学内容的处理表现出的简单化、机械化、随意化等问题仍较为突出，已严重影响到体育课教学目标的有效实现和教学品质的切实提高。因此，进一步加强和深化对体育教学内容的相关学理研究，无疑具有极其重要的学术价值和现实意义。

卓越体育教师体育教学内容的选取和设计关系到实现体育教学目的的实现。本节将从体育教学内容的概述、特性、分类和选取的思路四个方面进行分析，提高教师教学内容的选取和设计能力。

一、体育教学内容的概述

（一）体育教学内容

体育教学内容是依据体育教学目标选择出来，依据学生发展和教学条件进行加工的、在体育教学环境下传授给学生的体育知识原理运动技术和比赛方法等。是体育教学过程中最具核心意义的要素之一，直接关联着体育教师的教和学生的学。其不仅是实现体育教学目标的重要依托和载体，而且是选择体育教学方法策略的主要依据，更是评价体育教学质量的重要标准之一。

（二）体育教学内容有别于一般教育内容

体育教学内容是依据体育教学的目标，学生在不同发展阶段和一定的教学条件所选择和加工编制出来的体育内容，主要以人体大肌肉群的参与所进行的教学内容，包括身体练习、运动技术的学习和教学比赛等形式，体育教学内容是通过一定的体育教学条件和环境来传授给学生的。

（三）体育教学内容不等同于竞技运动内容

体育教学内容虽属于教育内容，但在形式上与其他教育内容相差甚远。体育教学内容是人们有目的、有意识、有组织的根据社会和学生自身未来发展的需要，对体育教学内容进行一定的加工、组织和改造，以达到教育目的。竞技体育的目的是最大限度的挖掘人在体能、心理、智能等方面的潜能，攀登世界运动技术的高峰和创造优异的比赛成绩，以获得比赛的胜利。两者之间是同一水平领域内两个不同的要求高度和目的取向。

（四）体育教学内容的主要来源

中国古代的武术和武道。一般认为，在中国古代，最早的教育内容来源于孔子实施的"六艺"中的"射"和"御"。在中国古代学校中，体育大多是以武士的教育来体现的，体育教学的内容主要是以一些实用的军事性技能。在中世纪的欧洲"骑士教育"中的射箭、剑术，以及其他的东方国家教育中的各种冷兵器训练和柔术等徒手防身术。随着人类社会的发展，以前的这种军事手段慢慢失去了实际的军事意义，转向为健身和修养精气神的方向。如中国的武术、摔跤，日本的相扑、柔道以及朝鲜半岛的跆拳道。这些以前人们防身和保家卫国的技能在对于人们的精神修养和心理意志品质塑造的功能和魅力深受人们的喜爱。[①]

体操与兵士体操。现今在学校里面我们可以看到学生学习一些体操，这些体操类的教学内容主要来自于德国和英国的兵士体操，主要内容为列队、刺杀、托枪射击、战术等。这些兵士体操和北欧国家的一些器械体操加工融合，慢慢地就演化为我们当今世界学校体育的部分教学内容。

游戏和竞技运动。随着人类社会生产力发展到一定的阶段，人们有余暇的时间和精力，出现了一些消遣余暇时光的游戏，以及一些简单的竞赛活动，人们慢慢地在社会实践中加工和改造，逐步出现了一些我们今天依然可以常见的游戏和竞赛活动。特别是在工业革命以后，人类的生产能力大幅提高，人们有富裕的时间，慢慢发展起来了一些棒球、橄榄球、户外运动、排球、羽毛球等。后来随着近代殖民主义的扩张和教会学校的发展迅速传向世界各地，并在各国学校中逐渐发展为体育教学的主要内容。

舞蹈和韵律操。在古代社会，舞蹈和音乐是人们用在祭祀活动和各种纪念庆典活动中的，由于舞蹈和音乐结合起来，有节律的运动能够陶冶人们的身心、培养美感和节奏感，慢慢出现了一些民族舞蹈、艺术体操、健美操、体育舞蹈等形式。这种舞蹈和动作结合起来的韵律操，深受人们的喜爱，以及对于学生的人生发展具有重要意义，后来发展就成为许多国家体育教育的内容。

---

①李旭.UGS模式下高校体育教师卓越培养的对策与研究［J］.科技资讯，2019，17（8）：142-143.

二、体育教学内容的特性

（一）运动实践性

运动实践性是体育学科教学内容与其他学科教学内容最鲜明的区别。运动实践性指的是体育教学内容的绝大部分都是以身体练习为主，体育教学内容是与体育实践活动明确相关联的，学生只通过教师语言的讲解讲授，光看、听、想而不练是无法学好体育内容的。它必须要学生通过亲身体验，亲身参加到运动实践中去，通过肌肉的本体感觉和记忆才能够准确的掌握为自身的运动技能和技术，这点和其他学科的教学内容是有旗帜鲜明的区别。

（二）运动娱乐性

体育教学内容来自于人们在日常生活实践中各种身体活动，其中绝大部分身体活动源自于人们的娱乐性运动。运动的乐趣体现在通过受教育者在参加体育运动过程中感受喜怒哀乐或是与他人共同参加运动竞赛，在这个过程中体验到竞争、协作、克服偏歧和表现自我的过程。受教育者在参加体育运动中时所带来的成功、失败、沮丧、快乐等一系列的情绪体验。[①]

（三）运动健身性

体育教学内容的很大一部分是以大肌肉群的运动为形式的技能学习与练习，通过体育教学内容的学习，必然会对受教育者的身体产生一系列的运动反应和运动负荷，因此通过合理的运动负荷，让参加体育教学内容的学习者，产生对身体锻炼的积极效益。让每个参加体育教学内容的学习者获得一种使身体产生积极效应的作用，促进人的生理和心理的健康。

---

①陈少坚.体育教师教学能力定向与培养［J］.体育学通讯，1991（1）：24-25.

（四）人际交流和空间的开放性

体育教学内容的学习大多是以集体活动的形式来进行的运动学习和竞赛，在体育教学内容的学习过程中，经常涉及到师生、学生之间的各种互动活动，以及各种练习小组，竞赛小组的交流交往，使人与人之间的交流比较频繁和活跃，在学习过程中的角色转换较多。体育教学内容的学习，大多数是要在固定的场地上进行的，如篮球、乒乓球等。使得体育教学内容的学习受到空间、场地、器材等的限制。[①]

三、体育教学内容的分类

体育教学内容是实现体育教学目标的载体，体育教学内容的分类有利于教师完整清晰地掌握体育教学的整体，有效地促进体育教学的质量，体育教学内容的项目繁多，其分类一直相对烦琐和具有争议，分类的方法多种多样，本研究依据2017版《普通高中体育与健康课程标准》对体育教学内容进行分类（如表5–2）。

表 5–2　体育课程内容一览表

课程内容							
必学必修	必修选学（运动技能系列）						必学必修
体能	田径运动类 项目 1、2、3、4	球类运动 项目 1、2、3、4	体操类运动 项目 1、2、3、4	水上或冰雪类运动 项目 1、2、3、4	武术与民族民间传统体育运动类 项目 1、2、3、4	新兴体育类运动 项目 1、2、3、4	健康教育

---

①姜艳，李如密. 我国教师教育研究：主题嬗变、热点聚焦与研究展望——基于2000—2017年中国知网文献知识图谱的可视化分析［J］. 现代大学教育，2018（6）：58–66.

体能和健康教育类：体能类的教学内容包括体能发展的基本原理和方法、测量与评价体能水平的方法、体能训练计划制定的程序与方法，有效控制体重与改善体形的方法等内容。

发展肌肉力量和肌肉耐力的原理和方法：仰卧起坐、俯卧撑、双杠臂屈伸、单杠引体向上、举重物和拉力器弯举。

发展速度的原理和方法：小步跑、后蹬跑、加速跑、牵引跑、上坡接下坡跑等。

发展心肺耐力的基本原理和方法：耐力跑、游泳、跳绳、有氧健身操、自行车长距离骑行和登山等。

发展灵敏性的基本原理和方法：十字跳象限、六边形跑、"Z"字形跑、折返跑、变向跑、"8"字绕环跑和移动躲闪等。

发展柔韧性的基本原理和方法：坐位体前屈、压腿、静态拉伸和动态拉伸等。

健康教育类包括健康的基本知识与技能，合理营养和食品安全，常见传染病和非传染病的预防与控制，环境、健康与体育锻炼的关系，常见的运动损伤预防处理，提高心理健康水平和社会适应能力等方面。

提高学生心理健康的意识和能力，让学生明确心理健康与身体健康、学习能力同样重要，能够学会不良情绪的调节方法，了解抑郁、心理焦虑、恐惧等心理障碍产生的原因和调节方法；增强学生的社会适应能力，能够主动地与他人进行人际交往，与同学老师能够进行积极的交流互动，与师生相处融洽，具有和谐的人际关系，学会关心和尊重他人，在遇到矛盾和冲突时能够克制自我，正确的理解和宽容对方，能够正确的认识和对待同学之间的相互竞争关系，具有团结协作，互帮互助的精神[1]。教师要根据学生已有的生活经验，启发学生能够积极的思考和学习，将在体育教学中学习到的知识运用到日常的生活、学习和课外活动中去，提高学生的实践运用能力。

球类运动。球类运动的体育教学资源非常丰富，不同的运动项目具有不同的运动魅力和运动的价值。球类运动的教学内容主要分为足球、篮球、排球、乒乓球和羽毛球等运动项目。多样的教学内容可以为学生提供多元化的选择，学生可以根据学校开设的运动项目，选择自己比较感兴趣和喜欢的运动项目，在一定程度上给予了学生一定的自主权力，能调动学生自身的兴趣爱好。球类

①赵利. 基于卓越教师培养的体育教师教育课程教学改革策略［J］. 绵阳师范学院学报，2018，37（11）：130–134.

运动项目的教学内容主要包括学习某一运动项目的基本知识与技能、技战术运动、专项体能与一般体能、展示与比赛、规则与裁判方法、观赏与评价等。

田径类或称田径运动，是田赛、径赛和全能比赛的总称。田径类教学内容主要包括了短跑、中长跑、跨栏跑、跳高、跳远、三级跳远和铅球等运动项目。田径类教学内容与日常的生活密切相关，走、跑、跳、投是人类生活的基本技能，是田径运动项目中最基本的运动形式。参加田径运动很少会受到运动条件的限制，简单易行，对于场地器材等条件的要求较低。

体操类，体育教师要正确地认识和理解体操运动的价值，体操类运动项目能全面地、重点地锻炼学生的身体，能够有效地增强学生的肌肉力量，改善学生的平衡和协调能力，改善学生的灵敏程度，塑造健美的体型，还能够进行针对性的矫正身体姿态的畸形。体操类运动项目主要包括了基本体操、体操（单杠、双杠、支撑跳跃等）、技巧、韵律操（健身健美操、竞技健美操、啦啦操等）、操舞（街舞、校园集体舞等）运动项目。本部分的体育教学内容主要包括学习体操类运动项目的基本知识与技能、战术的运动、专项体能与一般体能、展示与比赛、规划与裁判法、观赏和评价等。

新兴体育类运动项目主要包括轮滑、网球、跆拳道、攀岩、定向运动和花样跳绳等。新兴类体育项目在国际上比较流行，是在国内开展不久或者是国内创立的，深受学生的喜爱并且适合学校开展的运动项目。青少年一代是比较受潮流影响的，能够丰富学生的兴趣爱好，在一定程度上能够缓解当前学校体育教学内容枯燥、乏味的现象，受到学生追捧，但由于我国当前一些条件的限制，不能全面普及，所以在体育教学中开展较少。[①]

水上或冰雪运动主要包括蛙泳、自由泳、仰泳、蝶泳、滑冰、滑雪等。学习水上运动能够使学生在危急时刻保障自身生命安全、增强学生的心肌能力并使肺部功能得到提高。有条件的地区可以把开展冰雪运动落实到体育教学实践中去，冰雪运动能够增加学生对于体育运动的热爱，养成新的生活方式，提高学生的身体素质。冰雪运动能够培养学生的意志品质，特别是冰雪运动能够在冰上让学生领略冰山的乐趣体验滑雪的情趣，在惊险中锻炼学生的适应能力，磨炼学生的意志，还能为我国培养竞技滑雪运动提供后备人才，丰富冰雪产业的规模，推动大众冰雪运动的普及。

武术与民族民间传统体育运动项目主要包括武术基本功、少年拳、太极

---

①刘阳.首都体育学院"优秀中小学足球教师英才班"人才培养模式研究［D］.首都体育学院，2018.

拳、剑术、刀术、棍术、防身术、散手、民族民间传统体育运动项目等。学生学习武术与民族民间传统体育项目有利于我国几千年来武术运动的继承和发展，中华武术源远流长、博大精深，是中华民族传统文化的结晶，对于培养学生自学、自练能力、培养意志品质和高尚的德育教育有重要意义，教师要重视和挖掘改造当前我国民族民间传统体育的精华部分，将武术与民族民间传统体育与现代体育项目结合起来，培养学生防身技能、强身健体，注重对学生的内外兼修等。①

四、体育教学内容选取思路

（一）依据体育与健康课程的目标体系

体育与健康课程目标是选择体育教学内容的依据。充分发挥目标的引领作用，目标决定着内容的取舍、分类和功能的扬弃，所选取的体育教学内容要具有能够完成目标功能的作用。教师在选择体育教学内容和创编、设计具体教学内容时，要具有目标意识，根据内容的标准来审视和评价具体的教学内容，思考为什么要选取这些内容，所选取的教学内容能够达成什么目标，只有明确思考这些问题之后，才能够真正的将体育教学内容与体育健康课程的目标相联系，才能更好地促进学生的身心健康发展，有助于学生达成学习目标。

（二）依据学生的身心发展规律

体育教学内容的选取要适合学生的身心发展水平，符合这个阶段学生的年龄、性别和特点，要以学生为核心，以科学发展为根本，选取的体育教学内容要符合学生身心发展特点，按照教学内容的难易程度和递进关系，由易到难、由浅入深、循序渐进地安排和选择教学内容。要与学生的需要、兴趣相符合，充分地调动起学生的自觉性、主动性和积极性。

①王华倬，舒宗礼. 教育现代化背景下卓越体育教师培养的实践探索——以北京体育大学为例［C］. 中国体育科学学会（China Sport Science Society），2015，第十届全国体育科学大会论文摘要汇编.

（三）依据学校的实际条件

体育教学内容的选取要与当地、本校的场地、器材等物质条件、教师自身能力、学生的爱好和基础等实际情况相结合。学校的体育活动场所、器材设备、办学规模和师资力量是制约体育教学内容选择的因素之一。

（四）依据"安全第一"指导思想

学生安全是体育教学活动的重要前提，要充分的预估各个方面的客观条件，放弃危险性大和易发生伤害事故的教学内容，做到防患未然，保证所选取的体育教学内容是可控的，在一定教学环境和条件允许的情况下开展是安全可靠的。

第四节　卓越体育教师教学内容设计能力的培养途径

教师为了高效便捷地完成体育教学内容的传授，教会学生体育基础知识、掌握体育技能、学会体育锻炼的方法。必须要认真做好体育教学内容的设计，提高教学内容的设计能力，根据体育与健康课程的客观规律，结合体育教学的实际，设计出科学合理的体育教学内容，实现优异的体育教学质量。体育教学活动需要教师把教学内容有序、优化的组合，形成科学合理的教学内容设计，以教学效果最优化为目的。本节将从增强卓越体育教师教学内容加工和改造、组织、明确设计意图、基本策略四个方面进行分析，培养卓越体育教师体育教学内容设计能力。

一、增强体育教师教学内容加工和改造能力

（一）动作技能类的改造和加工

动作技能类体育教学内容的主要目标是培养学生的运动技能水平和增强学生运动技能的运动水平。让学生通过体育教学内容的学习，使学生能够实现掌

握某些运动项目的基本知识和技能，形成一定的体育特长，能够自觉地运用所掌握的运动技能参加课外体育活动，掌握一些运动项目的锻炼方法，培养学生终身体育锻炼意识，为终身体育锻炼奠定良好的运动技能基础。

动作技能类的体育教学内容素材丰富，但缺乏系统的整合，教师要根据自身的教学需要进行合理的归类，然后提炼、总结到体育教学实践中去，使教学内容具有创新性，能够吸引学生，最终促进学生运动技能水平的提高。

（二）游戏娱乐类的改造和加工

单纯的体育游戏在体育教学实践活动中能够起到活跃课堂氛围，丰富体育教学内容，调动学生学习的积极性，培养学生遵守规则，体会输赢得失感等方面起着非常重要的作用。在教学中，一些游戏和娱乐性的活动，能够推动教育的发展，但是如何把游戏和娱乐性的活动融合进体育教学中，将游戏和娱乐性的活动与体育教学动作技能的学习结合起来却非常难，因为需要教师根据自身的教学需要去挑选一些具有跟动作技能学习有密切联系和价值的游戏，来达到促进学生运动技能学习，提高教学质量的作用。

卓越体育教师要提高改造和加工的意识，在教学中尝试把游戏和娱乐性的教学内容与运动项目的学习结合起来，如走、跑、跳、篮球、足球等项目，将这些单调枯燥的动作技术学习串联起来，强化动作学习，辅之发展学生的心理素质，通过这种方法能够提高学生学习兴趣，降低学生的疲劳感，提升学习效率和效果。

在体育教学内容中，卓越体育教师不能够单纯教授运动技能、技术和战术知识的学习，更要注重在教授运动技能知识学习的同时，也不忽视对学生运动项目文化知识，以及体育精神的教育。通过教师有目的、有意识、有组织地加工改造融入教学中去，尤其是对于体育文化和精神的塑造，注重对学生进行竞技运动时克服困难、顽强拼搏、为国增光的体育精神教育，积极引导学生以运动员为榜样，培养学生爱国主义、自强不息的民族精神，激励学生奋发有为，在生活中遇到困难能够顽强拼搏的精神[①]。将这种体育运动项目和竞技运动文化跟技能教学结合起来，辅助运动技能的教学，有利于促进学生对于体育文化性质的体验和更深层次的理解。

①李克武.教学改革与教学管理研究［M］.武汉：华中师范大学出版社，2005.339.

（三）运动处方的开发和编创

运动处方是针对个人的身体情况而制定的一种科学、定量化的、周期的锻炼方案。当前随着社会的发展，学生的体质不断下降，肥胖率居高不下，体育教师要根据实际情况，将体育教学内容科学地结合起来，按照学生身心发展的阶段，将一定的运动强度、练习内容、速率等因素进行科学合理的组合排列，并根据学生的现状，组成处方式的教学方式，积极探讨和创新教学内容，教会学生能够在一定的水平和方式的练习下，达到运动健身的功效[①]。

当前我国在运动处方的开发和编创上还存在较大的发展空间，随着教学中问题的不断增多，运动处方式教学内容的开发和编创一定会越来越受到重视。

二、培养体育教师教学内容的组织创新能力

体育教学的内容来源较为广泛，教学内容比较丰富，体育教学内容组织能力对于教师非常重要，有利于合理高效把教学内容组织起来，高质量的完成体育教学任务，实现体育教学目标，使学生能够系统完整的学习体育教学内容，对促进学生的全面发展具有非常重要的意义[②]。

（一）充实螺旋式

体育教学内容的组织形式，根据不同的教学内容可以选用不同的教学内容组织方式。精益求精型的教学内容，是那些深受学生喜欢的，比如当前社会上流行的时尚潮流项目，重点在于培养学生掌握一两项目体育运动技能。教师自身可以胜任的体育教学内容，需要当前学校教学条件支持。针对蜻蜓点水式的教学方式，学生什么都学却什么都没学会的现状：使每个学生都能够拥有自己的特长，人人都有锻炼身体的手段，这类体育教学内容是课程学习的重点，也是教学的重点。

---

①沈武旗.中学体育教师教学能力的构建与提升策略［J］.体育教学，2017，37（7）：14-16.
②舒宗礼.中学卓越体育教师成长研究［D］.北京体育大学，2016.

（二）充实直线式

在体育教学实践活动中，我们不可能要求每一个学生每一个项目都学习得非常深厚，动作技能水平高，但我们可以选择教会学生一些简单的内容，打好一定的学习基础，比如网球、轮滑、游泳等，这些运动项目可以扩展学生的视野，扩展学生的兴趣爱好；还可以重点介绍一些有趣味，未来发展前景明朗的运动项目，让学生有机会学习和体验一下，学生将来工作了以后，遇到参加这些（此类）运动的机会时，也能够参与进来，为学生的未来体育实践打下深厚的基础。

（三）单薄直线式

有些体育教学内容不能涉及太多，只能是一些介绍性的和体验性质的教学内容。这些介绍性的、体验性的教学内容，如铅球的教学，铅球是田径类教学的主要项目，是奥运会的比赛的项目，体育教师在实践教学中不能不教，虽然铅球在平常开展的活动比较少见，在日常生活中普通学生也不会天天去抛铅球玩，体育教师要教一些铅球运动的起源知识，学习铅球运动的意义，观看或参加奥运会也能了解一些铅球运动的文化起源知识，这种运动文化的传授教学在实践中占用的课时较小，但是又不能够舍弃[①]。

（四）单薄螺旋式

这类教学内容的组织，不需要深教，但是需要学生经常锻炼身体素质和基本的身体活动能力，平常没有必要专门花费时间练习，如跑、跳、投这些基本的运动能力可以融合进篮球、足球、排球等项目的学习中去，这些简单的身体素质练习不能不练，但是通过融合进项目教学中去，可以起到更好的教学效果，学生也不会反感体育教学内容的单调、枯燥、乏味，因此会得到不错的锻炼效果。教师专心，学生用心，教师教学组织安排合理，使学生能够经常得到

[①]崔文晶.卓越中学体育教师"三位一体"培养方案设计研究［D］.山西师范大学，2016.

锻炼，对于学生基础的运动能力能够得到保障和提高。

三、创新体育教师教学内容设计思路

（一）紧密围绕教学目标

体育教学内容的设计，要紧密围绕着体育教学目标的实现，不能脱离教学目标去选择和设计教学内容，教学内容的设计要与教学目标要相统一。教学内容设计出来要有能够实现的可能性，并且与制定的体育教学目标要相符，所设计的体育教学内容要对学生的学习带来一定的效果，设计的内容要考虑为学生体育运动技能、技术和知识的学习有帮助，要用体育教学目标去衡量所选取和设计教学内容。

（二）具有健身性和安全性

教学内容的设计要符合一定的逻辑性和客观规律性，教学内容的学习能给学生的身体锻炼和运动知识、技能技术的提高有帮助，具有健身的效果，能提高学生的身体健康；设计的教学内容要在教师可控制的范围内，不能超出学生当前身心能接受水平的承受范围，设计的教学内容在体育教学环境和实施条件是安全可靠的，学生的生命安全是有保障的[①]。

（三）教育性

教学内容的设计不能够脱离可教育性，所选取和设计的教学内容要使学生学习时，学生能够从中学到知识、思想能得到提高，要始终注意培养学生积极进取的精神，帮助学生树立正确的人生观、价值观和世界观。要充分的调动起学生自身的积极性，促使学生能够主动学习和提升自我。

---

①马亚男，郑贺，宋平. 安徽省高校卓越体育教师培养方案分析［J］. 体育科技文献通报，2016，24（2）：27–28.

（四）趣味性

教师所设计和选取的体育教学内容应该是大多数学生感兴趣的，并且能够使学生体验到体育运动的乐趣。要充分的考虑到教学内容是否枯燥、乏味，造成学生的学习动机不足，要在能够实现体育教学目标的情况下，设计一些具有趣味的内容，体育兴趣是学生参与体育学习的动机和目的之一。

四、更新体育教师教学内容的基本策略

（一）继承、改造和创新

随着社会的发展，学校和社会对于体育教学的要求也越来越高，同时体育教学的内容也不断地在丰富和完善，作为一名教师，不能够照本宣科，因循守旧，要在体育教学中广泛收集素材。改造加工和创编，将一些传统的体育教学内容融入相应的现代元素，创造出符合当前时代的教学元素。有针对性地继承和完善中华民族传统体育教学内容，充分考虑学生的兴趣爱好和当前社会发展的需要，大胆的进行取舍，加工整编。创造出新颖多样，趣味性强，在实践中切实可行，能满足学生和社会需要的体育教学内容[1]。

（二）将教学内容分层分类

当前的体育教学内容在一定程度上缺乏逻辑性和阶梯性。教师要充分考虑学生个体之间的差异性，能够将体育教学内容分层分类的进行教学，使每个学生能够在原有的体育基础之上得到发展和提高。体育教学内容的分层分类教学，应该要突出层次性，注重因材施教，根据学生的体能、技能基础和认知能力，提出不同的教学要求，分配相应层次的教学内容，便于因材施教，激发学生体育学习的积极性。

---

[1]马亚男.安徽省高校卓越体育教师培养现状与对策研究［D］.淮北师范大学，2015.

（三）融入主题教学策略

当前部分教师在教学实践中完全按照教材规定的教学内容，而不去思考和加工改造，体育教学内容的学习，要融入主题教学，调动学生的知识和技能。如开展"身体肥胖与健康"主题，以及"如何保持身材"的主题，这对于那些肥胖的学生来说，能够充分的调动自身的积极性，让学生去思考如何保持身体健康和体型匀称。主题式的教学重视学生的学习过程，强调学习知识和技能的应用[①]。

（四）将体育教学与生活结合起来

体育教学内容要与生活实践紧密结合，通过体育教学内容的学习，提高学生的生活实践能力，培养学生参加体育活动，形成良好的体育锻炼习惯。体育教学内容选自于日常生活，最终要回到学生的生活实践中去，提升学生的综合能力。

本章小结

体育教学内容是人们根据体育教学目标有目的、有意识的挑选出来，依据学生发展需要以及一定的教学条件加工出来的，是实现体育教学目的和教学目标的途径。体育与健康课程教学目标的制定离不开我国的教学目的，教学目的指引着教师在教学活动中对教学目标的制定和设计。本章从教学目标与教学目的、教学目标的层次与结构、设计原则、要求，并结合具体措施来进行分析，进一步提高教师对教学目标的认识，贯彻和落实立德树人的根本任务，和"健康第一"的指导思想。制定体育教学整体性、科学性、灵活性、可测评性的原则，制定体育课程教学行为主体、行为动词、行为条件、表现程度的目标要素。体育教学内容是实现体育教学目的的载体和途径，承担着提高学生健康，传授体育健康知识、培养学生体育技战术能力的学习。卓越体育教师教学内容的选取和设计关系到教学目的实现。从体育教学内容的概述、特性、分类和选

---

①孙琪.深课改、强师资、促转化，培育卓越体育教师［N］.中国教师报，2018-01-17（13）.

取的思路四个方面进行分析，提高教师教学内容的选取和设计能力，体育教学的运动实践性、运动娱乐性、运动健身性、人际交流和空间的开放性。教师为了高效便捷地完成体育教学内容的传授，教会学生体育基础知识、掌握体育技能、学会体育锻炼的方法。必须要认真做好教学目标以及教学内容的选取和设计，提高卓越体育教师教学目标和教学内容设计能力，根据体育与健康课程的客观规律，结合体育教学的实际，设计出科学合理的体育教学目标，实现优异的体育教学质量。体育教学活动需要教师把教学内容有序、优化的组合，形成科学合理的教学内容设计，以教学效果最优化为目的，将从增强教师教学内容加工和改造、组织方式、明确设计意图、基本策略四个方面进行分析，培养卓越体育教师体育教学内容设计的能力。

第六章 卓越体育教师教学过程设计与教学实施能力

教学过程设计关注的是教师教育教学理论和专业知识的综合运用能力[①]。卓越体育教师要将学习培训期间的收获转化为自己的教学能力，就要在教学过程设计上下功夫。卓越体育教师应当明确教学过程是课堂教学从起点到终点的过程，是体育教学的各种意义要素、意义段落在一堂体育课的时间内的有序排列的过程。教学实施是指教师将教学设计付诸实践的过程，即推行与调整教学设计的过程[②]。教学实施也是体育教学活动的重要环节，是实现体育教学理想的手段。由于体育教师教学实施的环境与条件各不相同，影响体育教学实施的因素有很大的差异。通过本章的学习，可以转变体育教师的教学实施理念，科学、持续地提高卓越体育教师的教学过程设计与教学实施能力，进而打造"有效体育课堂"、营造"有趣体育课堂"、塑造"有序体育课堂"。

第一节 卓越体育教师的教学过程设计思路

调研发现，体育教师们最热衷的教学过程设计集中反映在当地教育行政部门的教研所（室）或学校教研组统一印制的表格式教案上[③]。表格式教案显然填写起来方便省事，但也反映出了一些问题，比如和学校其他学科相比，体育课堂最大的特点是具有很强的开放性和教学过程的不确定性，它是唯一一个集娱乐性与危险性并存的课堂，如果教学过程都按照死板的、教条式的程序安排下来，那么体育教师的教学经验在处理这些突发性问题时就不能发挥预设作用。

---

①高耀明. 教师行动研究策略［M］. 上海：学林出版社，2008：12.

②黎奇. 新课堂背景下的有效课堂教学策略［M］. 北京：首都师范大学出版社，2006：18.

③赵富学，王发斌. "国培计划"背景下中小学体育教师教学能力培训研究［J］. 吉林体育学院学报，2013，29（6）：86-88.

但从实事求是的角度出发，许多体育教师的教学过程设计能力确实存在很大的问题，这就和自身业务素质的高低有联系，卓越体育教师想要取得业务上的突破，必须从提升自己教学过程的设计能力着手。

一、解析体育教学过程设计的相关概念

学术界对体育教学过程的认识和解说各有千秋，有的从教师的角度，有的从学生的角度，有的从教学的角度，有的从一个侧面去概括，有的从整体去概括，有的着眼于教学过程的归属分析，有的是对教学过程的特点与功能的分析等。体育教学过程的本质是体育教学过程与其他学科教学过程区别开来的根本属性。所以，对体育教学过程的认识应从多方面把握，从多元化的角度进行探讨，体现体育教学身体实践的特点，体育教学过程理论才能真正指导体育教学实践。

基于对以上的认识，可以将体育教学过程理解为"体育教学过程是在教师的指导下，学生积极主动地掌握系统的体育、卫生保健知识、技术技能、增强体质、增进健康、促进身心全面发展的一个认识和发展过程"。

体育教学过程存在于体育实践活动之中，是"以教师为主导"和"学生为主体"的统一教学不断实现体育教学目标的过程。这个过程对卓越体育教师来说，是一个有目的、有计划、有组织、有领导地对学生进行教学的过程；对于学生而言，则是一个自觉地、积极地掌握知识，发展能力、增强体质、增进健康、发展身心和接受教育的过程[1]。

总之，体育教学过程是一个系统运行过程，是师生共同参与，通过确定目标、激发动机、理解内容、反复进行身体练习、反馈与评价等环节组成的。同时，体育教学是在特定时空连续运行的过程，并且有向前运行和阶段性与层次性的特点，如九年义务教育，就是一个长期的体育教学过程，可分为较短或更短的阶段和层次（小学、初中、学年、学期、单元等）。

体育教学过程设计是指体育教师以现代化教学理论和体育理论为基础，依据教学对象的特点和体育教师自己的教学观念、经验、风格，运用系统的观点与方法，分析体育教学中的问题和需要，确定体育教学目标，建立解决问题的步骤，合理组合和合理安排各种教学要素，为优化教学效果而制定实施方案的系统的计划过程。

---

①杜俊娟.体育教学设计［M］.北京：北京体育大学出版社，2007，149-152.

二、明确体育教学过程设计的目的和意义

教学活动是有明确目标的培养人的社会实践活动。为减少、克服教学活动的盲目性和随意性，提高、增强教学活动的有效性和可控性，在实施教学活动前，卓越体育教师必须对整个教学进程进行全面周密的策划和精心合理的设计。

教学过程设计从根本上说就是要解决"教什么，怎么教，以及如何促进学生有效发展"的问题。转化到学生的层面，要解决的是"学什么，怎么学，以及如何实现自身发展"的问题。所以，教学过程的设计既要为卓越体育教师的教学实施着想，更要为学生的学习和发展服务。

教学过程设的目的归纳起来为以下三个方面：我们期望学生学习什么内容，即确定教学目标；为了达到预期目标，我们打算如何进行这种学习，即制定教学策略；在进行这种学习时，我们如何及时反馈信息，即进行教学评价。

通过教学过程设计，卓越体育教师可以对教学活动的基本过程有整体的把握，根据教学情境的需要和教育对象的特点确定合理的教学目标，选择适当的教学方法、教学策略，采用有效的教学手段，创设良好的教学环境，实施可行的评价方案，从而保证教学活动的顺利进行。另外，通过教学过程设计，卓越体育教师还可以有效地掌握学生学习的初始状态和学习后的状态，从而及时调整教学策略、方法，采取必要的教学措施，为下一阶段的教学奠定良好基础。从这个意义上说，教学过程设计是教学活动得以顺利进行的基本保证。好的教学过程设计可以为教学活动提供科学的行动纲领，使卓越体育教师在教学工作中事半功倍，取得良好的教学效果。忽视教学过程设计，则不仅难以取得好的教学效果，而且容易使教学走弯路，影响教学任务的完成。

三、组构体育教学过程设计的内容要素

体育教学过程设计包括体育教学目标设计、体育教学内容设计、体育教学策略（体育教学方法）设计、体育教学环境设计（场地器材的需求、布置等）、身体练习负荷量度设计和体育教学评价设计。

体育教学目标的设计一般分为三个方面，即认知目标、技能目标、情感与价值观目标。

卓越体育教师在理论上应重点关注知识目标的分类，在技能上关注目标导向，在教学设计中应怎样确定和表述知识、技能的教学目标，怎样避免教学目

标表述的含糊不清及知识、技能教学目标的合理设计都是应该注意的问题。

因此，卓越体育教师设计体育教学目标要把握好这几点：全面设计教学目标，不能只注重知识领域的目标，而忽略其他领域的目标；要正确理解和把握学习水平要求，准确选择和使用行为动词；不能以课程的具体内容标准代替教学目标，要正确处理教学目标与实施教学目标之间的关系。

教学过程的设计一般分为导入、新授和结束三个阶段。导入的设计没有固定模式，它完全因教学对象、目标、教学内容的不同而不同，其作用是很大的。好的开头是成功的一半，成功的导入既能激发学生的学习兴趣，又能引发学生思考，引起学生的期待心理和求知欲望，把学生的注意力迅速从课外转移到课内，使学生很快地进入课堂角色，为整堂课的教学奠定良好的心理氛围。新授也称为主题探究，"主题"是指体育课堂教学的主题，"探究"指师生对本课主题的学习和研究，新授课是体育课堂教学的主要环节，这一环节实施得如何，将在很大程度上决定课程目标的实现与否。结束的意义在于对新授知识加以整理、总结，深化为概念、规律、反馈信息，设下伏笔，活跃思维，为后续的体育教学服务。

案例一：
A-《跨越式跳高》教学设计

一、指导思想

本课根据新课程的要求，坚持"健康第一"的指导思想，强调以学生发展为本，重视课堂教学，更新观念，充分发挥教师主导、学生主体的作用。结合跳跃项目特征，使学生在学会技术的同时，发展他们的跳跃能力以及柔韧、灵敏等素质。同时在学习中培养学生勇敢果断，勇于战胜自我的精神。通过以小组为单位的合作学习方式，让学生进一步体验在学习中的观察、交流和分析思考，发现与解决问题、评价等方法，从而提高学生合作学习的意识和能力。

二、教材分析

课的内容：义务教育课程标准水平二中的跳跃内容

教材作用：跨越式跳高是小学跳跃类教材，本课跨越式教学是水平二（跳跃）单元教学中的第一课时，是在原来水平一各种跳基础上的巩固与提升，跨越式跳高做起来灵活、轻巧、连贯，符合小学生的身心特点，易于教学，锻炼身体的价值比较高，学生也乐于学。通过教学，能发展学生柔韧、灵敏、协调素质和基本活动能力，提高学生控制身体的平衡能力。对于培养学生勇敢、顽强、团结拼搏的优良品质具有促进作用。

三、学情分析

本课授课对象为水平二学生，该阶段学生正处于生长发育的关键时期，他们在身体素质方面呈现身高增长较快，力量素质发展较慢。此时是柔韧性、协调性发展的最佳时期，把握好这个时期对于发展学生的柔韧、协调和灵敏等素质都有很大的益处。此外从学习上分析该阶段学生的运动基础较薄弱，但乐于参加体育活动，并乐于向同伴展示运动动作。他们比较活泼、思维反应敏捷，对动作的模仿能力和接受能力较强，且好奇、好学。本课内容是跨越式跳高让学生在跳跃动作上更加规范，也更注重技巧的学习与掌握。学生在跳跃上需掌握单脚起跳有力的动作要领，在此基础上掌握跨越式跳高的技术动作，确保练习时能做到蹬摆充分。另外，学生之间通过相互学习与交流，巩固团结合作的意识。

四、教学目标

认知目标：初步了解跨越式跳高的动作技术，通过学习、实践，能正确展示、评价自己的动作。

技能目标：学生基本掌握单脚跳有力、两脚依次跨越的动作要领，提高身体的柔韧、协调、和灵敏等素质。

情感与价值观目标：培养学生勇敢果断的精神；让学生学会合作，在合作与交流中体验运动的快乐，培养学生团结互助的集体主义精神。

五、教学重难点

重点：单脚起跳有力、两脚依次跨越

难点：助跑起跳的连贯协调

六、教法和学法

教师教法：

讲解示范法：教师通过示范与讲解，让学生观看到正确的动作，在形成最直观的动作表象，方便学生模仿。

启发式教学法：在教学中教师通过提问方法，引导学生动脑思考，寻求答案，充分体现学生的主体地位。

评价教学法：教师采用带有激励性的语言表扬学生。激发学生学习的热情，调动学生学习的积极性。

信息收集法：教师在课中了解教学中存在的问题，并通过纠正的形式反馈于学生，学生通过在教师的指导下、组织下、启发下、参与教育实践，独立完成教学内容。

学生学法：

自主、探究、合作学习法：让学生自主练习，给学生自己体会动作的机会，接着让学生分小组练习，在老师的启发下，探究完成动作时的技术要领，并学会与他人合作，在合作中得到提高和升华。

在教学中，要让学生通过不断的体验、创新、实践，化解本课的学习难点，提高学生的学习能力。

七、教学流程

环节一：课堂常规（2分钟）

在这一环节中主要是检查学生人数、着装情况等，并安排好见习学生，强调好整堂课的组织纪律与注意事项，确保教学中的安全。

环节二：热身活动（7分钟）

教师用示范法带领学生进行徒手操的练习，学生在教师的带领下认真模仿教师的动作，练习时能做到动作到位、口令统一响亮。使学生身体的主要肌群、关节韧带得到充分活动，为学生迅速进入运动状态做好充分准备。

最后运用语言导入，组织学生进行辅助性练习，练习原地单脚起跳，摆动腿和起跳腿依次落地。

环节三：体验学习、合作探究发展能力阶段（16分钟）

这一环节是学习跨越式跳高动作的主要环节，通过完整的动作示范让学生建立直观表象。在学跨越式跳高过程中单脚起跳有力、两脚依次跨越是重点，围绕这一重点设计练习一：两腿依次摆过斜放橡皮筋和设置一定高度，用讲解示范法，展示动作技术，学生在教师的指导下两人一组分别做练习。两腿依次摆过杆和跨越一定高度练习需要学生在练习过程中蹬得有力。针对教学中的难点：助跑轻松自然、身体协调用力。设计练习二：做上一步跨过升高后的橡皮筋练习。通过口令指示，让学生依次完成练习。练习过程中学生需要按教师口令认真完成动作。设计练习三：让学生自由选择助跑方向，助跑几步尝试自己完成完整练习。教师在这个练习中将采用信息收集法，收集学生练习中的不足与缺点，针对性地提出纠正动作的方法。设计练习四：给学生制定一个高度目标，并用完整的动作进行练习。通过练习让学生把课中的重、难点依次解决掌握。最后通过搭建展示平台，让学生在练习中展示自己，分享成功的感受。

环节四：素质练习（8分钟）

在这一环节针对素质差、下肢力量弱的特点，特别设计了跨越障碍的游戏，着重发展学生的下肢力量，为今后教学提供有力的保障。在本节中采用讲解示范法，让学生直观地了解游戏方法与规则。采用教师参与法，提高学生的练习兴趣。

环节五：恢复身心阶段（2分钟）

采用口令提示，带领学生以几节简单的动作放松身心。小结讲评以表扬为主，使学生在轻松愉快的氛围中逐渐调整，得以放松。最后，宣布下课，归还器材。

八、教学效果预计

本节课的运动负荷基本保持在心率100次/分～120次/分，在课堂教学中，根据观察或通过询问的方式来控制学生的运动负荷，随时调节课中学生练习的情况。

九、安全措施

课前教师检查场地、器材。

B-教学实施方案（见下表）

小学（水平二）四年级《跨越式跳高》第二课时教案

年级：四年级　教学人数：40人　任课教师：★★

教学目标	1.知识目标：通过学习让学生了解跨越式跳高的动作要领		
	2.技能目标：通过跨越式动作学习，学生基本掌握跨越式跳高的基本技术动作		
	3.情感目标：培养学生勇敢、果断、团结协作、积极进取等优良品质，培养学生创新思维能力		
教学内容	主教材：跨越式跳高	场地器材	跳高架、橡皮筋、体操垫、接力棒
	副教材：过障碍接力		
重点难点	重点：单脚起跳有力、两脚依次跨越		
	难点：助跑起跳的连贯协调		

（续表）

顺序	教学内容	教师教法	学生学法	组织要求
准备部分	一、课堂常规 1.体育委员整队报告 2.师生问好 3.宣布课堂任务 4.安排见习生 二、准备活动 1.徒手操 扩胸—肩绕环—下蹲—弓步压腿—手腕踝—膝关节 2.跨越式跳高辅助性练习：原地单脚起跳，摆动腿和起跳腿依次落地	1.师生问好 2.宣布课内容及要求 3.检查服装 4.安排见习生 1.教师带领同学慢跑成圆 2.教师讲解练习热身的方法和要求 3.教师带领同学做徒手操 4.教师提出练习要求并介绍辅助练习要求 5.教师示范 6.教师引导学生并巡视观察、辅导，适时反馈	1.体育委员整队 2.集合快、静、齐 3.见习生随堂听 1.在教师的带领下围着场地进行慢跑热身 2.在老师带领下模仿教师做徒手操练习 3.认真听教师讲解 4.积极完成各种辅助性练习 5.同学交流，相互帮助纠正动作	组织：四列横队 O XXXXXX XXXXXX XXXXXX XXXXXX 组织：慢跑成圆 积极按照教师的要求进行练习
基本部分	一、跨越式跳 1.跨越式跳高口诀：单脚起跳要有力，两脚依次跨越有顺序	1.教师进行完整动作示范及动作讲解 2.分组，提出活动要求及注重事项	1.学生认真听教师讲解练习要领 2.积极参加各种练习	要求：积极主动参加活动练习，大胆参与并相互帮助鼓励

（续表）

顺序	教学内容	教师教法	学生学法	组织要求
基本部分	2.学生自由选择助跑法 3.组织学生进行助跑跳过一定高度的练习 4.组织学生依次跳过斜放的皮筋 5.学生大胆展示练习成果 6.学生自己设定一个高度并挑战 二、过障碍接力 听到哨声后，每队排头队员按逆时针方向依次通过所有障碍，然后和下一名队员击掌进行接力以用时少的队为胜	3.教师引导学生进行两腿依次摆动过斜放的橡皮筋 4.教师引导学生过一定高度练习 5.教师巡视各小组，纠正错误并辅导练习 6.教师引导学生橡皮筋练习自己设定高度，并挑战自己设定的高度 7.学生展示，教评价各组练习情况	3.相互评价，相互帮助 学生分小组练习步骤： 1.斜橡皮筋摆腿练习 2.助跑跳过一定高度的橡皮筋 3.助跑跳过自己设定的橡皮筋高度 4.大胆展示练习成果 5.进行接力游戏，同学之间互相加油并遵守游戏规则	

（续表）

顺序	教学内容	教师教法	学生学法	组织要求
结束部分	放松及总结 宣布下课，归还器材	1.老师引导学生进行自评、互评，对自己的学习有一个记忆性评价 2.老师进行鼓励性和总结性评价	1.学生按老师要求做好放松练习，使自己的身心很快恢复到平静状态 2.学生认真听讲，并能合理进行自我评价	组织：四列横队 XXXXXXX XXXXXXX XXXXXXX XXXXXXX
练习密度	45%～50%	运动负荷预计	130～140分/次	课后小结

四、遵循教学过程设计的相关原则

卓越体育教师对于体育教学过程的设计必须遵循一定的原则，才能起到良好的效果，否则不仅不能取得预期的效果，还有可能起到打乱教学计划的负面作用。体育教学过程设计一般遵循以下几个基本原则：

（一）教师主导原则

体育教师是教学信息的传递者。在传统的体育教学过程中，体育教师的主要任务是讲解示范，将相关学科知识传授给学生。随着现代科学技术在课堂教学中的应用，课堂教学改革的不断深入，卓越体育教师的作用除了进行信息编辑、讲解内容、身体示范之外，最关键的是要在课堂教学中起主导作用，从单纯的知识讲解转变为引导学生掌握知识内容。事实上，卓越体育教师的主导作用体现在引导学生自行主动获取知识和培养能力上。

（二）学生主体原则

学生是教学信息的接受者，是体育课堂教学活动的主体。在体育教学过程中，学生的主体作用体现在能充分发挥学生的学习积极性，让他们有更多地参与机会，促进体育教师与学生之间沟通交流，活跃师生的双边活动，真正做到动脑、动全身，使他们不仅"学会"，更重要的是"会学"，主动获取知识。

（三）利用媒体优化

在设想如何运用教学媒体的时候，要考虑各种媒体的优化组合。好比人体各部分器官虽然分工明确，各司其职，但他们的功能是通过优化组合才得以充分发挥的。教学媒体系统功能的充分发挥也是通过多种媒体组合形成的，通过优化结构来实现的。各种教学媒体应"各施所长，互为补充，相辅相成"，形成优化的媒体组合系统。

（四）遵循认知规律

学生的认知规律和特点，取决于他们的年龄心理特征。年龄较小的学生，知识、经验少，感知能力差，依赖性比较强，无意注意占主导地位，以具体的形象思维为主。随着年龄的不断增长，知识、经验的积累，感知水平的提升，以及意志与注意力的集中提升，其思维也由具体思维过渡到抽象思维，在设计体育教学过程中，必须遵循这些认知规律，只有符合学生特有的认知要求，才能获得满意的效果。

（五）选择合适的教学方法

体育教学方法是体育教师和学生为共同实现体育教学目标而采取的方式。它包括体育教师教的行为和学生学习的行为，两者相辅相成。具体来说，卓越体育教师应结合体育学科特点和学习内容、教学目标、学生的特点以及选用媒体的特点选择相应体育教学方法。

卓越体育教师在进行教学过程设计时应具备一定的能力，其中体育教学原则是体育教学理论体系的重要范畴，是指导体育教学实践，提高体育教学质量，实现体育教育目的的基本要求，并且体育教学策略是体育教师为了更有效地完成体育教学目标而采取的必要手段。

第二节 卓越体育教师教学过程设计能力的培养

现今体育教师在教学过程设计中存在一些不足之处，例如强调了教师的指导而忽略了学生的掌握情况，过度强调了教师的主导性作用；教学模式枯燥乏味，机械化地练习，缺少对学生的创新精神与实践能力的培养；注重"身体及运动技能"，但轻视"人文关怀及道德感化"；教学目标不明确，教学评价仅采用单纯的技术性评分制。针对以上情况，卓越体育教师在提升教学过程设计能力上，主要从以下四个方面着力培养。

一、教学原则与教学策略的取向能力培养

体育教学原则是长期体育教学实践经验的科学总结和概括，是体育教学客观规律的正确反映，是体育教学工作必须遵循的基本要求和准则。正确地理解和贯彻体育教学原则，可使卓越体育教师进一步掌握和运用体育教学的客观规律，对优化教学过程，提高教学效果，完成体育教学任务，具有重要的指导意义。体育教学策略是体育教师为有效地完成体育教学目标而采取的体育教学活动准备、体育教学行为和体育教学组织形式选择、体育教学媒体选择等因素的总体考虑。卓越体育教师只有采取相应的体育教学策略，才能有效地完成预期的体育教学目标。

因此，应培养卓越体育教师在教学原则与教学策略上的取向能力，就是要在进行体育教学过程设计时，注重学生主体性、身心全面发展、技能教学为主、兴趣先导、实践强化、为终身体育打基础等方面，并且要根据不同的教学目标、教学情境、教学环节，采用不同的体育教学策略。应重视体育教学目标和学生起点水平分析，还应努力发挥卓越体育教师的主观能动性，根据体育教学的实际情况，创造性地组织体育教学，融会贯通地理解和运用教学原则与多样化的体育教学策略，从而提高体育教学效果。

二、核心问题与教学活动的掌控能力培养

在体育教学过程中，每一个具体的教学内容都有自己的教学核心，而把握这个教学核心是卓越体育教师上好每一节课的关键所在。教学的重点和难点

问题，主要是关于如何确定教学的重点和难点，采用什么方式方法去突出重点和突破难点的问题。重点是指教材中最基本、最重要的核心部分，是学习后续内容的基础，具有常用性和应用性，在体育教学中通常是指身体练习的主要部分，即某一身体练习的技术关键或技术环节的重要连接部分，是客观的，它不以学习对象的不同而改变。而难点是指学生难于理解和掌握的内容或学生容易出错或混淆的内容，具有主观性，它不仅与教材有关，更与教学对象的学习能力、身体素质等有关。同时对体育教学活动进行有效掌控，是作为卓越体育教师的基本功之一，需要做到以下几个方面。

第一，认真备课是驾驭课堂的有力保障。体育教师首先要认真对待自己的每一堂课，要熟练掌握教学课堂大纲，根据教育教学大纲的基本要求，深入研究教材，弄懂且掌握需要讲授的基本知识与基本技能，以及知识的螺旋上升在各年级段的体系安排，本课程的总目标、分段目标等，从整体着眼进行备课，做到心中有教材、心中有学生、心中有教法、心中有目标。

第二，掌握好课堂教学环节是关键。根据不同的教学内容采用不同且恰当的导入方式，组织好教学情境，创设良好的教学情感氛围。抓好教学秩序的管理，对课堂纪律严格把控，对教学时间的分配和教学活动组织安排要得当。

第三，选择适当的教学内容。培养学生的运动技能和掌握各种基本动作要领，发展学生基本活动能力，培养学生身体的正确姿势，以促进身体健康成长为基础，注重提高语言讲解能力与动作示范能力。

三、学生表现与教学指导的调控能力培养

卓越体育教师能够对学生在体育课堂上参与体育学习的行为表现（见表6-1）进行观察，提出有针对性的指导策略。

表6-1　学生学习的行为表现

分类	学习方式	学习行为表现
会学	听讲	目不转睛看着老师、侧耳细听、边听边皱眉头思考、听后举手等
	观察	看老师示范的动作路线、边看边徒手或有器械模仿、边看边思考并有看懂或看不懂的表情变化、观察后举手询问等
	练习	默默地按照老师的要求认真练习、边练边向老师或同学咨询动作方法、边练边思考自己所做动作对错、练会后辅助他人练习、向老师提供更好的练习方法等

（续表）

分类	学习方式	学习行为表现
会学	讨论	积极发言、聆听同伴发言、讨论中尝试着比划动作、咨询老师问题等
不会学	听讲	左顾右盼、低头不语、与他人聊天、自己练习等
	观察	始终不看老师、断断续续地观察、观察中目光呆滞、与他人闲聊等
	练习	不按老师的要求练习、练习中不动脑动作一直错误、分组练习不与同伴配合等
	讨论	很少发言或一言不发、不听他人发言、讨论中自己到一边练习

第一，要细观察、明判断，是体育学习有效指导的前提。要想达到一定的指导效果，对体育课上学生的体育学习行为需要进行认真仔细地观察，明确判断哪些学生还处于不会听讲、不会观察或不会练习的状态。深入分析不会学的根源所在，是学生的学习态度不端正引起的，还是教师的教法不当，厘清根源所在才能确定指导策略。

第二，指导语要准确全面，是提高学生学习效果的根本。教师对学生的学习进行指导，不可流于形式，尤其是指导性语言，要尽可能地准确，例如发现学生在练习篮球行进间运动时总是掉球，教师就要找出掉球的原因，而不能只发出"别掉球"等类似的指导语，这样的语言让学生依然不知道在运球时如何才能控制好球。指导全面，意味着要在体育课上全面观察，及时发现全班同学中不会学的行为表现，无论是普遍性的还是个体化的，老师都要做到心中有数，并采取适当的方式发挥指导作用。这样的指导，才能够充分体现关注个体差异、让每一个学生受益的课程基本理念要求。

第三，指导过程有始有终，是确保指导效果发挥的关键。针对各种不良学习行为进行有效指导，尽管指导方法正确，但其实效性是否能够真正的得以发挥，还要看教师对指导过程的把握是否合理和完整。教师基于学生的不良学习行为提出了明确的改进要求以后，假如不继续观察学生是否按照教师的要求执行了正确的学习行为方式，很难确保指导效果的发挥。一旦观察到学生未能理解指导语或发现学生还是听而不闻、视而不见的学习态度，教师就要及时跟进采取更有效的指导策略，更有针对性地将学生的学习行为得以扭转，否则教学效果就会大折折扣[①]。

---

①于素梅.学生体育学习行为表现及有效指导策略［J］.体育教学，2015，35（10）：31-33.

四、教学内容与教学方法的选择能力培养

卓越体育教师在进行教学过程设计时应满足与教学目标的统一性原则、与学生身心发展的协调性原则、与教学实际的可行性原则，并在体育教学训练过程中选取适合完成体育教学任务的途径、手段和方式。所选的体育教学内容是具有能完成体育教学目标功能的那些内容，是健康有教育意义的、文明和有身体锻炼价值的，能为体育习得和身体锻炼等做出贡献的内容；应是有利于学生的身体锻炼、运动技能提高、精神心理调节、并且是安全的；应符合学校、教师以及学生等实际情况，是该地域、气候下能开展的，场地器材的配备可行的，体育教师的能力、学生人数及体育的普及等条件所允许的内容[①]。教学内容既能有效地为增进学生的身心健康服务，又能有助于培养学生的体育锻炼能力，是在体育教学环境和条件下实施相对安全的内容。

卓越体育教师体育教学方法的选用策略主要有以下四个方面：

第一，依据体育教学目的和教学任务安排教法一般来说，不同的教学方法用来满足不同的教学目的和任务所需，具体的教学方法的选用要结合体育教学任务和目的综合考虑和安排的。比如说新授课程，通常采用讲解法、示范法和演示法的较多；复习课程以练习和巩固提高为主，更多地使用练习法和比赛法。另外，在同一教学单元中，前段教学可多采用游戏教学法和发现法；在后半部分的教学中，使用教学比赛和分组小群体教学法的则相对较多。

第二，依据教学内容特点和学生素质选择体育教学方法，必须依据不同性质的体育教学内容和所选教材的特点来决定。如通常田径项目教学一般运用完整教学法，体操动作教学可运用分解教学法，球类项目的学可采用领会教学法，比较单调的运动项目可以采用游戏法和比赛法。此外，现代体育教学方法的选用，还要分析是否符合学生身心特点，要充分考虑学生的身体年龄、心理状况、体育素质、运动水平、学习态度和班级学习氛围等。例如篮球教学，对篮球技术掌握较好，运动兴趣高的学生，可以采用"教学比赛法"来巩固和提高技战术。切实做到尊重学生客观实际，选用最佳教法来促进和发展学生体育技能。

第三，按照教师的自身条件和特点落实教法，选用任何一种体育教学方法

[①]卢闻君.体育课教学内容选择的思考［J］.运动，2011（7）：54-55，140.

必须结合教师自身的条件和特点，有些教学方法虽好，但如果教师缺乏相应的素质，必然会妨碍体育教学效果。因此，体育教师的素质条件和特长要成为选择教学方法的重要依据，如教师的运动水平和身体形象好，则可多运用示范表演法，以此激发学生的运动积极性；如教师的语言表达和技术讲解能力强，普通话标准，则可适当增加讲解教学法，利用生动形象的教学语言来描述技术动作。体育教师要结合自身优势，扬长避短，采取与自身相适应的教学方法，努力提高选用教学方法的能力。

第四，按照教法条件和教学时间控制教法，每一种教学方法都受适用条件的限制，存在各自的优点和不足，且都有各自的适用范围和功能作用。体育教学方法在教学过程中受到诸多因素的影响，有时恰到好处促进教学效果；有时却因教法使用时机不当，教学方法超出适用范围，使体育教法画蛇添足、多此一举。另外，各种教学方法所耗费的时间和工作效率是不相同的，在选用体育教学方法时，还应注意所需的教学时间和教学时效，例如，完整练习法比分解练习法更费时间。我们在实际的教学工作中，要尽可能选用省时、高效的体育教学方法，因为好的教学方法往往高效低耗，能保证教学时间按教学计划较好的得到控制[①]。

体育课前准备工作就绪后，紧接着是体育教学活动的实施过程。体育课上得好不好，直接关系到教学质量。上好课是提高教学质量的关键。卓越体育教师要上好课，就应当要了解课的类型与结构，明确一堂好课的基本要求。

第三节　卓越体育教师教学实施设计要素

做好体育教学设计，是卓越体育教师上好一堂体育课的前提与保障，而如何在体育课堂教学活动中将教学设计很好地展现出来是上好一堂体育课的关键。教学实施是完成教学任务的中心环节。卓越体育教师只有把握好教学实施的设计要素，在教学实践中不断尝试、检验、创新，才能让自己的体育教学活动更加科学完善。

---

①李兴祥. 现代体育教学方法的选用技巧［J］. 科技资讯，2014，12（16）：205，207.

一、教学实施的基本要求

（一）课的类型与结构

课的类型是指根据教学任务划分课的种类，一般有两种划分方式。一是根据课堂教学使用的主要教学方法来划分，可分为讲授课、新授课、巩固新知识课（巩固课）、培养技能技巧课（技能课）、检查课。二是根据一节课所完成任务的类型数，又可分为单一课和综合课。单一课就是完成单一教学任务的课；综合课指的是一堂课内同时完成两种或两种以上主要教学任务的课，在中学的低年级中比较常见。

课的结构是指课的基本组成部分及各组成部分进行的顺序、时限和相互关系。受学科特点、教材内容、教学方法和教学对象等因素制约，不同类型的课有不同的结构，了解课的结构有助于掌握每一种课的性质与操作过程，以便发挥各种课在教学中的作用。一般来说，构成课的基本组成部分有：①组织教学使学生尽快进入课堂学习状态；②检查复习了解学生接受情况，加强新旧知识的联系；③讲授新教材使学生掌握新知识；④巩固新教材使学生对新知识及时巩固，为课外作业做好准备；⑤布置课外作业使学生进一步巩固新知，学会独立学习。

实际上，任何一种课的结构在实际运用中，都会根据具体情况而有所变化。因此，我们对教学实践中具体的课的结构的理解和设计，也应根据具体情况，灵活掌握，创造性地运用，切不可生搬硬套，公式化、简单化。

课堂结构的改革与发展组织教学、检查复习、讲授新教材、巩固新教材、布置课外作业是现代课堂教学的基本结构，但是教师不能因为遵循这一结构而使课堂僵化，要打破凝固的课堂结构，注重对课堂结构的改革与发展。在改革课堂结构的过程中，应注意以下几个方面：①学生的自主学习；②关注教学目标的多元化；③注重建立对话式的教学关系。

（二）上好一节课的具体要求

上课是完成教学任务的主要途径，是教师教学工作的中心环节，上课的效果直接决定着整个教学质量，因此，卓越体育教师必须要搞好课堂教学。

卓越体育教师上课应该严格按课时计划进行，但又不能拘泥于教案、照本宣科，应从实际出发，灵活地加以运用。一般来说，要上好课，除必须遵循教学规律、贯彻教学原则外，还应该达到下列基本要求：

明确教学目标。教学目标是一节课的灵魂，是上课的出发点和归宿。是否实现了预定的教学目的，是衡量一堂课成败的主要指标。目标明确主要包含了三层意思：一是教学目标要明确、全面、具体，要符合教师和学生的实际，应兼顾掌握知识技能、发展智能和培养思想品质。二是师生双方对一节课的教学目的都应当明确，这有利于师生相互配合，使教和学共同指向教学目标。三是课堂上的一切活动都要围绕教学目标进行，以提高教学效率、保证教学任务的顺利完成。

正确规范的教学内容。卓越体育教师在课堂上所讲述的内容，必须具有严密的科学性和高度的思想性，讲授内容的组织和呈现，既要条理清晰，层次分明，又要做到重点、难点和关键点突出；既要注意新旧知识的联系，又要适当补充新的内容；同时，还要深入挖掘教材内在的思想性，激起学生思想上的共鸣，促进学生的全面发展。

恰当适用的教学方法。方法是实现目的的手段，卓越体育教师所选用的方法应符合教学任务教学内容和学生的特点。同时，在课堂教学过程中，要使各种方法有机结合，并善于根据教学进展的情况机智灵活地加以调整和变化。此外，卓越体育教师还应当恰当地选择和使用各种教具及现代化教学手段，以增强教学效果。

紧凑合理的教学结构。课堂教学要有严密的计划性和组织性。卓越体育教师应巧妙地安排课的结构，既有良好的开端，又有和谐、流畅的过程和完善的结尾；讲述、练习、演示、纠错等环节要井然有序、环环相扣、过渡自然，教学内容需要有高潮起伏，富有节奏感；要科学地分配时间，按时进行教学计划的各个步骤，完成各项任务指标，不出现空堂和拖堂现象。此外，卓越体育教师还应注意组织好教学，机智地处理偶发事件，使课堂教学始终有良好的纪律和秩序。

扎实的教学基本功。教师的教学基本功扎实、全面，是上好课的重要条件，卓越体育教师要根据《体育（与健康）课程标准》，结合具体教学内容和学生的实际情况确定体育教学目标，使学生对要完成的学习任务有充分的心理准备。体育教学目标是体育教学的统帅，在教学过程中，师生双方应调控得当。对体育教师来说，为了有效地调控教学，首先要在启发式教学思想指导下，正确地选用体育教学方法；其次要根据体育教学内容的难易程度及价值科学地分配教学时间；再次要根据学生的年龄特征和个体差异处理好"吃不饱"

和"吃不了"的矛盾，掌握好教学进度；最后要及时了解学生掌握运动技能的效果和程序，并根据完成动作情况及时调整教学进程。对学生来说，为有效地学习，必须做到：集中精力，注意观察教师的动作示范和讲解，认真进行练习，把注意力集中到练习的重点、难点上；积极互动，在体育教学过程中，教师的主导作用应与学生的主体性相结合。卓越体育教师应努力提高教学积极性，充满热情，增强责任感，并善于创设良好的课堂气氛，充分调动学生学习的积极性；学生应在教师的指导下，积极认真地进行练习，并充分发挥主观能动性，创造性地动用运动技能。

二、教学实施的课堂常规

体育教学常规是在体育课堂教学过程中，师生共同遵守的、保证体育教学工作正常进行的一系列的基本要求。体育教学常规是体育课堂教学顺利进行的基本保证，是体育课堂教学必不可少的一个基本环节，也是学校体育教学管理的一项基础工作。在体育教学过程中，师生共同严格遵守体育教学常规，不仅有助于建立正常的教学秩序，严密课的组织，而且对加强学生的思想品德教育，建设文明课堂都有十分重要的作用。

（一）课前常规

有关教师课前准备工作的规定。如教师课前的备课和编写教案，了解学生的课前情况，场地、器材的准备和清洁卫生工作，以及服装的准备等。

有关学生课前准备工作的规定。学生因生病、受伤，女生例假等不能正常上课的情况，应由学生干部或体育委员在课前向教师说明，并由任课体育教师根据不同情况，分别妥善安排。

有关时间的规定。一般情况下，任课体育教师应在上课前15分钟到达现场，根据来课的任务要求检查、布置场地器材；值日的同学应在上课前15分钟到达教学现场，领取教学所需器材并协助教师布置教学场地，其他学生应在上课前10分钟到达教学现场等候上课。

（二）课中常规

学生集合常规。上课铃响以后，值日生或体育委员集合队伍。整队完毕后，回队伍排头站好，师生互致问候，由值日生或体育委员向教师报告出席、缺席、见习学生人数。最后，由教师向学生宣布本课的教学任务，提出课堂学习要求，安排见习生，同时检查学生的运动服装、运动鞋等情况，准备开始上课。

小结与送还器材常规。在本课结束时，教师要进行课堂小结和讲评，并提出课后锻炼的要求及下次课要学习的内容。此外，要求值日生收回器材并送还。

（三）课后常规

写好课后总结。教师每次课后，应总结经验教训，提出改进措施，写好课后总结。

布置课后作业。教师检查布置学生课后归还器材等工作的执行情况，对缺课学生，应进一步调查清楚，必要时给予补课或辅导。

（四）注意事项

体育课教学的常规制定，应经学校领导批准，并作为师生在体育教学中共同遵守的准则。体育教学常规的内容不应经常改变，应保持一定时期的稳定性。每学期开学初，卓越体育教师应向全校各班进行教学常规教育，对新学生提出教学常规要求尤其重要。在贯彻体育教学常规时，一定要在严、细、实上下功夫，要经常以常规要求检查指导学生的学习活动。

三、教学实施的具体步骤

（一）教学准备阶段的实施

1. 深入调查研究，充分掌握学生的情况

通过班主任、体育干部等全面了解学生的具体情况，通过课堂观察、体检、测验等了解学生对体育的认识、生理心理特点、体育基础、兴趣爱好、思想作风及一些特殊的情况（如病残、隐疾等）以及全面了解学校场地设置等情况，并进行分析。尽量多掌握信息作为教学依据，一切从教学实际出发，有的放矢。

2. 深入了解教材，钻研教材教法

体育教学首先要认真学习相关体育与健康课程标准，认真学习与钻研教材，阅读资料，明确教材的意义、任务、特点、内容、要求及教材的系统性和相关性，把握教材的要点、重点和难点，选择合理的教学方法与手段，体现体育教学的懂、会、乐相结合的优化过程。

3. 理论联系实际进行课程设计

体育课程的设计，首先要进行教材的合理搭配，科学安排教材的主次顺序，提高教材的目的性与准确性。其次，要充分从学生的实际情况出发来思考所授内容，对课堂教学进行预测，选择最佳的教学方法、手段。例如，如何讲解示范、采用何种练习方法及如何矫正错误等。最后，在场地器材方面，应从学生心理、生理方面考虑场地的使用和器材的选择与运用。

（二）教学实施阶段的实施

1. 体育教学目标的实施

体育教学目标是一个具有多层次、多系列、多纬度结构的体系，其中包括学生的认知系列、学生身心和谐发展系列、学生的社会适应系列。因此，体育教学目标的构建必须符合教育现代化的要求，而教育观念现代化的核心就是树立科学的素质教育观，用素质教育取代原来的单纯知识教育，培养现代社会进步所需的全面发展的人才。

2. 体育教学内容的实施

体育教学内容的实施应以社会的需要与学生的需求以及学生的体质基础、教学条件等作为根据。教学内容的选择，既要符合课程标准，又要满足学生个体和社会的需要，还要充分注重学生的学习兴趣，使体育教学内容趣味化、生活化，把实现体育教学五大目标领域贯穿课堂的始终。

3. 教学方法手段的实施

在体育教学实施过程中，教学方法和教学手段的选择和运用，要受教学内容、教学条件、学生身心发展的特点和教师自身特点等因素的制约。我们应该

根据教学目标的多元性合理地选择教学方法手段，教学方法手段的选择只有与教学目标、教学的出发点、教学内容相一致，才能真正促进课程改革的进程，才能不使理论与实践相背离，才能构成一个完整的体育教学体系。

（三）检查与评价阶段的实施

随着应试教育向素质教育的转变，评价体系也由终结评价向过程评价转移，要由"单一化"走向"多元化"，要鼓励社会成员及学生家长以适当的形式参与各种方式的评价，教师、学校领导、学生家长及政府部门皆是评价的主体，才能提高评价的民主性。对于学生主体来说，应鼓励学生共同参与评价，让学生在评价活动中学会相互学习，增强合作与参与的意识。使学生在体育课程的学习过程中不断体验进步与成功，使课程与教学评价成为学生建立自信、认识自我、管理自我、发展自我的一种手段[1]。

四、教学实施的负荷控制

（一）体育课运动负荷量度的概念

体育课的运动负荷量度是指，学生在课中从事身体练习时所承担的运动的量与强度的总称，是身体练习对机体刺激程度的反应。体育课中的运动负荷安排是否合理，是否符合学生的身体特点，不仅关系到学生的体质与健康，而且直接影响学生对运动知识的掌握和运动技能的形成。因此，科学、合理地安排与控制体育课的运动负荷量度，对提高体育课堂教学效果具有重要的意义。

（二）体育课运动负荷量度的安排

根据学生身心特征和体育教学过程的基本规律，体育课的运动负荷量度一般应由小到大，逐渐加大，并且要大中小负荷量度合理交替。当体育课快要结束时，应逐渐降低运动负荷的量度，在下课时，要使学生的生理机能状态基本恢复到相对安静的状态。在具体安排体育课的运动负荷量度时，应注意以下几点：

---

①潘晓山.浅析体育教学过程的实施［J］.教师，2015（20）：43-44.

（1）根据学生的身心发育水平安排体育课的运动负荷量度在体育课堂教学过程中，体育教师应全面考虑学生年龄、性别、身体体能、基础水平、体质状况等方面因素，合理地安排好课的运动负荷量度，并加以区别对待。

（2）根据体育课的类型安排体育课的运动负荷量度。复习课、考核课的运动负荷量度一般相对大一些，综合课的运动负荷量度应相对适中，而新授课和引导课的运动负荷量度应相对较小。

（3）根据体育课教学内容的性质安排体育的负荷量度。不同的体育教学内容，其性质、结构、难易程度等都不尽相同，对运动负荷量度的要求也不一样。较难的教材，运动负荷量度应相对较小，而对比较容易的教材来说，它的运动负荷量度应控制在相对较大的范围。

（三）体育课运动负荷量度的调控

如果说安排体育课的运动负荷量度是体育教师在体育课堂教学设计时考虑的重点问题，那么，运动负荷量度的合理控制就是体育教师在进行体育课堂教学时的重要工作，它体现了体育教师的教学经验和专业化水平。在体育课堂教学过程中，体育教师通过观察学生对运动负荷量度的适应情况，及时调控体育课的运动负荷量度，以达到合理的现实状态。调控体育课的运动负荷量度一般采用下列方法：

（1）改变练习的某些基本要素，如速度、速率、幅度等；

（2）改变练习的顺序和组合，调整间歇时间、练习与休息交替节奏；

（3）改变练习内容的难度，如将原来的30米慢跑改为30米加速跑（慢跑）；

（4）改变练习的重复次数，如改变练习的密度；

（5）改变练习的限制条件，如活动范围、器材的重量、附加条件等；

（6）改变课的组织教法与形式，如循环法、竞赛法或分组练习等；

（7）调整课中各项活动的时间比例，如教师指导组织，学生观察与体验。

第四节　卓越体育教师教学实施能力的培养

教学实施是为了实现教学目标任务，检查评价是为了发现问题、解决问题，通过检查评价不断修正改进教学过程环节就会不断提高教学质量。如何切实提升卓越体育教师的教学实施能力，关键是要明确课程改革给教师的教学实施能力赋予了什么新的内涵，提出了哪些更高的要求，通过哪些方面培养，从哪些指标去评价，这样才能更快更好地改进提升。

一、厘清教学实施能力的内涵

教学实施能力包括教学监控能力、语言沟通能力、活动组织能力、方法创新能力、技术应用能力、课程资源开发能力、教师激励评价能力、分析反馈能力等。这些能力直接影响着教师与学生能否良性互动，真正实现教学相长。

教师要在新课程的实施上取得突破，要明确课程改革对教师教学实施能力赋予的新的内涵。如表6-2所示：

表6-2 教师教学实施能力

能力	传统	现在
教师语言沟通能力	忽视教学过程在于沟通与合作的实质，以教师为中心，注重清晰表达教学内容，注重完成教学任务，注重完成由教师向学生的信息传递	教学过程本质上是一种交往过程，师生之间应形成一个真正的学习共同体，关注语言使用的"人性化"，注重与学生的交流，还要善于与其他老师、学校管理者及学生家长交流
教学活动组织能力	笃信以"静"为优	追求活而不散
教育技术应用能力	掌握一定的技术手段且能在教学中运用	努力使信息技术与课程整合，追求其合理与实效
教学方法创新能力	关注当堂预设"教学任务"的完成，更注重成功经验的传承与运用。关注知识本身的"告知"，忽略了学生的情感、态度和知识的生活意义	所有学科的教学均应以"人文"为出发点，关注学情和学生对知识体悟，提倡创新
教学分析反馈能力	对教学进行反思	对教学反思进行研究
教学激励评价能力	关注能让学生"参与"的程度；侧重"共性"的人	关注学生思维的"有效"程度；侧重"个性"的人
课程资源开发能力	视教材为权威，课堂即完成教材内容的教与学，停留于教材	提倡教师自主开发课程教学资源，倡导教学从教教材到用教材

基于上述综合的思考，我们将提升教师教学实施能力主要落实到以下七个方面：语言沟通能力、活动组织能力、方法创新能力、技术应用能力、课程资源开发能力、激励评价能力以及分析反馈能力。

二、了解教学实施能力培养的途径

卓越体育教师可以通过以下几个方面来提升教学实施能力：

（一）培养敏锐的观察能力

教学的实质是信息传播。卓越体育教师通过各种教学手段向学生传播运动理论、技术技能、思想修养等信息，同时卓越体育教师还要及时地从学生的练习过程中获取反馈信息，以便有的放矢地改进教学，提高教学质量。这就要求教师应具备敏锐的观察能力。

例如：学生的课堂纪律如何？练习积极性怎么样？技术动作完成得是否正确？本节课的运动负荷安排得是否合理？学生身体反应如何？教学效果如何？这些都是教师必须及时了解和掌握的信息。只有拥有敏锐的观察力，才能有的放矢地采取相应措施，从而驾驭整个教学过程，提高教学效果。由此可见，观察是体育教师一项重要的基本功[①]。

（二）培养有效的指导能力

卓越体育教师指导的目的是使学生掌握科学正确的学习方法，要求学生有目的的主动地投入和亲身体验身体活动，最大限度地调动学生学习体育的主动性与积极性，培养学生形成正确的学习动机，形成终身体育理念。指导练习、复习及身体素质训练是体育学习的基本环节。一是课本的预习指导，体育课的教学要把理论与实践紧密联系起来，指导学生在预、复习时找出重难点，从而明确学习任务；二是听课方法指导，提高听课效率，便于带着问题归纳听，有利于对知识的理解和掌握；三是加强练习方法的指导，指导学生运用已有知识技能解决新问题，从而提高练习质量，注意指导学生思考问题的能力。例如，如何掌握动作技术的要领、易犯错误及练习要求等，这样的指导推动了学生解

[①]陈旭华.体育教师要有敏锐的观察和思维能力［J］.南平师专学报，2000（4）：52-54.

决问题能力的发展；四是多种学习就方法指导，让学生学会动静态结合，指导学生巩固积累：想练结合，示范动作教完后要让学生尝试成败，给学生自由想象的时间和空间。

（三）培养动态的管理能力

教学质量管理。教学质量管理是教学管理工作最重要的环节，通过对教学条件、状态、效果改革等方面的准确、科学、规范的管理，使教师的教学状态得到不断调整，以保证在教学过程中，能够达到各项教学质量要求和实现培养目标的一种管理方法，搞好教学质量管理的目的是提高所培养人才的质量。

体育教学工作是学校体育的中心工作，体育教学质量的好坏直接关系到高校体育总目标和总任务的完成。体育教学质量管理，就是通过对教学的条件、教学的状态、教学的效果以及改革的现状进行准确的、全面的、科学的、规范的管理，最终达到提高教学质量的目的。

（四）培养教学秩序管理能力

稳定正常的教学秩序，是树立良好的教风、学风，强化教书育人环境，提高教学质量的保证。秩序管理是一种法规管理，进行科学管理就必须制定可行的规章制度并严格执行，教学秩序管理正是着重抓好各项规章制度的落实，依靠规章制度进行工作运作的一种约束机制。体育教学秩序管理主要体现在课内、课外等各项工作上，要做到有章可循，照章办事，责任清楚，赏罚分明，使体育教学管理沿着科学、规范的运行机制运转，保证体育教学工作的顺利实施。

三、对接教学实施能力的评价指标体系

同任何其他教育评价活动一样，教师教学实施能力评价除了要明确评价目的外，还要有明确的评价对象和评价内容。选择恰当的评价对象与内容是教师教学实施能力评价活动中关键的步骤，甚至可以说是最重要、最难的一环。教师教学实施能力的评价指标如表6-3所示：

表6-3 教师教学实施能力的评价指标

一级指标	二级指标	三级指标	备注
教师语言沟通能力	口头语言表达身体语言表达	语言准确性、清晰性、逻辑性、生动性和丰富性；语言表达的技巧	语言的感染力、表情、手势，课堂观察记录法
教学活动组织能力	活动形式活动内容活动时间	形式的多样性；内容的丰富性；时间的适切性；结果的时效性	设计问卷，拟定评分等级，通过观察、讨论等形式采用多元评价方法进行测评。重视教师自我评价和学生评价
教育技术应用能力	教具的制作与应用教学实验仪器的运用计算机应用课件制作与运用	目的明确，解决教学的重点、难点；选择恰当，利于传递教学信息；直观性强、效果明显；操作熟练、规范，示范性好；善于引导学生观察和思考，得出应有结论：语言讲解与演示结合，有启发性；课件使用的必要性、时机性和实效性	讲解示范能力、现代化信息技术的使用能力、教学重难点的讲解能力
教学方法创新能力	方法的针对性学习的生成性	教学方法特别针对某些教学内容；教学方法特别针对某些学生实情；教学过程引发学生学习积极效果；教学方法具有生成的促进性	课堂教学跟踪调查、多方收集评课资料，重视教师的自我评价，问卷调查、访谈
教学分析反馈能力	分析反馈的形式实践改进的行动	反馈信息的采集；反馈信息的分析、判断；改进行动的设计	课堂教学跟踪调查、多方收集评课资料，重视教师的自我评价，问卷调查、访谈

（续表）

一级指标	二级指标	三级指标	备注
教学激励 评价能力	教学评价工具和 手段设计与运用 教学反馈与强化 能力 教学评价多样性	运用各种正式与非正式的 评价技巧，包括测验、小 竞赛；设计与教学目标一 致、适合学生发展的评价 工具；及时给予学生高质 量的、个性化的反馈；在 教学中持续地给学生评 价；根据评价资料调整教 学	课堂教学跟踪调查、多 方收集评课资料，重视 教师的自我评价，问卷 调查、访谈
课程资源 开发能力	课程资源开发的 渠道 课程资源表现的 形式 课程资源发挥的 效果	原有课程资源与新开发资 源的互补性；新开发资源 对于课程教学目标的促进	课堂教学跟踪调查、多 方收集评课资料，重视 教师的自我评价，问卷 调查、访谈

教师教学实施能力评价是教师专业能力的评价，其指标体系设计时要立足教师教学能力的整体、和谐发展。对一位教师的评价应该是对其教学实施能力现有的发展水平和特点，以及未来的发展需求与可能进行完整的、综合的评定。不仅要对教师进行即时性的教学考评，还可以通过建立健全教师教学档案，把教师的教学日记、教研成绩、参加培训情况、教学比赛、学生评教等方面的内容都收集进档案，记录教师教学实施能力发展的轨迹。

四、把握教学实施能力评价指标

在设计教学实施能力评价指标体系时，要注意了以下几个方面：

（一）基于有效教学的目标

所有的教学能力指标，包括最低层次，都是指向有效教学，为了有效教学，实现有效教学。有效教学是所有学生通过参与其中得到全面发展的高效教学，评价体系中各项要素是教师进行有效教学的首要条件。

（二）借鉴行为主义的思想

我们现在还无法直接测量教师的教学能力，对教师教学能力也缺少一致性的认识。在这种情况下，为了评价的公正性、科学性，我们要尽可能地把每一项教学实施能力分解为小的步骤和具体的技能。因此，教学实施能力被定义为层次性的，在低级"基本"技能的基础上，逐渐向高级技能线性发展。

（三）坚持可操作性的原则

可操作性包含了简易性和实用性，即每项评价指标都面向课堂教学，便于评价者把握、运用，便于教师理解。这就要求评价指标既能涵盖教师主要的、基本的教学实施能力，又不至于烦琐、笼统，同时还便于测量。

（四）塑造卓越体育教师的取向

本节所列的评价指标均来自现实卓越体育教师的素质，是卓越体育教师基本素质的结晶，是每个教师通过努力可以达到的目标或能够具备的品质。体育教师可以对标评价指标体系，在实践过程中进行自我评价与分析，使自身得到良好的发展。

本章小结

本章在解释体育教学过程设计意涵的基础上，结合体育课堂教案的具体案例，阐述了卓越体育教师体育教学过程设计的用意、内容要素以及相关原则，然后介绍了卓越体育教师在体育教学过程设计中需要培养的四大能力，分析卓越体育教师体育教学实施设计的基本要求、课堂常规、具体步骤与负荷控制，并分析教学实施能力培养的内涵、途径和评价指标。做好体育教学设计，是卓越体育教师上好一堂体育课的前提与保障，而如何在体育课堂教学活动中将教学设计很好地展现出来是上好一堂体育课的关键。教学实施是完成教学任务的中心环节。卓越体育教师在进行体育教学过程设计时，应根据体育学科的特点，从体育教学系统的整体出发，综合考虑体育教师、学生、场地器材、体育教学环境以及要达成的教学目标等各方面的因素，详细分析体育教学可能出现的问题，有针对性地设计出解决这些问题的教学行动方案，并按设计科学灵活地实施教学，在体育教学实施过程中评价行动方案可靠性，同时作出修正，直到取得体育教学活动最优化的教学效果。

第七章　卓越体育教师教学评价设计与诊断反馈能力

如今教学设计已成了国内教育界研究的热点和焦点问题之一。尤其是在当前基础教育课程改革背景下，教学设计的研究对卓越体育教师教学设计能力提出了新要求。教师的教学设计引领着教学的实施，其中对教学评价设计的充分预设是一堂优质课生成的必要环节，是上好一堂课的前提和先决条件。因此，卓越体育教师教学评价设计能力的培养关系着教师的教学准备水平和教学设计质量，是影响教学实施与效果的关键因素，也是教师进行教学活动的重要能力。同时，新课程标准明确了教师在教学过程中要关注师生间的互动，在课堂教学过程中教师做出适当的反馈与合理的指导，从而更好完成新课改提出的教学目标。在体育教师教学过程中，教师反馈作为一个重要的环节，对其诊断反馈能力的培养可以增强师生互动效果，教师通过积极有效的反馈，可以使学生对自身知识掌握程度有正确的认识，促进课堂教学的顺利开展。当前，卓越体育教师的教学发展着重强调要保障课堂教学质量，而保障课堂教学质量的前提是提升教学设计能力，教学评价设计能力作为教师专业技能的基本构成，教师教学诊断反馈行为作为教师专业发展的有效途径，它在促进体育课程改革的同时必然对卓越体育教师的专业能力发展起到一定促进作用。因此，本章从教学评价的设计思路出发，去分析教学评价的内涵、原则、工具利用与过程反思，总结卓越体育教师教学评价设计的构成要素，了解教师教学评价设计能力存在的问题及培养策略，并在此基础上，探讨卓越体育教师教学诊断反馈能力的培养，为卓越体育教师教学能力的培养提出一条可操作的，有针对性的路径。

第一节　卓越体育教师教学评价的设计思路

课堂教学评价对教师的教学活动开展发挥着重要的导向作用，是促进课堂教学模式改革、提高课堂教学有效性的重要手段，也是促进教师专业发展的重要途径。对基于学生发展的体育教师课堂教学评价进行设计，是推动课堂教学模式改革和提升卓越体育教师教学能力的根本举措。教师课堂教学评价的着眼点是促进学生的发展，最终落脚点是推进课堂教学模式的改革，并以此去实现自己的专业发展。因此，对卓越体育教师教学评价的设计思路应从教学评价的内涵价值、内容与实施原则、工具的开发与利用、评价过程的总结与反思入手，使卓越体育教师对教学评价设计有更好的理解与掌握。

一、教学评价的内涵与价值取向

随着人们对教学研究的不断深入和发展，对教学的解读是研究的首要基础。国内外学者对"教学"概念理解颇具争议。夸美纽斯认为教学是"把一切事物教给一切人类的全部艺术"[①]；布鲁纳认为"教学是通过引导学习者对问题或知识体系循序渐进的学习来提高学习者在学习中的理解、转换和迁移能力"[②]；加涅则认为"教学以促进学习的方式影响学习者的一系列事件"[③]，教学被认为是艺术，是促进学习者能力发展的一种活动。而最早在我国商朝，甲骨文中就出现了教和学的单体字，而教学两字连用，最早见于《书·商书·兑命》"教学半"，后来成为《学记》中"教学相长"的重要依据[④]。著名学者王策三认为，"所谓教学，乃是教师教、学生学的统一活动，学生掌握一定的知识和技能，同时身心得到一定的发展，形成一定的思想品德"[⑤]；李秉德认为，"教学就是教的人指导学的人学习的活动，进一步说，指的是教和学相结合和相统一的活动[⑥]。不同教学概念虽然表述差异较大，但对教学本质的理解趋同。教学是一种在特定环境中，以课程为中介，通过教师与学生主体间有目的、有计划地交流与互动，从而促进学生学习与发展的专业活动。

朱少华、朱志华的"从构建和谐教育浅析体育教师评价的价值取向"[⑦]一

①夸美纽斯.大教学论［M］.傅任敢，译.北京：教育科学出版社，1995.

②杰罗姆·S·布鲁纳.教育过程［M］.上海师范大学外国教育研究室，译.上海：上海人民出版社，1973.

③加涅.教学设计原理［M］.西安：陕西人民出版社，2012：277-289.

④刘冬梅.高校教师的教学权利研究［D］.重庆：西南大学，2010.

⑤王策三.教育改革实验与教师专业发展——读《我国教师专业发展的实践探索》［J］.中国教师，2011（1）：61-62.

⑥张群英.中等职业学校德育课教学有效性研究［D］.苏州：苏州大学，2010.

⑦朱少华，朱志华.从构建和谐教育浅析体育教师评价的价值取向［J］.华东交通大学报，2008（4）：130-132，136.

文中，在分析目前我国体育教师评价价值取向中存在问题的基础上，对构建教育的本质及内涵、体育教师评价的价值取向、实现体育教师评价的途径和方法进行了研究。因此，体育教师教学评价的价值取向应是在成为卓越体育教师总体目标指导下，坚持以人为本、实现教育全面发展、保障师生创造活力得到充分发挥的评价，是把促进卓越体育教师专业能力成长作为核心价值取向的评价。狭义范围内，体育教学评价是教育评价的一个组成部分，是一般评价活动在体育教育领域的具体表现，它是以既定体育教育目标为依据，运用有效的评价技术和手段，对体育教学活动的过程和结果进行测量、分析、比较，并给予价值判断的过程。在评价过程中，评价的主体是各级教育行政管理部门、社会组织，也可以是学校、教师甚至学生等。评价的客体是指体育教学的实践对象，这里所要评价的对象不是客体的本身，即不是客体的实体属性，而是客观存在的客体的社会存在，即客体的价值对象以及相伴随的人的意识，包括体育教学过程中的各要素，如教学质量、教学的过程和结果，学生在知识、技能、智力和能力等认知方面的发展，以及情感、意志、个性、人格等非认知因素的发展等诸多方面。这些方面既体现了体育教育的培养目标、体育教育的功能与属性，也体现了体育教学评价的主体与客体之间的价值关系。因此，在体育教学评价时，首先要了解主体的需要，这是体育教学评价的根本，其次要厘清体育教育的本质属性，最后要树立正确的体育教学评价观，只有将三者统一协调起来，才能充分发挥体育教学评价的功能。

二、教学评价的内容与实施原则

（一）教学评价的内容

体育教学评价是教育评价的一个组成部分，是一般评价活动在体育领域的具体表现[1]。从评价内容来看，教学评价的内容主要集中在办学的人力、物力、财力等教育资源的效益和效度方面。从我国教学评价的指标体系来看，主要集中在六大方面：

第一，评价学校领导办学和组织教学的效能。主要是评价领导的眼界、胸襟、魄力，即发挥主动性、把有限的资源运用和发挥成无限的办学成效的动能。

---

[1]张继生，杨麟.高校体育教学评价的现状及改进方法［J］.武汉体育学院学报，2006（5）：106–108.

第二，评价办学指导思想和教学改革思路的效益。学校办学指导思想和教学改革的思路是指导教学工作的纲领，其高度和深度将决定学校改革是否正确、路子是否顺当、触力是否到位。

第三，评价学校办学条件和办学设备的效用。评价的目的在于，促进学校和主管部门加大投入，提高效率，发挥人才的优势，不断改善办学条件和教学设施，充分发挥办学条件的可能性效用和现实性效用。

第四，评价学校教学运行机制的效率。教学运行机制是教学实施过程的依托，包括教学管理的机构体系、职能体系、人员体系、制度体系，对教学运行机制进行评价，即评价学校教学计划和教学执行计划对于教学改革措施的运作效率，教学管理制度对于促进教学发展的效率。

第五，评价学校人才培养模式的效果。人才培养模式是教学资源配置的方式、教学条件组合的形式和教学手段运用的范式的总和，是一种教学思想和观念最为集中、最为典型的一种表征。评价学校的人才培养模式，主要是评价这种模式在实践中实施的效果。

第六，评价学校办学传统与特色的效应。学校办学传统和特色是教育教学的灵魂和基石，决定学校办学的品位、层次和特色，是学校的优势所在。所谓传统和特色，意味着人无我有、有且甚优，人有我优、优且甚强。学校的办学传统和特色有理念型和项目型两种，前者是学校长期办学过程中形成、升华和积淀的精神底蕴和文化品位，后者是学校办学和教学运作中创立的行之有效的管理方式、方法和模式。学校的办学传统和特色以效应的形态让人们感受和意识到，对它的评价同时就是对它的效应的评价。

（二）教学评价的实施原则

评价的原则是评价者根据一定原则为评价活动划定一定界限，使评价的干预只在一定的范围内发生作用，而不超乎其功能之外。要做到这一点，必须从评价的基点上为评价"定性"。首先，评价只是一种对事物的认识、分析和判断的手段，评价本身不是控制活动；其次，教学评价是为教学和学术发展服务的管理手段，要从保护学术自由的原则出发，并形成尊重学术规律的评价意识。从这两点原则出发，就要求评价活动在评价过程中从民主化的角度出发，以获得评价程序的合法性，使评价干预在合法的范围内行使权利。这就对评价活动提出了几个原则：

其一，评价主体与评价客体关系的平等性。评价活动中评价主体不能凌驾于评价对象之上，对其进行非平等性地判定和裁决。这个原则也是第四代评价——自然主义评价倡导的原则。第四代评价一再强调，评价活动应是评价者和评价对象共同参与、共同协商、共同建构价值的过程，评价活动体现了评价者与评价对象的民主、平等、交流和对话的实质。因而，在评价过程中，评价主体不能站在居高临下的位置实施行政行为，而评价客体也应该具有自由表达自身需要和利益要求的权利和机会。这种评价活动中主、客体平等、民主的关系是保证评价手段、保持适度"预"最重要的原则。

其二，评价过程的民主化。民主化是教学评价程序价值的核心内容，要求在评价过程中按照民主的理念实施评价活动，其目的就是保证在教学评价过程中具备民主的活动程序，以保证教学评价的价值选择获得充分的合法性，以使评价的价值选择和评价结果符合最广泛公众的需要和利益，这是保证评价公正性的基础，也是促使教学评价活动合目的性的条件。

其三，评价活动的民主制度化。民主是一种制度安排，只有把上述内容制度化，用制度对其加以确认和保证才是真正的民主。而只有在制度上保证评价活动的不过度干预，才能够保证学术自由在大学的学术环境里发扬光大。

三、教学评价工具的开发与利用

（一）校内专家现场教学评估

高校体育课堂教学评价最为通用的方法就是校内专家现场听课评课。这种最为传统的方式是教育领域课程评价的基本方法，也是高校体育课堂教师教学技能评价的基本手段。多个专家进行一个周期或者是一个教学阶段的随堂听课，可以很好地对教师教学技能给出一个合理判断。在一所高校之中，本校体育学科的专家既了解本校学生的基本情况，又对教师的教学水平深度把控，这样更容易对教师的教学技能作出合理评价。现场教学评价更加适合于高校体育教学课堂，尤其动作示范环节更需要现场评价的直观性，因此校内专家现场评价是体育教学技能评价的首选方法。

（二）校外专家网络评价

校内专家虽然有诸多优势性，但是当评价对象为熟悉的教师时，难免地会掺杂一些"人情"因素，这在很大程度上影响评价的客观性。校外专家就可以更大程度的避免这一问题。但是邀请校外专家进行评教活动，也会受到一定的限制。首先是评价需要阶段性与系统性，时间限制了校外专家，无法在另一所高校完成所有的评价；其次是体育课堂教学的室外项目，课程安排及其教学内容容易受天气影响，临时聘请的校外专家很难掌握课程的安排进度；最后就是邀请校外专家进行长期教学评价，成本较高，其长效性很难保障。但是，为了保证体育课堂教学技能评价的客观公正性，校外专家不能缺少。科学技术的发展与互联网的普及使教育教学发生了根本的改变，网络已经基本应用到教学的每一个环节，这其中就包含了教学技能评价。体育教师在教学过程中，可以采用网络视频直播的方式，通过网络视频直播，校外专家以互联网为载体进行教学技能评价，这就打破了时间、空间的限制，达到了"现场评价"的效果。校外专家教学技能网络评价，是现代科学技术应用于教学评价的一种极好的方法。

（三）学生课堂反馈

学生作为教学的主体应该受到教学评价的重视。在体育课堂中，学生更加具有发言权，因为学生群体有较为成熟的自身认知与思维意识，能对自己的学习效果有较为合理的判断。学生的运动技能首先来自于授课教师的教学，学习效果能很好地反映出教师的教学技能水平。因此，学生的学习效果反馈，可以用来衡量教师课堂教学质量，是一种有效的教学技能评价方式。学生的反馈是从学习者视角对自身技能学习的一种认知。虽然学生对教师不具有完全评价性，但是却可以作为评价体育课程教学技能的一种补充方法，因为教师的体育教学技能是学生通过身体运动感知的，这种切身感知通过学生反馈作为教学技能的评价有相当的合理性与客观性。

（四）同运动项群教师互评

在专业体育教学中，每个运动项目都有自身的运动特征，每个运动项群的运动技术特点都不尽相同，这也很大程度体现在教学技能评价之中。虽然校外专家具有评价的权威性，但是基于体育项目的项群差异性，同项群对教学技术的理解则更加深刻，所以能做出更加专业的评判。针对体育课程教学的具体项目，采用相同运动项群教师互评方式进行评价，能很好地把握教学的专业技术层面。同运动项群教师互评的方法不仅适用于体育专业教师的教学技能评价，也可以延伸到公共体育教学之中。因为在公共体育课堂教学也存在明显的运动项目分类，所以同运动项群教师技能评价也是必不可少的。

四、教学评价过程的总结与反思

（一）体育教师课堂教学评价的反思

1. 传统的课堂教学评价对体育教学的负面影响

课堂教学评价对教师的教学行为和教学方式有着重要的导向功能。然而，传统的课堂教学评价存在很多不利于教师发展的弊端。例如，过分重视课堂中知识与技能呈现的全面性及准确性，过分关注教师对问题是否进行深刻的阐述，而忽视学生是否真正参与学习活动；对多媒体的运用给予肯定的同时，很少在多媒体如何与教学内容合理整合方面进行指导。

2. 评价标准对课堂教学的束缚

评价标准是课堂教学评价的依据，同时也是教师开展课堂教学的准绳。目前，在体育课堂教学评价中，无论终结性评价、形成性评价或诊断性评价，大多使用相同的评价标准。从评价内容来看，涉及教学过程的各个环节及教师素质的各个方面，可以说是全面、具体和精确的，有利于量化评价或在评优中进行横向比较，可操作性强，但同时也显示了其导向功能的片面性。

3. 体育教师始终处于评价的被动地位

评价标准是为评价者对教师的评价而制订的，评价表一旦被使用，教师在评价中的被动地位就被确定了。当评价者使用评价标准时，对体育教师在课堂上的表现逐一打分，最后确定教师的教学水平，所属的层次和级别，通常这一过程是评价者单方面进行的，而教师是全然不知的。即使评价者将评价的反馈信息提供给教师，但信息往往是单向传递或通过领导间接地传递给教师，教师接受信息是被动的，根本没有碰撞交流的机会，教师是在不知其所以然的情况下进行反思，甚至对自己教学行为的调整是在揣摩评价者的过程中进行的。结果，教师对教学的调整也许顺应了评价者的意见，但离自己的个性发展可能越来越远。

4. 体育课堂教学评价流于形式

在实际中，体育教师直接参与或亲历的评价主要是教研员或作为教学观摩者的专家随堂听课评价，以及公开课活动中教师之间的互评。在前一种情况中，通常是教研员或作为教学观摩者的专家对授课教师发表评价意见，教师虚心听着、做着笔记，尽管心存疑惑，但碍于多方面因素，最终没有时机表达自己的想法。在公开课活动中，通常是由授课教师简单介绍自己的教学思路，然后由听课者一个接一个地指出本节课的优点和缺点，或对不足之处提出改进的建议。但研讨的内容始终没有跳出这一节课，评价的焦点始终集中在授课者的优点和缺点上，使授课者犹如受审一般。另一种情况是，听课者怕"得罪"授课老师，只说"很好""不错"之类的客套话，最后陷入沉默和冷场境地。"评课"本是研讨活动中最重要的环节，却成了最尴尬的局面。评价遵循着一种固有的模式，在"严肃认真"的气氛中进行，最后在教师心里留下的只有这节课的优点和缺点。

（二）激发教师自我反思

发展性教学评价理论认为，评价者要与被评教师建立平等的合作伙伴关系，与被评教师沟通交流，鼓励教师大胆发表自己的见解，反思教学过程中遇到的困难和疑惑。评价并不意味着一定要给教师提出改进的建议，重要的是能实现评价者与被评价者的平等对话。对教师而言，"对话"本身就是一种能引发教师反思的理想情境。就如在教学中，学生请教老师时，常常是老师还没解答，学生已经想出答案来了。教学评价也是这样，关键是给教师创设一种激发其反思的情境。

总之，对体育教师的课堂教学评价是多形式、多渠道的，可以在课前、课后或者在与教师的日常交往中，也可以在集体活动中，或是双方面对面的对话中等。最终目的应是促进体育教师自觉参与评价，并从教学方式、教学行为、教学思想、教学理念等多层面进行反思，从而提高体育教师教育教学的专业理解能力，使教师能对课堂教学做出正确的判断，最终让教师能更好地教学，更好地发展。体育新课程的实施，对体育教师提出了更高的要求，我们需要继续探索促进体育教师发展的课堂教学评价方式，根据课堂教学实际以及教师的教学个性，灵活地调整评价标准和评价角度，建构适合教师发展的课堂教学评价体系，使课堂教学评价发挥其最大的效能。

第二节　卓越体育教师教学评价设计能力的培养

从传统教学角度出发，教学评价设计能力就是对学生教学结果评价进行设计的能力。在教师专业化理论，建构主义理论的启示下，对教学评价设计的定义已发生了很大变化。因此，在培养卓越体育教师教学评价设计能力时，可从评价方法设计、学生目标评价设计、评价结果呈现形式设计这几个方面对教学评价设计构成要素进行分析（如图7-1所示）；明确教学评价设计存在的问题；从教师自身和学校两方面入手，优化教学评价设计能力提升策略，从而实现卓越体育教师教学评价设计能力的提升，这对卓越体育教师职业发展有着十分重要的现实意义。

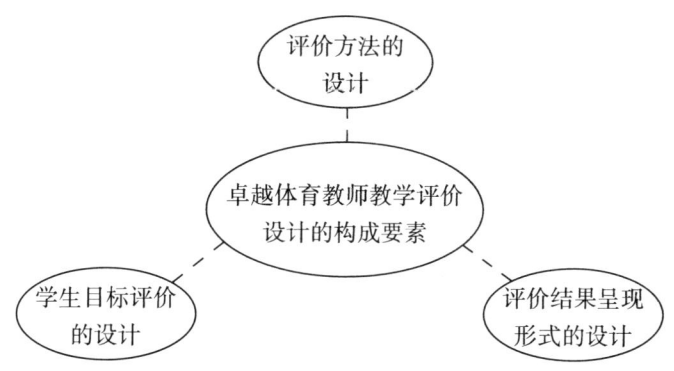

图7-1　体育教师教学评价设计结构组成

一、卓越体育教师教学评价设计的构成要素

（一）评价方法的设计

随着新课改的推进，教学评价由量化评价转向实质性评价，由惩罚性评价转向发展性评价，提倡多样化和多维度的评价方法。教师的教学评价主要通过

学生的课堂表现、作业情况、实践活动、合作交流等方面作为评价依据，对于资料的处理形式不同就形成了不同的评价方法。

1. 档案袋评价设计

档案袋评价法是根据教学目标，有意识地将有关学生表现和发展的证据资料收集起来，通过合理分析与解释，反映学生在成长过程中的优势与不足，反映学生在达到目标过程中付出的努力与进步，并通过学生的反思与改进，激励学生取得更好成绩的评价过程。档案袋评价法是以学生为主体，展示一个真实、丰富的学习过程，是一种实质性的发展性评价。档案袋展示了学生真实、丰富的学习过程，档案袋评价是一种发展性的评价。多维度的评价方式能使学生更加全面的认识自己，更有利于学生的全面发展，档案袋评价法的基本程序如下（如图7-2）：

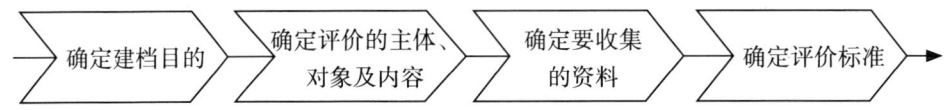

图7-2　档案评价法基本程序图

（1）确定建档目的

档案袋评价法的主要作用是评估学生的学习和发展水平；展示学生的学习成果；评价某阶段学习内容的掌握情况。

（2）确定评价主体、评价对象及评级内容

确定是否需要学生本人、家长、同伴的配合，根据档案袋要反映、评价、促进学生哪方面能力确定评价内容。

（3）确定要收集的资料

确定哪些成果可放进档案袋以及每种成果的样本数量。

（4）确定评价标准

明确各种成果的要求和评价标准，让学生知道评价是公平公正的。

2. 课堂评价设计

课堂评价是教学评价的重要组成部分，是课堂教学中不可缺少的环节。课

堂评价是最直接的评价方式，可以及时将学生的学习情况反馈给学生，可以提升学生学习的有效性和积极性。课堂评价设计主要从问答、练习、合作等方面进行入手，还应客观、科学且有针对性地进行评价。

（1）评价主体多样化

现代社会提倡以人为本的教育观和以学生为主体的课堂教学，课堂评价也从传统的、单向的、片面的方式向评价主体多样化的、双向的、多向的方式转变。现代教育评价观认为评价主体应该多样化，除了教师评价外还可采取学生自我评价、学生互评、师生主客体换位等方式。学生自我评价可以引导学生加强自我肯定，有利于增强学生的自信心，还能引导学生进行自我反思、自我监督、自我调节，可以提高学习的有效性。基于学生认知水平和生活经验的不同，通过学生互评可以对同一问题进行不同解题思路和解题方法的补充，加深学生对知识的理解，同时可以提高学生的合作意识。师生主客体换位评价是在教师对学生的学习情况做出评价的同时，学生可以对教师的教学方法的选择、教学时间的安排、练习设计等方面进行评价，换位评价的方式可以让学生从评价客体变为评价主体，提高学生学习积极性和主动性，有利于促进学生身体、生理、心理和社会适应能力等方面的发展[①]。

（2）充分预设，抓住评价时机

教师在进行提问设计时，应对学生的回答进行预设，并根据学生的回答设计课堂评价。由于课堂教学充满了不确定性，如果教师不进行课前预设，可能无法对学生的回答作出合理的评价。课堂教学评价还要抓住时机，对学生的错误理解、练习题的解答、学生的质疑等应及时评价，尽快让学生从错误的陷阱里走出来，并引导学生获得正确的理解和解答。然而，不是所有的问题教师都要及时进行解答，可抓住时机与学生共同进行探讨，对知识进行深入探究。

（3）评价语言艺术化

评价语言是表达课堂教学评价的直接形式，好的课堂评价语言是能够抓住问题本质并简明扼要地表述出来。教师应运用创造性的、艺术性的评价语言，提升学生的学习兴趣，体验愉快的课堂氛围。在课堂中，如果教师长期使用重复性语言，课堂评价将失去意义，整个课堂将会枯燥乏味，无法调动学生的积

[①]龚正伟.学校体育改革与发展论［M］.北京：北京体育大学出版社，2002：86-87.

极性。课堂教学中要使用变化性的评价语言，从不同的角度切入，有针对性地进行点评，这样学生可以感受到教师评价的真诚，建立自信心和自尊感。学生的注意力时间短暂，如果教师能用幽默的语言使课堂变得形象生动、富有趣味，将大大提升学生的学习兴趣。

3. 二次评价

二次评价是依据"差异"理论和发展原理，紧紧围绕学生个体化的发展为目标，通过增加反馈频率，激发短时效应，不断收集学生发展过程中的信息，并根据学生的具体情况，判断学生的优势和不足，提出具体的、有针对性的改进建议，从而优化学生的学习过程和方法，提高学生的学习效率，增进学生能力提升所采取的延迟性评价或重新评价的评价策略，二次评价也可称之为延迟评价[①]。"二次评价"的教学评价观看到了学生是发展中的人，是不完整的人，教师应该以宽容的态度面对学生的错误。"二次评价"是发展性评价，它提倡关注学生的纵向发展，给与学生反思和提升的空间，有利于挖掘学生潜能。因为每个学生所处的文化环境和家庭背景不同，学生的认知起点和思维方式等都存在差异，在学习中的表现就各有千秋。二次评价的意义在于告诉学生，教育是允许学生有差异的，能包容学生出现错误。

（二）学生目标评价的设计

目标是评价的重要依据，评价是对目标实现情况的检查、鉴定和总结，为目标的调整、改进提供反馈信息[②]。在新一轮基础教育课程改革中，国家在体育课程标准中对学生在知识与技能、过程与方法、情感态度与价值观方面提出了基本要求，同时对教学和评价提出了建议，从课程教学的角度规定了道德教育与价值观教育。教学过程中除了强调学生体育基本知识与基本技能的掌握，还应同时重视学生学习过程与方法的理解及情感态度与价值观的领悟，注重对学生整体发展的评价。

1. 学生基本知识与基本技能的评价

体育教师可通过课堂观察、练习、测验等方式来判断学生知识与技能的掌

---

① 张春莉，金晶，曹春双. "二次评价"的可行性研究 [J]. 中国教师，2011（4）：34
② 毛振明. 体育教学改革新视野 [M]. 北京：北京体育大学出版社，2003：64-67.

握情况，采取多种形式相结合的方法进行综合客观的评价。课堂教学中，教师要经过观察对学生技能的掌握情况进行客观评价，使学生快速发现问题并解决问题，不把错误延续到后面的学习内容中。教师应重视练习的反馈价值，通过平时的练习发现学生知识技能体系中的漏洞，及时进行查漏补缺。练习不仅有巩固的作用，还有反馈的作用。不管是课内还是课外，教师都应该认真观察并给予学生适当的反馈。教师还应针对学生的具体情况，对技术动作进行调整和修改，以适应学生已有的技能结构水平。教师可通过诊断性评价对学生知识与技能的初始状态有基本的认识，为教师形成有针对性的教学方案提供依据；通过形成性评价对单元知识掌握和学习进步情况进行反馈，教师和学生可利用测验结果对策略与方法进行调整；通过诊断性评价对学生某一教学阶段的知识与技能的学习结果的达标情况进行评定，对学生运动成绩进行全面的评定。教师以多次的测验为依据，对学生进行学业评价，形成发展性地教学评价。

2. 学生学习过程和学习方法的评价

在过程与方法的目标中，操作程序和思想方法是有机结合的，不仅是行为层面的动作序列，还蕴含着观念层面的思想方法。操作程序表现于外，凸显的是过程，思想方法隐藏于内，强调的是方法，依据性质和使用范围不同，将过程与方法分为基本思想方法、学习方法、解决问题的方法三种形式。教师在课堂教学中应渗透过程与方法的学习和领悟，引导学生在学习过程中用独特的眼光发现问题，学习知识点对应的思想方法，形成自己的学习方法和解决问题的能力。教学评价应注重学生的发展过程，强调过去与现在的纵向比较，着重学生思想方法、学习方法和解决问题三方面的评价。另外，教师应善于倾听，对学生独特的观点和方法进行赞赏。教师可通过巧设情境的方法，培养学生解决问题的能力，还可通过将技术动作与实际生活相结合的方式创编问题解决式题型，考察学生解决问题的能力。教师应重视学生理解和表征问题的能力培养，只有正确理解和表征问题才能寻找和收集有用的信息，探索出有效的解决问题的办法。

3. 学生情感态度与价值观的评价

体育学习态度和情感等心理因素对学生未来发展有重要的影响，因此也应当成为考核评价的重要指标[①]。情感态度与价值观目标中包含情感、价值判断和

---

①许国喜.试论体育教学对学生心理健康的影响［J］.武汉体育学院学报，2001，35（4）：57-58.

行为倾向三方面的内容，而价值判断是情感态度与价值观目标的核心，它是情感和行为倾向的基础。教师在教学过程中，应培养学生形成崇敬自然、崇尚文明、尊重差异、尊重制度、自尊自信和崇尚科学的价值观，并能适时地给予学生正确的评价。学生有正确的价值观才能尊重和接收他们的帮助，并在他人的指导下，发现自己的错误且及时进行改正。情感具有内隐性，但是情感可通过行为和态度得以体现，教师可根据学生的学习态度和行为进行评价。教师应关注学生是否能独立思考，积极参与讨论并勇于表达自己的观点，评价学生好奇求知、积极进取的学习态度。对于学生在学习过程中表现出乐群合作、宽容礼让、严谨求实、勇于创新的行为，教师应及时进行赞扬。合理的教学评价，可以帮助学生建立自信心，保持对周围事物的好奇心。

（三）评价结果呈现形式的设计

1. 定性与定量相结合

教学评价可采用定性与定量相结合的方式，定性评价是以语言描述为主，定量评价多采用等级制。定量评价的等级能反映的信息有限，而定性评价可以补充定量评价的不足，使教学评价更加生动全面。

2. 个性与共性相结合

学生的身心发展存在个体差异性，教学评价不仅要体现该阶段学生的共同特点，还要针对不同学生进行个性化评价。个体评价还可以在不同的学年或学段，根据学生水平调整某些指标的权重，以突出或削弱这些指标的重要性程度，这就体现了评价标准的发展性。教学评价应体现以人为本的思想，尊重学生的个体化差异。

3. 鼓励与建议相结合

教学评价的目的是鼓励与促进学生的发展，可多使用鼓励性语言，充分肯定学生的进步与发展。同时，教师要指出学生存在的不足，并针对问题提出建议。鼓励与建议相结合的评价，有助于激发学生的学习动机，有利于学生明确自己的问题和努力方向，有助于激发学生参加体育锻炼的积极性，强化终身体育锻炼的意识与习惯，体现体育的作用和价值①，使学生得到进一步的发展。

4.考试成绩和平时表现相结合

在进行学生体育学习评价时，不仅要考虑身体素质的提高和运动技能的获得，还要把学生的心理发展作为考查的指标②。教学评价除了对学生成绩的评价，还要着眼于学生的平时表现，不以分数论英雄。教师应着重对学生平时表现出来的学习态度、学习动机、思维方法、探究能力等情况进行评价，强化评价的发展性导向功能。

二、卓越体育教师教学评价设计存在的问题

（一）教师对教学评价的设计意识薄弱

教师对于教学评价的设计意识是发展评价的重要部分，只有教师自己意识到了评价不仅是对于整个教学过程的重要性，同时意识到"如何教"这一步也是至关重要，这样才可以提升教师自主评价的动力③。有的教师比较关注教学设计，而对于教学设计的评价环节，教师则不给予更多的精力。部分教师是通过在上课过程中，及时掌握了解学生的学习接受情况以及互动情况，对自己的教学设计进行评判，以此来修改教学设计，但教师并不会在进行教学设计前对学生的学习情况有诊断性了解。等课堂结束时，也多是以作业的形式去验证教学目标是否达成。

（二）教师对教学评价设计概念不清

评价的主体不同，评价设计的对象也不同。教师对教学评价较为熟悉，往往会将教学评价和教学评价设计混淆。教师单纯的将教学评价等同于教学评价设计是教学活动中的一个常见错误，教学评价设计侧重于对教学活动中的不同

---

①邵伟德.学校体育教学理念与教改探索［M］.北京：北京体育大学出版社，2002：15-16.

②钱杰.中国高等体育教育发展模式研究［M］.北京：北京体育大学出版社，2004：65-67.

③魏奕鑫.论教师信息化教学设计评价能力的提升［J］.河北职业教育，2021，5（4）：19-21.

环节的评价进行设计，所以两者有本质上的区别。因此，教师应明确评价的主体不同，评价设计的对象和侧重点也有所不同。

（三）教师忽略评价的过程

通过对一些教师的访谈，会发现对于教学评价设计的三个阶段，教师们更着重于总结性评价，这是站在一个完成的角度去审视本节课的教学设计是否妥当，以便在下个班授课时做些修改调整。三个阶段的评价是为了帮助教师不断地完善自己的教学设计，而不应只重视总结性评价，诊断性评价和过程性评价的步骤会引导教师的教学设计沿着预定的教学目标发展。

（四）体育教学评价的内容与标准缺乏科学性

目前，体育教学评价制度主要是以考核的形式实现，考核的对象主要是学生。由于长期受传统学科的影响，现行的体育教学评价只限定于各门孤立的分科课程，并不涉及课程之间的融合[①]。因此，现行的体育教学评价主要关注学生在知识、技能和身体素质等方面的发展，忽视学生情感、意志、个性等非认知因素的发展；它注重体育教学的结果，忽视体育教学的过程对学生的发展性目标，如终身体育能力、学习的能力、合作与沟通的能力、批判与创新能力等方面缺少必要的评价。所以其内容和标准的科学化程度有待于进一步的改进和完善。

（五）学校管理层对评价不够重视

从学校管理层面来讲，通过一系列的方法去加强管理教师的教学评价设计能力，其目的是为了教师能够更好地对教学进行一个设计及评价，践行素质教育，实施学生的全面发展。发现学校重视的是教师的教学设计，以及教学设计的数量、内容是否达到要求，而针对教学设计的评价以及如何开展评价、评价哪些方面，学校并未有更为完善的组织与管理办法。

---

①戴艳.高校体育教学课程改革构想［J］.教育探索，2003（9）：20-22.

三、卓越体育教师教学评价设计能力的提升策略

（一）教师方面

1. 教师要把提高自身素质与整个教学活动结合起来

首先，体育教师应提高自身的评价能力及教学评价设计能力，通过主动学习相关知识，及时了解自身在理论知识方面存在哪些缺陷和不足，进而提升教学评价设计方面的能力。其次，教师还应积极主动地参与学校以及教育部门组织的相关培训、公开课以及研讨会等活动，充分利用校内外资源，借助互联网平台，实现知识联动、资源共享，通过分享自己的教学设计，及时吸取他人的教学优势，促进专业发展，改善教学活动。然后，还应当积极思考如何将信息化手段与自己的体育课堂教学更好地结合，通过利用课余时间学习教学设计等方面的专业知识和技能，不断完善自己的知识结构。最后，教师还应积极参加教学能力的相关比赛，借助于真实的比赛，增进自己不断完善教学评价设计能力，意识到教学评价设计能力对教学设计及教学过程的重要性。

2. 教师要不断"反思"自己

为了提高自身的教学能力，提升教学评价设计能力，体育教师应不断反思自己。其目的是为了使教师进一步优化自己所惯用的教学思维和习惯，不断地提高教师的教学能力，提升学生的思维能力、培养学生的自主学习能力，不断更新自己的教学理念和储备库。通过对教学评价设计的反思，教师可及时地发现教学过程中的知识点、某堂课以及教学效果等差强人意的原因，再有效地结合多元化手段，融入整个教学设计中，对固有的教学资源进行转换，积极调动学生的参与感、学习欲望，使教学过程更加轻松，教学目标有效地完成。

（二）学校方面

1. 组织教学评价设计方面的培训

学校应采取多种培训模式相结合的方式，将邀请专家进校培训、网络平台

培训、校内分享培训、跟岗实践观摩、教师外出培训等方式结合起来，为校内教师提供多种多样的培训途径。首先，学校可以邀请教学设计评价方面的专家进校培训，为学校体育教师补充相关方面的知识；其次，可在培训过程中按照学习能力及教师年龄的高低分层次，要求年轻的、接受能力快的教师接受教学设计评价的培训，整理关于此方面的相关概念理论，在每周固定的时间帮助其他教师进行学习，达到共同进步的目的；最后，老教师也可将自己在教学过程中比较成功的经验分享给年轻教师，这是因为教学评价设计是辅助教学过程，老教师的教学设计经验更丰富、考虑更全面，对年轻教师在进行教学设计过程中会有更多的帮助。通过这样的互助形式，逐渐扩大辐射作用，帮助更多的教师了解教学设计评价的相关理论和技术，分享它们在教学上的心得，逐步提高教师教学评价设计能力。

2. 借鉴"2+1教案策略"

"2+1教案策略"是由北师大提出的针对教师教学设计管理的办法。"2+1教案"是指形成两次教案，其中的"2"是指：一次是根据课程标准和教材所编写的教案，一次是通过教师的修改所呈现出来的阶段性教案；而"+1"则是指实施于课堂后的一个修改教案的步骤。通过反复修改教学设计的过程，可以促使教师发现自己的教学设计出现的冲突和矛盾，是否有全面考虑学生的接受水平、教学活动设计得是否完善、课堂互动是否生动有趣、学生是否跟着老师的思路一步步深入思考等问题，进而更好地达成教学目标，提升其教学评价设计能力。

第三节　卓越体育教师教学诊断反馈能力

在提倡素质教育的今天，如何有效地引导并启发学生增强学习的主动性和积极性，培养学生的体育兴趣及体育锻炼的习惯，是体育教师教学的主要目的。体育教学的效果，不仅取决于教师的主动性与学生学习的自觉性，还取决于体育教师在一定条件下如何正确及时地诊断课堂教学过程并获得信息反馈，且能够正确有效地运用。这就要求体育教师在体育课教学过程中，充分了解教学诊断反馈的内涵、抓住教学诊断反馈的特点、发挥教学诊断反馈的作用以提高课堂教学质量，促进卓越体育教师专业成长。

一、体育教师教学诊断反馈的内涵

（一）课堂教学诊断反馈的内涵

代天真，李如密把课堂教学诊断也称为"教学现场分析"，是指诊断者通过观望、倾听、询问、思考等方法诊断其课堂教学过程，发现其中存在的问题，并找出解决方法的教育教学活动[①]。张伟认为，课堂教学诊断是指诊断人员利用看、听、问等方法观察课堂教学过程，通过理性观察，发现教学过程中的问题并加以研究，最终提出解决措施的教研活动[②]。代天真和张伟对课堂教学诊断的概念界定大同小异，都是运用一定的手段和方法诊断课堂教学的过程，发现问题并提出解决策略。祝新宇认为课堂教学诊断是"出现在课堂这一特殊环境，诊断客体为教学过程中'教'与'学'的活动，并分析客体的价值偏差，最终发现和找到出现偏差的原因"[③]。综上所述，"课堂教学诊断"是指在课堂教学过程中，能敏锐发现教师教导和学生学习存在的问题，准确分析问题的成因，并提出解决措施，做出改进行为的过程。因此，"教师课堂教学诊断"限定了诊断的主体为教师，即教师本人结合一定的诊断标准，对教学过程中教师教导和学生学习情况的诊察与判断，发现问题并分析产生问题的原因，进而提出改进策略的一种方法。

对于教学反馈的理解，王凤春认为教学反馈是教师为了改进教学行为，并从学生的学习结果以及学生、同事和专家学者等各类群体通过对自身课堂教学的评价来获取反馈信息，同时也包括教学过程中关注到的学生状态、反应和需求，并从中获得改善教学的反馈信息[④]。教学反馈是对学生学习信息的收集、分析和运用的行为活动，反馈的目的是通过探索学生学习状态和教师的教学事实来改进教学。教学中的反馈行为是教师给学生提供有关学生对回答学习问题准确性等方面信息的行为，是学生应答后教师依据学生所提供的答案进行分析、

---

①代天真，李如密.课堂教学诊断：价值、内容及策略［J］.全球教育展望，2010（4）.

②张伟明.课堂诊断：贴近教师成长的学校科研［J］.基础教育，2008（11）：41.

③祝新宇.中学多样化课堂教学诊断模式研究［D］.上海：华东师范大学，2007.

④王凤春.课堂教师的即时性反馈与反思——教师专业成长的有效途径［J］.教育科学研究，2007
（4）：47.

补充和评价，是通过教师的启发，指导学生学会自己发现和解决问题，是通过师生密切配合，在宽松、舒适的教学环境中保证教学目标和教学效果的实现。综上所述，体育教师课堂教学反馈行为主要指教师在课堂教学过程中，针对学生的学习表现给出的言语和非言语行为，是师生之间进行的信息交流与反馈，从而促进体育教师从自身出发，调整教学设计和理念，增强教学效果。

（二）课堂教学诊断反馈的内容

课堂教学诊断反馈包含了对课堂的观察、研究和评价，这些程序构成是一个复杂的循环系统。其诊断反馈的内容教师、学生、师生关系三大内容构成，关系图如下（图7-3）：

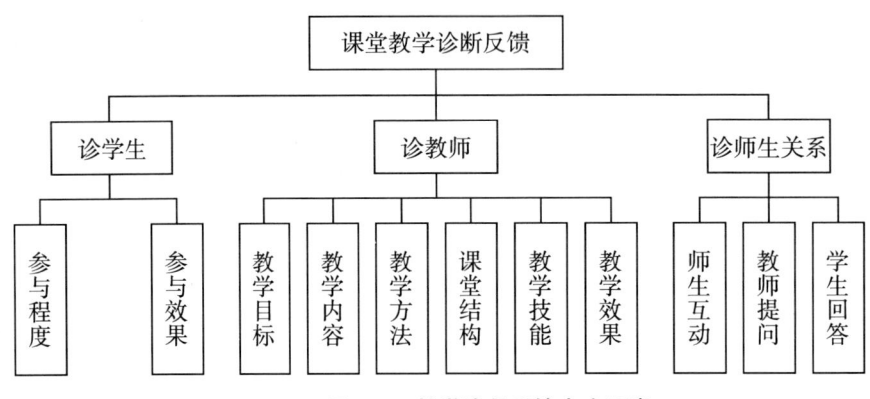

图7-3　教学诊断反馈内容要素

1. 诊教师

课堂教学诊断反馈的对象就是教师的教，它主要包括教学目标、教学内容、课堂结构、教学方法、教学技能、教学效果的诊断反馈。教学目标的诊断内容主要有：教师对其是否明确，是否结合学生实际调整教学目标等；教学内容的诊断主要有：内容安排是否科学严密、逻辑性强，是否围绕教学目标而展开，是否恰当处理教学重难点，对知识的教授是否具有教育性等；课堂教学结构在一定程度上可以反映教师的教学能力，对其诊断主要指课堂导入、教学层次的安排是否合理，各个教学环节的过渡是否自然，教学难度、密度的安排是否科学，是否体现教学整体和认知结构等；教学方法诊断主要有：教师采取的教学方法与教学内容、学生的实际是否相符，是否启发学生积极主动地思考问题、激发学生的求知欲，教学方法是否符合学生的认知心理发展，教学技能是教师的基本素质在课堂教学中的表现，是教学的基本功。诊断内容主要有：课堂教学中教师是否具备教学应变能力，是否具有组织教学驾驭课堂的技能，是否注重培养学生善于运用知识解决实际问题的能力；教学效果主要诊断教师是否完成教学任务，教学目标的达成度等。体育教师通过对六个视点的观察、评价与诊断，促进教师在教学过程中不断地总结与反思，进而做出一定的反馈行为，提升卓越体育教师教学能力的成长。

2. 诊学生

教学是教师的教和学生的学的有机统一。学生的学是对教师的教很大程度上的反应，所以对学生的诊断也是为了更全面的了解教师的教。严格来说学生是否进行了有效学习，在多大程度上进行了有效学习是判断教师教学能力的重要指标。对学生的诊断与反馈主要包括体育课程参与程度、参与效果两个视点。学生的参与程度指学生在教师的引领下参与教学的时间、深度和广度。在课堂上，教师是把学生当做容器的"满堂灌"，还是给予学生一定的"自由时间"自主探索学习内容；教师是让其中一小部分优秀学生参与，还是大部分学生都获得参与讨论的机会；教师是让学生简单地思索有现成答案的问题，还是提供给学生有深度、有新意的问题等。参与效果指学生参与教学的质量收效。学生是否在这个参与过程中获得了一些重要的启发、思维的训练等。学生的参与程度和参与效果这两个方面能反映教师的学生观，教师的教要想获得有效的诊断反馈信息，获得教学质量的提升，必须要有正确的学生观，这也是对卓越体育教师教学能力提升的核心要求。

3. 诊师生关系

课堂就是教师和学生之间通过不同方式互动而演绎的一段通向预期目的地的旅程。课堂中师生关系通过师生的互动状况而体现，集中表现在教师的提问与学生的回答这一对话上。德国哲学家马丁·布伯将师生之间的对话关系分为三种："我与我""我与它""我与你"。师生之间的对话应建立"我与你"的关系，真正的教师与学生的关系便是这种"我—你"关系的一种表现，为了帮助学生把自己最佳的潜能充分发挥出来，老师必须把它看作具有潜在性与现实性的特定人格，把它视作伙伴而与之相遇。师生互动是指教学活动的主体通过语言或行为的方式进行的信息交流，这里的互动着重指在师生互动的过程中有意义的内容生成，同时师生之间的问与答都融入了思维的积极活动。因此，卓越体育教师在教学过程中对于师生关系间的诊断与反馈，无论是对教育教学质量的改善，还是对教师自身教学能力的提高都有很大的价值。

二、体育教师教学诊断反馈的特点

（一）教学诊断反馈是真实的反馈

课堂教学中，教师通过观察来自学生各方面的反应，有针对性地调控教学行为。真实的反馈可使教师作出更有利于学生发展的教学决策，虚假片面的反馈将使教师的教学偏离方向。

（二）教学诊断反馈是及时的反馈

不少课堂教学的反馈是滞后于教学的。当教师获取反馈信息时，一些错误的认知可能已经在学生脑中根深蒂固，此时要再将这些错误改正过来，不但要花费时间，而且效果可能也不好。因此，教师在教学过程中如果能够找到有效的方法，及时获取学生的反馈信息，发现学生学习中出现的偏差、错误，对教师的教学进行调整、矫正和补救，可能会达到事半功倍的效果，能大大地提高课堂效率。

一般来说，及时反馈比迟缓反馈效率高。及时反馈可使教师实时了解学生掌握知识与技能情况，以利于进一步教学。同样教师对学生的作业或回答若能及时给予反馈，可以使学生了解自己知识上的不足之处，有助于进一步的学习。

（三）教学诊断反馈是全面的反馈

教学要面向全体学生，反馈也应当关注全体学生。课堂教学反馈不能只针对个别学生展开，应当涵盖不同层次的学生。量大面广的反馈，才能全面真实地反映教学目标的达成度。

1. 反馈时既要发挥优秀生的引领，又要促进全体学生发展

个别思维活跃的学生往往会掩盖多数学生的实际状况，造成课堂反馈的片

面性。因此，要保证课堂反馈的信息真实有效，就应该全面地了解学生对技能动作的掌握情况。特别是对好、中、差不同层次的学生情况的全面了解，才能根据教学目标和学生的实际情况进行后续知识的教学。

2.诊断反馈要顾及不同性格特征的学生

内向型的学生，平时上课表现不够积极且缺乏自信，但他们不一定没有掌握知识技能，这就要求教师采用适当的反馈方法，调动他们参与教学互动，传递反馈信息；外向型的学生活泼开朗，有的个性过于张扬又不够谦虚，表面上说得头头是道，反观其正确率往往不高。

（四）教学诊断反馈是高效的反馈

课堂教学中，教师要在短时间内得到来自学生的大量反馈信息。如何科学、高效地获取全体学生的反馈信息，以便迅速矫正错误，是高效课堂教学的重要保证。而目前课堂教学中，往往还存在大量高耗低效的现象。所以，及时、准确、全面、高效地获取反馈信息，科学调控教学方法，是提高课堂教学有效性的重要保证。

三、体育教师教学诊断反馈的作用

在现代教育中，教学诊断反馈是教师获得教学反馈信息、获取教学复杂现象，分析研究教学情况，及时调整教学思路、教学内容和教学方法的重要手段；同时能够激发教师的教学智慧，促进教师的专业发展，提高教学效率。

（一）教学诊断反馈是促进教师专业化发展的重要途径

教学诊断反馈是一种研究活动，它在教学实践和教学理论之间架起一座桥梁，为教师的专业发展提供了一条重要途径。通过教学诊断反馈，教师借助合作的力量，在实践性知识等方面将获得新的发展，进而提高教师的整体教学质量。

1.教学诊断反馈可以发展教师的实践性知识

教师的实践性知识是由教师个人支配的关于怎么做的行动规则，它来源于经验，需要教师研究自身经验。无论是观察者还是被观察者，无论是处在哪个发展阶段的教师，都可以根据自己的实际需要，有针对性地进行教学诊断反馈。经由诊断他人课堂或接受同伴的诊断，反思自己的教育理念和教学行为，形成新的认识回馈，发展个人的教学实践智慧。

2. 教学诊断反馈可以增进专业反省意识

教学诊断反馈为教师提供了反思的有效方法，课前讨论，课后反馈、反省与评价，足以造成观察者、被观察者对于自身原有的专业实践认知与行为之间形成不平衡状态，进而引发批判、质疑先前行动假设的动机。由教师同伴向授课教师提供大量真实信息，提供自己的分析与判断，可以促进授课教师自主改进教学，是一种真正的发展性评价，淡化了甄别与选拔的功能。如果教师持续地开展课堂观察，这种反省行为就会不断得到强化，进而影响学校其他的专业活动，扩大反省的范围与对象，提高教师对专业的领悟与反省能力。

（二）教学诊断反馈能为教育决策与评价提供较为客观的依据

在用于课堂研究、促进教师专业化发展的同时，教学诊断反馈还能为教育决策与评价提供客观依据。科学的教育决策应当基于科学研究的基础之上，某项教育措施是否可行，某种教育方法是否应当加以推广，或课程开发有无成效等问题无一不需要通过教育科研加以解决，而在研究过程中需要课堂诊断为其收集最及时、可靠而直接的反馈信息，检查某项教育决策，措施和改革在课堂实践中体现的效果，以便随时修正教育决策研究的方向，使教育决策更为科学，而教育决策是否真正科学也同样可以通过教学诊断反馈提供的客观依据来进行评价。对教育决策的评价落实到课堂中，包括对教师教的评价和对学生学的评价。要提高评价的客观性和准确性须借助于教学诊断反馈。除了针对教育决策的评价之外，还有一般意义上的教学评价也需要运用教学诊断反馈。一方面是学校管理者通过教学诊断反馈，来获取关于某教师教学工作状况的信息而对其做出评价。对教师而言，这种观察与奖酬和任免相联系。另一方面是教师通过对学生的教学诊断反馈而对学生做出评价。教学诊断反馈是一种非常重要的教育研究方法，它非常适合于教育教学情境中的研究，它在课堂研究，体育教师的专业化发展以及教育决策与评价中具有不可忽视的作用。

（三）教学诊断反馈切实改善学生学习方式

教学诊断反馈通过提高体育教师的专业发展水平，推进课堂教学质量的提高，最终的落脚点仍然是促进学生的学习。开展教学诊断反馈活动必然有利于学生学习方式的改进与提升。

教学诊断与反馈活动的目的就是改善学生的学习，促进教师的发展。教师参与课堂诊断与反馈所产生的意义是面向学生、教师与学校的。在真实的课堂里，教师的教和学生的学是相互交织在一起的，学生通过倾听、与教师对话、交流建构自己的学习方式，改善学习行为，获得新的认知与情感体验。可以说，教师的课堂行为、学生的学习习惯及课堂环境都在影响学生的学习。诊断并反馈课堂中的其他行为或事件，如教师教学、课堂文化等，通过教师行为的改进、课程资源的利用或课堂文化的创建，都会直接或间接影响学生的学习。所以，教师参与课堂教学诊断反馈的最终目标是学生学习的改善。

总之，课堂诊断与反馈，是体育教师研究课堂的一种方式或方法，但不是唯一的，也不是教师开展教研活动的全部，更不是包治教学百病的灵丹妙药，它只能针对性的解决问题。它善于对课堂行为的局部进行分析与诊断，而不善于进行课堂事件的整体的、综合的、宏观的调控。课堂诊断与反馈主要完成三项任务：一是描述教与学的行为，诊断教学问题；二是帮助教师改进课堂中具体的教学问题；三是改变教师日常的课堂研究行为。因此，教师参与课堂诊断与反馈必然会受到种种限制，也就是要满足一些条件教师才能更好地开展课堂诊断与反馈活动。

第四节 卓越体育教师教学诊断反馈能力的培养

教师课堂教学诊断反馈能力是指教师运用先进的教育教学理论，发现自己课堂教学中出现的问题，分析问题形成的原因，并对教学活动的反应以及信息回馈，进一步提出优化课堂教学建议的能力。这就要求体育教师能够清楚地了解影响教师教学诊断反馈的因素、遵循教学诊断反馈能力的培养要求、不断完善教学诊断反馈能力的提升策略。在体育课教学过程中通过获得的反馈信息来科学、合理地选择和安排教学内容、改进教学方法和手段，以提高卓越体育教师教学质量以及自身教学诊断反馈能力。

一、教师进行教学诊断反馈的影响因素

（一）教师能力的影响

教师的思想和行为影响着教育改革，教师反馈是否恰当是教师能力的体现。在课堂中教师反馈形式单一，较多使用言语反馈，甚至是无反馈，这些都与教师的能力有关。教师在教学过程中是否有意识地进行反馈，是否以学生为中心并学习新的教育理念等都影响教师的教学；教师是否较多使用正反馈和重复反馈，还有教师是否较多使用言语反馈的方式，都是受教师自身经验的影响。在调查中可以看出，经验丰富的教师比年轻教师能更好地进行教师反馈，教师对动作技术的理解和掌握程度，对学生心理的了解程度，以及如何应对课堂中不断变化和发展的教学情况等，都会影响课堂中教师的反馈。在教学过程中教师自身的知识传授能力是教师的基本素养，需要教师不断地学习、发展。因此，在平时工作中，是否留心学习相关资料，是否积极请教同事并在工作中不断实践和反思等，也影响教师的诊断反馈能力。

（二）课堂教学气氛的影响

赞可夫指出在教学过程中形成良好的班级气氛有利于课堂的顺利展开，反之，则不利于教师教学和学生学习，也会影响教师的反馈。教师和学生关系好，师生之间的对话平等，教师对学生的了解就会更多，教师的反馈也让学生获得更为真实的情感体验。同时，课堂秩序影响教师诊断与反馈。课堂纪律会对教师反馈有直接影响。如果课堂纪律良好，在反馈环节，教师的时间增加了，反馈的数量和质量就会提升。在和谐的教学气氛中，学生不仅能获得教师更多回应学到更多知识，还能促进学生的情感体验。

（三）学生的认知水平的影响

每个学生都是独立的个体，有个人性格的特点，也有认知水平上的差异。在教学过程中教师反馈要意识到学生间的认知和心理的差异，面对不同的学生需要实施不同的教师反馈。要有针对性地对学生进行反馈。在教学过程中对于

同样的内容，教师在面对不同的学生时实施的教师反馈是不同的，对自信心不高或是基础差一些的学生，教师要以赞扬为主，对于自信心强或基础好的学生则是适当引申，激发学生潜在的能力，从而使教师反馈符合学生的心理特征和认知水平。学生一般不喜欢直接纠错，直接纠错对他们的心理冲击较大。因此，不建议经常使用直接纠错，要有针对性地使用。

二、卓越体育教师教学诊断反馈能力的培养要求

（一）注重提高教师自身的反馈能力

教师在课堂中扮演引导者的角色，体育教师在课堂中实施反馈，反馈是否有效，是否适应学生的学习水平和年龄特点，主要受教师反馈能力的大小影响。首先，在教师的教学理念方面，要求教师在教学中传授知识技能和学习方法，教师的反馈引导学生不断调整自身的学习，教师要重视反馈在教学中的作用。其次，教师要注重各方面素质的提高，通过不断学习，更好地对学生进行反馈，同时敢于尝试不同的教学设计，提高学生学习体育的兴趣。教师在课堂教学中要善于观察，多与学生沟通，使教师的反馈更有具针对性。最后，教师应该不断对自己的课堂反馈进行反省，多与学生沟通，更多地采用学生喜欢的、有效的反馈方式，改善自身的反馈能力，促进教学目标实现。

（二）注重教师反馈预设性和灵活性的结合

教师反馈设计要遵循课堂教学的内容和目标，还要考虑到学生需求，结合教学情境，对学生的表现进行适当的反馈，引导学生重新理解和建构知识，这就要求教师要有较强的课堂驾驭能力和教学能力。在实际课堂中，学生技能表现出现问题时，教师要通过适当的引导改正学生自身的问题，发挥教学的预设性、灵活性，为学生创造更多的技术输出环境。教师在做课堂预设时，教师反馈要根据教学情境，做出灵活的选择，要对部分教学设计予以舍弃，更好地完成教学目标。

（三）注重教师反馈的情境引导

课堂教学离不开特定的情境，教师实施反馈时应该注重相应情境的引导，为

了做出有效的反馈，教师可以在课前搜集贴近学生实际生活的元素，使学生在课堂上能够有话可说；教师也可以结合教学目标，简单的调整课堂教学内容；教师表达对学生回答的个人看法，能够激发了学生的学习体育的兴趣，形成轻松愉悦的课堂气氛，有利于提高学生学好体育的信心，促进师生关系的发展。

（四）注重反馈的差异性

教师要针对不同学生给予不同的课堂反馈信息。首先，教师在反馈时应该考虑到学生间生理和心理的差异，有的学生比较敏感自我意识强，有的学生性格内向，专业技能基础薄弱，还有的学生活泼开朗乐于表现自己。对于缺乏自信的学生，教师在反馈中应该多理解他们一些，多提供表现的机会，同时给予适当表扬。教师也要引导学生给予回答问题的同学正面评论增强其自信心。教师要在课堂教学中复述学生的答案，提升学生学习成就感。教师还可以适当地批评过分骄傲的学生，引导他们看到自身的不足并进行改正。当然，教师也要注意选择合适的反馈方式，避免学生自尊心受挫。其次，教师在不同的学习进程中，为学生提供有针对性的反馈信息。在教学准备中，教师给予学生准备方面的反馈；在教学的过程中，教师要根据学生的动作学习情况给予合适的反馈；在教学的总结环节，教师要给予学生学习结果方面的反馈。

三、卓越体育教师教学诊断反馈能力的提升策略

教学反馈，可以是教完一节课或一个章节内容后写下的一得一失之见，可以是阅完作业后的一种反思，也可以是学生在学习过程中迸发出来的智慧火花，还可以是为教学中出现的疏漏而作的记录和分析。长期坚持写教学反馈，可以提高教师的业务素质和教学水平。

（一）勤于观察，做出敏锐判断

反馈能力强的教师，能及时对学生的口头问答、动作练习、课堂表现等作出评价。及时而准确的评价，能使学生得到心理上的满足，并转化为更加努力学习的动力。要做到及时而准确的评价，要求教师必须有敏锐的观察和判断能力。因此，教师在课堂上要随时注意观察学生的表情，悉心倾听学生的问答，

认真巡视学生的练习，并在认真观察的基础上迅速做出准确的判断。一个不会体察学生不同反应的教师，如同不会诊断不同病症的医生，即使他知识渊博、医术高明，也难以取得预期的效果。思维敏捷的教师往往在学生就一个问题展开激烈争论的时候，能够迅速抓住争论的焦点，并巧妙地加以引导，或使问题得以解决，或把争论引向深入。每上完一节课下来，教师对自己事先设计的课堂教学结构，对所采用的教学方法，经过实践的检验总会有所感悟，如能将每一节课的一些成功之处记录下来，并不断积累，便能有效促进自己教学水平的提高。

（二）善于交流，产生思维共振

教学过程是师生之间信息交流的过程。只有当师生之间思维同步，这种交流才能产生共振，进而收到良好的效果。教师在课堂上要对学生的一颦一笑、一举一动都悉心关注，用自己饱满的热情、渊博的知识、科学的方法去启发引导学生，从而使学生也带着积极的热情，主动开启自己的智慧，充实自己的知识，探索新的学习方法。这样师生同步、和谐交流，才能把教学带入一种新的境界。

（三）作风民主，力求教学相长

在课堂上，学生是教学活动的积极参与者。学生学习一旦摆脱了被动状态，强烈的求知欲就会促使他们的思维异常活跃。他们可以针对教师讲课提出这样或那样的问题，有的甚至是教师意想不到的新问题、怪问题。遇到这种情况，就要求教师作出积极的而不是消极的反馈。积极的反馈要求教师与学生处于平等地位，师生之间能认真而又和谐地去共同探讨问题。这样，既达到了教学相长的目的，又使教师赢得了学生的尊重，师生关系也更加融洽。而消极的反馈，则会堵塞学生的思路，使学生缄口不言。因此，教师发扬教学民主，才能出色完成教学任务。特别是思想政治课程，要引领学生在认识社会、适应社会、融入社会的实践活动中，感受经济、政治、文化各个领域应用知识的价值和理性思考的意义，要求政治教师要关注学生的情感、态度和行为表现，倡导开放互动的教学方式与合作探究的学习方式，使学生在充满教学民主的氛围中，提高主动学习和创新的能力。

本章小结

卓越体育教师教学评价设计与诊断反馈能力主要从教师教学评价设计思路、教师教学评价设计能力的培养和教师教学诊断反馈能力的培养三方面论述。卓越体育教师教学评价设计思路从教学评价的内涵价值、实施原则、工具利用和过程反思进行全面探讨。认为在体育教学评价时，首先要了解主体的需要，其次要廓清体育教育的本质属性，最后要树立正确的体育教学评价观，只有将三者统一协调起来，才能充分发挥体育教学评价的功能。评价活动的实施原则主要包括评价主体与评价客体关系的平等性、评价过程的民主化和评价活动的民主制度化。评价工具的开发与设计从校内专家现场教学评估、校外专家网络评价、学生反馈和同运动项群教师互评进行展开，并对传统的课堂教学评价、评价标准和教学评价形式进行反思和探讨。此外，通过教师与学校的有机结合，教师要将提高自身素质与整个教学活动结合起来，不断地"反思"自己；同时学校要组织教学评价设计方面的培训，以此来实现体育教师教学评价设计能力的培养。对于卓越体育教师教学诊断反馈能力的培养，主要从内涵价值，能力的培养要求及策略进行阐述。认为课堂教学诊断反馈行为是指诊断者在课堂教学过程中，能敏锐发现教师教导和学生学习存在的问题，准确分析问题的成因，并提出解决措施，做出改进行为的过程。培养卓越体育教师的教学诊断反馈能力应勤于观察，善于交流，力求教学相长并教学反馈过程中结合学生实际做出及时、真实、有针对性的反馈。作为卓越体育教师，培养并提升其教学评价设计与诊断反馈能力，这是对教师综合能力更深层次的要求，也是教师专业化发展的内在诉求，是发展卓越体育教师专业能力的重要表现。

第八章　卓越体育教师教学反思
与教学质量改进能力

　　卓越教师的自我反思是追求自身进步的的强大动力，是锤炼教学思想的重要工具，是提升经验的桥梁。现阶段新课程改革的推进不断向纵深化发展，教师的教学反思能力不仅仅是衡量教师专业发展水平的标尺，更是描述新课改推进程度不可或缺的重要维度①。一方面，如果教师的专业得不到发展，那么课程发展也会止步不前；另一方面，教师专业发展依托课程发展，课程是教师能力提高的重要途径，教师的专业需要在课程实践的不断探索和改革过程中成长。在课程改革的新内涵和新要求之下，教师的教育教学实践活动也要做出相应的改变，不断更新教学观念和知识，持续改善教学方式和策略，将新课程改革的理念同实际的教学活动有机融合。在这个过程中，需要教师对自己的专业实践进行反复的思考。教学质量改进能力是卓越体育教师不可或缺的能力，是激发自我潜能、促进个人专业化发展的思维活动。一方面，卓越体育教师通过对课程设置和实施过程的改进，总结自身的优点，肯定自身在教学中的正确行为，为达到更好的课堂效果积蓄经验与动力；另一方面，卓越体育教师通过深刻地自我剖析，寻找自身在进行教育教学活动中与新课改理念不吻合、与课堂设置环节不贴切的教学行为与决策，取其精华、去其糟粕，不断完善自己的教学行为，促进个人专业化发展②。因而教学反思与教学质量改进能力对卓越体育教师能力的提升有十分重要的作用。通过本章学习如何进行教学反思与教学质量改进，以促进教师的自身发展。

---

① 雷浩. 影响教师教学反思的关键因素及其作用程度分析［J］. 教育发展研究，2015，35（12）：52-58.
② 赵静苗. 浅谈教学反思的重要性［J］. 现代交际，2019（5）：178-179.

第一节　卓越体育教师教学反思概述

教师专业化这一概念自从被提出来，就受到了各国学者广泛的关注和热议。教育界普遍认为，"反思"是教师专业发展的有效途径，这个观点已成为共识。2011年，我国教育部出台了《教师教育课程标准（试行）》，开宗明义地提出教师教育的三大基本理念："育人为本、实践取向、终身学习"，明确提出"培养造就高素质专业化教师队伍"的培养目标，定义"教师是反思性实践者"，要求教师"在研究自身经验和改进教育教学行为的过程中实现专业发展"[①]。卓越体育教师在教学过程完成后，应该有意识地对自己的教学进行反思，才能有所提升，从而更好地完成教学工作。教学反思不仅是对自身工作的一种检查，也是对学生的一种负责。

一、教学反思的相关概念界定

（一）反思

在我国，自古至今"反省"的观念久盛不衰，很大一部分原因是受到儒家思想的深远影响。孔子提倡"仁"和"礼"的观念并强调士人的自我反省能力，儒家弟子一直以来都注重内省在自我发展中的重大作用，这使得自省的思想得以发展和延续。"见贤思齐焉，见不贤而内自省也""行有不得，反求诸己""吾日三省吾身，为人谋而不忠乎？""切己体察"等，这些经典语录无一不透露着儒家对反思文化的重视和践行。"内省"思想逐渐演化成一个日常表达的概念——反思，反思与内省本质上并没有多大的差别，反思就是个体对自己以及自己的行为、思想和心理感受进行思考的过程。

提到反思就不得不提杜威和舍恩，这两位学者对推广反思思想起到了不可磨灭的作用。杜威是对反思进行系统论述的第一人，提供了反思的理论根基，而舍恩则是厘清了反思与行动的关系，将二者结合，反思逐渐成为行动改进的方法和途径之一，后人关于反思思想的认识也是在两人的思想基础之上进一步

[①]教育部教师工作司.教师教育课程标准（试行）解读［M］.北京：北京师范大学出版社，2013.

延续和发展。杜威（J. Dewey）最早提出并深入研究反思，在《我们如何思维（*How we think*）》一书中他是这样定义的："对任何信念或假设性的知识，按照其所依据的基础和进一步导出的结论，进行主动的、持续的和周密的思考"[①]。这是历史上第一次比较全面而系统地对反思做出界定。在他看来，反思是问题解决的一种有效方法，是一个能动的、审慎的认知加工过程。在此过程中涉及大量的个体内在信念和知识相互联系的观念。杜威明确阐释了反省思维与一般思维明显的区别之处。杜威认为，反思一词的意思更接近汉语中的一个成语"刨根问底"，而非浅表化、随便的思考。

要想明确教学反思的内涵和概念，必须要先明确反思的内涵，给反思下一个定义。反思，反是回头、反过来的意思；思，顾名思义，就是思考、思索的意思。反思在近代西方哲学中占有重要的地位，在本章中，反思是一种思维运作的形式，涉及经验、知识和情感，是个体在头脑中对某些问题进行主动、反复、执着的思考，是解决问题的一种有效的形式，是一种批判性、高级的认识活动。随便的记忆回顾和简单的经验总结都不是严格意义上的反思，反思确实需要回顾，但是又不完全不等同于回顾，反思是融合思考的元认知活动，反思是对实践活动进行监控、评价，调节的过程，仅仅停留在记忆层面回顾的反思是毫无价值的，是表面且肤浅的，应该摒弃。

（二）教学反思

杜威在实践中形成的反思思想为我们理解反思以及教学反思提供了理论依据，这是教学反思的非常重要的理论组成部分。在20世纪70年代中后期，为了解决教育教学中的难题，教育界开始将反思与行动结合起来，进而将反思视为教师行动改进的途径和方式之一，其中集大成者是学者舍恩（Donald A. Schon）。舍恩认为，反思是指个体在工作过程中能够对遇到的问题进行建构或重新建构，并在问题产生的大背景之下能够进一步探究问题的能力[②]。为了更好地寻求问题的解决方案，他将"反思"和"行动"相结合，并提出了两个概念："行动中反思"和"行动后反思"。但是舍恩更强调在行动中反思的重要性，注重行动中反思的结果——实践性知识，要求个体对自身所处的独特教

[①]约翰·杜威.我们如何思维［M］.新华出版社，2015，10.262.

[②]Donald A. Schon. The Reflective Practitioner：How Professionals Think in Action［M］. New York：Basic Books，1983：39.

学情境要进行深入的理解与思考。除此之外，舍恩还提出了行动中知识（也称"缄默的知识"）这一概念，在教学反思非常重要的方面就是教师要意识到自己的缄默知识，并让其显性化，在此基础上加以激活、评价、实践验证和继承发展，使这些知识升华为教师自身所特有的教育理论和观念。

根据对文献的分析、研究和解读，本章对教学反思内涵的界定是更为浓缩和具体的，教学反思集中发生在课堂教学的前、中、后。教学反思是教师参照原先的知识和经验，在课堂教学的前、中、后发现教学活动中存在的优势与不足、困惑与问题并进行深入的研究与分析，继而通过实践行动解决问题并进一步累积教学知识、重构教学经验的过程。在这个概念中有这样几层含义：第一，教学反思是围绕复杂的教育教学实践活动进行的；第二，教学反思是有意识的思维活动；第三，教学反思目的在于改善教学行为；第四，教学反思是实现专业发展的过程。

（三）教学反思能力

结合上述教学反思的概念以及对文献的梳理，本章将教学反思能力定义为教师在课堂教学前、中、后对教学经验、教学活动、教学行为和教学过程进行批判性地认识、思考、分析和改进的能力。

二、教学反思的特征

不同研究对于教育反思特征的研究角度和看法不同，关于教学反思的特征主要有以下五个方面，如图8-1所示：

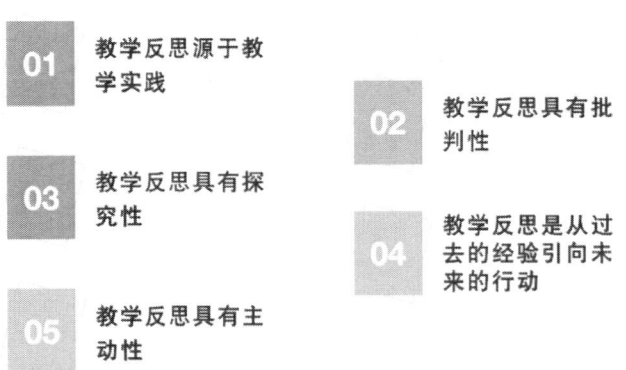

01 教学反思源于教学实践

02 教学反思具有批判性

03 教学反思具有探究性

04 教学反思是从过去的经验引向未来的行动

05 教学反思具有主动性

图8-1 教学反思的特征

（一）教学反思源于教学实践

教师进行反思的核心是教学问题的产生，教学反思如果离开教学实践就成了无本之木、无源之水。教学反思根植于教学实践，脱离教学实践谈反思是毫无意义的，甚至是有害的。教学反思的最终目的是要通过慎思来找到修正和改善教学的方法，以便更好地解决教育教学实践中实际存在的问题。教师的反思性分析是在教育实践中发生的反思性思维过程，它是对教学情况的及时洞察、检测、分析和评价，它也是促进教学目标朝着预期方向发展的一种教学实践活动。这种源于实践、用于实践、行于实践的属性，使反思成为一种教学工作的常态化问题，使教学实践更加符合教学和学生发展的基本规律[①]。

（二）教学反思具有批判性

教师应当经常对自己的教学行为进行批判性分析，成为反思实践者。在柯尔和凯米斯看来，教师的批判性反思就是通过科学的探究，洞察谁的需求得到了满足，谁的需求没有被满足，课程是否适合班里所有学生，或者是否在给予某些人权利的同时损害了其他人的利益等[②]。批判性反思就是透过现象看本质，提出问题、形成主题、检查和判断价值。大多数教师总是日复一日、年复一年地重复着同样的工作，不善于发现和质疑教育教学实践中存在的问题。而具有批判性思维能力的老师则可以发现专业实践中的问题，捕捉到微妙的异动。批判性思维不仅仅是一种能力，更是一种以开放的、批判的态度来坦诚地面对自己实践中问题的态度。批判性思维是发现问题、分析问题和解决问题必不可少的基础条件。

（三）教学反思具有探究性

反思不是自发的、无意识的回顾与总结，而是需要有意识的积极参与，需要知识和情感的投入。教学反思不能成为教育故事的堆砌，经验式的表白，最

---

①张定强. 教师成长不可缺失的特质：反思性分析［J］.课程・教材・教法，2011，31（5）：92-97.

②Carr，W. & Kemmis，S. Becoming critical：Education，knowledge，and action research. Lewes，Sussex：Falmer Press.1986.

重要的是发现教育故事之间的相互联系，挖掘教育故事背后隐藏的寓意，以及如何在未来发展出更精彩的故事，这需要对故事进行系统的、持续性的探索。这个时候教师需要对教学实践中的问题认真审视，多角度、多方面的探究，不断探索多种问题解决的有效策略，而这不是一朝一夕就能完成的，所以具有明显的探究性、主动性和长期性。

（四）教学反思是从过去的经验引向未来的行动

教学反思是从经验出发，回归经验，通过分析经验进而发展经验，从经验中不断学习的过程。反思依据的背景环境是教师自己的经验，反思并不是简单地总结教学经验，这是流于浅表化的思考，而是对整个教学过程的持续监控和分析以及解决教学实际问题的活动，可以从过去—未来的时间维度和理论—实践归属维度两个维度进行分析。在时间维度上，教学反思虽然以已经发生教学实践情境为基础，但最主要的目的是着眼于未来实践行动的改进；在归属维度上，行动是教学反思的指向标，强调在后续教学实践中能够实现更好的专业评价和优化教学设计。

（五）教学反思具有主体性

教师是教学反思的主体，教学反思本质上是教师主动的思维活动过程。教学反思是指教师自觉地将自己和教学实践都作为认识的对象进行自我反思。持续的反观自照是一种个人的职业要求和思想需要，是教师对教育实践模式和教学情境进行的多方位、多角度和多层次的反思，是教师自我意识和教学能力的体现[1]。只有将教师放在专业发展的中心位置时，当教师意识到发展和提高对于职业生涯的重要之处时，教师才会仔细反思教学实践中的细节与得失，谋求改进和提升的方法，这时候反思才会出现并良好的持续作用于教育教学实践之中。

三、教学反思的内容

教学反思的内容是教师进行反思的载体，是指教师在教学实践活动的教学

---

[1]吕达，刘捷.超越经验：在自我反思中实现专业发展［J］.教育学报，2005（4）：65-70.

行为、教学观念和教学理论[1]。实际上，教师进行反思的内容几乎包括教学工作的所有内容。具体来说，教学反思的内容包括：教学实践，学生发展教育教学知识、观念和理论，教师个人方面以及专业发展，如图8-2所示。

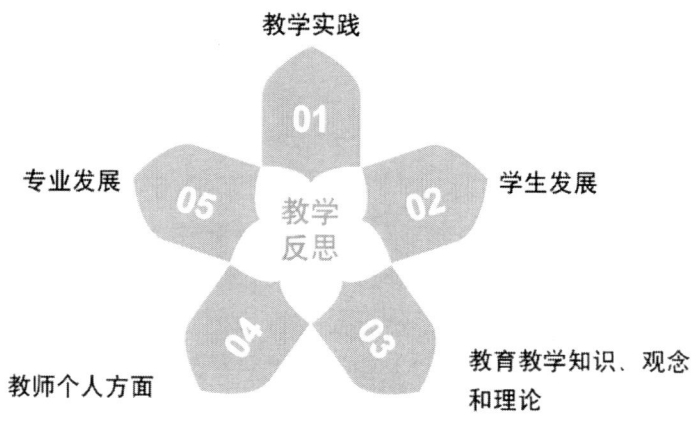

图8-2　教学反思的内容

（一）教学实践

教学是教师的最主要的任务，教师的反思是围绕教学过程的反思。教学包括很多环节，要对学生学情进行清晰解读和反思，要对教学目标、教学内容、教学设计，教学方法策略、教学状态和教学评价进行反思，除此之外要在教学过程中关注学生的兴趣爱好，同时注意激活学生的学习动机，激发教师与学生的集体荣誉感和团队精神等心理因素的作用，这些都需要纳入教学实践的反思中。张建伟论述反思内容的"认知成分"贯穿于教学实践的过程之中[2]。张立昌注重教师去反思"具体性和确切性问题层面"，即对教师在教学实践中的行为或操作领域进行深刻反思[3]。汪涛强调教师要积极反思教学实践中的"特色""精彩""偶得"和"缺失"[4]。吴兆旺认为实习教师的反思必须包括教学方面的反思，即教师要反思教学方法、教学内容和教学能力等方面[5]。

①申继亮，刘加霞.论教师的教学反思［J］.华东师范大学学报（教育科学版），2004（3）：44-49.

②张建伟.反思——改进教师教学行为的新思路［J］.北京师范大学学报（社会科学版），1997（4）：
　　56-62.

③张立昌.试论教师的反思及其策略［J］.教育研究，2001（12）：17-21.

④汪涛.关于"教学反思"的反思［J］.教育探索，2007（1）：71-72.

⑤吴兆旺.实习教师的教学反思研究［J］.全球教育展望，2011，40（6）：52-57.

（二）学生发展

教学的最终的目的都要落实到促进学生的全面发展，所以就要求教师在日常教学中要注意分析学生之间的差异性，考虑教学方法的选择，侧重学生能力的培养与良好习惯的养成。第一是关注学生的学习成绩以及各种能力的培养与提高；第二是关注学生的学习兴趣爱好以及良好学习方法的养成；第三是关注学生心理健康、人格健全发展。优秀的教师一定是善于观察的，可以从学生的眼神和在课堂上的反应判断学习效果，进而对教学进程和行为作出实时的调整和修正。学生发展的是否充分，学习效果是否有效是教师日常反思的标准和尺度。

（三）教育教学知识、观念和理论

传道、授业、解惑是教师的职责所在。教师已经拥有的知识基础是教育教学活动开展的基本前提，其中包括学科知识、教育知识和通识知识。为了保证拥有知识的准确性、合理性和科学性以及教育教学实践的有效性，教师必须进行反思。教师反思的过程实际上是专业知识、教育观念和教育理论的更新过程，通过反思减少专业知识的漏洞、偏执和误区，教师的教育教学知识、观念和理论的更新和增长是在反思和不断的实践验证中实现的。

教育教学观念和理论是不断更新的，教师在教育教学活动中不能墨守成规，因为整个社会处于日新月异的发展之中，教学实践活动是复杂的、多变的，同时学生也是处于不断地发展之中。在反思过程中，教师要不断思考，及时汲取新的教学观点理念和理论，对于新的教学观点、理念和理论要有自己的评判，是否适合自己，找出自身存在的差距，需要怎么做才能符合新观念和新理论。教学反思需要教师重新认识、更新和应用教育理念和理论，要从批判的角度审视自己的教育教学行为和观念，对自己在日常教学中形成的观点、信仰、价值观和态度进行批判和反思。

（四）教师个人方面

教学反思要反思卓越体育教师个人方面，要求教师把自己作为反思的客体，不断地审视卓越体育教师的个人经验、自身素质、教学行为和人际关系等方面，并根据教学实践情况不断地进行调整。

（五）专业发展

卓越体育教师的专业成长离不开教学反思，专业成长和教学反思相互影响、相互作用，教学反思是卓越体育教师寻求专业发展的有效途径，专业发展也是教师需要反思的内容之一。教师要对自己的专业发展规划有着清晰的认识，对不断提高自身的素质要有理性认识、思考与分析。主要从三个方面来把握：第一，关注教师自身的知识和能力的发展和提升；第二，寻求教师专业成长路径与平台；第三，增强自主性，把握促进专业发展的时机。

四、教学反思能力的影响因素

从以往的研究可以看出，影响体育教师教学反思能力的因素主要可以归纳为内部影响因素和外部影响因素两个方面，教师内部因素是教师自身对教学反思能力的影响因素，主要包括教师的个人自身性格特点、精力和时间、对反思的重视程度和意愿程度、专业知识的掌握和策略的运用等方面；外部因素是外在环境对教学反思能力的影响，主要包括学生、学校的文化氛围与支持、外部制度和培训等方面。针对不同学者对教学反思能力的影响因素梳理，如表8-1所示：

表8-1　教学反思能力的影响因素

研究者	教学反思能力的影响因素
孙振东、陈荟[1]（2010）	1.学校物质环境；2.学校人文环境；3.学校的人际关系（教师和学校领导、教师和教师、教师和学生之间的关系）；4.理论素养；5.自身性格特点；6.教龄长短
安富海[2]（2010）	1.教师素质；2.教师文化；3.学校文化；4.教师时间资源
吴兆旺[3]（2011）	1.个人方面（人格特质、受教经历、教学理念和教学经验）；2.实习指导老师方面；3.学生方面；4.学科方面
王寰宇[4]（2013）	1.知识因素；2.方法因素；3.动机因素；4.环境因素

①孙振东，陈荟.教师教学反思的影响因素分析［J］.中国教育学刊，2010（9）：71-73.

②安富海.教学反思：内涵、影响因素与问题［J］.河北师范大学学报（教育科学版），2010，12（10）：80-84.

③吴兆旺.实习教师的教学反思研究［J］.全球教育展望，2011，40（6）：52-57.

④王寰宇.影响教师教学反思能力的因素研究［J］.教育探索，2013（4）：98-99.

（续表）

研究者	教学反思能力的影响因素
雷浩[①]（2015）	1.授课教师在上完课以后的自我认知；2.学生在课堂教学中的真实反应；3.学生的作业完成情况及错误率；4.教师之间的听评课活动
陈放[②]（2020）	1.观念制约：传统教师定位的深刻影响； 2.培养制约：教师培养体制的系统缺陷； 3.外在制约：现代教师生存环境的影响； 4.内在制约：教师自身品质的根本桎梏

第二节 卓越体育教师教学反思能力的培养

教学反思和教师专业成长是互为表里的关系，因为进行教学反思的过程实质上就是教师专业成长的过程。教师从发现问题出发，到描述专业实践中的情境和困惑，再到分析问题，以至最后的改善教学行动，这个过程反映着教学反思对教师专业成长的作用。所以，教师要成为一名教学反思的实践者，就必须要求教师能够持之以恒的在专业实践中进行自觉的"反思"和"复盘"，不断地反思和更新自己的专业知识、教学行为及经验，力求与时俱进，以适应社会发展的需要。卓越体育教师教学反思能力的培养尤为重要，教师只有在反思中总结教学经验，教师的教学能力才会得到提高。教学反思是教师更为主动、更为积极地参与教学，不断提高自身教学水平的重要手段，是促进教师专业化发展的必由之路。体育教师的教学反思能力，要从增强反思意识、加强系统学习、多方沟通交流、及时总结反思和加强指导五个方面来培养。反思是个体成熟的标志之一，是衡量教师综合素质的一个重要尺度，是教师成长的有效途径。培养体育教师的教学反思能力，有利于提高教师的教育教学水平，解决教育教学实际问题，改进教师的职业成长方式，更好地促进学生身心健康发展。

---

①雷浩.影响教师教学反思的关键因素及其作用程度分析［J］.教育发展研究，2015，35（12）：52-58.

②陈放.教师教学反思能力的蕴意、困境与实现策略［J］.基础教育参考，2020（12）：32-35.

一、要增强反思意识，形成反思习惯

卓越体育教师只有对教学反思有明确且正确的认识，才能真正接受反思，激发起反思的内在动力，进而产生具体的反思行为。个体的反思来自于自我意识的觉醒，而自我意识的觉醒产生于对实践的迷茫和困惑，教师只有以自己教学实践中所出现的问题为前提，反思才有力量和效果。反思意识强的教师会经常发现自己教学中的问题，通过不断地解决问题，使自己不断完善①。卓越体育教师在整个教学生涯中，必须不断地反思自己的知识、信念、行为和各种视之为当然的观点，转变那些不正确假设、信念，修正那些不合理行为，这是一个持续的、思想和实践交互进行的过程。在长期的反思实践过程中，自己的反思习惯也就会慢慢养成，提高了反思行为的自觉性。因此，正确的反思认识、强烈的反思意识、反思习惯的养成是教师反思能力培养的前提和基础。虽然体育教师在反思过程中很难达到自我满意的程度，但是他们会为自己在体育教学中取得的进步而感到高兴，而且随着对自己不合理教学理念与行为的及时反思和修正，体育教学逐渐达到卓越与完美，实现专业的持续发展和成长。

二、加强系统理论学习，深入反思教学

理论是行动的向导，每个教师都必须不断地学习现代教育教学理论和新课程新理念，不断地提高自己的知识、能力储备，提高自身素质。社会在进步，时代在发展，任何事物都会随着时代的发展而变化。作为一名教师，应该做到与时俱进，不断更新教育理念，以新的教育理念指导自己的教学工作，以新的教育理念激发课堂活力，以新的教育理念深化素质教育。如果不转变教育理念，用陈旧的教学思想来教育今天的学生，不但限制了自身的发展，还会误人子弟。

阅读书本文献是教师反思不可或缺的方法和手段之一，教师可以通过阅读获得大量信息，为自己熟悉的事件提供新的阐释，为自己所面临的困难和问题的解决提供可能。卓越体育教师阅读文献不要仅仅局限于自己的体育学科方面，教育基本理论、学习理论、课程与教学理论、哲学、人类学等方面也要涉猎。阅读时，要把握作者的意图，洞察其思想内涵，既要吸取其合理内容，又

---

①陆晓东. 新课标下构建"三段两层"反思型体育校本教研模式［J］. 新课程研究（基础教育），2009（12）：177–178.

要对其持审视批判的态度。阅读能够帮助教师真正理解教学的意义，启迪自己的思想，增强自己的理性智慧，改进教学实践。

三、依托教研队伍，提高反思能力

创立良好的教学反思环境和氛围。可以通过专家的引领，教研组、年级组或备课组的互助，或者通过以老带新等形式，走出去或请进来，主动邀请教学同行一起进行反思。这是一种高层次的教学反思，是加强与其它教师和同行沟通、交流与学习的好机会，要好好珍惜。但是，在一般条件下，教学反思尤其要注意双向的交流与沟通，个人经历和经验教学是狭隘的、封闭的，打破教师教学自我封闭的藩篱需要同事间的对话。一些教师只是把同事看作可以分享各种资料的人，相互之间的关系也仅局限于工作范围之内，事实上，同事对个人专业成长有着重要的影响作用。如果教师生活在一种合作的文化氛围中，开放性的对话和讨论会使每位教师的思想得到升华，教学行为得以改善，同事的思想和良好的建议会成为自己专业发展的重要资源之一。与同事之间探讨的一个先决条件是参与者愿意公开自己的困惑、不确定性和所遭受的挫折，只有把自己教学中存在的问题坦诚地说出来，才能在共同探讨、相互对话中寻求解决的方法，受到启发或者得到更合理化的建议，从而找到解决问题的新思路，最后形成的解决问题策略为所有参与者共享。

四、及时反思和总结，强化反思能力

卓越体育教师可以通过以下几个方面来强化自己的反思能力：

（一）撰写教学日志

教学日志是一种对卓越体育教师自身思想变化和行为变化的记录。教学日志不仅仅记录、罗列教师日常教学生活事件，而是通过写教学日志，卓越体育教师给自己提出一些问题。事实上，写日志的过程也是卓越体育教师对教学进行反思的过程，它可以检查自己在工作过程中的不足，然后为弥补这些不足而制定解决问题的计划和发展目标。写日志是卓越体育教师用来记录和厘清自己思路的方法，也是洞察和厘清实践意义的方式，写日志可以是客观的、主观的、创造性的和富有表现力的。作为反思实践者，卓越体育教师可以经常性地回顾自己的记录，评价自己最近一段时间的实践状况，对自己的思想和行为变化进行深入的思考，它实际上是一种与自己进行对话的方式。可以说，教学日志有利于分析、认识、改变和超越自我，是一种促进自己专业发展的强有力的工具。

（二）建立档案袋

档案袋主要记录卓越体育教师的发展历程，记录自己的少年、青年时代的变化以及做教师后的成长状况，它是一个丰富的、发展着的数据库，是一个私人的文件夹，属于体育教师本人。档案袋包含着许多专题形式的档案，它们记录着体育教师的学习、研究和教学等方面的情况。档案袋建立的过程是体育教师对已有的经验进行整理和系统化的过程，是对自己成长的积累过程，也是体育教师自我评价的过程。从档案袋中可以洞察体育教师个人在某一领域的发展历史、现状和未来趋势，体育教师通过回忆已经久远的经历，审视目前的现状，提醒自己正在成为什么样的人，将成为什么样的教师。建立档案袋也是卓越体育教师学术反思和专业发展的强有力的工具之一，并可成为供其他教师分享的丰富教育资源。

（三）加强与学生之间的交流

从学生的角度来反思自己的教学行为及其结果是教师教学的重要保证。了解学生的所思、所想和需要，是教学成功的必要条件。卓越体育教师通过观察学生的行为和自己的行为，不时地进行自我评价和反思。在课堂上对学生的行为进行仔细的观察，并根据学生表现出来的理解程度和行为来度量教学目标的达成程度。许多优秀教师正是通过学生的反应和学习效果来调控自己的教学进程和教学行为，并把学生的学习效果作为自己教学成果的日常反思尺度。此外，在日常教学生活中，卓越体育教师要以公正、客观和友善的态度对待每一个学生，要意识到对自己来说意义不大的事件、话语和决定，却可能被学生看作是表现教师权力和权威的意义表达，甚至是教师不经意的话语会对学生的未来发展产生意义深远的影响。因此，来自学生方面的反思无疑会增进教师更理性化、更适合学生的教育行为。

总之，教学反思是现代教育教学对卓越体育教师的基本要求，是卓越体育教师更为主动、更为积极地参与教学，不断提高自身教学水平的重要手段，是促进卓越体育教师专业化发展的必由之路。我们要立足于自己的教学实践，不断增强反思意识，提高反思能力，争取使自己成为一名善于思考的学者型体育教师。

第三节 卓越体育教师教学质量改进概述

学校教学质量重于泰山，是学校建设发展的重中之重。体育教师是课堂的主导者，学生是课堂的主体，体育教师需要以学生为中心开展教学活动，了解学生的发展规律，有针对性地对学生实施教学。当然，在实施教学活动之后需要对教学过程进行课后反思，以发现在课堂上出现了哪些问题，针对不足提出改进方案，提高教师教学质量。

一、教学质量改进的相关概念界定

在学校体育工作当中，对体育教学质量的评估是从多方影响因素入手的，主要针对教师所进行的教学实际进行有效的量化评估，从而认定教学效果的好坏，要运用科学化的评价手段、各种细化的指标对教师在实际体育课堂中的教学质量进行有效的认定[①]。体育教学质量的评价体系是针对客观的教学目标所制定的适合的教学评价，并由第三方评价主体通过客观的手段和主观的评估进行科学评价。在宏观的体育教学质量评价过程中，可以从学生与教师的不同方面进行指标化的描述。首先从学生的角度，体育教学质量评价针对学生在体育课上所学习的运动技能和运动知识，及其个性心理特点和在社会活动过程中的适应能力，进行综合性的素质评估。当学生的评价标准较高时，说明体育教学质量较高。这是从学生的角度，对整个体育教学目标与教学评价之间的切合度，进行体育教学质量的科学化评估。其次从教师方面，教师进行体育教学质量评估需要第三方人员从主观的印象、课堂教学效果的表现等方面对教学质量进行综述，并通过学生在课前和课后对运动技能的掌控和运动知识的认知，对整节体育课教学质量进行评价。现阶段我国科学化的教学质量评估，增添了更多对学生在未来运动习惯培养和终身体育锻炼习惯养成的评价指标，已不仅仅是传统意义上的运动技能和运动知识的掌握。

①刘康.体育教学质量内涵及影响因素相关问题研究［J］.当代体育科技，2021，11（11）：116-118.

体育教学评价体系指标主要考察以下几个方面。首先，在每节体育教学课程当中，学生是否充分地掌握运动技能，对学习内容的兴趣、培养及端正的学习态度是否养成。其次，学生是否掌握基本的运动知识与技能，学会与其他人进行有效合作，提高社会适应能力。最后，对于体育教师，一节优秀的高质量体育课程，是否使学生不仅能够掌握运动技能，还能够灵活地运用运动技能和运动知识进行有效的创新和延展。整个体育教学质量评估模式的设置，要遵循体育教学大纲目标，可以看出，体育教学质量与质量的评估都是在教学目标的基础上进行，但是在概念的设置上有一定的区别，体育教学质量更加注重教师对学生教学效果的优劣。体育教学质量评价体系是由多元化的评价指标组成，可以更加科学化和具体化地评价教师进行每节体育课程的教学成就。

教学质量是学校发展始终不渝的价值追求，而发展既是数量的增长，也是质量的提高。质量总是体现了多样性的评价观或质量观，教学质量建设需要有科学的质量观，需要根据学校的特点（学校个体的性质，所处的环境条件，类型和区域的办学特点）、社会发展需求和资源分布情况等，合理配置现有的资源，逐步形成独具特色的教学质量改进和保障体系，使结构、规模和效益协调发展。

如何树立科学的、与时代发展相适应的教学质量观？如何纠正我国教育长期以来存在的教学质量观不清晰的状况？最紧要的是对教学质量观的评价特性进行准确理解。对于"教学质量观"，一般认为，人才培养的质量追求应该是一种整合取向的教学质量观，注重"素质"或"教养"培养[1]。笔者认为，这一观点多少遮蔽了质量观的发展性、适应性、整体性、个性化特点。

二、教学质量改进的主要内容

（一）体育教师个人专业能力的改进

对于教师个人专业能力的改进，需要卓越体育教师制订好一份计划。体育教师的专业发展规划是指教师通过制定发展目标，确定实现目标的手段，以得

---

[1]别敦荣. 治理体系和治理能力现代化与高等教育现代化的关系［J］. 中国高教研究，2014（9）：29-33.

到不断发展的过程。这要求体育教师在对主、客观条件进行测定分析，总结研究的基础上，对自己的兴趣、爱好、能力、特长、经历及弱点、不足方面进行综合分析与确认，综合学校、学科、时代特点并根据自己的实际情况确定最佳奋斗目标，并为实现这一目标做出行之有效的安排。因此教师专业发展规划制订得合理有效，关键在于个人的专业发展目标、努力程度和学校提供的条件与机会的最佳配合。

1. 参加集体备课

集体备课是教师掌握教学规律，积累教学经验，提高业务水平和文化水平的重要环节。集体备课能发挥群体效应，提高每一节课的教学效果和质量，使每个教师的教学水平尽快得到提高，能通过这种途径切实减轻教师备课负担，从而达到大幅度、大面积提高课堂教学效益的目的，集体备课提高了我们的教研水平。在集体备课中，一些大家平时感兴趣的课题经过讨论往往会得到理性的升华，获得的理论又将被用于教学实践，从而推动教学、科研一起向前发展，这是一条在实践中创造教育科学的道路，真正达到以研促教的目的。集体备课不仅能提高我们的教学水平，还能有效提高我们的教育科研水平，集体备课使我们的综合素质得到提高。集体备课时大家各抒己见、集思广益；集体备课后每位教师根据本班学生实际情况认真实施；课后对教案的实施情况认真反思，写出教学后记。通过循环往复的自我反思、总结、实践，形成螺旋式的提高深化过程，使我们充分体验成就感，增强研究的自信心，自我反思不仅促进教学研究的发展，而且促进我们综合素质的提高。

2. 上好一堂课

一堂好课的标准在于教师从多方面激发学生体育学习兴趣，教得有效、学得愉快。学生是课堂教学的主体，教师在课堂教学中应努力激发学生学习兴趣，促使学生积极主动的参与体育活动。首先，教得有效就是说一堂课有一堂课的目标，这节课你的目标没有完成，无论你教法多好，教态多么美丽动人，采取了怎样先进的、生动有趣的多媒体教学，这节课一定是失败的。一堂课上完后，学生学会了什么，有多少人基本学会，老师一定要心中有底。本质上来说体育教学当然要教会学生一些基本的技能、技巧、锻炼的方法，只不过由传统的教师包教，改为学生主动参与、探究、合作学习。其次，学得愉快就是说学生在这节课学习的过程中，应该是愉快的，是充满兴趣的，这里要避免几个误区：一是片面追求热闹的场面，以为学生笑了、运动了、气氛热烈了就是好课；二是单纯的兴趣观。学习得有趣与学生的思考、探究应有机结合，毕竟体育课不仅仅是玩，它还要教会学生怎样学习的问题。

3. 写好一份课后反思

体育教师不仅是体育课程的实施者，也是体育课程改革的参与者和研究者[①]。在体育课程改革的深化过程中，体育教师面临新课改更高的要求和挑战。体育教师如何提高自己，快速成长，使自己融入体育课程改革中，成为新课程改革的主力军，最简捷、有效的途径就是写课后反思。我们常说，好记性不如烂笔头，一般的情况下，时间一久就会把当前思考的问题忘掉。我们许多人都有这样的体会，忽然在教学中发现了一个值得思考、可以取得经验的"闪光"问题，给我们留下了比较深刻的印象，原以为自己会记忆下来，内化为自己的潜意识，可是随着时间的推移，这些曾经带给我们思考的问题逐渐被淡忘，需要回忆的时候，印象中明明有这样的思考，可是却怎么也想不起来了。而记录下来，能够帮助我们把自己教学实践中的经验、问题和思考累积下来，通过记忆得再次加工，使自己将自身曾经经历过的教学现象的典型事例和思考深深地记录下来，因为写具有积累和再现的作用，长时间的累积，会使我们获得一笔宝贵的教学财富。记录下来的东西更方便与人交流，促进共同的学习与提高，借助别人的见解，使我们可以从多方面认识相同的一个问题，促进我们更好的发展。因此，课后反思对我们体育教师来说十分重要。

4. 听好一节课

体育课和室内课相比有自己的特点，尤其是体育的组织教学要比室内课的复杂，体育课的教学内容主要是肢体动作，在听体育课时要注意观察，内容主要有教师的教学组织形式、学生的学习练习动作、教师的教学表现等。体育课的教学组织很重要，相同的内容采用不同的组织就会收到不同的效果。比如在进行跳高教学时，采用向心式的橡皮筋拉线就比分开数个场地要好，这样便于教师观察和指导；又如，圆形队的组织形式可以让教师的位置距离学生做到均等。队伍的调动，也体现着教师的教学经验和教学水平，课前教学设计中就把队伍调动的因素考虑进去，不要做无谓的调动，影响教学效果。学生的学习和练习，反映了教师的教学效果，如果学生的练习收到了成效，也就证明教师的教学效果是好的。学生身体的反应，可以显示教师对教学运动负荷的预计和安

[①]王霞.浅论体育课后总结［J］.考试周刊，2009（39）：145–146.

排，如果学生过于疲劳，那么学生的运动负荷就显得大了。对于教师的观察，首先要观察教师的教学基本能力，比如口令、基本队列动作、教师的表情、情绪、着装等。其次，看教师在组织学生练习中是否能够对课堂的安排灵活自如，采用了什么样的方法；还要听教师的授课语言，能不能准确而精要的表述教学内容，教学指导是否让学生迅速理解；授课教师的言行举止，也需要观察一下，目的是看教师在授课中如何来发挥自己自身的特点和长处，评估教师激发和感染学生的能力。再次，看教师的教学机智，每一节课总会有意想不到的情况出现，观察教师是怎样处理的。最后，要边听边综合分析教师对教材的处理，观察采取了什么样的有效的教学方法。

5. 撰写好一篇论文

许多从事体育教学的老师平时勤勤恳恳，任劳任怨，教学训练也取得了优异的成绩，谈起教学、训练等方面的体会更是如数家珍、滔滔不绝，可是让他们写文章却很难，像是茶壶煮饺子——有货倒不出。因此写好论文也就成了他们难解的心结，这一弱点在经验交流、职称评定、评优评先时尤其明显，大大影响了工作情绪，导致部分卓越体育教师心灰意冷，失去信心，也直接阻碍了学校体育工作的发展。因此，写好体育论文显得尤为重要。体育教师要写好论文应做到经常读一些教育专著，掌握一定的教育教学理论知识，提升教育理念，写作时才能为自己的观点找到合适的理论依据；多读专业理论，提高专业知识，跟上课改的步伐，经常摘抄、体会别人的新教学理念，以备后用；学会获取论文的素材，像这样的素材可以来源于课堂、参加培训、观摩各种优质课、公开课产生的观点；以及对社会上、教育上的热点问题提出个人的看法。总之，体育教师要学会观察，善于积累，这样才能写出好文章。现今教师的专业发展从大的方面来说，关系到教育改革发展的成败，从小的方面来说，关系到教师自身的工作生活质量，是必须面对，无法回避的问题。

（二）体育课堂教学过程的改进

1. 抓教材处理

学习体育的过程是活的，老师教学的对象也是活的，都在随着教学过程中发展而变化，体育课尤其是实践课，教材是反映不出来的。体育实践能力是随着练习过程的发生而同时形成的，无论是初步形成动作概念，掌握一个动作，都应该从不同的能力角度来培养和提高。通过老师的教学，理解所学动作在生活中的作用，弄清与前后知识的联系等，只有把握住教材，才能掌握学习的主动。

2. 抓动作形成

技术动作都是一个个细节动作组成的，形成过程包括动作的泛化阶段、分化阶段、巩固自动化阶段，这些动作的形成过程容易被忽视。事实上，这些动作的形成过程正是体育能力的培养过程。一个动作的完成，往往是掌握能力的提高，在掌握动作的过程中，就培养了体育能力的发展。因此，我们要重视实际操作能力，要把动作形成过程看作是体育能力重点培养的过程。

3. 抓学习节奏

体育课上得过快是无效学习，过快会导致学生掌握动作要点不扎实，思维节奏跟不上，培养不出学生的体育技能，这就要求在教学中一定要有节奏，这样久而久之，学生思维的敏捷性和体育实践能力会逐步提高。

4. 抓问题暴露

在体育课堂中，老师一般少不了让同学示范，有时还伴随问题讨论，在讨论的过程中可以听到许多的信息，这些问题是课堂上发现的，对于那些典型问题，带有普遍性的问题都必须及时解决，不能把问题的症结遗留下来，甚至沉淀下来，发现问题及时解决，遗留问题有针对性地补，注重实效。

5. 抓课堂练习

抓好课堂上的练习，体育教学基本上也不会差。体育课的课堂练习时间每节课占1/4～1/3，有时超过1/3，这是对体育技能动作、理解、掌握的重要手段，反复练习，这既是一种提高训练，又是能力的检测。哪些技能动作需要补救、巩固、提高，哪些技能动作需要培养、加强应用，上课应有针对性。兴趣是最好的老师，而学习兴趣总是和成功的喜悦紧密相连，比如学会一个技术动作，掌握一种学习方法，示范标准的动作，测验得到好成绩，平时老师对自己的鼓励与赞赏等，都能使自己从这些"成就"中体验到成功的喜悦，激发起更高的学习热情。因此，在平时的体育课学习中，要多体会、多总结，不断从成功（哪怕是微不足道的成绩）中获得愉悦，从而激发学习的热情，提高学习的兴趣。

（三）学生接受知识能力的改进

1. 改进学法、培养良好的学习习惯

学生能力不同有不同的学法，应尽量学习比较成功的同学的学习方法。改进学法是一个长期性的系统积累过程，一个人不断接受新知识，不断遭遇挫折产生疑问，不断地总结，才有提高。不会总结的同学，能力就不会提高，自然界适者生存的生物进化过程便是最好的例证。学习要经常总结规律，目的就是为了更进一步的发展。学生通过与体育老师、同学们平时的接触交流，逐步总结出一般性的学习规律，包括：制定计划、课前自学、专心上课、及时复习技术动作、解决疑难动作、系统小结和课外学习几个方面，简单概括为四个环节（预习、上课、练习、课后作业）和一个步骤（复习总结），每一个环节都有较深刻的内容，带有较强的目的性、针对性，要落实到位。

2. 在体育课堂教学中培养练习习惯

练是主要的，练能使注意力集中，把体育老师讲的关键性部分听懂、听会，听的时候注意思考、分析问题，但是光听不练，或光练不听必然顾此失彼，课堂效益低下，因此应勤加练习，领会课上老师的主要精神与意图，让大脑和躯体能协调活动是最好的。在课堂、课外都培养练习习惯，在练习中不但做得干净利落，还要有条理，这是培养练习能力，必须独立完成，可以培养一种独立思考和解决问题的责任感。

三、教学质量改进的主要方法

（一）更新体育教学理念

卓越体育教师要顺应体育改革的要求和发展，及时更新体育教学理念，转变固化、僵硬的体育教学观念，依循科学、现代的教育理念和原则，在新课改目标的要求之下，开展各种不同内容和形式的体育教学，更好地激发学生的体育学习兴趣和热情，积极主动地参与到体育学习运动之中，增强体育运动的主动性、积极性和创造性，较好地提升学生的坚强、勇敢、拼搏、创新的体育精

神和意识。同时，体育教学还要将理论教学与实践教学相融合，丰富体育教学内容和项目，适当削减一些传统的体育运动项目，增添学生喜爱的时尚、流行的体育运动项目，呈现出丰富多样、时尚新颖的体育教学状态，较好地培养学生的体育运动习惯，并树立终身体育的意识。

（二）科学设计学生的能力发展目标

卓越体育教师要在体育教学中科学合理地设计学生的能力发展目标，充分考虑和了解学生的体育运动水平和接受程度，在对于不同的体育运动项目开展示范性教学的过程中，不仅要停留于口头的技术动作讲解，还要采用集体性的示范性教学活动方式，较好地提升学生的体育运动能力。例如：在一些田径类的体育运动项目之中，教师要认识到田径运动项目的特点，要采用"一对一"的现场示范和教学方式，纠正学生的不合理或错误的动作，较好地增进学生对于田径类运动项目的技术要领的理解。同时，教师还要让学生掌握科学的锻炼方法，科学合理地进行体育田径能力的锻炼，有效地提升学生的心肺功能和肌体能力，并使学生在科学合理的锻炼之下，提升自己的身体协调性、肌体爆发力和柔韧性，达到体育运动和学习的效果。另外，卓越体育教师还要注重对运动技能及原理的讲解，要使学生掌握科学的体育锻炼方法，避免自己在运动过程中受到伤害。还要通过教学培育学生的创造精神，更好地彰显学生的个性，增强学生的身体素质。

（三）改革体育教学方法，提升学生的体育能力

在素质教育不断深化的背景下，卓越体育教师要改革原有的体育教学方法，要由模式化、固定化的教学方法向专业化、层次化、多元化的方向转变，具体表现为：

1. 多媒体教学法

可以在体育教学中融入多媒体辅助教学，整合网络教学资源，使之与书本上的体育教学资源相契合，使学生能够更为透彻、准确地把握体育教学内容，领会体育知识的魅力和精神。例如，在田径类体育教学中，一些动作的要领单凭教师的口头讲述并不够清晰，而引入多媒体的技术和方法，则可以清晰、直观地呈现出各个分解的动作细节，可以让学生反复观看和揣摩，逐渐体会运动

项目的动作要领，提升自己的体育运动能力，避免自己在不得要领的状态下受到运动伤害。另外，卓越体育教师还可以创设校园体育网络平台，将优秀的体育教学课件、教学案例、体育趣味视频等链接发布到网络中让学生观看。还可以设立体育教学微信公众号、体育教学新浪微博等，增加体育教学的交流和共享，使学生由衷地爱上体育。

2. 分层教学法

卓越体育教师还应当充分尊重和关注学生在体育学习中的差异性，基于学生的不同体育学习需求、性格爱好、体育基础及接受程度等，采用分层式的教学方法，在将学生进行科学合理的分配之下，拟定针对性、实效性的体育教学方案和计划，使学生能够在自己的"最近发展区"获得运动能力的提升和进步，不断增强自己在体育运动中的自信心和成功体验。

3. 专项板块设计法

在体育课程教学之中，卓越体育教师可以开展专项板块设计的教学方法，结合学生的兴趣和喜好，可以在教学中引入学生喜爱的健美操专项板块的训练，在教学中侧重于对学生单向特长能力的培养，并在专项板块教学设计的过程中，合理构思健美操运动的表现形式和内容，合理地进行健美操动作的布局、意境氛围、时间等设计，使之具有动作上的连贯性和完整性，较好地增加学生的形体美，提升学生的身体柔韧性。

（四）优化体育教学的内容

在体育课程教学过程中，为了更好地提升体育教学的质量，还要不断优化体育教学的具体学习内容，对于体育课堂的常规性学习活动而言，卓越体育教师要着重培养学生的基础性体育知识和技能，以达到提升学生运动技能的目的。对于专项技能培养的活动内容而言，则要突出专项运动的功能性内容，以达到吸引学生积极主动参与的目的。例如在健美操专项运动之中，卓越体育教师就要着眼于突出其塑造学生完美体型的功能性内容，刺激和吸引更多的学生参与其中，并不断提升学生在健美操运动中的心理健康水平；在武术类的体育专项教学内容中，要着眼于锻炼学生的精、气、神，对学生不要做硬性的规定和要求，以使每一个学生都能够在运动中感受到力量，迸发出自己的青春活力。

（五）加强体育师资队伍建设

要加强体育教学师资的团队建设，吸引专业体育人才进入到体育教师队伍中来，对体育教学开展专业化、科学化的技术指导和辅助，从而较好地点燃学生的体育学习热情。同时，还要开展对体育教师的校内培训、外出学习、继续深造、教学交流座谈会等，以更好地促进体育师资队伍的共同提高、共同进步。另外，还要优化体育教师的结合，实现年轻教师与资深教师、男女教师的合理搭配，形成结构合理、知识互补的体育师资队伍。

（六）完善体育教学基础设施配置

要完善体育教学的基础设施配置，合理高效地优化学校体育教学内部资源，并在合理设计体育教学课程的前提下，达到体育教学基础设施利用的最大化。同时，还要加大对学校体育教学基础设施的投入，使之能够满足体育教学的实际需求，更好地提升学生对体育运动的兴趣，提升体育教学的质量和效率。

（七）优化体育教学的过程管理和评价

要不断优化体育教学的过程管理，要将学生日常的体育训练情况、体育训练态度、体育运动情感、体育学习成绩等，全部纳入到体育教学过程管理之中，使之为科学合理的体育教学评价提供依据。

总之，体育教学要随着素质教育的推进不断优化、改革和创新，要转变原有的观念，引入科学、合理、先进的体育教学模式和方法，丰富体育教学的内容，创新体育教学模式，激发学生参与体育运动的兴趣，更好地增强学生的身心素质，树立良好的终身体育的意识，为自己的未来发展奠定重要的身体基础。

四、教学质量改进的影响因素

（一）体育运动学习目标

体育教学过程中运动练习对于整个体育教学质量有着关键作用，但是多数体育教师往往只是注重课堂的教学，对于课下的运动练习巩固不是十分重视，因此造成学生在课堂学习后的练习中没有得到巩固与加强。在进行体育学习的过程中，很多学生的体育课程并不是十分优秀，造成学习的过程中学生能力层次水平不同，教师在安排练习任务过程中采用统一的练习模式，使原本基础较差的学生在没有大量练习的基础下，对于课堂讲授的知识掌握质量不高，进而教师教学效果不好，影响教学质量。

（二）内容设置的科学性

虽然我国体育教学课程在不断改革，但是由于自身的发展无法跟上社会的需求，对教学内容也采用比较保守的模式进行教学，因此在教学内容上的设置单调，学生在学习的过程中，由于教学内容比较枯燥，很多学生在进行学习的过程中，并没有较高的学习热情，同时加上体育课的特殊性，多数学生抱着一种比较松懈的心理态度进行学习，使得教学过程中的教学质量十分的低下，最终导致体育教学目标的无法实现。另外体育教师的教学目标也是比较单一，在学校学习的过程中，多数的体育教师认为学生能够在最终的期末考试达到及格就可以，因此在进行课程的教学目标和课堂的管理方面都比较松懈，这也就造成了后来的体育教学过程中，学生自我松散，影响自身对于体育的学习，体育教学质量也就大大降低。

（三）教学情况

很多教师并不重视教学过程中的观察，很多学生在做调查时显示，体育教师在体育课程讲授的过程中往往是主体，学生只是被动的接受，由于上课环境的特殊，学生对于一些体育课程的难点掌握定位不准确，造成学生在进行初步的学习时带来了阻碍，学生对于基础的知识没有充分的掌握，进而影响到后期的体育跟进练习，基础的不牢固，使学生在后期的学习中无法深入地进行学习，因此造成体育学习质量低下，影响体育教学质量。

（四）学生的主观能动性

很多学生从不关注体育练习科学性的重要性，在接受练习过程中总是被动接受。对于练习了解的也不够全面，认为运动练习无非就是在提升自己的体能，对于练习也有些反感，在练习过程中不够重视，总而言之，学生对科学的练习模式的认识还很片面，对总体缺乏有效认知。体育教师要引导学生发挥主观能动性，去了解各种运动项目所需要的身体素质和能力，了解体育练习科学化的重要性，提升自己的练习效果，进而提高自己的能力水平。

第四节　卓越体育教师教学质量改进能力的培养

人才培养的质量与课堂教学息息相关，如何提高体育课堂教学质量，如何进行课堂教学质量的提升与优化，影响着体育人才培养的质量。要在改进实践中，发挥教学质量建设在实现提升学生整体体育水平中的重要作用，如何培养体育教师教学质量改进能力就显得尤为重要。

一、转变卓越体育教师观念，坚定教学改进信心

目前，中小学体育师资队伍中，对体育教师进行研究工作主要存在着两大错误认识倾向[1]。其中一部分体育教师认为自己的职责就是教书育人，至于搞研究是教育专家的事，他们迫于评职称或工作业绩需要，虽然偶尔也参与课题研究，但只是处于被动地位，不会自己去积极思考，过分地依赖专家，专家说到哪里就做到哪里。还有一部分体育教师认为自己是搞体育的，在学习方面不如其他学科的教师，自己的文化功底差，根本不具备搞研究的能力，干脆不参与课题研究，因此形成了一种畏惧科学研究的思维定式。解决体育教师对于科学研究存在的错误认识，要促使教师教育思想和教育观念的彻底转变与更新，摒弃制约他们积极进行研究的陈腐观念和不当认识，进一步增强体育教师对教育科学研究重要性的认识，使他们具有自觉的研究意识和强烈的研究愿望，并且有敢研究的勇气[2]。

（一）教育管理部门和教育科研单位要通过各种方式进一步宣传

要使体育教师转变观念，需要教育管理部门和教育科研单位进行宣传，

---

①赵保丽，赵巧．如何提高体育教师的行动研究能力［J］．教学与管理，2010（12）：33–34．
②冯宇红．论研究型教师［J］．成人教育，2005（8）：14–16．

使体育教师建立良好的教学思想和观念，营造主动改进的氛围。教育研究的意义，是使广大体育教师确实树立"科研兴教""教师是教育科研主力军"的观念，让他们充分认识到，新时期需要的体育教师不再是传道授业的"教书匠"，而是具有创新意识和创造能力的研究型教师。仅仅会教体育课，而不会进行科学研究的体育教师是不能满足体育与健康课程改革要求的。体育教师应把教育科学研究作为自己的分内工作来对待，像重视教学那样重视教师行动研究，从而使研究成为教师主动的行为，自觉向研究型教师转化。

（二）体育教师要树立进行教学改进研究的信心

实践证明，教师进行教学改进不是一开始就会的，而是在平时的教育教学过程中，不间断地学习其他学科相关知识，注重在日常工作中细心观察、主动思考，善于发现工作中存在的问题，并针对问题与教育专家或校内外同行合作，进行科学研究，在日积月累的过程中，逐渐养成了发现问题、分析问题、解决问题的能力，提高了教师教学改进能力。所以，体育教师要树立充分的信心，相信自己可以做好。

二、加强体育教学质量的概念认识

从不同的角度对体育教学质量的研究观点不同，产生的理解有所差异。有的人认为，加强学生的思想教育及提高学生对学校体育教学的相关知识与思想，能够很好地提高体育教学质量；还有的人认为，提高体育教学质量最主要的是提高教师教学能力，完善教师培训体系，才能够有效提高教学质量。然而，在实际的教学过程中，因教学模式不同，对于提高整个体育教学质量的认识措施也有所不同。传统的教学模式以教师为主体，而改革后的体育教学模式则以学生为主体；在整个评价体系方面，也区分出着重看教师在课上的表现和学生在整节课所表现出的教学效果，来评估体育教学质量。综合性、科学性地评价体育教学质量，就应该从教师和学生两个角度去认识教学质量评估体系，不断完善整个体育教学过程中人、事、物之间的关系。

三、提高教师创新意识，完善教学模式

在学校体育工作当中，体育教学质量评估体系是随着教学目标的变化而逐

渐改变的。近些年学校体育工作的改革过程中，学校对教师体育教学质量的评估越来越重视。教学越来越呈现出学生的开放性与教学内容的创新性，特别是对于教材选择方面更加全面，对学生在核心素养培养方面也有更多的认识。学生通过体育课的学习，不仅仅要提高运动技能和掌握运动知识，更多的是通过简单的运动，提高多学科发展的综合能力。

四、全面加强培养培训，提高教师教学改进能力

我国教师教育存在着一个很大的问题就是教师的职前教育、职后培训与教师的实践工作存在严重的脱节，致使教师教育成效过低。师范生初到学校往往觉得所学非所用，需要在实践中摸索多年才能适应工作的需要。因此，对体育教师只有通过职前教育即师范教育和职后教育阶段全面培养和培训工作，才能更好地适应、建设和发展学校体育工作，这需要进一步完善教师培养培训体系，以更好地提高工作效率。

（一）重视职前教育（师范教育）——培养体育教师教学改进能力的源头

对体育教师的教学改进能力的培养，不能等到体育教师走上工作岗位后，通过自己几年的摸索，适应了工作岗位，再对其进行行动研究能力的培训。对体育教师行动研究能力的培训，应该从师范教育就开始培养，也称为体育教师的职前培养。对体育教师的职前培养，也就是对体育专业学生这方面能力的培养，可以分阶段实施。第一阶段，在大学低年级进行，主要加强学生学校体育相关理论知识和体育科研方法的学习，使学生对学校体育教学研究工作有一定的理论认识；第二阶段则是利用学生教育实习和完成毕业的阶段进行，把学生毕业论文选题、教育实习和撰写毕业论文形成一个连续的过程进行。在毕业论文开题阶段，鼓励学生主动与中小学体育教师联系，进行沟通，针对体育课程改革过程中存在的问题，寻找研究课题，然后与其毕业论文指导教师反复讨论，选择研究方法，制定研究方案，最后与中小学一线体育教师确定研究方案，至此完成毕业论文的选题工作。学生在完成毕业论文的选题工作后，利用教育实习的机会，与一线的体育教师一起，积极开展行动研究，力求解决研究课题确定的实际问题，并在解决问题的过程中，进行观察记录，收集研究数据和资料，为撰写毕业论文，也为提供有价值的研究成果积累素材。

（二）加强职后培训——体育教师进行教学改进的保障

多年来，对体育教师培训模式实际是一种封闭式的灌输式培训，培训形式主要的是理论讲授，教师是被动的接受知识者，要使教师培训工作真正开展得有成效，关键是要改过去的封闭式培训为开放式培训。

首先，开放式培训要求将体育教师作为培训的主体。培训者与参训的体育教师的关系就像是体育教学中教师与学生的关系——主导作用和主体地位，培训者应作为受训教师的引导者、指导者、提供帮助者，把体育教师视为培训活动的主体，充分调动教师进行学习和研究的积极性和主动性。其次，培训方式由讲授灌输式变为参与交流式。培训者以平等的态度面对体育教师，使培训者与教师建立平等的合作关系，搭建培训者与教师合作对话的平台，实现培训者与教师的合作与互动，在整个培训活动中培训者通过具体的课题研究案例，引导、组织体育教师在活动中反思自己的教育教学活动，体验教学改进研究。

体育教师教学改进能力的提高，是体育与健康课程稳步推进的有力保障。要想提高体育教师教学改进能力，必须要转变体育教师的研究观念，使其充分认识到教学改进是教育发展和课程改革的必然要求，坚定进行教学改进的信心，加强对体育教师教学改进能力的培养和培训，真正提高体育教师教学改进能力，为体育与健康课程改革的顺利进行奠定基础。

（三）加强反思培养教师卓越体育教师教学改进能力

教学改进是一种反思性实践，它要求卓越体育教师对自己的教学行动进行反思和评判，理解和改进教学实践的过程必先始于教师对自身教学实践经验的反思。教师通过反思，采取各种相应措施，使自己的教学过程更优化。并且，卓越体育教师反思的结果可以转化为下一轮的教学实践，而不断变化着的实践又反向作用于教师，激发其积极的自我反省。行动与反思之间持续的互动，使教师一直处于一种学习的状态，促进其自身素质在这一过程中得到了提升[①]。

教学改进和教学反思给了教师成长的空间和获得自信的机会。教学改进计划能影响思维技巧、效率感和积极性，使参与者乐于分享与交流。通过教学改

---

①王杰，赵明元. 美国体育教师行动研究模式及其启示［J］. 体育成人教育学刊，2011，27（4）：82–83.

进，体育教师进行深入的反思可以了解自身的优势与不足；同时，了解学生和同事，不断完善教学，使教学与科研有机地结合起来。

（四）加强合作培养教师卓越体育教师教学改进能力

由于从事的研究基本与体育教师的日常教学实践息息相关，因此，在得出结论后还可以相应地提出建议，确保和建议今后可能的研究和发展，用教学改进来改善教学的某些方面并加以深入的研究。实际工作中，体育教师在资料的收集方面已掌握了一套富有成效的方法，但如何解释所收集的资料却往往存在着许多问题，主要是由理论基础不足、相关知识缺乏等原因造成的。体育教师的行动研究，主要以调查问卷、访谈和分组测量等方法为主，需要卓越体育教师对调查数据等资料具有一定的分析和整理能力，提高这项能力可以直接促进科研工作的开展。

卓越体育教师合作研究既包括中小学体育教师之间的合作，也包括体育教师与教育研究人员的合作。由于教学改进注重实践工作者与教育研究者之间的合作，因此，加强理论工作者与实践工作者之间的合作具有重要意义。

对于卓越体育教师而言，与专家合作开发并完成课题，一方面可以使卓越体育教师加深理解教育理论，及理论对实践的指导意义，合理选择教学策略来高效完成日常的教学工作；另一方面，可以根据自身丰富的实践将个人的经验进行总结反思，加以理论升华，丰富或修正相关理论，进而不断地提高体育教师的专业素质水平。

实践经验已经表明：在我国进行教学质量改进，最好要形成有专业研究人员参与、以教师为主体的研究模式。因为专门的研究人员缺少实践经验，而教师在教育理论研究方面则存在一定的欠缺，只有二者有机地结合起来，才能扬长避短，取得最优的研究效果。

本章小结

本章从体育教师的教学反思能力与教学质量改进能力两方面进行深层次的分析。教学反思能力方面阐述了教学反思的历史起源及相关概念界定、特征、内容、教学反思能力的影响因素和培养途径，教学质量改进能力方面分析了相关概念、主要内容、主要方法、影响因素和培养途径，对构建卓越教师的教学反思能力及改进能力在体育教学中的有着重要意义。如今体育教师面对的挑战不单来自课堂中学生所带来的问题，更要应对由于新时代日益快速发展、变化所带来的教学挑战。因此，成为卓越体育教师所具备的综合素质需面面俱到，其中教学反思与改进能力的培养尤为重要，教师只有在反思中总结教学经验，进而改进教学中出现的问题才能更好地提高教师的教学能力以及课堂中的教学质量。教学反思与改进能力是教师更为主动、更为积极地参与教学，不断提高自身教学水平的重要手段，是促进教师专业化发展的必经之路。新形势下教育部不仅仅提高对学校人才质量需求的标准，随之相应的也提高了学校教师质量的标准。通过对体育教师反思与改进能力的培养能提高教师的教学水平、能解决教育教学实际问题、能改进教师的职业方式以及促进学生的身心发展。

第九章　卓越体育教师课程资源系统的开发与整合能力

随着课程改革的深入，课程资源开发与整合的重要性日益凸显。体育课程资源是体育课程得以有效运作的基础，是体育课程改革与发展的基本保证。体育与健康课程拥有丰富的课程资源，教师如何充分开发利用这些资源并建立切实有效的课程资源库，以满足教学需求，是广大体育教师所面临的一个共同问题。而作为体育教师中优秀的卓越体育教师，体育课程资源的开发和整合能力是其必备的核心能力。在新课程管理体制下，基于学生的发展提出开发和整合课程资源，是课程改革的一个显著变化，开发及整合课程资源成为我国基础教育课程改革面临的新问题、卓越体育教师面临的新挑战，课程内容是课程的核心，课程内容资源开发便成为课程资源开发研究的重心。新一轮体育课程改革以来，我国大、中、小学在基础教育课程改革理念的指导下，在体育课程内容资源开发方面作出了极大的努力，取得了丰硕的成果，丰富了体育课程内容，提高了学生体育学习的兴趣和热情，立体化的体育课程内容正在逐步建立。《学校体育课程教学指导纲要》第二十条也明确提出了"因时因地制宜开发和利用各种课程资源是课程建设的重要途径"。基于体育课程资源有自己独特的特点，对它的开发利用不仅有利于丰富体育课程实践体系，推进素质教育进程，而且有助于提高体育教育的质量，同时对培养学生的终身体育意识有着重要的价值[1]。本章从体育课程资源相关概念的研究入手，提出了体育课程资源的系统理论，并运用这一理论，对当前学校体育课程资源开发的现状进行理性的剖析，探讨卓越体育教师开发和有效整合体育课程资源的新途径和新方法。

---

[1]王华倬，舒宗礼.卓越体育教师培养的理论研究［C］.第十届全国体育科学大会，2015.

第一节 体育课程资源系统理论的构建

系统是由相互联系、相互制约、相互作用的事物和过程组成的，具有整体功能和综合行为的统一体[1]。把体育课程资源作为系统进行分析，可以进一步了解体育课程资源的内涵和结构，了解体育课程资源各个组成要素之间的关系，把握体育课程资源的本质和开发与整合的规律，有利于卓越体育教师实现体育课程目标、达成体育课程内容，最终达到国家规定的教育目的。通过体育课程资源系统理论的构建，有助于卓越体育教师客观地分析人类现存的物质世界和精神领域，以及意识范围内有可能对体育课程起支持和保障作用的各种资源，进行全面的分析和梳理，分析体育课程资源的构成要素，研究体育课程资源系统的结构和功能，从而阐释体育课程资源系统的相关理论。

一、体育课程资源的概念、特点与分类

（一）体育课程资源的概念

《中华字海》中"资"有：①给予、帮助；②凭借；③积蓄之义。"源"有：①水源起头的地方；②来源之义[2]。《语言大典》中"资源"的含义有：①资财的来源；②可利用的财富来源；③生产资料或生活资料的天然来源[3]。《英汉辞海》中"资源"（resource）的意思是：①（供应品的）来源；（在需要时可供使用的、新的或额外的）存货或库存；（在必要时）备用的或可立即使用的东西。②财力，财产。

教育部基础教育课程教材中心编写的《普通高中新课程研修手册：基础教育课程资源开发与利用》一书中认为："课程资源是指教师和学生在学校教育教学中内容的来源。分三部分：一是校内课程资源，如图书馆、实验室、专用教室及各类教学设施和实践基地等等；二是校外的课程资源，包括图书馆、博

---

①赵文华.试论高等教育系统学术活动主体［J］.江苏高教，2000（6）：7-10.

②何华珍.《中华字海》"音义待考"日本字释源［J］.汉字文化，2004（2）：13-16.

③王同亿.语言大典（上、下册）［M］.海南：三环出版社，1990.

物馆、展览馆、科技馆、工厂、农村、部队和科研院所等广泛的社会资源及丰富的自然资源;三是信息化课程资源,如校内信息技术的开发和利用,校内外的网络资源等"[1]。

广义的体育课程资源指一切有利于实现体育课程目标的各种因素[2],包括素材资源知识、经验、技能、情感态度与价值观、生活方式与方法、培养目标以及物质条件资源,如对课程实施范围和水平有直接决定因素的人力、物力、财力、时间、场地、器材、设备等。课程资源实际上可以理解为实现课程目标的各种内外因素和条件的总和。但是,就课程编制而言,并不是所有的资源都是课程资源。只有哪些真正进入课堂、与教学活动联系起来的资源,才能称作是课程资源。

(二)体育课程资源的特点

1. 丰富多样性

在实际的体育教学过程中,卓越体育教师可以开发的体育课程资源是多种多样的,涉及学生体育学习与生活环境中所有有利于体育课程实施、有利于达到体育课程标准和实现体育课程目标的资源。绝不仅是物质的,也绝不仅限于学校内部。由于体育课程呈开放性的特征,课程模式、课程结构、课程内容呈多样化的特点,所以可以开发和利用的体育课程资源也具有广泛多样性的特点。它既有来自自然界;也有来自社会的;既有显性的,也有隐性的;既有校内的;也有校外的;既有人力的;也有物力的;既有文字的和实物的;也有活动的和信息化的等。

2. 内外差异性

体育课程资源因地域、文化传统和背景、学校性质规模的不同,又具有差异性的特点。不同的地域,其构成体育课程资源的形式和表现形态各异:不同的文化传统和背景下,人们的体育价值观念、体育能力、体育欣赏水平等具有独特性,相应的课程资源也各具特色:学校性质、规模、位置、办学水平、教

[1]刘贺. 对学校体育课程资源开发利用的探讨[J].浙江体育科学,2004,26(3):53-56.
[2]张虎,苏蕊,崔丽.体育课程资源的内涵及其开发利用问题分析[J].首都体育学院学报,2006(6):113-115.

师素质、学生个体的家庭背景、运动能力、体质状况、生活经历等不同，可供开发与利用的课程资源必然也是千差万别的。

3. 价值潜在性

一切可能的体育课程资源都具有价值潜在性。部分体育课程资源在体育课程设计之前就已经存在，具有转化为体育课程实施的可能性，但还不是现实的体育课程实施的条件。它往往具有一种潜在的价值，经过一定的开发、利用和转化，才能成为有利于体育课程实施的成熟条件。

4. 功能多元性

所谓体育课程资源的多功能性是指同一种体育课程资源，具有不同的价值与功能，为实现不同的体育目标服务。如校园环境它既可以作为宣传校园体育文化、丰富学生校园体育生活的场所，也可以将校园作为定向运动、生存生活训练的教学专门场地。教师要善于发掘和利用体育课程资源的多种功能和价值，变一元为多元，从而使体育课程资源的价值得以充分地发挥。

（三）体育课程资源的分类

体育课程资源的内容十分丰富，既有来自于自然的、也有来自于社会的，使得对其分类有一定的困难，根据不同的标准，可以将体育课程资源划分为不同类型（见表9-1）。

表9-1　体育课程资源的分类方法

分类标准	体育课程资源的类型
依据体育课程资源的功能和特点	1.体育课程的内容资源：体育知识、经验、技能、运动项目等； 2.体育课程的条件资源：体育师资、场馆、器材、图书资料等
依据体育课程资源的空间分布	1.校内体育课程资源：体育师资、校内体育场馆和设施等； 2.校外体育课程资源：家长、著名的运动员、社区体育俱乐部等
依据体育课程资源的性质	1.体育课程资源：学校附近的山峦、森林、河流、湖泊等； 2.社会体育课程资源：学校的体育场馆、图书馆等
依据体育课程资源的存在方式	1.显性的体育课程资源：教科书、计算机、体育场地、器材等； 2.隐性的体育课程资源：经验、生活方式、体育传统与风气等

（续表）

分类标准	体育课程资源的类型
依据体育课程资源 的管理要素	1.体育课程人力资源：体育教师、学生、家长、社区体育指导员等； 2.体育课程物力资源：校内外体育场馆、器材等； 3.体育课程财力资源：学校体育经费、社会的各种捐赠和赞助费等； 4.体育课程信息资源：体育知识、网络信息、体育图书、期刊等

二、体育课程资源系统概述

（一）体育课程资源系统的构成

体育课程资源系统是由静态系统和动态系统构成的开放性系统，它以体育课程为环境，是一个寻求进入体育课程，成为体育课程支撑条件或体育课程组成部分实现体育课程目标服务的反馈系统（见图9-1）。

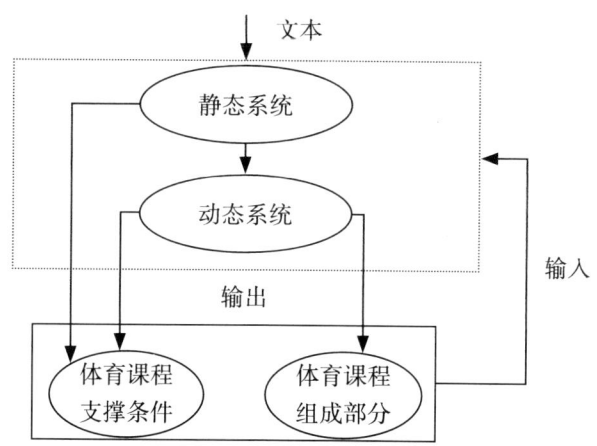

图9-1　体育课程资源系统的构成

（二）体育课程资源系统的特点

1. 整体性和相对独立性

体育课程是体育课程资源系统环境的直系环境，它存在于体育课程资源系统之外，但他们之间有着密切的关系。体育课程资源系统各个部分又具有相对的独立性。因此，不仅有各部分的结构和功能，还有由各部分相互联系形成新结构而产生的新功能。例如，体育课程资源的动态系统，是体育课程资源系统的一个子系统，可以作为一个独立的系统进行研究，但是当它作为独立的系统进行研究时，与其他系统的关系就发生变化，这时静态系统就成为它的环境。

2. 目标性

目标是系统的出发点和归宿。体育课程资源系统是一个相对复杂的系统，它的目标是多层次的，一方面源于系统长期演化的结果，即系统发展的内在逻辑，这一因素不以人的意志为转移；另一方面源于系统环境的要求，在环境的压力之下，作为系统主体的人会发挥主观能动性，根据社会需要赋予新的功能设定新的目标等。对于体育课程资源系统而言，目标总是随着时间、空间和条件的变化而随时进行调整。系统的目标主要通过功能来表现。

3. 有序性

系统结构由低向高逐渐高移化，称为有序性。对于体育课程资源系统来说，其系统要素的性质、数目、排列顺序都处在自我运动、自发形成组织结构、自发演化之中，它随着人类知识能力的提高、文化的发展、知识的累积、客观物质世界的变化而有所涨落。只有开放远离平衡态才能形成有序结构。贝塔朗菲认为开放性是系统发生有序演化的必要条件。系统内部非线性的相关作用是系统有序之源，系统不断地与外界发生各种联系，敞开输入和输出的通道扩大信息和能量交换的流量降低熵值。只有保持开放性系统才能成为活的组织，这是有序原理的真谛。①

4. 反馈性

在体育课程资源系统内存在着反馈回路的基本结构，单元决定了系统的动态行为。任何系统只有通过反馈回路，才能进行有效的控制。按输出对输入的影响反馈可以分为两类：一是输出返回到输入端后能输入加强的为正反馈—它使系统与目标状态间的距离增加；二是使输入减弱的为负反馈—它使系统与目标整体趋于吻合，能够维持系统的稳定。在不同的时期正反馈和负反馈都有存在的必要。

---

①范兆雄. 课程资源概论［M］. 北京：中国社会科学出版社，2002.

（三）体育课程资源系统与体育课程的关系

体育课程资源系统与体育课程的关系是系统与环境的关系。体育课程是体育课程资源系统之外的环境。体育课程对体育课程资源系统有着深刻的影响，同时体育课程资源系统也对体育课程产生作用。它们之间是动态的关系，是以一定的时间、空间和所研究的对象来划分的。体育课程资源系统所处的环境是十分复杂的，有的属于直系环境，有的属于旁系环境。并非任何系统以外的东西称为系统的环境，只有与系统发生能量、信息和物质交换的环境才能称为是系统的环境。体育课程资源系统的最终目标指向体育课程，为实现体育课程目标服务。

相对于课程来说，体育课程资源具有各种体育课程要素的特征，但它们不是体育课程要素，也不是体育课程某部分的直接来源。只有当体育课程资源进入体育课程系统中，才能成为体育课程的有机组成部分。我们研究体育课程资源是研究体育课程与外部系统的联系。

体育课程是一门以体育实践活动为主要手段，以增进学生身心健康为主要目的的基础课程，是学校教育和学校课程体系的重要组成部分，是实施素质教育和培养德、智、体、美等全面发展人才的重要途径。具有发展学生的体能和运动技能、增强学生的身体健康、心理健康以及提高学生社会适应能力的功能。[1]它是以丰富的体育课程资源为基础和前提的，没有体育课程资源也就没有体育课程。体育课程实施的范围和水平，取决课程资源的丰富程度以及开发和运用的水平。但是从理论上讲任何体育课程资源都可以进入体育课程，有的可以列入体育课程资源的物质，有的可以充当课程内容，有的可以进入体育课程对体育课程起到保障作用。但是如果卓越体育教师不去开发、利用、加工和对其中相应内容进行取舍，这些丰富的体育课程资源则不会进入体育课程。

三、体育课程资源静态系统

体育课程资源静态系统是相对整个体育课程资源系统的一个子系统，它的静态性是相对的。对该系统进行分析，主要是通过对现存物质世界和精神领域

---

[1]钟启泉，崔允漷.新课程的理念与创新［M］.北京：高等教育出版社，2003.

里、在人类意识范围内有可能进入体育课程、成为体育课程的支持系统或体育课程的目标、内容、实施方法、评价等内容的各种要素进行分析，讨论它的存在方式，从而阐释它对体育课程的价值。

（一）要素分析

系统是由要素组成的，要素是系统最基本的组成部分，它决定系统的性质。在复杂的系统中，各要素的地位是不同的，有的要素居于中心地位，起支配作用，有的要素居于次要位，起从属作用。然而这种地位是不断变化的。首先，我们要了解体育课程资源的静态系统是由哪些要素构成的。为了弄清楚这一问题，我们先对前人研究体育课程来源的研究做梳理，以期寻找好的思路。

结合体育课程的特点，本书认为体育课程资源静态系统，可由体育课程思想资源、体育课程知识资源、体育课程的经验资源、体育课程的人力资源、体育课程的财物资源、体育课程的时空资源六个方面的要素组成。这六方面的划分不是绝对的，他们之间还会出现一些交叉，但这种划分能够为我下面的研究提供一条清晰的逻辑思路。

（二）状态分析

相对于体育课程来说，体育课程资源静态系统是体育课程的外部系统。在它未进入课程以前，它是以自身独特的方式存在，并且由它自身特点决定它的存在状态。下面我们根据体育课程资源被开发与利用的程度，来分析其存在方式。

1. 未被人们认识的体育课程资源

由于受人们对体育课程资源认识的限制，在现实生活中，有相当一部分体育课程资源长期被隐含在有形或无形的社会资源中，它的功能和价值没有直接地显现出来，未被人们所认识。需要课程资源的开发者对它进行赋值、命定和筛选，经开发利用，使它成为体育课程的组成部分和实施条件。从某种程度上讲，大部分的资源都是潜在的体育课程资源，长期处于潜在的、未被人们认识的、有待开发利用的状态。

2. 未被有效利用的体育课程资源

这类体育课程资源是指在现实中已经具有课程潜能的那部分资源。它是直接以体育课程资源的形态存在，如校内外各种体育馆、健身房、球类馆、艺术馆等，但未被充分利用。目前，由于人们狭窄的体育课程意识和薄弱的体育课程资源开发利用的能力，现实中这类资源被忽视和闲置。

2004年，教育部为发展和加强体育课程建设，增强大学生体质，提高大学生的健康水平提供必要的条件，制定《普通高等学校体育场馆设施、器材配备目录》，要求学校参照施行，这使学校体育场地设施的建设有了飞速的发展；2004年，国家体育总局、国家统计局、教育部等部门联合开展了第五次全国体育场地普查工作，统计数据表明：在我国现有体育场地850080个，占地面积为22.5亿平方米，人均体育场地面积为1.03平方米。其中教育系统就有558044个，占全国体育场地总数的65.6%。这些都是现实存在的，可被利用的体育课程资源。可是据调查表明，全国近60%的高校，体育场地、设施不能满足体育教学的需求，这说明现实中还有大量的体育课程资源可以进一步有效地利用。

其实，这类资源是最易于开发，效果最明显的体育课程资源。卓越体育教师需要加强对这一资源在课程实施中合理利用和管理，就会很快转化为课程组成部分和课程实施条件，发挥其有效价值。

3. 已开发待利用的体育课程资源

这部分体育课程资源是指已经过开发，进入体育课程，成为体育课程的组成部分或条件，但还需要课程实施中发挥其作用。如一些优秀教师的教学录像带、光盘和课件等，大多尚处于闲置状态。国家将在五年内建设500门国家精品课程，体育类就有20门，现已有10门体育学科类的精品课程进入网络，将成为大家共享的体育课程资源。那么如何将这些国家花费大量的人力、物力开发的课程资源有效利用，发挥最大效益，也是今天我们体育课程资源研究的重要内容。当前由于受到教学方式和设备条件等限制，很多形态的课程资源未能进入课程实施阶段，造成课程资源的闲置和浪费。

4. 已开发利用的体育课程资源

在体育课程资源中，有相当一部分已被人们认识，处于被开发和利用之中，如教师、资金、教材、设备等人们普遍认为对体育课程直接起作用的体育课程资源，已受到广泛的重视。拥有这些资源，是提高体育教育质量的前提。但是我们还应该看到，现有体育课程资源的使用方式与体育课程资源的拥有量同样重要。有研究表明：具有相同资源的学校，教师所从事的教育活动不同，给学生带来的教学效果也不同。由此可见，体育课程资源本身对体育课程并不起作用，不同的收效取决于教师不同的使用方式。为此，对这部分已进入体育课程的资源，要分析它在体育课程中的地位和关系，使它在课程实施中，更好地发挥作用。

（三）体育课程资源静态系统结构功能分析

如图9-2所示，如果将体育课程静态系统比作一个圆，这个圆的内涵包括体育课程思想资源、体育课程知识资源、体育课程的经验资源、体育课程的人力资源、体育课程的财物资源、体育课程的时空资源等六个子系统及其构成要素的三个同心圆组成，最内层的圆可视作已被开发利用的体育课程资源；第二层可被视为已被人们认识，但还未被开发和利用，或者已被开发而未被有效地利用的课程资源；第三层也就是最外层可被视为还没有被人们所认识的，是潜在的体育课程资源。最内层的圆可以直接进入体育课程，并作用于体育课程，而第二层、第三层的圆则必须经过体育课程资源的动态系统，再进入体育课程。

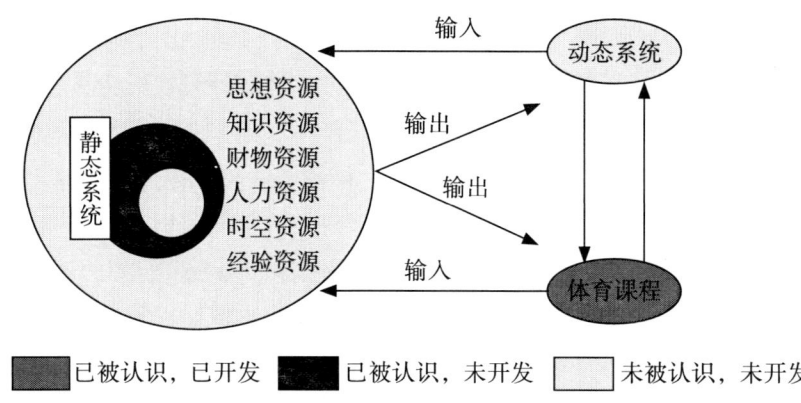

图9-2　体育课程资源静态系统的结构

体育课程资源的静态系统对体育课程具有储备功能和支持功能。所谓储备功能是指体育课程资源物质的、观念的内容，是人类文化传承的中介。物质世界是人类永恒的对象。体育课程资源系统的储备功能：从内容方面可以分解为有关知识储备、经验储备、物质储备、精神储备、文化储备等功能；从发展方面可以分解为社会发展、个体发展和体育课程自身的发展等功能。所谓支持功能是指体育课程资源对体育课程活动的进行具有维护、保障的功效。它包括物质保障、人力保障、组织保障、制度保障和思想观念的支持等。体育课程资源的静态系统可以为体育课程活动的进行提供所需要的物质设施、组织、制度和思想观念等①。

四、体育课程资源的动态系统

体育课程资源动态系统是体育课程资源系统寻求达到系统目标的有效途径和方法的系统，它处于一个不断变化和运动的状态之中，它以静态系统、体育课程为环境，进行物质、能量或信息交换。发现、挖掘课程，发展有促进作用的各类资源，将各类资源整合为体育课程资源，成为体育课程条件或组成部分的过程。

（一）要素分析与状态分析

体育课程资源动态系统的结构，体育课程资源动态系统内各组成要素与环境，即体育课程和静态系统所组成的结构和相互关系之间的联系方式便形成了体育课程资源动态系统的结构。其中体育课程资源的动态系统，是一个连接静态系统和体育课程的"中枢系统"，如果缺少这一系统，体育课程资源与体育课程之间就无法获得联系。这一系统的结构是由各要素之间以一定的组织形式和连接顺序构成。其中以谁来开发（主体）、如何开发（方法）、开发什么（载体），采用什么原则、处于什么环节，是构成动态系统结构的主要要素。这些要素之间的不同组合，所形成的不同技术路径，将会形成不同的载体进入体育课程，成为体育课程的组成部分或支持条件。

（二）体育课程资源动态系统结构功能分析

体育课程资源动态系统的功能，体育课程资源动态系统中，人即开发的主体是起决定性作用的要素，他体现了体育课程资源开发与利用的主观能动性。一个地区、一所学校，无论体育课程资源多么丰富，如果教师没有体育课程资源开发的意识，没有采取有效的方法和途径，没有有效地对体育课程资源加以利用，再好的资源也未必能对体育课程产生积极的作用。相反，如果某个地区

---

①张惠红. 体育课程资源系统理论及其在高校体育课程中运用的实证研究［D］. 福州：福建师范大学，
　2006.

或学校本身的体育课程资源并不十分丰富，可是教师能充分地发挥主体的主观能动性，也能取得良好的效果。因此，体育课程资源是否能有效地为体育课程服务，不完全取决于体育课程资源的丰富程度，而是取决于体育教师的使用方式。人在体育课程资源的开发与利用中起决定性的作用。开发与利用的方法是动态系统的核心，不同的方法，将会产生相应的结果（载体）。开发与利用的原则和环节，对体育课程资源开发的方法又有一定的制约作用①。

第二节　卓越体育教师课程资源系统的开发

体育课程资源的利用实质上就是，充分挖掘被开发出来的体育课程资源的教育教学价值，学校体育课程资源有自己独特的特点，对它的开发有利于丰富体育课程实践体系，推进素质教育进程，提高体育教育的质量，同时对培养学生的终身体育意识有着重要的价值。卓越体育教师在进行课程资源开发时，首先，要清楚体育课程资源开发现阶段存在的问题，根据问题，对症下药。其次，作为卓越体育教师，要明晰体育课程资源开发的必要性，这是卓越体育教师课程资源开发能力培养的动力，最后，体育课程内容资源开发必须遵循目标导向性原则、安全性原则、经济性原则、乡土性原则是体育课程内容资源开发的主要原则。

一、卓越体育教师课程资源开发中存在的问题

（一）对体育教材的加工粗糙，利用课程资源缺乏针对性和目的性

现在的课程论观点中，虽然对课程的概念争论颇多，但从课程概念定义的多角度以及所涵盖的范围上都超过以往的观点，而传统的体育课程观念中，课程被理解为由教学计划规定的，规范性的教学内容，即体育教材。这种观点造成体育教材的权威性，使体育教学中统一要求过重，灵活性不足，偏重学科逻辑、知识本位，不能很好的尊重学生的基础和各自的差异以及各地学校的实际情况，因此在运用上往往束缚了卓越体育教师的创造性，不能灵活运用教

---

①张惠红.体育课程资源系统理论的构建［J］.北京体育大学学报，2007，30（12）：1697-1699.

材，不能根据实际钻研教材、挖掘教材，对教材的加工粗糙，甚至拿过来直接套用。因此，进行同一个教材的教学，有的教师可能效果好，有的效果就差。比如进行跨越式跳高的教学，在技术教授完毕进行练习阶段，只有一套完整器材，班里有40多人。如果只在这一套器材上练习，一节课每人练习的机会是很少的。有的教师就找来2根橡皮筋，交叉固定4段，这就成了4套器材，充分活跃课堂，提高学生的积极性。所以，体育教材作为主要的课程资源，对其开发利用切忌粗糙。要根据学生的现有水平和课堂的任务进行有效选择和组织，囫囵吞枣会使教师和学生都品不到体育课的好滋味，也会造成教材内容的偏、繁、难、旧，学生"厌体"现象增加。

（二）开发利用课程资源范围窄、深度不够

这个问题表现为把体育教材作为唯一的课程资源。有些教师把教材当作教条，眼光紧紧盯住教材，瞄向操场和球场，不去开发利用身边重要的体育课程资源。冷漠大自然，远离多媒体，独享体育新闻，使学生不知中国女排三连冠的辉煌，不知道姚明、乔丹，不能共同分享申奥成功的快乐，这些情况使学生不能加深对体育的感情，也使学科知识丰满不起来，生动活泼、生机盎然的体育课变得索然无味。如果我们用PPT放映优秀武术运动员的套路表演，学生对武术风格套路路线定会了然于胸，弘扬民族传统体育的激情也会四射。如果把CBA的一些简单战术进行演示和学习，也许会更多的学生会迷上篮球，会有更多的人想当姚明。所以，卓越体育教师在开发课程资源时，视野要开阔，充分利用身边的一些课程资源，让体育课延伸到校外，融入社会，使体育课程资源的源头多样化，并体现时代气息[①]。

（三）课程资源开发利用的能力有待提高

体育教师习惯了严格执行教学计划，教学内容唯教材是从，还没有意识到周围课程资源的重要性。这种现状已不适应新的形势了。体育课程新标准使教师有了管理课程的权利，教师不仅是课程的实施者，还是课程的组织者和开发者。体育课程资源相对于其他学科，其资源更丰富，内容更精彩、生动。比如课外体育活动、课余体育训练、体育节、运动会、体育报刊杂志以及竞技体育

---

①宋义忠.体育课程资源开发与利用的探析［J］.科教导刊（中旬刊），2011（2）：130-131.

赛事等各种活动，还有图书馆、体育网、多媒体等。因此，体育课程资源更具有开放性。然而体育教师的课程资源开发意识薄弱，能力有限，仅限于自己伸手可及的圈子，自我封闭起来，抹杀了课程资源的开放性，他们往往没有发挥自己的能力优势，僵硬的执行教学大纲，完成教学任务，使原本生动充实的课变得乏味、呆板。可以说在很大程度上是我们教师的机械造成了学生的机械。这就需要卓越体育教师从自身做起，开动脑筋，利用各种机会提高自己的理论水平，好好钻研教材，备好教材、学生和课堂，锻炼和提高自己开发利用课程资源的能力。让生动充实的课把学生的体育之心唤起来。

二、体育课程资源系统开发的必要性

（一）落实新课程改革的需要

进入21世纪，课程改革成为主旋律，我国的基础教育改革启动，体育健康课程标准的实施，无疑要求体育课程与教学改革同时进行。1999年，第三次全国教育工作会上，中共中央国务院《关于深化教育改革全面推进素质教育的决定》明确指出："学校教育要树立健康第一的指导思想，切实加强体育工作，使学生掌握基本运动技能，养成坚持锻炼身体的良好习惯"。之后，"健康第一"便成为我国学校体育课程改革的中心指导思想。如何使体育课程建设更加科学、合理、更好地促进人的全面发展，提高人才的整体素质，体育课程的开发和利用就是其中关键的一环。体育教师是体育课程的直接实施者，与学生最贴近，对学生的基本情况更为了解，知道他们的身心发展特点、规律，是体育课程改革的主力军。为深化新一轮的课程改革，必然要求卓越体育教师具备卓绝的体育课程资源开发和利用能力。

（二）促进卓越体育教师成长的需要

体育教师是最重要的课程资源，同时也是体育课程资源开发的主角。课程资源的开发就是教师专业的发展，也就是说，没有体育教师的专业发展，就没有体育课程的开发。任何体育课程改革都需要教师发展新的技能、知识、动机、热情和信念，只靠命令是不行的。每一位教师都要具有课程资源开发的能力和愿望。过去课程资源开发工作主要集中于国家行政官员和少数的几个专家学者，随着国家课程管理权力重心的下移，课程实行国家、地方和学校三级管理，一线教师参与课程开发的价值越来越重要。校本课程资源的开发和利用需要每一位教师参与，也是每一位教师的职责。因此，作为一名卓越体育教师，必须具备体育课程资源开发和利用的能力，这就需要卓越体育教师不断的钻研和学习，努力提高自己的业务能力，使自己在工作岗位上够迅速地成长起来，适应新一轮的课程改革。

三、卓越体育教师开发课程资源的原则

（一）目标导向性原则

体育课程目标的实现需要有课程资源的支持，开发利用课程资源也是为了体育课程目标的实现。在开发利用体育课程资源过程中，针对不同的体育课程目标要开发利用不同的体育课程资源，同时还要掌握学生的身心发展水平和特征，所学内容的特点以及它们之间的内在联系。开发利用这些体育课程资源，是根据相应的课程目标以及学习对象和所学内容的特点进行的。所以在开发利用体育课程资源的过程中，教师首先要明确课程目标，认真分析实现体育课程目标各相关课程资源的性质和特点，从中筛选择优，保证课程资源的有效性。目标导向性原则是开发利用体育课程资源中的核心原则。

（二）安全性原则

体育课程服务的对象是发展中的学生，其目的归根到底也是为了学生的健康发展。从这一点出发，在体育课程资源的开发利用过程中我们应该遵循安全性原则。尤其对于体育课程来说，安全性显得尤为重要。众所周知，体育课程的实施是在相对比较开放的环境中进行，各种显性以及潜在的安全因素错综复杂，一旦掉以轻心或者处理不当，意外事件就有可能发生。所以，在开发利用体育课程资源的过程中一定要加强安全教育，强化课程资源开发主体的安全意识，做好组织工作，在保证安全的情况下才能进行课程资源的开发利用，为学生负责。

（三）经济性原则

开发利用体育课程资源的过程需要投入一定的人力、物力、财力以及时间。我国人口众多，教育经费有限，所能利用的学校体育经费更有限；同时体育师资还需要大力加强，素质还有待提高，这些因素在开发利用体育课程资源的过程中要充分考虑，要用尽可能少的投入，取得尽可能大的教育效果。遵循经济性原则，简而言之就是尽可能的开发利用对当前教育教学有意义的、投入少的课程资源，尽可能利用当地条件和优势，就地取材，不舍近求远。校内有的就不去校外，本地有的就不奢求外地，开发主体自身能做到的就不求助于他人，既不铺张浪费，亦不消极等待。各地应根据当地的经济文化水平、资源优势和师资条件，减少投入，创造性地开发利用课程资源。这样既可以开发适合体育课程实施所需要的资源，还可以节约大量经费，这种既经济又有效的思路，对于各地不同条件尤其是落后地区进行体育课程资源的开发利用有很好的启发和借鉴作用。

（四）乡土性原则

有的人在理解"乡土"时总带着一种不情愿或藐视的心态，认为"乡土"就是"俗"的代名词，他们只是盯住了"土"这个字眼。其实，所谓有家而乡，有乡而国，"乡土"是一个亲切的概念。在体育课程资源的开发利用的过程中，乡土性原则就是要体现地方课程资源的独特性、本土性和丰富性，把当地有而其他地方所没有的体育课程资源，当地所优于其他地方的课程资源挖掘出来。另外，遵循乡土性原则也要尊重不同地区、不同民族所特有的文化，引导学生认识本土文化，能够体验和比较不同地区、不同民族文化差异所形成的独特项目。比如少数民族的骑射、摔跤、各种民族舞蹈，东北地区的溜冰、滑雪，水资源丰富地区所进行的游泳、划船，以及其他地方多种多样的体育课程资源等。遵循乡土性原则，还要掌握不同地区、不同民族文化对大学生的影响，根据各地方、民族大学生的生活习俗、性格等特点进行体育课程资源的开发利用。

乡土性原则所表现的是地方课程资源的独特性和丰富性，在不同地区的高校体育课程建设中，要表现不同地方体育课程资源的差异性，体现学校体育特色，而且要充分发挥卓越体育教师自身的资源优势，比如自身的教学风格、自己所内化的经验，自己在课程开发和实施中所体现的价值观、人生观等。这也就是课程资源开发利用的个性原则。个性原则所表现的一个重要方面就是要在体育课程资源开发利用中形成体育教师鲜明的资源优势，另一个重要方面就是要加强大学生学习方式等课程经验资源的开发[①]。

四、卓越体育教师开发课程资源的途径

课程资源的开发和利用的丰富程度，决定着体育课程目标的实现范围和水平。其重要性不言而喻。体育课程资源有其自身的特点，如何对其进行开发利用，我们主要从以下途径考虑。

（一）充分发挥体育教材核心课程资源的作用

教材是学校根据课程方案和课程标准选择和组织的教学内容。它的内涵主要体现在三个方面：第一，使学生形成特定的知识体系。第二，同知识密切相关，形成并熟练系统习得的心理作业与实践作业的各种步骤、方式与技术。第三，与知识和能力体系紧密相关，奠定世界观基础，表现为信念、政治观，和道德观的认识、观念和规范。教材是大纲精神的反映，是教学内容选择的结果。它集中反映了全国发展程度不同的地区之间的共性，含有大量的课程信息资源，是体育教师在共同领域对学生基础能力培养的依据。因此作为课程资源的主要来源，体育教材的开发建设十分重要，它需要有一个合理的结构。建立合理的体育教材结构，首先要了解不同地区的体育教育现状，不同学生的基础差异以及各地对旧教材的反馈意见，总结旧教材的优缺点，为新教材提供经验支持。其次，还要明确体育课程的培养目标，使体育教材的选编具有针对性。选编的教材要使统一性和多样性结合，能保证教材的质量，最大程度的适应不同的地区。这样教材的选择工作，一个主要的难题是大量课程资源的采集、选择和加工。同时还要借鉴国外先进的教材编制经验，合理选择为我所用。体育教材选编颁布之后，就是如何灵活应用的问题。体育教材含有大量的可供选择的教学内容，但它大部分内容是针对全国不同地区的共性提出的共同要求。对于共性部分，卓越体育教师不仅要全力贯彻，还要进行创造性的活动，使教材的实施更灵活，方法更科学，效果更令人满意；另外，就是各地具体情况的灵

---

①赵吉峰.高校课改下体育课程资源的开发利用研究［J］.贵州体育科技，2013（3）：20-21.

活应用。卓越体育教师需要因地制宜的根据学生的情况和教学任务选用和创编教材，延伸教材。本班学生耐力差，就加强耐力的训练；学生看烦了操场，那就组织去爬山；学生非常喜欢打篮球，我们就多增加它的课时，还可以组织篮球比赛，观赏篮球比赛等活动。在这个过程中讲解有关知识。另外，我国民族传统体育历史悠久，文化底蕴丰富，开发利用和挖掘民族传统体育，不仅可以弘扬民族文化，振奋民族精神，还能够丰富教学内容，活跃课堂气氛，增进学生的身心健康，例如武术、太极拳、跳绳、踢毽子、摔跤等项目。在体育教材开发中，民族传统体育是课程资源开发的重要领域。综上所述，体育教材作为主要课程资源，卓越体育教师要理解它的内涵，细心研究，灵活应用，充分发挥它的核心作用。

（二）积极挖掘生命载体的课程资源，尤其是体育教师和学生

体育课程资源的载体有生命载体和非生命载体两种形式。比如教学用书、体育课程标准等属于非生命载体，而卓越体育教师、课程专家、学生和其他社会人士就属于生命载体的课程资源。其中卓越体育教师是一种重要的生命载体资源，它具有丰富的思想和全面的体育学科知识，经过专业技能的正规训练，熟悉学科体系以及学科目的、任务，掌握体育课程的内容、组织方法，同时了解学生的身心发育特点、心理特征，能给各有差异、基础不同的学生以正确指导、经验交流和品质培养。作为卓越体育教师要深知体育各专项的特点，能根据学生的兴趣和体育水平，结合教学任务灵活变通地运用教材，发挥体育课的作用，在最大程度上满足学生的体育需要，更有效的培养学生的能力和个性。

所以，卓越体育教师应该积极发挥自己的体育创造能力，钻研教材，驾驭教材，充分开发周围的课程资源。这就需要我们的卓越体育教师要不断学习新的知识，运用先进的课程理论，争取更多的发展机会，提高自己的知识修养和教学水平，形成自身的知识结构，研究改革新形势，跟上体育改革的步伐。体育课程资源开发的重要作用充分说明加快发展师资队伍的重要性和迫切性。学生能够提供大量的素材性资源，他们原有的生活经验、体育基础，对体育课的态度以及价值取向，无疑影响体育课程的有效实施。所以在开发利用课程资源的过程中，充分发挥师生的能动作用，提倡师生间的互动学习，共同促进课程资源的开发。同时课程资源的内生性，也需要他们自身创造性智慧的释放和创造性价值的发挥，这样的体育课才能焕发出生机和活力。

（三）有效开发利用图书馆、多媒体、自然环境等重要的课程资源

这些课程资源包括面很广，不仅包括课外体育活动、课外体育训练、学校举行的体育比赛、体育节等活动，还包括图书馆、网络、媒体技术、自然环境资源和竞技体育等。校内大多数的体育活动可以巩固所学技术，培养体育锻炼习惯，加强体育体验；图书馆藏有大量的体育图书、体育历史资料，他们包含大量的有价值的体育知识和技术；网络能提供新鲜的体育新闻，最新体育动态，而且网络上有许多真知灼见的体育评论、也有实用的体育健身知识、运动方法；多媒体能有效的宣传体育，辅助体育教学。比如武术套路的教学，篮球、排球、足球攻守技术的教学，都可以利用多媒体学习，不仅形象，还有效。竞技体育和社区体育与学校体育相得益彰，他们都能有效的加深相关体育知识的学习，培养体育的感情；在大自然这样广阔的空间里开展一些体育教学和活动，比如爬山、远足、探险、郊游等，不仅寓学于景，有效有益，还陶冶情操。像耐力的学习和训练，有氧锻炼等都可以在大自然中找到合适的方式。这些课程资源的开发和利用都会丰富体育课程内容，优化体育课程，促进体育课程的发展[①]。

第三节　卓越体育教师课程资源系统的整合

体育课程资源开发利用实际上就是课程资源的整合，它深度和广度的扩大并不是抛弃现有的课程资源，也并非不分轻重缓急，而是以体育教材为主，在此基础上大胆鉴别，整合周围的课程资源。将可能成为体育课程资源，但还没有进入体育课堂的资源，经过整合后，使其成为体育课程的可用资源，对于已进入体育课程，但缺乏科学性的体育课程资源，通过体育课程资源整合的一系列原则和途径，使其成为科学合理，符合体育课程需求的资源。卓越体育教师再进行体育课程资源整合时，不能仅着眼于校内资源，还要善于发现校外可用资源，并遵循一定的体育学科课程资源整合的原则及途径，科学合理的整合体育课程资源。

---

① 赵吉峰，赵晚霞. 新形势下体育课程资源的开发和利用［J］. 湖北体育科技，2003，22（3）：408–410.

一、卓越体育教师校内课程资源的整合

（一）体育教学内容自身整合

体育教学内容自身整合主要是改变教材内容的呈现方式、拓展方式、变化方式，对内容进行改革和创新，在继承原有教学内容的基础上，通过降低难度、简化规则等手段进行整合。例如，跑步改造为带有目的性、形式多样的活动游戏，将短跑改造为各种奔跑游戏，弯道跑融入十字接力，长跑融入定向运动。通过这样的整合，改变学习课程内容的环境，提高学生的兴趣，从而达到教学的目的。

（二）体育新型教材内容整合

体育与健康标准没有对教学的内容做具体的规定，使教材作为课程资源的地位有所下降，但教材依旧是学校体育教育的重要课程资源，教学内容的重要载体。新兴教材内容整合是引用符合学校实际的新兴运动项目，发展民族、民间的体育项目，使它们更加符合学生的身心特点。如三门球，它是一个比较好的项目，其实就是球类项目整合的例子。

（三）体育教学内容之间整合

我们所教授的体育知识、项目之间是相互关联的，它们之间存在着联系，传统的体育项目，其重要的是增强身体素质、磨练意志品质等教育功能，所以卓越体育教师要做到"喜新而不厌旧"，把传统内容和新兴内容进行整合。在教学时把教学内容放在同一个环境下学习，如把身体素质内容融合进学生的兴趣项目里，体操里的鱼越前滚翻可以和足球的保护知识一起学习。

（四）体育技能知识与营养、卫生、体育保健知识整合

《体育与健康课程标准》中的课程价值"获得体育与健康知识"，就是要学生能够掌握体育与健康的基本知识和运动技能，学会体育学习的基本方

法，形成终身锻炼的意识和习惯；学生可以提高体育运动中的安全防范能力，获得在野外环境中的基本生存技能。学生学习健康知识，并非只是在教室里讲健康，把学生的活动时间占领，而是必须坚持以活动为主，让学生在体育课上生动、活泼、主动地得到发展，并随堂就课的讲一些科学锻炼和自我保护的知识，如营养怎么搭配、常见的运动损伤处理等，还有介绍一些运动文化、技能的知识，因为学生不可能整堂课不停地运动，教师可以把很多的健康知识或运动文化内容传授给学生，培养学生自主、健康的生活能力和态度、保健意识，形成科学合理的行为习惯与生活方式。

二、卓越体育教师校外课程资源的整合

（一）家庭资源整合

学生每天要在家里度过很长一段时间，受到父母性格、文化、素质、家庭环境与氛围等多方面极大的影响，有时这种影响甚至是决定性的，关系到学生的一生。父母的健康观、体育爱好等对学生的体育教育影响非常的大，如学习领域目标里运动参与目标的达成，需要家长的支持、带动。20世纪90年代初，美国著名的卡内基基金会提交了一份名为《准备学习：国家的指令》的报告，报告有七个方面的重要内容，排在第二位的就是学校需要家庭的支持，学生需要称职的家长。

（二）社会课程资源整合

社会是最丰富的课程资源，蕴涵着丰富的人力、物力等软硬件教育资源。社会体育课程资源主要包括体育设施资源、社区体育活动和竞赛、业余体校训练、体育俱乐部活动、节假日体育活动和竞赛等。随着我国人民生活水平和教育水平的不断提高，学生的校外体育活动形式越来越多种多样，活动场所越来越多，活动内容越来越丰富多彩，这为卓越体育教师实施中学体育与健康课程提供了更加广阔的天地，因此，卓越体育教师必须抓住机遇，加强对校外体育课程资源的整合。学校应尽可能地给学生到社会参加体育锻炼的机会，这不仅可以提高健康水平，还是心理和社会适应的最好教育资源。

（三）自然课程资源整合

大自然是学生生活的重要组成部分，蕴藏着鲜活的体育课程资源，非常值得学生去体验。学生在与大自然的亲密接触中，既能领略湖光山色，享受自然之美，放松身心，也能看到大自然凶险的一面，感受大自然的威力，接受大自然的洗礼，人心中内在的坚强、纯真的一面会被激发出来，这种人格意志和情感力量的形成，不是课堂中空洞说教就能起作用的。卓越体育教师应该努力整合自然资源，把广阔的空间还给学生，让学生体验浪花拍打在身上的感觉，在与大自然的拥抱中，感受作为一个完整的人的感觉，体会生命的崇高价值，成为意志坚强、情感丰富的真正意义上的人。我们要带领学生走出校门，到大自然中去，因地制宜、因时制宜，创造性地进行体育活动。如现在红红火火的定向运动，就把人的智力、心理、体质锻炼和自然有机地融合在一起，收到良好的教学效果[①]。

（四）信息资源的整合

体育的信息、科技发展是日新月异的，要充分利用广播、电视、网络等信息资源，获取体育信息，不断充实和更新课程内容。

总之，体育课程资源的整合要站在大教育和整个学科的高度，以体育与健康课程标准为依据，以学生的发展为根本，遵循事物自身的规律。根据体育教学的实际需要，根据现有的教学条件和学生状况，尽可能减少金钱、物质资源、时间和精力的投入，将各种资源按照各自的特点和功能有计划地合理配置到体育教育的各个环节，彼此之间相互配合而不是相互牵制甚至相互干扰，从而共同形成一个整体，产生课程教学的合力，为学校体育教育铺平道路[②]。

---

① 谢成超，杨学明，李秀林，等.学校体育课程资源的开发现状［J］.体育科学研究，2008（3）：66-68.

② 李燕飞.新课标下体育课程资源的整合［J］.滇西科技师范学院学报，2006（3）：84-86.

三、卓越体育教师课程资源整合的目的及原则

（一）整合的目的

教育是培养人的一个复杂社会现象，目的性是教育活动的一个重要特征。瑞士资产阶级民主主义教育家裴斯泰洛齐认为："教育的目的在于发展人的一切天赋力量和能力。"课程资源是为课程服务的，而体育课程是为体育教育服务的。根据体育课程的这一本质特性，我们认为整合体育课程资源的目的就是要充分、合理地利用各种体育资源为体育教育服务。

（二）整合的中心

一切寓有教育意义的元素都有可能成为高校体育课程资源整合的对象，但我们应该围绕有利于学生全面、和谐、自由发展这一中心进行整合。通过合理的利用各种体育课程资源来增强学生体质，提高学生的心理适应能力以及社会适应能力，促进学校体育教学目标在体育达成目标、体育提高目标、体育体验目标三个维度上的实现。

（三）整合的原则

为了使体育课程资源的整合机制更好地在体育课程资源开发和利用中发挥作用，必须把握以下几个重要原则。

1. 优先性原则

21世纪是知识呈几何级数增长的时代，学生需要和想要学习的东西更多，在体育课堂上亦是如此，而这远非现实体育课程所能涵盖和提供的，固而必须在可能的体育课程资源范围内和充分考虑课程成本的前提下突出重点，并使其优先得到运用。

2. 适应性原则

体育课程资源的整合不仅要考虑学生的共性，还要考虑特定学生对象的特

殊情况。除了考虑学生群体的实际情况外，还要考虑教师群体的实际情况。卓越体育教师应提高体育课程资源整合意识，利用各种机会提高自身理论水平与专业水平，锻炼和提高体育课程资源的运用能力，为实现体育课程目标而合理利用体育课程资源。

3. 经济性原则

体育课程资源整合就是要使各种体育课程资源的使用达到最佳途径和最佳效果的统一。所以在整合的过程中应该注意经济性，具体包括开支的经济性、空间的经济性和学习效果的经济性。

4. 因地制宜原则

体育课程资源多种多样，但相对于不同的地区、学校、教师、学生，可资利用的体育课程资源具有极大的差异性。体育课程资源的整合不应该强求一致，而应该从实际出发，发挥地域优势，强化学校特色，展示体育教师风格，扬长避短，突出个性，做到体育课程资源与体育课程教育内容的协调配合，注意时间、空间、人力、物力上的现实可行性[1]。

四、卓越体育教师课程资源整合的途径

（一）整合课程资源，合理取舍内容

积极开展社会调查，不断地跟踪和预测社会需要的发展动向，以便确定或揭示大学生有效参与社会生活和把握社会所给予的机遇而应具备的体育基本知识、体育技能和身体素质。根据社会需求的发展动向有目的地整合可资利用的体育课程资源，做到有的放矢，使体育课程资源的效用达到最大化和最佳化。

（二）发掘生活资源，丰富学习视角

审查学生在日常生活中以及为实现自己体育学习与锻炼的目标这个过程中获得的各种体育课程资源，包括体育知识与体育技能、体育活动经验与体育课

---

[1]唐建倦.高校体育课程资源整合机制研究［J］.中国成人教育，2009（6）：96-97.

程教学经验、体育课程教与学的方式和方法、情感态度和人生观、价值观等方面的各种体育课程素材，根据一定的原则以及某个课程所要达成的目标进行资源的合理配置。研究一般学生以及特定受教学生的情况，以便了解他们已经具备或尚需具备哪些体育知识、体育技能和身体素质的状况，是确定制订体育课程训练计划的基础。

（三）筛选实践资源，构建教学体系

鉴别和利用校外体育课程资源，包括自然与人文环境、各种机构、各个单位有体育特长的人员或体育场地器材等体育课程资源。建立体育课程资源管理数据库，拓宽校内外体育课程资源及其研究成果的分享渠道，提高使用效率。体育课程资源整合必须经过教学实践的验证。应提倡和鼓励采用科学的研究方法、实验结果来证实所选择课程资源的有效性，并从中选择最佳的资源加以利用。

（四）总结课程经验，延伸活动探索

体育课程资源的整合是一个崭新的课题，如果说资源开发程度决定课程的深度和广度，那么资源整合程度就决定课程资源效用地发挥，尤其是对课程内容的丰富性和体育教学组织形式的多样性产生直接的影响。因此，从事体育教育的工作者应该广开思路，根据教育目的和体育教学目标围绕有利于学生身心全面而自由发展这一中心，遵循以上原则和合理途径、充分整合已有的体育课程资源，使体育课程资源在实现体育课程目标中发挥最佳作用[1]。

第四节 卓越体育教师课程资源开发与整合能力的培养

体育与健康课程标准改变了传统的按运动项目划分课程内容和安排教学时数的框架，拓宽了课程学习的内容，将课程学习内容划分为运动参与、运动技能、身体健康、心理健康和社会适应五个学习领域，课程资源也真正由狭窄变广、由课堂延伸到课外、由学校延伸到社会。卓越体育教师有效利用原有的课程资源、合理挖掘课程资源、积极整合体育与健康课程资源尤为重要，开发与

---

①唐建倦.高校体育课程资源整合机制研究［J］.中国成人教育，2009（6）：96-97.

整合体育与健康课程资源是实施新课标、实现新课程"身体、心理、社会"三维健康目标的基础。课程资源开发与整合能力的构成要素是卓越体育教师必须具备的基础要素，其次，卓越体育教师课程资源开发与整合能力的培养要从树立正确的课程资源观、转变传统的教师角色、建立完整的课程资源理论知识、不断提高创新精神、改善评价体系，全面评价卓越教师课程资源开发和整合能力几方面着手，但如果缺乏一定的保障体系，很有可能使这些策略难以达到理想的效果，所以卓越体育教师课程资源开发与整合能力的培养必须要建立完整的保障体系，确保卓越体育教师课程资源开发与整合能力的高效培养[1]。

一、卓越体育教师课程资源开发与整合能力的构成要素

（一）教育思想

教育思想是课程体系构建的重要理论导向。卓越体育教师培养的体育教育专业课程体系，是以陶行知先生"博爱、奉献、求真、创新"的精髓为思想脉络，以"教学做合一"为思想逻辑，以"作为中心"为方法论依据，结合"爱国、敬业、诚信、友善"的社会主义核心价值观，践行课程体系的理论价值与育人导向功能。

（二）课程理念

在陶行知先生教育思想和卓越体育教师培养计划精神指引下，确定体育教育专业课程理念，不仅要充分考虑课程本体逻辑（促进健康），还要考虑课程外延逻辑（德性养成）也不能缺少。体育课程目标是完善人的发展和促进人的健康，由此提出了健康与文化并重体育课程理念。即体育课程应以促进身心和社会适应和谐发展为导向，将生活与体育技能教育、终身教育渗透进身体活动中，并与思想品德教育、文化科学教育、社会文化教育相互融合的教育过程，是实施终身体育和培养全面发展人才的重要途径。具体表现为：以育人为本，以学生为主体，以促进学生的健康发展为主导思想；通过知识技能的学习和掌握，培养学生的体育兴趣和意识，提高体育素养水平；以现代文化教育为契

---

① 田菁.体育课程内容资源开发研究［M］.北京：北京体育大学出版社，2009（4）.

机，养成良好的体育生活方式和学习态度，促进学生人格的塑造和培养。

（三）课程结构

依照体育教育专业课程模式，构建以学校体育学课程群建设为中心的课程结构。课程结构分为专业基础课程、学科通识课程和教育基础课程。其中学科通识课程具有重要的价值导向作用，涉及体育学概论、体育社会学等课程；专业基础课程紧握运动技术的支撑作用（体现体育课程的自身特殊性），重在解释体育项目的运动技术原理和规律，分析运动技术的环节以及各技术环节的重难点，涉及运动解剖学、运动生理学等课程。教育基础课程强调传递教学技能训练知识的手段与方法、技巧与策略等内容，涉及学校体育学、体育课程与教学论等课程。

（四）课程实施

体育教育专业课程实施是实现课程结构向课程功能转化的中间过程，也是保障渠道畅通的中间环节。构成学校体育学课程群建设的有两个层面的课程：一是"结构"课程，即专业基础课程、学科通识课程和教育基础课程；二是"功能"课程，即专业核心课程、教育教学技能课程和综合拓展课程。课程实施的关键就在于以教育教学技能课程为核心"功能"课程，向两边输出能量，一方面完成专业核心课程所要达到的培养学生体育教学技能、运动训练能力和体育特长养成的功能，另一方面发挥综合拓展课程要达到培养学生全科教学能力、考研知识习得、公务员知识习得和体育产业指导的功能[①]。

二、卓越体育教师课程资源开发与整合能力培养策略

（一）树立正确的课程资源观

当前体育课程改革的首要问题就是要树立正确的课程资源观。体育教师如果

---

①王继帅，董永利，何欢欢. 基于卓越教师培养的体育教育专业课程体系研究——以丽水学院为例［J］. 当代体育科技，2017，7（8）：97-98.

不树立正确的课程资源观，不能很好的理解课程资源的内涵、性质、种类以及实现课程目标的价值，体育课程资源的开发就会成为一句空话。因此，要培养体育教师课程资源开发能力，首先就要树立正确的课程资源观，这样体育教师课程资源开发能力的培养，新的课程改革在实施中才会收到事半功倍的效果。

（二）转变教师角色

课程资源的开发涉及教师角色的转变。过去教师扮演的是"传道、授业、解惑"的角色，教师真正成为真理的拥护者和传播者，担当的是课程实施中忠实的执行者角色，只是消极的接受专家学者开发的课程，视教材为本，不敢根据实际情况灵活地运用教材。因此，体育教师只有尽快地实现角色转变，在思想上松绑，在观念、知识、技能各方面不断提高，才能充分调动他们课程资源开发的积极主动性，变被动为主动，以主人翁的姿态投入到课程资源的开发中，并在参与课程资源开发的过程中不断地提高自己的业务能力。只有这样，他们才可能科学的开发和利用校内外以及信息化课程资源，灵活、创造性地使用教材，切实提高他们的课程资源开发能力。

（三）建立完整的课程资源理论知识

众所周知，理论来源于实践，理论经过实践的检验后又能指导实践。体育课程资源的开发是一种实践性很强的活动，需要有完整的、健全的理论作为支撑。体育课程的开发涉及到众多学科知识，例如社会学、自然科学和管理科学等众多学科知识。若要有效地开发体育课程资源，应具备相关知识结构，这样有利于教师在课程资源的开发过程中，知识结构得到优化，能力得到发展，课程资源开发的实践顺利进行。

（四）积极培养创新精神

江泽民同志曾经说过："创新是一个民族进步的灵魂，是一个国家兴旺发达不竭的动力"①。没有创新的精神、意识和能力，我们的民族是不可能屹立于

---

①陈文博，钟秉林，顾明远，等. 教育改革在于创新——学习江泽民同志在北京师范大学建校100周年庆祝大会上的讲话座谈［J］. 高等师范教育研究，2002（6）：1-6.

世界民族之林的。同样，作为一名体育教师，如果没有创新的精神、意识和能力，我们的课程资源开发就不会取得实质性的进步。

体育课程资源是体育课程实施的保障系统和支持系统，卓越体育教师对体育课程资源合理有效地开发与利用能够顺利推进体育课程的改革，为体育课程正常高效的运行增加变数。学校周围的体育课程资源多种多样，广泛存在于我们身边，既有校内的又有校外的；既有人力的也有物力的；既有显性的也有隐性的；既有文字的又有实物的；还有媒体信息化等。因此，卓越体育教师在开发以及整合体育课程资源的过程中，必须遵循一定的原则，避免开发利用课程资源的低效和盲目性，并弥补体育课程资源的闲置和短缺。

（五）改善评价体系，全面评价卓越体育教师课程资源开发和整合能力

判断卓越体育教师课程资源开发和整合能力高下的标准关键在于学生个体的全面发展。在以分数为评判标准的过去，教学中教师几乎没有课程能力而言仅仅是为了教学而教学、为了分数而教学、为了考试而教学。新课程改革的发展对教师能力发展提出新的要求，对教师的评价也应当随之发展。改善教师的评价体系，就是要使教师在课程实施中能够充分注重学生个体需要和发展而不是注重学生考试分数的高低。《基础教育课程改革纲要（试行）》（以下简称《纲要》）对教师评价作出详细明确的规定"建立促进教师不断提高的评价体系。强调教师对自己教学行为的分析与反思，建立以教师自评为主，校长、教师、家长、学生共同参与的评价制度使教师从多种渠道获得信息，不断提高教学水平。"从《纲要》中，我们可以看出，国家对教师能力发展和课程发展评价体系的重视。而国家对教师能力发展和课程发展的评价要求是改善对教师课程能力评价体系的依据和基本前提，也是卓越体育教师课程开发和整合能力发展提高的源动力[1]。

三、卓越体育教师课程资源开发与整合能力培养的保障体系

除了探讨卓越体育教师课程资源开发与整合能力的培养途径外，还要构建一套行之有效的保障体系，缺乏一定的保障体系，可能使以上提出的培养策略发挥不了应有的效应，为了避免该问题的出现，确保卓越体育教师课程资源开

---

[1]张庆华.课程改革中教师课程能力的培养与发展［J］.济宁学院学报，2007（5）：88-90.

发和整合能力的高效培养，需要制定卓越体育教师再学习制度和建立合理的评价与激励制度，同时，还应该建立长效的校内外合作机制和良好的校园文化氛围以及保证卓越体育加送是参加活动所需的时间、智力上的支持与帮助。

（一）建立卓越体育教师再教育与学习制度

为使卓越体育教师不断提升自身的业务水平，积极开展自学、研究、参与培训以及教研等活动，建立相应的再教育与学习制度就显得尤为重要。

制定卓越体育教师再教育与学习制度，要掌握好一个度，既有自由度，又有一定的约束力。首先，对于卓越体育教师的再教育与学习，可以给予宽广的空间，卓越体育教师可以选择自学、校外培训、线上参与以及参与课题等各种方式提升自身业务水平。其次，对于学习结果而言，要提高约束力，对于各种形式的交流培训，学校要定期检查和评价，最后，还可以将卓越体育教师学习的积极性和成果纳入教师考核范围。

（二）建立合理的评价与激励制度

为打破卓越体育教师参与课程资源开发和整合率有减无增的尴尬处境以及化解领导、参与课程开发、整合和没有参加教师之间的矛盾，影响体育课程资源的开发和整合，需要建立一个合理的奖励制度和激发教师的主动性和积极性。

（三）建立平等且长效的合作机制

体育课程资源的开发和整合是一个及其复杂和艰巨的任务，对卓越体育教师而言，也是一个巨大的挑战，仅凭一己之力，难以胜任。只有具众卓越体育教师之合力，才能完成任务。体育课程资源的开发和整合是以学校为基础，需要校长、教师、学生、学科专家、课程专家等组成的课程研究小组。为此，建立一个课程研究小组是体育课程资源开发和整合的前提，也是提高卓越体育教师各种能力的平台。

（四）营造民主、学习、合作的校园文化氛围

营造一个有利于体育课程资源开发和整合的氛围、有利于卓越体育教师教

育能力发展的氛围尤为重要，具体可以从以下几方面着手。

1. 构建民主开放的学校组织机制

学校中的每个人，不管是领导、教师，还是学生，都有自己的想法与追求、目的或利益，为促使学校组织中每个成员都能自由地发出自己的声音，迫切需要建立民主开放的学校组织形式。就体育课程资源的开发而言，民主开放的学校组织形式不仅有利于体育课程资源的开发和整合，还有利于卓越体育教师课程资源开发和整合能力的成长。为了促进教师的沟通与交流，有必要超越学校自身组织上的局限，打破直线制组织，形成横向的组织领导机制。所谓横向领导机制是指通过开放性组织中成员之间的意念、价值观、技能、情感等方面的正式和非正式的互动而形成多元的自我管理、自我发展的机制。

2. 给教师增权

民主、参与、合作校园文化的营造，不仅依赖一个民主的学校组织形式，要促使每位教师都踊跃地发出自己的声音，表达自己的想法与愿景，还必须要唤醒教师尘封多年的自信、参与、合作等精神品质与能力，这就不得不给教师增权。换而言之，给教师增权，即赋予教师专业自主权、平等对话权、建议权与决策权等。

3. 依托活动，促进沟通合作

相互的沟通与交流对于促进卓越体育教师之间的理解与合作有重要的意义，"专业个人主义"还较为严重的现阶段，人为的促进体育教师之间的沟通与合作是学校的必要工作之一。组织开展丰富多彩的活动不乏是促进卓越体育教师沟通交流的良好平台，学校可采用研讨会、课题研究、学术沙龙等多种形式，创设一定的时间与空间，促进卓越体育教师的沟通与合作。

四、给卓越体育教师开发与整合体育课程资源过程中的建议

（一）动机上，尊重学生需求

课程资源开发与整合的目的是增强学生创新精神和实践能力的培养为

学生构建自主、体验、探究、合作交往的学习平台。真正体现学生的主体地位，尊重学生的个性，满足学生的学习需要，为学生的成才和发展创造优良的环境和条件。学生是教育的对象，是教育改革的直接参与者，在课程资源整合以及应用实践过程中，要及时关注学生的学习情况和学习效果，建立畅通的信息反馈机制可以通过相关教学辅导人员或是学生座谈等方式，了解学生对于整合后课程各方面的反映和遇到的困难，采取相应措施予以帮助解决，只有这样，才能在课程资源共享与利用的整个过程中最大程度的满足学生的需要。

（二）观念上，树立共享意识

实际操作中常会遇到登录某学校的教学资源库，受到访问权限的限制无法参阅各院校之间的资源，也往往因网络环境、资源认可、应用平台等的影响不能实现真正的共享。对教师个人而言自己开发的资源多半自己使用，一般不愿无偿提供给他人使用，现实中的资源共享还只停留在交流和商业层面上。具有现代教育观念的教师应树立优质资源的共享理念，注重彼此间的优劣互补与认同正确处理共享与竞争的关系，应该从提高学校教学工作的整体水平和办学效益出发，树立全局观念，充分认识资源共享的重要性、必要性。相关部门应出台相应的机制和指导性的法规调动教师积极性与主动性的动力，教师本身观念的转变，共享意识的确立对促进课程资源的共建共享更重要。

（三）措施上，立足提升自我

构建教师不断自我提升的学习共同体，制订系统培训方案，仍是相关部门需要进一步研究的问题而教师内在的学习动机使其能够不断进步和发展的源泉。外在培训最终还是要通过教师（内因）起作用所以保持积极向上的心态，不断寻找学习和提高的机会。从实践中学，从"做"中"学"才能使每一个卓越体育教师从容面对庞大的信息资源解决面临的任何难题。体育课程资源的开发与整合是一项实践性很强的工作，没有可以借鉴的现成模式，卓越体育教师要充分运用自身的教学智慧，用全新的课程理念指导教学工作，根据学校和课程的实际情况展开创造性的劳动，同时注重整合各种经验和方法以避免不必要的重复劳动。

本章小结

　　本章从卓越体育教师课程资源系统开发与整合能力两个维度进行系统性的阐述，首先，对卓越体育教师课程资源系统的内涵、开发、整合及其能力培养四个方面进行细致地分析，卓越体育教师自身高质量的综合素质能力为其持续发展奠定了基础。其次，从四个方面深层挖掘课程资源系统结构的内涵，进而实现课程资源系统的开发实效，最后，从理论层面深层次解析课程资源系统对培养卓越体育教师的意义与重要性。随着我国接连下发的对加强学校体育人才质量培养需求的文件，同时也对学校体育教师的质量标准进行更为细致的要求。体育教师如何广泛利用各类校内外的课程资源，使课程内容丰富、专业、有效，为学生提供良好的教学环境已成为体育教师是否卓越的标准之一，体育课程中以教师为主导的教要结合体育课程的特点、思维方式以及价值理念，充分选择利于学生身心各阶段发展需要的课程资源，因此卓越体育教师只有树立正确的课程资源观、转变传统的教师角色、建立完整的课程资源理论知识、不断提高创新精神，才能挖掘不同场域，适宜于体育课程内容的课程资源，进而为开发具有丰富性、专业性、有效性的体育课程资源服务。通过加强自身体育课程内容资源的开发能力与整合能力，以达到新形势下教育部对高校教育中体育教师的自身教育质量需求，才能更好地为学校培养具有德、智、体、美、劳全面发展的人才。

第十章 卓越体育教师教学研究团队组织与建设能力

现代社会中，团队合作是适应时代发展的需求。任何一个组织的成功，都与拥有一个强大的团队有着密不可分的关系。个人能力是孤立、有限的，而团队合作可以改变个人孤立状态，通过不同成员间的分工协作，构建具有不同相互作用特点的共同体，进而实现其成员能力范围的扩展。"管理学之父"彼得德鲁克曾言："明天的组织是趋于扁平化，以信息为基础并围绕团队组织建设起来的"[①]。因此，基于学校发展理念与办学经验来构建卓越体育教师教学研究团队，是全面提升学校体育教学质量的重要途径，组织与构建卓越体育教师教学研究团队是实现学校及教育组织机构高效运行的重要方式。面对学校体育发展中的众多问题，围绕提高学校体育基础教育教学质量的目标，构建"研究型"体育团队进行合作研究是极为必要的。面对学校体育基础教学中形形色色的具体问题，在具体操作中，往往缺乏执行力，学校体育基础教育研究应该通过发现体育教学实践中具体的问题，探索出解决这些具体问题的具体办法。因此，我们需要组织构建卓越体育教师教学研究团队，根据学校体育教育发展具体现状，集思广益，形成合力，满足优化学校体育教育发展需求。本章从卓越体育教师教学研究团队目标出发，去理解教学研究团队的组织建构，分析卓越体育教师教学研究团队的角色构成、内涵特征、工作内容及价值意义，明确卓越体育教师教学研究团队的管理。并在此基础上，探讨卓越体育教师教学研究团队组织建设能力的培养。为卓越体育教师教学能力的培养提出一条可操作、有针对性的路径。

---

①聂晖. 软件企业研发团队组建行为定性模拟研究［D］. 武汉：华中科技大学，2005，4.

第一节　卓越体育教师教学研究团队的目标

卓越教师教研团队应该有明确的研究目标和稳定的研究方向。共同的目标是团队存在的基础，它是团队凝聚力的源泉，同时也是团队能否成功的关键。它不仅是教研团队教学工作的"方向盘"，还是激发团队人员积极性、创造力的动力，激发团队成员献身教育事业的决心。团队目标可分为两年内的计划目标和五年内的愿景目标。卓越体育教师教研团队担负着三大任务：一是创新任职教育思想和任职教育理念；二是创新任职教育教学模式；三是推进任职教育教学改革，提升教学质量。基于目前任职教育院校教学改革与发展的现状和问题，教研团队建设应达到以下目标。

一、明确教学建设目标

体育课程是以促进学生身体健康发展、思想品德教育、文化科学教育、生活与体育技能教育为一体的综合教育过程，是实施素质教育、培养全面发展的人才的重要途径[1]。教学建设目标要与社会环境、国家需求、学校、学生实际相适应。没有任何一种课程模式能适应社会发展的所有阶段，因此明确教学建设目标既是必要的也是必需的，它既是社会发展的象征也是促进社会发展的手段[2]。因为社会处于不同的发展时期对人才的要求也不同。体育课程的目的与任务不仅是"增强体质与提高运动技能"，也是突出健康目的，明确学生在"运动参与、运动技能、身体健康、心理健康、社会适应"五个方面能力的发展、培养学生树立"健康第一"的思想、促进生理、心理全面发展和具有一定的社会适应能力形成体育习惯[3]。由此可见体育课程目标的确立要体现教学目标和内容的现代化、综合化和多样化。建立以经济为中心的社会主义课程模式，培养具有强健的体魄、高超的智力、良好的心理因素、良好的社会交往能力和协作精神的人才。从而真正起到推动科学技术进步提高民族素质增强综合国力的作用，

①谢辉.课程改革视野下高校体育教师教学能力发展研究［J］.体育与科学，2010，31（5）：97-99，79.

②周言清.基于学科团队的校本教研［J］.基础教育研究，2016：37-40.

③周宪.读图、身体、意识形态［C］.文化研究.天津：天津社会科学院出版社，2003：68.

使我国人才培养目标和规格更加适应我国社会主义现代化建设的需要。

作为卓越体育教师的一支教学团队，其建立应有一个明确的教学建设发展目标。教学团队应以学校专业建设、课程建设和教学基地建设等教学基本建设项目为目标，开展教学研究，进行教学改革，有计划、分阶段地提高教学团队的教学水平和人才培养质量。教学团队应在校级、省级和国家级的特色专业建设、精品课程建设、优秀教材建设和实践教学改革工程中充分发挥教学团队的作用。

二、提升整体教学水平

作为教师，由于其本身的特殊性质，必须比任何人都清楚其重要性。教师的自我教育正是为了充分发挥教师自身现有能力，培养教师特有的创新精神，教师的人格特质如信念、理想、智力、能力、价值观等都会表现或渗入教学过程中去，这些因素会不同程度地影响教学，也会唤醒教师的自我意识，使之不断认识和改进自己。自我教育是实践教育内化，教育指向、控制和调节自身行为，使之更正确、更积极地反作用于客观现实的意识过程。教育的迅猛发展和教师社会地位与待遇的提高，使教师内部竞争日益激烈，促使教师对自身的教学能力、科研能力、创新能力不断提高，从而也就促进了教师整体教学水平的不断加强。

通过组建教研团队，明确任职教育院校重点建设的课程或教学改革方向，找准切入点，充分发挥其在教学改革中的引领作用。现阶段，可围绕已具有较好教学改革基础的教学项目进行扩充、提升和整合，并以此为辐射源，带动教育院校各系、各学科专业教学改革的发展。这就需要对该教研团队所承担的主要培训任务进行分析，遴选确定主干课程，将主干课程建设为精品课程，确保在较高层面上推进教学改革和教学水平的提高。

三、培养卓越体育教师队伍

团队管理理论是现代管理科学研究的一个重要领域。当今时代交叉学科、横断学科及综合课题不断出现，因此以个人为基础的活动大量转变成以集体为基础的活动。这就使高等学校无论是教育教学、教研科研还是行政管理都需要依靠集体的力量依靠群体的合作。研究表明与个人主义模式和竞争模式相比较团队合作模式具有三个方面的优势：一是能导致更高的工作效能；二是能促进团队成员之间更积极的人际关系的形成和取得社会的支持；三是能更大地提高团队成员的心理健康水平。高等学校中的教研团队是一种教学研究性组织是高校组织结构中最基层的单位，其工作方式有别于教师个人的工作方式和竞争模式下的工作方式。它强调通过成员间的配合与协作促进教学研究的开展和教学经验的交流推进教学工作的传帮带和老中青的结合，从而提高教师队伍的整体素质，有效实现资源整合，保证课程教学的连贯性和相关性。高水平教员队伍团队是指一定的、有互补技能的、愿意为了共同的远景目标、业绩目标和方法而相互协作的个体所组成的正式群体。我们可以将高水平教员队伍定义为：以教书育人为共同目标，以课程教学与教学研究为主要内容为共同的教学研究目标而分工协作、相互承担责任并能产生知识与技能互补作用的个体所组成的群体。

以任务为导向、拥有共同的目标和有效的合作方式构成团队的本质特征。形成一个团队必须具备三个条件：一是具有共同的愿景与目标；二是具有相互依赖的关系；三是具有共同的活动规范和准则[1]。一个高水平或者高效的教师队伍一般应具有以下特征：①共同的目标。共同的远景目标和业绩目标决定教师队伍的基调和志向，能激发教师队伍成员的激情，使成员产生向心力。②知识技能互补。教师队伍成员的知识技能和个性特征不是随机的或是简单的不同而应是互补的。③分工协作。教师队伍对于团队中每一个成员工作职责的划分应很明确，同时强调每个成员对团队任务的完成都应负有责任要通过团队成员的共同努力才能够产生积极的协同作用。④良好的沟通。教师队伍的沟通方式是全通道型的，它鼓励成员畅所欲言。⑤有效的领导。在高水平的教师队伍中虽然领导权是共享的，每个人都拥有一定的决策权但同样需要一个出色的带头人作为团队的领军人物以带领大家明确团队的发展方向，设计出团队的共同目标协调团队成员的行动，统领团队成员朝着既定的目标和方向努力。正因为如此高水平的教师队伍的绩效才会是乘数效应[2]。

目前，教育院校一般都有较高水平的学术中坚或知名学者，同时，也通过各种途径选拔和培养了一批教学卓越教师。但由于教学改革成效的滞后性以及缺乏投入和激励机制，致使很多教师把主要精力用于科研方面，缺乏产生"教

①闫学军. 基于中国式管理控制视角的高校教学团队管理控制方法研究［J］. 教育教学论坛，2019（50）：3–4.
②刘宝存. 建设高水平的教学团队，促进本科教学质量的提高［J］. 中国高等教育，2007（5）：29–31.

学大师"以及合作进行教学改革的氛围。通过组建教研团队,重点对有学术造诣、热心教学改革的中青年卓越教师作为带头人进行培养,或以他们为核心,组成教学带头人、教学卓越教师和教学新秀教师等构成的教研团队,联合推进教学改革。在这个过程中,可以采用"过关"的方式,让团队后备成员独立承担一门主干课程,既锤炼了团队带头人,也锻炼了教师队伍。

四、整合资源以促合作

共同的目标是组建教研团队的基本要求。教学研究团队在组建时,首先要确立团队活动的共同愿景,以使其成为凝聚人心、协同合作的前提和动力。明确共同愿景,制定合理的教学研究团队发展目标。所谓"共同愿景",就是教学研究团队成员共同的愿望与景象。明确共同愿景,就是要把这种愿景通过大家的一致协商确定下来,并以此为目标把成员组织起来,使组织具有强大的内驱力。管理学专家强调,在种种影响力之中,共同愿景所能产生的影响力是最理性、最强大的。因此,作为一个教学研究团队,达成共识,确立共同愿景,是团队建设的基础。教学研究团队是以教书育人为共同目标的,是为完成某个教学目标而组织起来的,所以制定教学研究团队的共同目标,首先应由教师个人自行制定自己的发展目标和行动计划,然后再在此基础上共同制定团队的发展目标。这样不仅能反映大家的共同愿望,还能使团队目标成为团队每一个成员的奋斗目标,使团队有它应有的生命力。

现在,教育院校合作开展教学改革的基础较差,主要原因是在教研室内部,教师对群体智慧带来的优势没有太多的体验,缺乏协作的意识、动机和经验,教学改革更多的只能是单兵作战的"个体化"模式,得不到来自其他教师的经验和智慧的支持。同时,教研室之间缺乏横向交流,缺乏跨学科、跨系、跨专业的教学改革尝试。通过组建教研团队,可以有效整合教学资源,鼓励和引导教师在教学改革方面进行合作,以团队为基础对学员进行综合培养,有利于处理复杂的教学问题,进而提高任职教育院校人才培养质量,从而为教师教学合作机制和协作氛围的形成起到推动作用。通过"过关"的方式遴选独立承担一门主干课程的过程,也是团队集体备课,合作教研的过程[①]。

---

①张瑜,黄健.应用型地方本科高校教学团队建设与管理研究[J].当代教育实践与教学研究,2018(5):142-143.

第二节 卓越体育教师教学研究团队的建构

团队合作模式具有三个方面的优势：一是能取得更高的工作效能；二是能促进团队成员之间更积极的人际关系的形成和取得社会的支持；三是能更大地提高团队成员的心理健康水平。因此，卓越体育教师教学研究团队的角色构成、内涵特征、工作内容与价值意义对于教师研究团队的建构有着重要作用。

一、教学研究团队的角色构成

教师学科教研团队是一个有共同目标、愿集体担责、会全面评价、能主动反思的学科教师团队。

（一）团队的规模

教学团队的规模过小无法显现出"集团作战"的优越性，规模过大则控制起来就相对麻烦，尤其是人与人之间的依赖性就会增强，独立性、责任性就会变差，即所谓的"社会惰性"[1]。因此，建立规模适中的教学团队、够保证团队的效率和凝聚力，能够增强团队成员之间的信任感和责任感。刘宝存认为教学团队的规模应该控制在12人以内，且应随教学任务的难易和负责程度相应调整；史烽等人认为教学团队规模应在5～7人，最好控制在12人以内；陈明伟、侯英梅认为教学团队规模应控制在5～10人；李红卫、张丽云通过分析2007、2008年国家级教学团队的人员构成，认为教学团队规模应不超过15人。可见，虽然学者们对最佳教学团队规模尚未形成一致意见，甚至分歧较大，但却明确认识到适度大小教学规模的重要性。从教师专业发展的角度来看，教学团队除发挥"集团"规模效益高质量完成教学任务外，还要为教师的专业发展提供一个平台，成为体育教师共同更新教育理念、提高教学技能、丰富专业知识、加强相互学习、交流工作与生活的一个"大家庭"。显然，在教学团队规模大小这个问题上，我们还是应该有一个基本的原则，即规模过大、过小都不合适。综合分析他人的研究成果，结合工作实践认为，单门课程的教学团队5人左右比

---

[1]刘常兴.教学团队组织建设研究［J］.太原城市职业技术学院学报，2013（3）：108-109.

较合适，课程群的教学团队12人比较合适，对于人数、规模庞大的团队来讲，可适当分成若干个组，构成一个个小的团队，既独立发展，又相互协作，而不宜将几十个甚至上百个人建成一个团队。

（二）团队的构成

教学团队本质上应该是一个依据一定规则建立起来的、内部成员优化的组织，而不是几个人随意拼凑的"乌合之众"。只有具有优化的内部组织结构，才能发挥教学团队的"规模"效应。因此，在教学团队建设中，教学团队成员在教学技能、教学经验和教研能力方面应有一定的阶梯差别，以实现团队的技能互补和成员技能的共同提高。具体来说，就是教学团队成员的职称结构、学历结构、年龄结构以及性格特征等要具有一定的互补性和梯队性，使老教师与青年教师之间相互学习、共同提高，以保证教学团队的活力。史烽等人进一步就合理的团队结构进行了划分（如表10-1所示），其中按年龄结构划分为青年教师、中年教师、老教师，按职称结构划分为助教、讲师、副教授、教授四类[1]。当然，这种划分只是一种理想的模型，在实际操作中仍然有很多问题需要考虑。如，何为老教师，何为中、青年教师？是从年龄界定，还是从工作年限界定，甚至还是从职称来界定？再如，某些专业招生规模相对稳定，教师也多以中年教师为主，在以课时计酬的情况下，如果引进更多青年教师，除浪费人才外，还可能影响其他教师的收入。因此，教学队伍或许多年未变，但即使是这样一个团队，只要其能够不断深化教学改革，创新人才培养模式，保证教学质量，虽然结构不是很合理但不能不说是一个优秀的团队。因此，在教学团队结构的问题上，只能从理论上构建，理想的模型，尽量接近，但不能生搬硬套，作茧自缚。

表10-1 合理团队结构的划分

年龄结构			职称结构			
青年教师	中年教师	老教师	助教	讲师	副教授	教授
30%	50%	20%	20%	30%	30%	20%

[1]史烽，蔡翔，李远远，等.高校教学团队的概念、特征与组织要素分析［J］.价值工程，2012（8）：172-173.

二、教学研究团队的内涵特征

（一）教学研究团队的内涵

虽然团队广泛存在于企业和学校当中，但是对于团队的定义，不同学者有着不同的理解。其中，美国学者乔恩·卡曾巴赫和史密斯1993年提出的团队定义比较具有代表性。他们认为，团队就是由少数有互补技能，愿意为了共同的远景目标、业绩目标和方法而相互承担责任、相互分工协作的个体所组成的群体[①]。从这个定义出发，可以为教学团队下定义：以教书育人为共同的远景目标，以提高教学效果、推进教学改革、提高人才培养质量为业绩目标，为完成某个具体教学任务而明确分工协作、相互承担责任的知识技能互补的教师个体所组成的群体[②]。这一概念主要包括以下四个方面内涵。

一是教学研究团队是教学组织的一种组织形式。正如课题组、科研组作为高校基层学术组织形式—学科组的一种延伸和补充，高校教学团队也可以作为高校基层教学组织—教研室的一种补充，它不是一级行政组织机构，但在完成教学任务、提高教学质量、建设教学梯队、推进教学研究等方面，可以较好地弥补原有教研室职能的弱化和不足，并且可以加强教师间的感情联系和集体观念。

二是教学研究团队主要以同一专业或同一课程为域组成。知识的专门性与传承性决定高校教学团队不能像企业生产和销售团队或高校跨学科创新团队那样成员工作内容以及学术背景的多样性。从完成提高教学质量的团队目标而言，由同一专业或课程的教师组成教学团队是必须的。

三是教学团队的核心目标只有一个，即提高专业或课程的教学质量。相对于高校科研创新团队而言，教学团队的目标是单一而稳定的，教师个体专业发展相对于教学团队的团队目标而言只能是附带效益，而不是团队的终极目标。同理，开展教学研究活动是提高教学质量的重要手段，也不能作为团队的目标。

---

①乔恩·R·卡曾巴赫，道格拉斯·K·史密斯.团队的智慧［M］.侯玲，译.北京：经济科学出版社，1999：2–3.

②喻旭兰，张强.高校精品课程教研团队建设的实践与思考：以《货币金融学》课程为例［J］.国家教育行政学院学报，2008（12）：59–63.

四是协作意识和团队精神培养是教学研究团队取得成功的关键。现行的高校教研室组织形式虽然从理论上讲是一级学术和教学组织，在实际运行中，教研室所承担的主要任务是落实校、院安排的教学任务同一教研室的教师之间竞争多于合作，缺乏交流与协作的内部机制，对提高教学质量并没有共同负起应有的责任。教学团队的成员虽然仍旧是本专业、本课程的教师，但团队内部倡导协作精神，教师与教师之间是一种协作伙伴关系，这强调个人目标与团队目标的一致，并且每个成员都要为实现团队目标而共同负责。

（二）教学研究团队的特征

一是目标明确。教学团队是为了提高教师教学水平和教育质量这一愿景而建立起来的群体。沃伦·本尼斯认为："在人类组织中，愿景是唯一最有力的、最具激励性的因素，它可以把不同的人联结在一起。"共同愿景是为组织成员所共同接受的愿望、理想、远景和目标。实现教育目的，提高教育质量的共同愿景把教师紧密地联系在一起，激励他们为团队的目标而共同努力。

二是成员互补。从教学团队的成员构成来看，他们具有互补性。教学团队不是高学历、高职务教师的简单叠加。团队中的成员由不同年龄、性别、职务的教师组成，他们各自拥有不同的个性特征、成长经历、知识结构和研究方向，因此有利于拓展思维，开阔视野，发挥教学团队的互补优势。

三是分工协作。正是基于团队成员具有互补性，要实现目标，需要发挥各自优势，整合力量，加强教师之间的协作。教学团队中的每一位教师都有明确的工作职责范围，必须做好本职工作。同时，人才培养又不是单个教师所能完成的，它需要教师之间相互协作，形成一股合力。教学质量的优劣不仅牵涉教师个人，还与团队成员是否密切合作息息相关需要他们协作配合。

四是有效沟通。教学团队不同于教研室或研究所等组织机构，它是为了实现某种特定目的而由教师构成的一个学术群体，所以教学团队成员之间的地位平等。面对学术问题，不是以权压人、以势压人，而是通过平等沟通达到求同存异，能够相互沟通、相互倾听、相互理解、相互尊重、相互信任、消除隔阂、避免冲突、提高士气。

五是绩效显著。由于教学团队具有明确的目标，教师之间分工协作，有效沟通。因此，他们具有强烈的团队精神和责任感意识，把团队目标与个人发展紧密结合，创建士气高涨、富有激情、创新欲望强烈、工作效率高、绩效显著的教研团队。

三、教学研究团队的工作内容

卓越体育教师教学研究团队的主要工作内容与学校的教学质量和水平的提升息息相关，基层组织的工作就是要将当前学校的教学质量保持在一个比较高的水平，并且能及时发现教学过程中存在的一些问题，通过工作会议的方式进行组织和团体之间的研讨，最终得出可行性的发展策略①。还可以通过一些实践方式进行督查，例如可以在上课期间不定期地对课堂授课情况和学生听课和出勤情况进行突击检查，还可以进行定期的评教工作，以学生为主要的评教对象，让他们对当前学校的教学水平和教学问题提出自己的建议，教学组织根据学生提出的问题进行一系列的排查工作。在整个工作的过程中，基层教学组织与团队要始终保持对于教学质量的严格督查，不能因为是学生提出的意见就不加以重视，而是应该认清自身的基层组织身份，深入学生群体之中，去采纳学生真正的心声，与学生们打成一片。此外，教学组织和团队还要制定明确的教学目标，将教学质量和结果的考察进行量化统计，在日常量化考核的工作中将教学问题放在首位。

四、教学研究团队的价值意义

（一）推进学校组织变革

建设学校体育教学研究团队是基于其组织结构固有的矛盾。学校的"有组织无政府状态"对教育教学改革带来不利影响。随着体育学科、专业的日趋专业化，学术组织的结构变得日益松散，组织系统内"隔行如隔山"的现象变得日益严重。正如伯顿·克拉克所言："在现代体制中，校园里或系统中没有一门学科能够获得统治其他学科的地位。学术系统与其说是从一种观点看世界的专业人员紧密结合起来的群体，不如说是许多类型专业人员的松散结合。詹姆斯汤普森在其组织理论中认为："松散联接"组织的特点在于，各子系统及其活动虽然是相互关联的，但它们都保持着自己的特殊性，之间很少相互影响，

---

① 李香玲. 高校外语基层教学组织管理与建设的研究与实践［J］. 河南财政税务高等专科学校学报，2018，2：83-85.

相互之间的反应也特别缓慢，体育教师各自致力于自身的体育教学工作，他们之间的交往、联系比较松散。建设教学团队既能保持，学术组织的特性又能加强教师之间的联系、沟通、协作发挥。传统的教学管理由教研室负责，教研室是院系管理教师的基层组织，但由于权力有限再加上行政色彩过浓，难以组织教师进行有效的教育教学改革。而且在"松散联接"的学校内部，缺少跨学科专业的教学改革群体，难以满足综合学科教学的需要。因此，建设教学团队，是对现有组织模式的突破，有利于推进高校组织结构变革。

（二）促进教师专业化

教师专业化是体育教师发展的必然选择，是发达国家教师发展的成功经验。教师由职业化走向专业化的道路，对教师素质提出了更为严格的要求，需要教师有先进的教学理念、广博的人文知识、扎实的专业知识、娴熟的教学技能等必备条件。教师专业化是一个渐进的发展过程，其中同事的合作、帮助、引导、点拨是必不可少。美国成功学之父戴尔·卡耐基曾有这样一个观点：一个人的成功，15%是个人的能力，85%源于自己和他人的合作。建设教学团队，由不同学术背景与心智模式的教师组成教学群体，能够做到优势互补，相互借鉴，取长补短。通过合作，教师会倍感受益，你的同事不仅能满足你的需要，还能够为你的教学提供丰富的精神和物质资源。教师的合作会消除教师经常感受到的孤独感，通过教学团队这一交流平台，教师之间就教学过程中碰到的疑难问题与成功经验进行沟通交流，而且教师之间榜样的力量对教师具有巨大的感召力，加速教师的专业发展。这就是共生效应，即个体与个体或个体与群体之间相互依存、相互鼓励的社会心理现象。每个人虽然是独立的生物和社会实体，但并不能孤立地存在，而需要在由人群构成的外环境中生存和发展。依靠这个外环境，人们或抵御某种侵扰，或孕育某种思想，或协调完成某些活动。每个人都离不开他人，而每个人又都是他人生存和发展的条件。

（三）提高教学质量

随着高等教育的发展，体育教学改革势在必行。知识经济与和谐社会的构建，对体育教师人才培养目标提出了挑战，需要丰富教学内容、革新教学手段、以满足学生多元化的需求。而集教材编写、教案、讲课、答疑辅导、批改作业、检查考试于一身的传统"单兵作战"教学模式越来越显得力不从心、难以适应现实需要。单干的时代已经过去，越来越复杂的世界相互交织，成功更青睐那些懂得如何将人们团结起来，利用创造性和多样化思维创造奇迹的人们。这种理念隐含在合作的力量当中。建设教学团队，可以利用集体的力量，形成综合实力，对教学问题进行相互探讨、相互借鉴，优势互补，拓展思路，化解传统教学方式面临的困境，形成教学过程、教学资源的优化组合，提升教学实力，提高教育质量。正所谓"相聚，是开始；团结，是进步；合作，则是成功"。

第三节 卓越体育教师教学研究团队的管理

卓越体育教师教学研究团队是一种教学研究性组织，是学校组织结构中最基层的单位，其工作方式有别于教师个人工作方式它强调通过成员间的配合与协作，促进教学研究的开展和教学经验的交流，推进教学工作的传帮带和老中青的结合，从而提高教师队伍的整体素质。因此，教学团队内部管理及运行机制是教学研究团队能否向健康发展的关键。本章通过介绍领导权与决策权共享的管理模式，提出卓越体育教师教学研究团队的管理要求以及制度化的管理环境建设以确保卓越体育教师教学研究团队的管理水平的提升。

一、领导权和决策权共享的团队管理模式

教学研究团队的成员都是知识与技能能产生互补作用的教师，彼此之间没有等级之分。在教学研究团队内部，领导权和决策权是被各成员所共享的。教学研究团队的学术带头人在团队发展中发挥着重要作用，但这种作用并不是传统组织中的领导权和决策权的独享，而是要在与各成员充分沟通和协商的基础上使彼此之间达成共识，是在尊重每个成员的权利和个性的基础上的一种有效的管理。在教学研究团队中，每一个成员都既承担着一定的教学任务，同时又担任着一种团队的角色，享有一份在团队中的权利和义务，发挥着自己独特的作用。围绕教师培养计划开展所涉及的管理要求。具体体现在以下几个方面（如图10-1所示）。

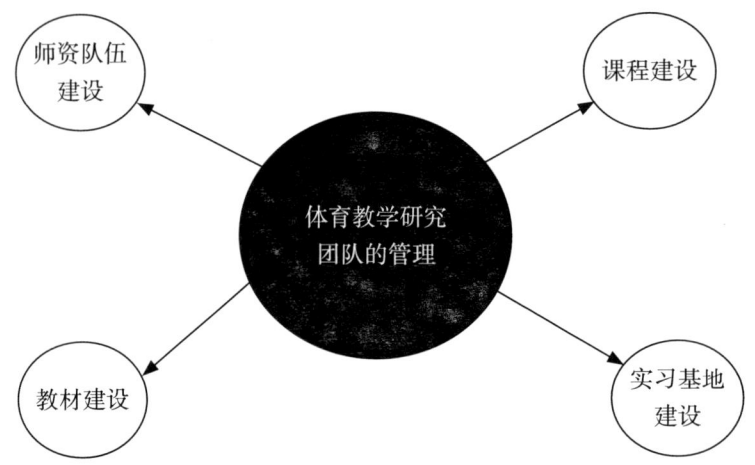

图10-1　体育教学研究团队的管理模式结构

（一）师资队伍建设

为了提高教学质量，高校结合教育部"质量工程"的精神，建立了许多教师队伍建设的制度与文件。由于近几年高校新进了一批年轻教师，他们具有较高的学历，但教学经验不足，因此对青年教师制定一系列教学方面的制度，包括青年教师上岗前培训制度，实行上岗前教师教学培训。对教学团队，要求必须符合一定的结构要求，包括职称结构、年龄结构等，老、中、青教师合理搭配，要求年轻教师必须参加老教师听课，要有一定的助教工作量，发扬老教师传、帮、带作用。严格把控青年教师上课的准入制度，年轻教师必须增加一定的教学培训，在培训结束后，必须经过教研室组织的试讲，获得学生与专家认可才可以进行授课。

（二）课程建设

教学内容、课程体系建设与改革是教学活动的重要内容，高校近几年从人才培养整体目标出发，根据培养目标和人才培养模式的要求，进行教学内容改革，更新内容，优化课程体系。学校要求各教学单位不断完善体育专业的教学计划，根据科学技术的发展和专业建设的要求，不断调整课程设置，构建合理的教学体系，体现专业特色，课程体系建设中，学校重视体育课程体系的建设和合理化，不断调整专业基础课、专业技能课和选修课的比例，加大实践课程，鼓励学生参加各种社会实践，强化学生实践课程体系建设。在教学方法上，鼓励教师改革教学方法，在教学活动中注重创新思维和创新能力的培育。在这些方面都建立相关的制度文件，有相应的激励措施。

（三）教材建设

教材是教学活动的主要方面，鼓励教师出版高水平的教材，并有相应的激励制度，鼓励教学团队进行课程教材的编订工作。在教材选用方面，要求教师采用学科专业主流教材，主要选用教育部重点建设教材。

（四）实习基地建设

校内校外实习实训基地建设，校外与许多企业签订实习协议，校内拥有实习工厂、多媒体实验室和实习实验基地，设立实训实操室。此外，在教学管理过程中，重视体育教学的质量保障体系，学校教务处、各学院每学期除要求学生对任课教师进行打分，还成立了教学督导组，聘请知名专家和教学名师对任课教师进行听课，并给予评价，提出教学改进建议。学校教学主管部门、教学二级单位都制定了领导听课制度，每学期必须完成一定的教学听课。此外，还组织教师相互之间观摩（同行专家）听课制度等。

二、教学研究团队管理存在的问题

（一）学校对于教学组织和团体缺乏重视

一些学校对于教学过程中存在的问题并不重视，以至于对学校的教学组织和团体工作的考察和监督较为宽松，尤其是基层的教学组织，他们虽然在教学过程中发挥着重要的作用，但是其本身在学校中的地位却不高，常常受到学校的忽视。另外，学生对于教学组织的认识并不清楚，对于教学中存在的问题也往往诉诸无门。这些都是因为学校没有将教学组织的地位提升上来，应该将教学组织的重要职责提高到日常工作的层面，而不是进行不定期的检查工作，对于检查的结果，学校却往往并不过问，一些问题自然而然地就被搁置下来，无人问津。

（二）教学组织内部管理不善，存在工作懈怠之风

教学组织和团体自身对于自己的定位并不清楚，有工作人员认为组织内部的工作，尤其是一些基层性的工作太过烦琐，因而在工作中常常持有不端正的工作态度，对于学校教学工作的考察也常常敷衍了事。这是因为教学组织和团体没有认真贯彻落实内部的工作管理制度，没有将教学工作提升到工作的重点范围内，这就造成内部制度的约束力有限，不能充分地管理内部人员，造成一部分工作者在工作过程中存在懈怠的情况。在这样工作环境下，就需要对于教学组织内部的管理进行及时的改革，清理一些工作中的问题，将以更加严格的制度去约束组织内的每一个人①。

（三）教师的教学水平有待提升

教师作为教学组织内部的重要组成部分，其本身的教学水平和工作能力的要求应该是非常高的，但是一些教师因为自身的能力问题或是外部的一些因素，造成他们对于教学过程持有不认真的态度，对学生提出来的教学意见也很少进行采纳，这就容易造成学生们的不满，从而对日常学习失去兴趣。此外，一些教师认为自己的工作是稳定的"铁饭碗"，长期以来都有对工作的敷衍态度，但是这样的工作态度不利于学校整体教学水平的提升，教师对自身没有提出更严格的要求，没有不断地鞭策自己进步，没有与学生一起提升教学水平，达到双方的磨合与满意的程度，那么课堂的教学效率的提升就无从谈起。

三、教学研究团队管理的要求

（一）教学团队成员的招聘要求

根据教学单位的不同，有不同的制度要求。从教研室组织形式下的教师招聘看，一般都是基层教学单位根据教学计划，首先提出招聘要求，由各二级学

---

①陆国栋，张存如. 层教学组织建设的路径、策略与思考—基于浙江大学的实践与探索［J］. 高等工程教育研究，2018，3：136–142，147.

院上报需求计划，由校人事处具体负责对外招聘的组织与协调。对应聘人员，首先由人事处进行筛选，按照学校对教师的基本要求和学历要求，进行初轮选拔之后，交由各二级学院组织评审和面试，确定具体的录用人员，提交人事处经学校办公会议决定最后是否录用。

（二）教学研究团队的培训要求

近几年非常重视年轻教师的培训。由于近几年教师队伍发展比较快，引进一批高学历青年教师，使四十岁以下的青年教师占60%以上。提高青年教师的教学水平，加强青年教师队伍建设，提升青年教师科研能力，对今后的长远发展具有重大影响。为了规范青年教师培训过程，制定一系列青年教师培训上岗工作的制度，安排各种项目的培训，提高青年教师的教学水平。培训项目主要有：①岗前培训。岗前培训是青年教师必须参加的培训活动，按照教育部规定，只有参加岗前培训，青年教师才能取得高校教师资格。②参加"教师网络培训"课程。在学校领导的支持下，组织中青年教师参加几期教育部开办的"教师网络培训"课程，并均获得结业证。③在职攻读学位。主要是解决一部分低学历青年教师的学历问题。在岗教师凡满足一定条件者，学院鼓励教师上各种形式的硕士研究生或博士研究生，且学费给予部分报销。从整体角度看，目前的培训体系要求较多，规定严格。从培训的系统性和持续性看，培训培养制度的科学性和效果还有待提高。主要原因是培训渠道不畅、培训计划不当以及教师积极性不高等原因，最终造成教师无法及时"充电"和更新知识结构。尤其是对培训效果，目前还没有可靠的评价方法，而且培训与教师个人利益没有直接联系，没有从制度上对培训做出要求。还有就是对青年教师培训要求多，但对许多老教师却没有提高培训渠道。

（三）教学团队的考核要求

虽然在教学团队的管理上。出台许多政策和管理制度，但在教学团队的考核与激励方面，基本沿用基于教师个人业绩的考核模式，没有对整个教学团队的考核制度以及基于团队的教师个人的考核制度。对教师个人业绩的考核包括科研考核，对考核者完成科研项目的等级、金额进行量化打分，到校科研经费与业绩点对应；论文考核，主要是对教师发布的论文进行考核，包括论文发表的等级、数量、排名等；教学考核主要是对教师完成的教学工作量进行考核，包括主讲课时、辅导课时、实验课时、指导本科生人数、指导研究生人数等；纪律考核主要对教师有无旷课、违反学校的制度进行考核等。这些考核项目对全体教师具有普遍的适应性，但缺乏对团队的考虑，对参加教学团队的教师并没有设立相应的指标，缺乏对教学团队教师的针对性。目前考核客观性还不够，科研与论文考核比较容易，但对教学活动的考核还无法做到教学数量与教学质量的统一，教学考核仅是教学工作量的核算，缺乏对教学质量的评估。对教学质量的考核的主要方式有两种，一种是学生打分，另一种则是督导与领导打分或教师之间相互打分。这两种教学质量评价方法都有其片面性。尤其是教师相互打分和领导打分，由于缺乏严格的考核标准，质量体系不确定，考核的主观性很强，不够客观。

四、教学团队管理的制度化建设路径

（一）重视对教学团队的日常管理

在教学团队的建设和发展中，学校应加强对教学团队的管理，使教学团队的建设有序健康地开展。管理部门要对教学团队的发展目标和规划组织专家进行认真的评审，对教学研究团队的经费使用情况进行审查，对教学团队的阶段性成果进行总结。教学团队建设可以采用目标管理与过程管理相结合的分阶段目标管理方式。教学团队的建设项目在规定期限内建设完毕后，学校应组织专家组对项目建设成效进行评估和验收，对验收结果为优秀的教学团队，可纳入下一轮资助计划，促进该教学团队的进一步发展，提高该教学团队的层次。特别是对获得国家级或省级教学成果的教学团队，可给予团队成员岗位津贴上浮的政策，并在职称评聘中给予相应认可。对验收结果为不合格的教学团队，学校不再继续给予经费支持，应撤销该团队的称号，并要求团队负责人承担一定的责任。

（二）建立科学的激励和约束机制

教学团队的建设与管理需要建立科学的激励和约束机制制度来保证，如果说团队的共同目标是建设教学团队的核心，那么建立合理的授权、激励与约束、考核制度是实现团队共同目标的保证。有合理的上下级授权，既能明确责任和义务，又能调动各方面的积极性和创造性；有效的激励约束、公平考核与升迁制度，既能实现教师个人价值和团队价值，又能杜绝团队中因责、权、利不明确而导致的摩擦和冲突而损坏团队的利益。建立科学的激励和约束机制，就要建立基于团队业绩和团队整体绩效的评价体系，对教师的评价和报酬应由个体化转向团体化，以团队的绩效来进行评价。这种基于团队业绩和团队整体绩效的评价体系，强调集体主义原则，使团队成员在亲密合作中淡化个人主义，真正体现团队精神。

（三）健全制度，形成制度化的教学团队

教学团队是一项对人才资源要素、教学资源要素进行重新整合、优化配置的系统工程。加强制度建设，完善和规范教学团队的管理建设，使教学团队形成一个稳定的、健康发展的团队[①]。有了健全、规范的制度，即使发生核心人才的流失，也不会较大地影响整个教学团队系统运行的稳定性，教学团队的建立和发展不会因人而变。

1. 选择和支持具有凝聚力的学科带头人组建教研团队

学科带头人是教研团队的核心在团队中起着学术引领和团队"脊梁"的作用。与一般的学术带头人相比教研团队的带头人必须是师德高尚、治学严谨、学术水平和教学水平"双高"的学科带头人。教研团队的带头人不仅要做到学术能力和领导能力的高度统一，还要具备一定的影响力。不仅在团队内部有影响力，还要在团队以外的更大的范围内也有相当的影响力与活动能力；必须具有较强的领导能力、组织协调能力，必须能有效地组织和开展团队的活动带领团队实现团队目标。学校和院系应鼓励和支持学术带头人组建教研团队并引导学术方向相同或相近的卓越教师向这些学术带头人靠拢；应通过政策引导和其他措施为教研团队的建设和发展营造有利的环境，为教研团队的活动提供必需的资源和其他支持以使其能有效运行。

2. 营造有利于教研团队建设和发展的制度环境

改善学校的制度环境有利于充分发挥教研团队的作用。首先，在学校内部的权力配置上应确定行政权力和学术权力适当分离的原则，应确定团队的权限

①丁悦悦，吉雷. 知识型员工的团队建设［J］. 中国人力资源开发，2003（1）：12–16.

给团队以充分全面的授权。作为一个学术自治型的团队必须拥有确切的团队资源并可以自己进行资源配置以提高团队成员的责任心和工作主动性。其次，建立团队的绩效考评制度鼓励教师间的合作。要注意采用政策倾斜的方式引导和支持教研团队的建设，要由重视个人业绩的绩效考核向更加重视团队业绩的绩效考核转变、由单纯的数量评价向更加重视质量的评价转变。

（四）坚持教学科研并重的要求发挥教研团队的集体智慧

科研是"源"，教学是"流"，"源"远才能"流"长。如果没有科研这个"源"，教学这个"流"就难成其为"流"或者这个"流"就会逐渐枯竭。通过科学研究不断产生学科建设的新生长点，学科建设的新成果又会不断地使教学内容得以丰富，从而进一步提高教学质量。教研团队在课程建设、教学改革、科学研究等方面应与校内外同行加强联系以及及时地获取来自这些同行的相关的新知识、新信息和新做法。在可能的情况下还可以与兄弟院校开展科研合作。这可以进一步扩大团队的影响并在最大范围内争取得到资金和技术的支持为体育教师的教学和科研提供有利条件。

第四节　卓越体育教师教学研究团队组织与建设能力的培养

随着高等教育规模的快速发展，提高教育教学质量已成为高等教育的首要任务。而教学研究团队建设则是推动高校教学改革与教育创新，提高教育教学质量的一种重要组织形式。因此，卓越体育教师教学研究团队组织与建设能力的培养对强学科专业与课程建设，建立和完善教师合作机制，成为可持续发展的教学队伍具有重要的现实意义。要明确认识到建设教学研究团队，培养卓越体育教师教学研究团队组织与建设能力，是深化教学改革的需要，它对全面提升教师队伍的整体教学水平，大力提高教育教学质量发挥着重要作用。

一、高标准遴选卓越学科带头人

组建教学研究团队学科带头人是教学研究团队的核心和灵魂，在团队中起着学术引领和团队"脊梁"的作用。与一般的学科带头人相比，对教学研究团队学科带头人的起点要求要高得多：①必须具有高深的学术造诣和创新的学术思想，能够跟踪学科发展前沿和引领未来发展方向；②必须具有丰富的教学经验和娴熟的教学技巧，取得显著的教学成果；③必须具有高尚的学术品德和宽厚的学术胸襟，以良好的学术品质凝聚人心；④必须具有卓越的领导能力和团队管理水平，善于解决团队成员之间的矛盾，创建和谐团队。高校和院系应该鼓励和支持学科带头人组建教研团队，通过政策倾斜和利益导向的方式，引导学术方向相同或相近的卓越力量向学科带头人靠拢[①]。

各级教育主管部门要加强对体育学科带头人科研能力的培养，组织有关专家、教授定期对学科带头人进行培训和指导，尽可能多地为他们创造学习的机会。各级教育主管部门，要加大对学校体育经费的投入力度，要求各学校每年订阅一定数量的体育报刊杂志，有条件的学校要给体育教研室配备体育图书资料柜，同时加大体育图书的藏书量，加强体育资料的收集、储存、管理工作。为体育学科带头人和广大体育教师、体育爱好者创造良好的学习、科研环境。省教育主管部门，每年要组织体育学科带头人到全省各个学校进行调研和考察，针对体育教学中存在的问题给体育学科带头人提出一定的体育科研任务和要求。定期组织举办体育学科带头人学术论文报告会、教学经验交流会以及科研方法研讨会，通过相互之间的学习和交流，提高其体育科研能力。加强对体育学科带头人的管理和监督，建立健全学科带头人的激励竞争机制，制订具体的考核办法、要求和奖惩措施，定期对体育学科带头人的科研情况进行考核、评估。加强学校体育科研基础设施建设，为体育学科带头人提供更好的科研条件和环境。

二、严要求打造梯队式教研团队

实现多学科协调发展和交叉融合、培养复合型人才是目前高等学校发展的共同目标。人才战略和人才梯队建设是实现这一目标的重中之重。发挥以知识传递和知识共享为特征的团队优势，通过人员选拔、绩效考核和团队激励等手段打造具备可持续发展的高绩效教研团队，是实现人才战略的重要课题。教研团队以多学科团队成员之间的融合与协作为纽带、以深化教学改革与教育创新为举措提高本科教学质量。并通过建立竞争机制、激励机制和完善管理等手段，创造宽松而严谨的学术环境，有利于建设创新意识强、教学水平高、协作精神好的高水平教师队伍。因此，将教研团队建设作为一种制度有利于高校人

---

①朱勋春.邓小平"人才尊重论"与高校教师队伍建设［J］.重庆工学院学报，2006（9）：118.

才梯队的建设。

研究表明，高水平的教研团队规模一般都比较小，以12人以内为宜，否则就可能影响团队成员之间的沟通和协作，难以形成凝聚力和相互责任感。教研团队成员之间的知识结构、技能结构、职称结构和年龄结构等都应该具有很强的异质性和互补性[①]，以便不同学术思想的交流碰撞和创新思维的形成。同时，精心打造教研团队的四大梯队：第一梯队，学科领军人物。由在学术界具有一定影响力的知名教授担任，有承担过多项国家级和省部级重点项目的经历；第二梯队，学术带头人。应该具备较高的教学水平和科研能力，获得省部级以上奖励；第三梯队，学术卓越力量。主要由青年教师组成，大多具有博士学位、副教授职称；第四梯队，学术发展力量。教研团队发展的后备力量，多为在读博士。

三、加强教学研究团队制度建设

根据工作任务的要求应在达成以共同目标为导向的共识前提下组建团队。以团队的方式协同工作时要重视成员之间的信息交流、技能互补及角色分担。成功达成目标后团队解散其成员回归原部门待有新的工作任务时再灵活地组建新的团队。在这一过程中为保证团队活动的顺利开展组织各职能部门应向其提供必要的支持。另外团队内部的激励方式也是至关重要的这又牵涉绩效考核和薪酬设计等的配合。总之要想使团队活动良性运行组织，系统支持是必不可少的。因此，其体育教师教学研究团队制度建设规划可分为四个机制的建设（如图10-2所示）：

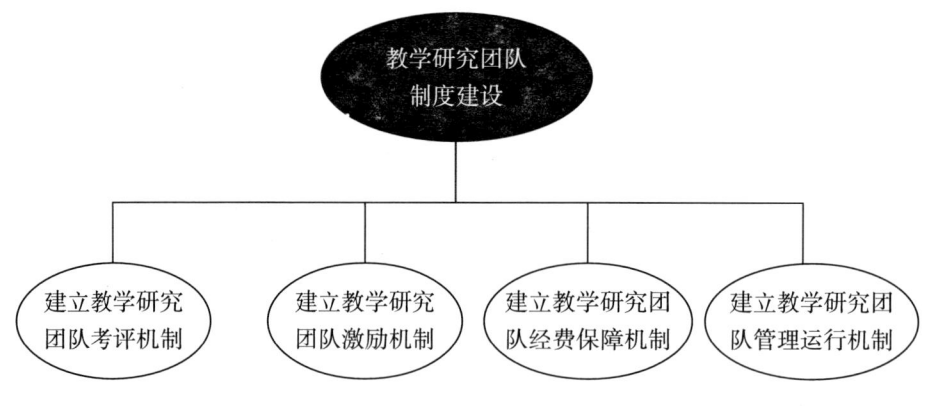

图10-2　教学研究团队制度建设机制

①袁和平.团队管理［M］.深圳：海天出版社，2002.

（一）建立教学研究团队考评机制

营造有利于教学研究团队建设和发展的制度环境。改善高等学校的制度环境有利于充分发挥教学研究团队的作用。考评机制是一个组织发展的基本机制，教学研究团队要想长期良好地发展下去，必须要建立一个团队考评机制。对教学研究团队的考核评估分为跟踪考评和任期考评。考评结果均分别为"优秀""合格"和"不合格"三个档次。跟踪考评主要是对教研团队成员课堂授课质量进行跟踪考评，由任职院校的教学管理部门负责对教学研究团队承担课程，进行学员课堂授课质量测评，编制测评表，公布测评结果，并与教学研究团队成员的发展挂钩，作为衡量团队成员业绩的重要标准。任期考评是对教学研究团队建设状况进行考评。由教学研究团队提交建设情况报告，任职教育院校权威部门组织相关专家成立专家组，按照教学研究团队建设实施方案组织考评。

（二）建立教学研究团队激励机制

有效的管理能提高教师的积极性，激发教师的工作热情，增强教练员的凝聚力。除根据教师个体的教学科研业绩进行考评和奖励之外，要建立基于教学研究团队的绩效评价与奖励机制，实行教学研究团队激励。在教学研究团队中承担什么岗位，创造什么业绩，就应该在晋职晋级与评功授奖中得到体现，其目的是鼓励教师在整个教学研究团队中多做贡献。将教学研究团队成员个人层面的绩效考核和团队层面的绩效考评相结合，并根据教学研究团队自身特点和发展规律，针对不同专业的不同特点，以业绩为核心，以同行认可为重要指标，建立科学、有效、公平、公正的考评指标体系，探索出一套有效的绩效考评激励机制。团队中还可以设立首席助理、团队卓越、团队后备等岗位，通过绩效评价，定期或不定期地调整岗位。

（三）建立教学研究团队经费保障机制

教学研究团队的运行要依赖一定的经费做保障，没有经费支持，教学研究团队成员工作的积极性将受到影响，进而影响教学研究团队整体效果。另外，合理分配教学研究团队经费是团队高效有序运行的必备条件。教育院校教学研究团队活动的展开需要一定的经费支持，如何合理管理和分配团队经费是任职教育院校教学研究团队的重要环节，只有加强团队经费的合理管理和分配，才能激发调动团队成员的教学与教学研究活动的积极性和创造性，才能保证团队的教学活动顺利完成，提高教学质量。所以应制定合理的经费管理制度，定期检查经费支出情况，尽量避免团队经费的不合理、不公平的使用。从操作层面上来说，教学研究团队的经费开支应该实行团队首席和单位党委书记的双签制，而且团队首席不应是经费自支自签的责任人。

（四）建立教学研究团队管理运行机制

建立教学研究团队相对独立的管理运行机制。与科研相比，教学改革成果的显现需要较长时间，其评价标准也各种各样，要取得公认的成果并不容易。因此，教学研究团队建设更要注重长期性。当前，体育教育院校教师用于教学改革和教学研究方面的时间和精力投入严重不足，另外教学研究团队建设也应有足够的经费支持。因此，体育教育院校应从战略和全局的高度把教学研究团队建设放在事关院校生存与发展的战略地位，建立健全教学研究团队相对独立的管理机制，按教学规律建设和管理教学研究团队。

建立教学研究团队内部管理运行机制。教学研究团队内部管理机制是教学研究团队能否健康发展的关键。人才培养成效的显现需要比较长的时间，而人才培养模式和理念的总结和升华更需要一个过程。因此，教学研究团队建设需要不断的积累和探索，不可急功近利[①]。教育院校要给予教学研究团队充分的授权，如教学改革的自主权、专项经费与专用资源的使用权等。在教学改革目标与模式确定之后，教学改革的进程不受外界干预，院校只通过定期的考核评估检测其成效，从而为教学改革营造相对自主的氛围。同时，教学研究团队建设还应坚持开放动态发展的理念，要根据任职教育院校人才培养的规律和趋势，不断吸收教学改革的新思想、新方法。在教学研究团队内部，要通过目标激励和竞争激励等方法，强化团队卓越成员的责任机制和团队成员的末位淘汰机制[②]。

四、构建教学研究团队外部保障体系

高校教学研究团队的高效运行与可持续发展，仅靠教学研究团队这一基层

---

①匡玉梅.论高绩效教学团队的建构［J］.当代教育论坛（上半月刊），2009（5）：77-79.

②Robbins S.P.Organizational Behavior［M］.北京：清华大学出版社，2002.

组织的内部管理是远远不够的，还必须有学校及其相关职能部门的大力配合和支持；如公司中每个项目的高效运作和可持续发展离不开公司及其职能部门的配合和支持一样。我们认为，高校教学研究团队的外部保障体系主要由组织保障、制度保障、人才保障和投入保障等四个方面组成[①]。在该保障体系中，组织保障的目的在于加强教学研究团队组织建设，完善教学研究团队服务机构；制度保障的目的在于加强教学研究团队制度建设，形成良好的学术创新氛围；人才保障的目的在于加大高层次人才引进力度，为教学研究团队的可持续发展提供新生力量；投入保障的目的在于健全科研经费投入机制，提高资金保障水平，增强教学研究团队可持续发展的动力。

（一）建立团队制度

俗话说"没有规矩不成方圆"。一个有效制度能够提供一组有关权利、责任和义务的规则，能为一切创造性和生产性活动提供最广大的空间。建章立制，就是告诉人们能做什么，不能做什么，这不仅对教师具有约束作用，还能保障教师的权利不受侵犯。教学团队是教师为一个共同的目标而聚集在一起，需要有相应的规章制度对队员进行管理，明确队员的权利与义务。因此，体育教学团队制度应该对队员的遴选与退出，团队运行规则，队员的岗位职责、权利与义务、考核聘任方式、队员听课制度、教学研讨制度等做出详尽的规定。教学团队作为学术组织，坚持学术面前人人平等，在充分酝酿的基础上实行民主集中制，反对学术霸权。队员除享有教师的权利与义务外，还拥有队员的相应权利，对团队负责，履行团队义务，参加团队活动。

（二）规范管理措施

一是学术问题学术处理。学问渊博的学者能较好地理解学术活动的内在逻辑，并自觉地遵循其内在要求。在知识问题上，应该赋予教师学术权力，让他们解决这一领域中的问题。由于他们最清楚高深学问的内容，因此，他们最有资格决定应该开设什么科目、如何讲授以及教师课程安排。教学团队的学术事务应该由队员处理，行政权力不要过多干预。教学团队应该享有教学改革权、经费使用权、资源配制权等。当然，教学团队要接受学生评教、学校评价，以

---

①刘燕京.加强大学生社团思想政治工作的思考［J］.重庆科技学院学报：社会科学版，2007（1）：98.

促进教学团队的健康发展。

二是政策倾斜。教学团队与学术团队不同，它有自身的逻辑和运行规则。教学是培养人才的活动，而人才的成长周期较长，正所谓"十年树木，百年树人"。比较而言，学术团队容易出成果，相对而言，论文、专著来得快，而人才培养的质量则难以在短期内见效[①]。而且就目前高校对体育教师的考核评价制度看，价值取向明显重科研、轻教学，以至于一些教师把过多的精力投入在科研领域，放弃教师的本职工作。要扭转这种不良现象，加强教学团队建设，有必要实行政策倾斜，建立激励机制，加大对取得教学成果教师的奖励力度。对有突出成绩的团队带头人和团队成员在物质待遇、职称评聘、评优评先等方面给予支持与鼓励，从而为教学团队的健康发展营造具有竞争性的政策环境。

三是资源保障。任何组织要生存发展，离不开一定的物质条件，需要提供办公场地和设施，需要日常运转。经费教学团队的建设活动也离不开物质资源，无论是教材的编写、教学方法的改革，还是教研课题的实施都需要财力、物力的保障。因此，应该给教学团队提供物质资源，给予运转经费，并要制度化，减少随意性，以保障教学团队的有效运行。特别是在目前重科研、轻教学的情况下，强化对教学团队的经费投入显得尤为重要。教学团队建设是一项系统的工程它既牵涉教务、人事、财务、设备等学校行政部门的协同配合，还依赖于不同学科专业和院系教学资源的优化整合，需要全校共同协作，形成一股合力。

（三）宽松学术环境

学校是一个学术组织，是探究学问的场所。在这个过程中，人的创造力激发需要一个相对宽松的学术环境，要能够不受约束地进行学术交流、思想碰撞。只有在这样的环境与条件下，才可能出成果、出人才、出大师。有学者认为，诺贝尔奖不是考核出来的，不是资助也不是培养出来的，诺贝尔奖是长出来的，没有一个理想的土壤长不出来。在自由、民主的氛围下，易修正错误，接近真理，促进学术的创新和繁荣。这种学术氛围，借陶行知先生的话，其实"处处是创造之地，天天是创造之时，人人是创造之人"。治理学术、研究学问，只考虑学术本身的是非曲直，没有权威，只有真理。学术问题绝对不允许

---

①张意忠. 建设高校教学团队提高教师教学水平［J］. 扬州大学学报（高教研究版），2009，13（2）：
40-43.

搞"集中制"、搞一言堂、搞"学霸"、搞家族式学术①。教师之间，在学术问题上，应反对学术权威对大学教师思想和行为的束缚，要防止由行政机关或权威人士以行政手段为学术争论作结论的做法。在大学里应该允许各种不同学术观点、不同学术流派的存在，允许各种不同学术思想的交流、碰撞。学术面前人人平等。任何学者都应该尊重和理解其他学者学术自由的权利，容忍并理解他人的学术思想和观点。

本章小结

共同的目标是组建教学研究团队的基本要求。教学研究团队在组建时，首先要确立团队活动的共同愿景，以使之成为凝聚人心、协同合作的前提和动力。明确共同愿景，制定合理的教学研究团队发展目标。作为一个教学研究团队，达成共识，确立共同愿景，是团队建设的基础。教学研究团队是以教书育人为共同目标的，是为完成某个教学目标而组织起来的，所以制定教学研究团队的共同目标，首先应由教师个人自行制定自己的发展目标和行动计划，然后再在此基础上共同制定团队的发展目标。教学团队还应以学校专业建设、课程建设和教学基地建设等教学基本建设项目为目标，开展教学研究，进行教学改革，有计划、分阶段地提高教学团队的教学水平和人才培养质量，使团队有它应有的生命力。此外，学校中的教学研究团队是一种教学研究性组织，是高校组织结构中最基层的单位，其工作方式有别于教师个人的工作方式和竞争模式下的工作方式。它强调通过成员间的配合与协作，促进教学研究的开展和教学经验的交流，从而提高教师队伍的整体素质，有效实现资源整合，保证课程教学的连贯性和相关性。营造有利于教学研究团队建设和发展的制度环境，改善高等学校的制度环境有利于充分发挥教学研究团队的作用。在教学研究团队内部，领导权和决策权是被各成员所共享的。教学研究团队的学术带头人在团队发展中发挥着重要作用，但这种作用并不是传统组织中的领导权和决策权的独享，而是要在与各成员充分沟通和协商的基础上使彼此之间达成共识，是在尊重每个成员的权利和个性的基础上的一种有效的管理。在教研团队中，每一个成员都既承担着一定的教学任务，同时又担任着一种团队的角色，享有一份在团队中的权利和义务，发挥着自己独特的作用。因此，对卓越体育教师教学研

---

①张意忠. 论导师团队建设对研究生培养质量的提高［J］. 江西师范大学学报（哲学社会科学版），
2009：130–134.

究团队组织与建设能力的培养要求从高标准遴选卓越学科带头人、严要求打造梯队式教学研究团队、加强教学研究团队制度建设、构建教学研究团队外部保障体系入手，充分发挥教学研究团队在教学改革与人才培养中的作用，进而提高卓越体育教师教育教学水平，促进卓越体育教师专业能力发展。

第十一章 卓越体育教师教学系统的开发与建构能力

　　系统论是20世纪前期，美籍奥地利生物学家贝塔朗菲（L.Von.Bertalanffy）提出的，本论是以系统作为研究的对象，从系统各部分之间的相互关系、作用及制约，进行研究与考察，从而达到"1+1>2"的效果，所以说系统是处于一定相互作用的若干要素的复合体。体育教学是一项系统工程，体育教学的组织与发展遵循系统论的观点与规律。学校教学活动是人类特有的社会现象，将它作为一个整体来考察，可以解决教学中的很多问题的弊端。体育教学系统就是具有学生、教师等各要素相互作用的有机体。我国新一轮课程改革正在全面有序地推进，改革的核心环节是课程实施，而课程改革实施的基本途径是课堂教学，因此教学改革成为这次课程改革的重头戏。体育教学系统作为现在教学研究的重要课题之一，可以推进学校体育教学实践的发展，实现理想的体育教学路径，体育教学是其中的一个重要组成部分，体育教学是一个由多种要素构成的既复杂而又有规律的系统，要实质性、全方位地推进这次教学改革，卓越体育教师必须对新形势下的体育教学系统构成及其内涵进行全新的认识，并通过自己的知识经验开发与构建出适合自身、适应学生发展的体育教学系统。基于此，如何培养卓越体育教师教学系统的开发与构建能力就显得尤为重要，通过本章的学习，期望对体育教师能有一定的助益。

第一节　体育教学系统概述

　　体育教学是实现学校体育目的，完成学校体育任务的基本途径，它是在体育教师的指导下和学生的参与下共同完成的。体育教学系统的主体要素是人，它由教师和学生共同构成，教师是教授行为的主体，学生是学习行为的主体，师生协调配合，共同完成体育教学任务。由于体育教学系统是由体育教师、学生、体育教学条件构成的信息处理和发展能力的复合体，它所具有的功效、作用和实际价值，通过各个要素的组合，显示出其特殊的功能。

一、体育教学系统的概念

体育教学是在学生与体育教师的共同参与下，有目的、有计划的体育认知、身体练习、情感交流活动[①]。体育教学是学校体育重要的组成部分，以培养现代人，实现现代化作为重要目标，是体育目标实现的基本组织形式，也是体育教师的教与学生的学的统一活动[②]。体育教学系统，从最朴素的层面理解，可以看作是体育教学体系的统一体，或者说是从系统论的角度认识体育教学时所形成的一个概念。这种朴素的理解虽然并不存在语义上的错误，但其用语过于概括，对初涉体育教学领域或者涉足体育教学领域不深的学习者来说，可能仍然是一头雾水。为此，我们从"系统"一词的来源出发，在分析其含义的过程中，逐步形成对"体育教学系统"的认识。

"系统"一词，来源于古希腊语，是由部分组成整体的意思。今天人们从各种角度上对系统下的定义不下几十种。一般系统论则试图给一个能描述各种系统共同特征的一般的系统定义，这个定义通常被表述为："系统是由若干要素以一定结构形式联结构成的具有某种功能的有机整体。"[③]系统论创始人贝塔朗菲强调指出，任何系统都是一个有机的整体，它不是各个部分的机械组合或简单相加，系统的整体功能是各要素在孤立状态下所没有的新功能（整体大于部分之和）。从以上一般系统的定义以及贝塔朗菲的见解可以看出，系统实际上是一种要素结构形式。从事实判断的角度看，当某些"要素"以一定的结构形式结合在一起并具有那些单个要素所不具备的新功能，那么，它们就形成了一个系统。从价值判断的角度看，当这些"新功能"对系统自身或外部环境具有正面效应时，这个系统就是一个"好"的系统；反之，则是一个"坏"的系统。

至此，我们可以对体育教学系统做进一步的解释：体育教学系统是各体育教学要素以一定的结构形式组织起来的，具有各单一体育教学要素所不具备的某种功能的教学统一体。体育教学系统在本质上隶属于人的社会系统范畴，从

---

①张志勇.体育教学论［M］.北京：科学出版社，2005.

②范丽萍.职业技术学院健美操课程教学现状及对策研究［J］.科技导刊（物刊），2011，7（15）.

③刘新光.系统理论与体育教学［J］.武汉体育学院学报，2002，36（6）：94-95.

属于教育系统的价值旨归。从教育系统的角度看，体育教学系统是培育人身心和谐发展的服务系统，增强学生体质、提高学生的身心健康水平、促进人的全面发展，体现体育教学系统 "育人为本" 的教育理念；从文化系统的角度看，体育教学系统则是体育知识文化得以传承和传播的媒介系统，实现体育知识文化的传承和传播，表明了体育教学系统的文化创新使命。由此可见，体育教学系统概念的主要表征为实现体育教学目的，体育教学系统的概念内涵传达了体育教学系统与教育活动和文化过程相伴相生，体育教学系统的教育内涵在于把人类既有的体育文化及其富有价值和意义的内涵融合在主体人的发展之中。

需要说明的是，从概念本身所包含的基本意义以及概念在实践中所对应的客体来说，"体育教学" 与 "体育教学系统" 这两个概念并没有本质上的区别，在不同的场合或语境下分别使用它们，完全是出于表述或研究的需要。

二、体育教学系统的组成要素与结构分析

（一）体育教学系统的组成要素

1. 体育教学系统的外层结构要素

体育教学系统的外层结构是体育教学系统运行的基本条件，体育教师和学生属于系统外层结构中人的要素，体育教材和体育环境属于系统外层结构中物的要素，体育教学系统的运行正是在人的要素与物的要素之间反复进行物质交换、信息传递和能量释放中完成的。

（1）体育教师

体育教师在体育教学系统外层结构中处于主导地位，这既是社会系统和教育系统赋予体育教师的权利，也是体育教师应承担的义务。体育教师的主导地位主要体现在体育教学系统运行过程中的领导、指导、诱导和引导作用，也就是说，体育教师是体育教学系统运行中的领导者、指导者、诱导者和引导者。不仅如此，体育教师在体育教学过程中还是学生学习体育知识的促进者、帮助者和管理者，正如学者潘绍伟所言："教师是学校教育的组织者、领导者和参加者。体育教师也因此就是学校体育教学活动的组织者和引导者，是培养体魄

健壮的建设者和保卫者的园丁，是青年人健美的设计师。"[1]毋庸置疑，体育教师是体育教学系统外层结构中的关键要素。

（2）学生

学生在体育教学系统的外层结构中处于主体地位，突出学生的主体性是现代教育教学理论与实践的客观要求。学生的主体地位在体育教学系统运行中体现为学习体育的自主性、主动性和积极性，这也是西方人本主义教育思想的深刻体现。诚然，体育教学只有充分调动学生学习体育的积极性，引导学生主动地、自主地和创造性地参与运动，才能有效实现体育教学目标。我国知名体育学者毛振明教授指出："学生的主体性是指在体育教学活动中，作为学习主体的学生在教师的教授、指导和引导下所表现出的积极态度和有独立性、创造性的学习行为。"[2]学生是体育教学系统运行的出发点和落脚点，是现代体育教学系统改革与发展以学生为中心、凸显"以人为本"的体育教学理念的重要表现。

（3）体育教学内容

体育教学内容对体育教学系统起着充实作用。体育教学内容在本质上与体育教材相似，只是体育教学内容要比体育教材具有更为宽泛的意义。体育教材是体育教学系统外层结构中的媒介物，是体育教学系统运行的必备条件，体育教学正是要实现体育教材在体育教师与学生以及学生与学生之间的双向信息流动、情感沟通、能量交换的媒介作用，体育教师和学生不仅共享体育知识文化成果，还强健了体魄，愉悦了身心，沟通了情感，陶冶了情操，健全了人格。从整体上看，体育教学内容的厘定既要符合社会发展需要，也要符合学生个体身心发展需要。随着时代的发展，体育教学内容变得更加丰富，经典性的（田径运动、体操、游泳等）、现代性的（球类运动、健美操、拓展运动等）和时尚性的（街舞、轮滑、攀岩等）体育教学内容竞相亮相，每一种体育教学内容都有其独特的教育意义和文化价值，体育教学系统改革要遵照科学性、兴趣性、可行性原则来确定合适的体育教学内容，也就是说，选择体育教学内容不仅要把科学理性逻辑、心理发展逻辑和社会现实逻辑统一起来，还要把统一性与灵活性有机结合起来，唯有如此，才能充分发挥体育教学内容在体育教学系统内层结构中应有的功能。显然，体育教学内容是体育教学系统有别于其他教

①潘绍伟，于可红.学校体育学［M］.北京：高等教育出版社，2008：233.
②毛振明.学校体育学［M］.北京：高等教育出版社，2013：35.

学系统的一个显著标志，是体育教学系统结构优化的重要要素。

（4）体育教学环境

体育教学环境在体育教学系统外层结构中属于充分条件要素。首先，体育教学系统的运行必须依托一定的物质环境条件，即体育场馆设施和体育器材设备等，如篮球教学必须要有篮球场和篮球；游泳教学必须要有游泳池和泳衣等，充足的体育物质环境条件是体育教学系统有效运行的有力保障。其次，体育教学系统高效运行还需要获得一定的心理环境条件支撑，即体育文化氛围，主要包括师生员工的体育意识、体育态度、体育情感、体育精神、班级体育风气、校园体育风尚等因素。实践证明，浓厚的体育文化氛围对体育教学系统运行具有不可低估的潜移默化的作用，优美充足的体育教学物质环境和乐观进取的体育教学心理环境不仅为体育教学系统的运行提供有效保障，而且其本身就具有重要的教育力量，这充分说明"人创造了环境，环境也造就了人"的唯物主义辩证原理。简而言之，体育教师、学生、体育教材和体育教学环境四大要素共同构筑了体育教学系统的外层结构。

2. 体育教学系统的内层结构

体育教学系统的内层结构是体育教学系统运行的内在机制，内层结构中的体育教学系统要素主要是体育教学目标、教学内容、教学方法、教学手段、教学评价和教学理念。内层结构中的不同要素对体育教学系统的运行具有不同的作用：体育教学目标导航体育教学系统，体育教学内容充实体育教学系统，体育教学方法推动体育教学系统，体育教学评价调控体育教学系统，体育教学过程完善体育教学系统。

（1）体育教学目标

体育教学目标对体育教学系统的运行起导航作用。目标就是行动的方向，体育教学目标是体育教学目的的具体化。体育教学目标具有鲜明的时代性，我国不同时期的体育教学目标是不同的。体育教学大纲时代的体育教学目标突出"一个目的和三项任务"，"一个目的是培养德、智、体、美全面发展的社会主义建设者和保卫者；三项任务是全面锻炼学生身体，使学生掌握体育基础知识、基本技术和基本技能，向学生进行思想品德教育"[1]。新时期施行的体育

---

① 李晋裕，滕子敬，李永亮，等. 学校体育史［M］. 海口：海南出版社，2000：164.

与健康课程标准将我国的体育教学目标确定为"知识与技能、过程与方法、情感态度与价值观"①的三位一体。另外体育教学目标具有层级性，学段不同体育教学目标也不同。因此，在确定体育教学目标时，要充分考虑体育教学目标体系的纵向和横向联系，"纵向要充分实现各层次目标的连续性和递进性，横向要充分考虑不同层次的教育教学目标间的相互联系和促进关系，采取有效策略加以整合"②。正是在体育教学目标的引导下，我国体育教学系统进行了全方位改革。

（2）体育教学方法

体育教学方法对体育教学系统的运行具有重要的推动作用。如果没有正确的教学方法来助推，体育教学目标的理想和体育教学内容的追求都无法很好地达到。体育教学方法是体育教学主体在体育教学实践中总结而形成的方法体系，是体育教法与体育学法的合一，教法与学法相得益彰，教是为了少教或不教，学法促进教法。体育教法与学法如何统一才能更好地达成有效体育教学？一种情况是，当学生处于依靠教师的学习阶段，必须先教后学，或是边教边学，教的着眼点是为了不教，学的着力点在于自主，这种教学方式，我们可以称为"以教导学"。另一种情况是，当学生处于基本独立或相对独立的学习阶段，具有一定的独立学习能力时，必须先学后教，这种教学方式，我们姑且称为"以学助教"。这两种情况都是体育教学方法针对性的一个重要体现。"没有针对性的教学就是一般化的教学，一般化的教学是低效的，甚至是无效的教学"③。目前从我国体育教学实践看，体育教法大体上包括语言讲解法、动作示范法、心理诱导法、情感激励法等；体育学法主要体现为自主性学习、合作性学习、探究性学习等。体育教法与学法互为表里，共同推动体育教学系统向着理想的教学目标迈进。

（3）体育教学评价

体育教学评价对体育教学系统的有效运行起着积极的调控作用。它依据体育教学目标和教学原则，对体育课程教与学的过程及结果进行评判，适时反馈

---

①朱幕菊. 走进新课程与课程实施者对话［M］. 北京：北京师范大学出版社，2012：52.

②黄甫全. 现代课程与教学论学程（下）［M］. 北京：人民教育出版社，2006：442-443.

③余文森. 有效教学十讲［M］. 上海：华东师范大学出版社，2011：149.

体育教学系统运行的相关信息，以便及时发现体育教学系统运行过程中存在的问题，使之得到合理调整。通常来说，体育教学评价主要包括诊断性、形成性和终结性评价。体育教学评价对体育教学系统结构的优化具有导向、反馈、鉴定、激励等功能，即"体育教学评价的功能具体说来有导向、激励、协调、控制、管理等方面，但概括起来则总是通过广泛收集分析各方面的信息，综合判断教学现状所达到教学目标的程度来决策教学实践活动的运行"[1]。体育教学评价的功能和作用在体育教学系统的改革和发展过程中正在日益得到发挥，构建科学合理的体育教学评价体系是提高体育教学质量的有力保障。

（4）体育教学过程

体育教学过程是为了达到体育教学目标，实施和运行体育教学的时空连续过程。对学生来说是认知与身体发展的过程。体育教学过程是一个多目标、多层次、多形式的过程，作为一种系统运行工程，是师生共同参与的，通过确定目标、激发动机、理解内容、进行操作、反馈调控、评价结果等环节组成，是对整个体育教学的一个概括。

体育教学系统作为由多种要素构成的复合系统，具备自己本身的特点，各要素有着不同的作用。综合来说，体育教学系统中主要有八个要素，即教学内容，教学目标，教学过程，教学方法，教学环境，教学评价、教师、学生[2]，它们彼此联系，相互制约、相互依赖，共同促进。

（二）体育教学系统的结构分析

1. 体育教学系统要素连接方式分析

根据上述对体育教学系统要素的分析，可以把体育教学系统要素的连接方式表示如图11-1所示：

---

①姚蕾，闻勇.对我国体育教学评价的理论思考［J］.北京体育大学学报，2002（1）：92-94.

②毛振明.体育教学论［M］.高等教育出版社，2005，6.

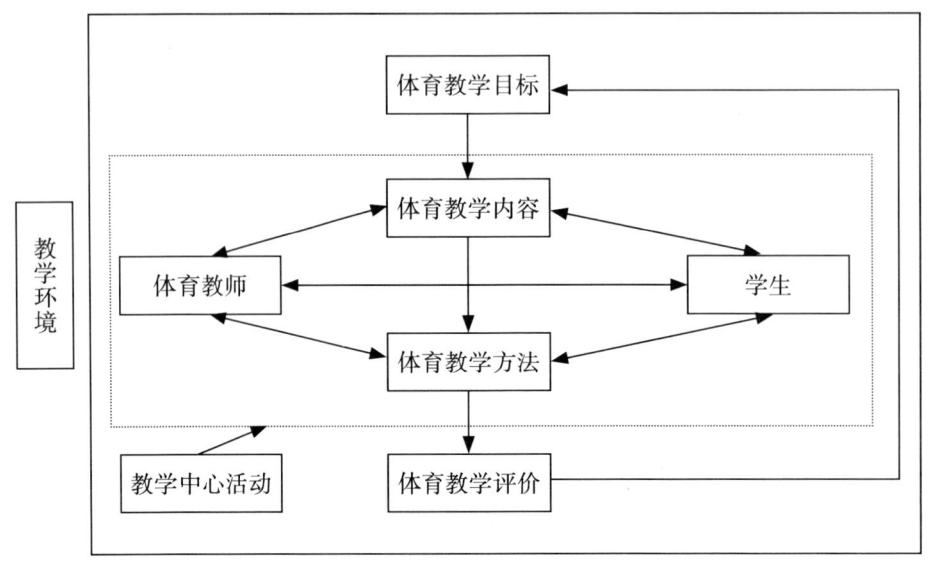

图11-1 体育教学系统要素的连接方式

观察此结构图可以直观发现：体育教学环境将体育教学活动限定在特定的时间与空间领域内进行；体育教学活动的中心工作是学生在教师的引导下，采取一定的教学方法学习体育教学内容；具体的体育教学活动受体育教学目标的引领；体育教学活动的效果与体育教学目标之间的比较则通过体育教学评价来完成。

2. 体育教学系统要素作用方式分析

根据体育教学系统要素的连接方式图，对体育教学系统内各要素之间的相互作用方式做如下分析：

①体育教学环境是体育教学活动的背景，是其他教学要素定位与发展的客观基础。各教学要素与体育教学环境要素的匹配程度从根本上决定体育教学活动的效果与效率，这也是体育教学"校本化"研究的意义所在。好的体育教学环境可以成为隐性的体育课程资源，同时，体育教学活动本身所创造的部分物质与文化成果也将可能转化为体育教学环境，从而反作用于体育教学环境。

②体育教学目标与体育教学内容、体育教学评价要素相连接。可认为体育教学目标对体育教学活动的导向性主要体现在体育教学内容的选择上。体育教学目标自身的确立与发展在受教育总体目标影响的同时，还要根据体育教学评价的反馈做出积极调整，以更好地达成体育教学目标。

③体育教学内容处在体育教学目标、学生、体育教师要素连接的交汇处，

可以理解为：体育教学内容是学生和体育教师在进行双边活动时为完成体育教学目标所选择的体育知识与技能体系。因此，体育教学目标的要求、学生的学习能力、体育教师的教学水平共同决定着体育教学内容的选择范围。

④体育教学方法处在学生、体育教学内容、体育教师要素的交汇处，可以理解为：体育教学方法是将体育教学系统中静态结构的三要素进行连接的根本途径，是帮助学生掌握体育知识与技能时师生的行为选择。因此，必须根据学生的学习特点、体育教师的教学特点以及教学内容所包含的知识、技能特点来选择合适的体育教学方法。

⑤体育教师要素以体育教学内容为载体，通过教学方法与学生要素进行双向连接，发挥体育教学中的主导作用。因此，体育教师的核心教学能力可以理解为以下三个方面：一是"懂内容"，熟练掌握体育教学内容中包含的体育知识与技能；二是"懂学生"，准确把握学生现有体育知识技能水平以及学习相关知识技能的过程与规律；三是"懂方法"，根据学生与知识技能的特点，正确选择与运用体育教学方法。

⑥学生要素在体育教师的引导下，通过学习方法掌握教学内容所包含的体育知识与技能，体现学生在体育教学活动中的主体地位。因此，学生的体育学习应注意三个方面的问题：一是尽可能结合自身身体特征选择体育项目来进行学习；二是尽可能结合自身学习特点选择某种教学风格，在教师引导下进行学习；三是不要被动地接受式学习，而要选取合适的学习方法进行主动地创造性学习。

⑦体育教学评价要素与体育教学目标以及体育教学中心活动相连接，可以理解为：体育教学评价反映的是体育教学目标在体育教学活动中的实现程度，即体育教学效果与体育教学目标之间的比较。合理的体育教学目标是有效进行体育教学评价的前提。体育教学目标应同时具有结果性与发展性，体育教学评价也应包含终结性评价与过程性评价。因此，体育教学评价是体育教学活动效果不断逼近体育教学目标并最终实现体育教学目标的重要途径。

三、体育教学系统的特征

（一）集合性

系统是由元素组成，一个元素是不能称为系统的。在体育的教学系统中各要素都具有相对独立性、可识别性。一堂体育课上首先必须有学生，学生是教学的主体。学生向谁寻求知识呢？所以教师的存在就是必须的，因为教师在课堂中起着主导作用。教师是怎样传授知识呢？是通过教材、教法以及环境等媒介的影响进行传授知识。识别体育教学系统必须要分析体育教学系统中的要素。

（二）相关性

系统内各个元素之间是相互联系的，不是孤立而存在的。体育教学系统要素之间的联系，是各要素之间的传递、交流，某一部分的变化就会导致另一部分的变化，这就是所谓的相关性。例如，教师在传授知识时，由于自身的专业知识不够扎实，给学生讲起课来磕磕绊绊、自己都弄不清知识的要点，自然就会导致学生对学习内容模棱两可；相反教师传授知识时备课充分，表现的胸有成竹，学生自然也会个个精神、努力学习。

（三）目的性

世界上存在两类实体的系统：一类是自然系统，如生态系统、天体系统等；另一类则是人造系统，如生产系统、管理系统等，都是为达到某种目的而存在的系统，体育教学系统便在其中。

人造系统的目的性表现在功能的人为性方面。正因为有了人的意志才能突出系统要素的选择及设计，重要一点是要服从授人的目的。在体育教学系统当中，教会学生是教师的目的，学到知识是学生的目的，教师更好的传授知识、学生更好的接受知识是教学方法的目的等，各要素都是为了各自的目的而存在，在体育教学当中没有目的就不能实现体育教学系统的价值。

（四）整体性

系统它并不是一些事物的堆砌，而是一个具有新功能的整体。美国著名哲学家E·拉兹洛（Ervin Laszlo）曾经指出："现在的科学不再和从前那样，在一时刻去观察一事物，而是要看它在其他事物作用之下的行为。而是观察一定数目的不相同、相互作用的事物。观察它们在不同影响作用下作为一个整体的行为。"[①]正如，体育教学系统论经历了二、三、四以及多要素论不断的完善，

---

①E·拉兹洛，李吟波.决定命运的选择：21世纪的生存抉择［M］.三联书店，1997.

人类特有的社会现象就包括学校教学活动，只有将体育教学作为一个整体来考虑，才可以解决体育教学中所存在的问题。

（五）动态性

一切事物都在运动变化之中，这就是系统的动态性。难以用肉眼观察到的变化的运动系统为稳定系统；相反，则为动态系统。体育教学系统就是一个典型的动态系统。

体育教学系统的存在既是一个功能实体，又是一种运动。体育教学系统的动态性可从两方面进行了解，一是从它的发展过程角度来看，体育教学在整体上表现出不同的运行特征，如以前是以教师为主体，现在是以学生为主体，随着社会的变化，教学越来越人性化；二是从体育教学系统的内部结构来看，在不同的教学环境下，同一要素所扮演的角色以及发挥的作用都可能大不相同。比如，在新授课中，体育教师的主要作用在于传授技能，而在复习课中，则体育教师的主要作用在于指导学生活动，前者主要是扮演"传授者"的角色，后者主要是扮演"管理者"的角色。动态性在教学系统的各要素中是可以体现到，这一特性也是展示体育教学重要的条件。

学生的变化、教师的变化、教学方法的创新、教材的更新、社会环境的进步、自然环境的恶劣与良好等都在随时随地的发生着变化，这些都会使体育教学受到影响，所以体育教学系统具有动态性。

（六）环境制约性

体育教学的环境是能与体育教学系统发生联系的周围所有事物。首先，体育教学系统的功能主要方面取决于系统内部要素的结构关系，所谓的结构，也就是指已成体育教学系统元素的数量、顺序等形成的层次；其次，体育教学系统要受环境的影响和制约。古人云："周之不净，心何以清。"其大意为：周围环境的不清净，心境又怎么能安定下来，这句话正好描述出影响体育教学中学生课堂的自然环境因素。如果体育教学环境很嘈杂，学生要想听见教师在讲什么，必须花费很大的精力来排除这些干扰，而教师也会受到这些外来环境因素的影响。学习环境的糟糕必然给体育教学带来负面影响。

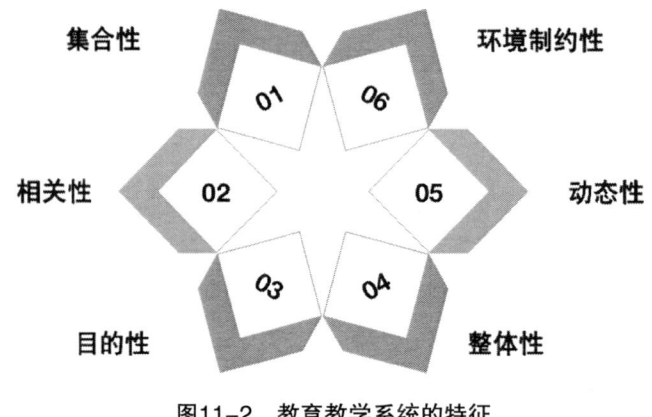

集合性　环境制约性

相关性　动态性

目的性　整体性

图11-2　教育教学系统的特征

四、体育教学系统的功能

（一）对教材进行再加工的功能

在人类的社会实践活动中，无论是认识客观事物，还是掌握人类积累的科学知识，首先离不开人们对它进行教学法的加工，只有使之成为人们能够接受的形态，才能便于人们更多更好地接受。所以，在体育教学活动中，教师熟知教材，就成为教学系统中教授行为的主体——教师备课的一项首要任务。体育教师是体育科学知识、技术的传授者，对求知的学生来说，体育教师是体育知识的宝库，是一本活的体育教科书，他们渴望从体育教师身上得到更为广泛、直接的体育科学信息，以丰富自己的知识广度。而对体育教师来说，把人类已有的体育科学知识、技术，科学、有效地传授给学生，是他们义不容辞的职责。因此，体育教师必须具有扎实的体育专业知识，熟练的专业技术，广泛的相邻学科的基本理论知识和较强的体育教学能力，才能满足社会发展对体育教学所提出的要求。随着现代科学技术的迅猛发展，知识的更新速度加快，程度进一步加深，对学校教育和学校体育提出全新的要求，因此，注重培养教师对教材的再加工能力，既是现代教学观的新要求，也是时代赋予的新使命。

（二）教与学的转化功能

从社会学意义上说，教师代表了年长的一代，是一定时代与社会意志的代言人。在教学这样一个认识与发展的过程中，教师的主导作用对学生的成长有着潜移默化的影响，学生在对知识的学习——即由外向内的转化过程中，教师的教和对知识教材的教学法加工，能够促进这种转化过程，而这种知识的转化过程，又是教学系统的特殊功能所决定的。

与其他教学活动一样，体育教学活动是以一定的课程内容为中介的教学实践活动，它是通过一定的课程内容——主要是系统的体育知识、技术技能的传授和掌握来促进学生身心发展的。在教师教与学生学的两个方面的共同活动中，由于有"闻道在先""术有专攻"的教师主动教学，可将认识和转化的长过程有效缩短，同时，由于学生主动地学，可把教师所传授的知识、技术技能转化或内化为自己的精神世界，即通过想练结合变不知为知，变不会为会，并可在主动活动中形成并表现出他们的智力、道德、意志、个性和气质等特点。所以，教学论肯定"教学永远是教与学的统一的活动"[1]。教学促进发展，其功能也就在此。

（三）提高与发展的功能

在全面推进素质教育的过程中，体育教育要体现素质教育目标的要求，就应以育人强身为总目标，为提高人的全面素质奠定基础。由于长期以来受应试教育和竞技体育的影响和干扰，我国学校体育没有真正树立起面向全体学生、促进全面提高的指导思想，体育教学思想、方法、手段还不适应学生生动、活泼、主动发展的要求，忽视学生体育能力的培养，忽视体育意识、习惯的养成和素质的全面提高。因此，努力提高学生全面素质，发展学生的体育能力应成为学校体育中实施素质教育的出发点和归宿。

体育教学过程是一个认识过程，也是一个促进学生身心发展的过程。在这个过程中，通过教师主导作用与学生主体作用相结合共同完成教学任务。在构成体育教学系统的诸多要素中，教师合理地、有效地选择与运用教学方法手段并进行创造性的工作，往往是完成好教学任务、取得较好教学效果的关键。学生则凭借自己的已有经验和知识，在身体练习过程中通过与思维相结合，不断提高运动技能，以此达到锻炼身体、增强体质、锻炼意志品质和发展智力等综合性能力的目的。同时，教师与学生通过教学信息的载体——教材（包括认识、情感和动作技能各个方面的信息）的作用，使他们之间相互发生联系和

---

①毛振明.体育教学论［M］.高等教育出版社，2014.

作用，他们在直接经验和间接经验、掌握知识与发展智力、智力活动与非智力活动、教师主导作用与学生主动性等方面必然产生广泛的联系，形成体育教学系统的整体性。

从体育的角度讲，了解学生体育价值观、体育态度以及体育行为心理对提高学生的体育能力是很重要的。体育教师通过自己的工作，将经过选择、加工的体育知识包括内容、方法和动作技能等转化为学生拥有的"财富"，内化为学生的整个文化宝库的组成部分，作为文化形态被学生所接受，将发生无限的作用，其效能也将可能是终身性的。

（四）调控的功能

体育教学是一种有目的、有计划、有组织的教育活动，它能对学生的学习过程进行有效地调节和控制。体育教学系统是一个封闭的、有反馈信息的可调控系统，将反馈原理和评价原理运用在体育教学过程中，能起到提高学生学习兴趣，增强自信心，促进学生动作技术的掌握以及调整练习密度和运动负荷，防止伤害事故和运动损伤的发生，加强学生自我医务监督等方面的作用，同时，对教师改进教学方法，提高教学效果等也将起到积极作用。

（五）激励的功能

学生的学习总是受一定的学习动机支配，学习动机越适宜、越持久，学习的意向就越强烈、越稳定。体育教师在教学过程中，运用激励机制辅助教学，是激发学生学习动机，提高教学效果的有效方法之一。由于学生在学习过程中，难免会出现因学习内容与个人兴趣相违背的现象，由此也将可能产生一些诸如学习积极性不高，练习不认真，畏缩不前等消极情绪和行为表现，或遇教学内容枯燥、单一的项目而不愿参与的做法，这些就需要教师运用恰当、有效的激励机制进行激发和调节，如改进练习方法、增加趣味性练习手段、采用鼓励性语言与口令等办法和评价措施。

总之，学生的学习动机不一定是自发产生的，有时也是由教学激发起来的，因此，激发和培养学生的学习兴趣和学习动机，既是提高教学系统效果的有效手段，也是检验体育教师能否熟练运用体育教学系统原理来解决实际问题的有效方法之一。

要提高卓越体育教师教学系统的开发与构建能力，主要通过不同形式体育活动系统的组织与管理能力、多形式优质课活动参与提升能力和混合式教学支撑平台开发与实现能力三个方面来培养。

第二节　不同形式体育活动系统的组织与管理能力培养

体育活动一方面是学校课外活动的组成部分，另一方面又是学校体育工作的组成部分，历来受到学校的重视，在学校工作中占有重要地位，在配合学校全面工作、实现学校体育目标任务中发挥重要的作用。对一名体育教师来讲，体育活动的组织、管理、指导能力是非常重要的，它包括制订锻炼计划、指导运动队训练、运动竞赛的组织编排、裁判工作以及指导学生锻炼身体等内容。

一、锻炼计划制订能力的培养

（一）锻炼计划制订能力的培养内容和要求

制订锻炼计划内容包括：①课外体育工作的目标（应达到的各项目标与要求）；②学校早操、课间操、课外体育活动的组织与措施；③班级体育锻炼的安排（包括时间、项目、场地器材、组织形式等）；④《国家体育锻炼标准》的测验与统计；⑤体育干部的培训（包括体育委员、锻炼小组长、测验员、裁判员等）；⑥群众性小型竞赛活动（内容、时间、形式等）；⑦宣传教育（黑板、广播台、专题报告讲座等）；⑧经费预算。制订的各种计划要科学合理，要符合学校、学生的特点。在教育实习中，若遇到制订计划的工作，应安排体育教师各自完成，并从中选择较合理的计划执行，尽量让每个体育教师都有机会得到锻炼。

（二）锻炼计划制定能力的考查方法和要求

通过教学研讨中的作业布置，来考核体育教师制订计划的能力，这一成绩可纳入考核。考查要求，优：制订出的计划合理，符合学校以及学生的特点，切实可行，良：制订出的计划合理，基本符合学校以及学生的特点，切实可行；及格：制订出的计划基本合理，可行性一般。

二、运动队组织训练能力的培养

（一）运动队组织训练能力的培训内容及要求

运动队训练的内容包括身体训练、技术训练、战术训练、思想品德训练、心理训练和智能训练等几个方面。能依据中、小学生生理、心理特点和不同兴趣爱好，结合运动项目的需要进行科学的选材，并能制订出科学的训练计划，运用现代手段科学地指导运动队训练和比赛，在训练比赛中，对学生进行思想品德教育。

（二）运动队组织训练能力的培训途径

首先，体育教师在校学习有关课程，特别是在专项课程学习中，对本项训练内容和要求有较好地掌握与理解，心中对既定的体系有一定的了解。其次，在带领学校体育业余运动队时，可以在年长有经验地教师指导下组织学生训练、理论结合实践，发展组织运动队训练地能力。通过这种锻炼，可以提高学生组织运动队的能力。在教学实践中，要安排体育教师参加带运动队训练的内容，在实践中进一步锻炼和提高该能力。

（三）运动队组织训练能力的考查方法与要求

在校内组织公体业余运动队训练和指导比赛情况，可作为考核成绩的一部分进行考核。优：能进行科学选材，合理地制订训练计划，运用科学手段进行训练以及指导比赛，有较强的组织管理能力。良：能较合理的选材、制订计划、指导训练与比赛，有组织管理能力。及格：选材能力一般，制订的训练计划基本合理，训练、指导比赛、组织管理能力一般[1]。

---

①黄沛锋.多元化教学模式在高中体育教学中的有效实施［J］.当代体育科技，2018，8（7）：65-66.

三、学校各种运动竞赛的组织与编排能力的培养

（一）学校各种运动竞赛的组织与编排能力的培训内容及要求

学校各种运动竞赛的组织、编排能力的培养内容包括比赛前规程制定，经费安排，报名编排，准备场地器材，筹备奖品，比赛中有关工作的组织、实施以及比赛后的总结等工作。重点是培养规程制定、器材准备、组织及编排能力，通过培训，能较好地承担学校各种比赛的组织编排工作

（二）学校各种运动竞赛的组织与编排能力的培训途径

所有体育老师在入职培训时，应将竞赛的组织编排工作作为一个重要内容讲解，使体育教师掌握这方面知识、熟悉校内的各种体育竞赛。应有计划地安排新体育老师实习编排，使其在实践中掌握这方面的能力，学校的各种体育竞赛的组织编排工作应在有经验教师的指导下，尽量由新体育老师独立地完成，使其这方面的能力进一步巩固和提高。

（三）学校各种运动竞赛的组织与编排能力考查方法和要求

学校各种运动竞赛的组织、编排能力考查方法、要求，也可作为考核的一部分。优：规程制定合理、可行，场地器材的准备和安排合理、充分，比赛中有关工作组织、处理、应变能力强，编排科学合理。良：规程制定合理、可行，场地器材的准备和安排合理，比赛中有关工作组织、处理、应变能力较强，编排合理。及格：规程制定基本合理、可行，场地器材的准备和安排基本符合要求，比赛中有关工作的组织、处理、应变能力一般，编排基本合理。

四、裁判能力的培养

（一）裁判能力培训内容及要求

中小学常有体育项目的裁判工作，如篮球、排球、足球、田径、乒乓球等

项目中裁判工作的具体内容，其要求有一项能达到二级或三级裁判水平，其他项目能担任校内比赛的裁判工作。

（二）裁判能力培训的途径

在职前学习培养期，每门技术课应当增加裁判实习的时间。专项选修课中的规则、裁判法应讲解得更细，实习时间应更多，能保证在教师的指导下提高裁判水平。在入职实习中，要求新体育教师担任实习学校运动竞赛裁判的工作。

（三）裁判能力的考查方法与要求

在教育实习中，新体育教师担任裁判工作的能力，应作为实习成绩的一部分。优：一项达到二级裁判水平，其他项目能较好地完成校内比赛的裁判工作。良：一项达到三级裁判水平，其他项目基本能完成校内比赛的裁判工作。及格：一项达到三级裁判水平，其他项目裁判能力较差。

五、指导学生锻炼身体的能力培养

（一）指导学生锻炼身体能力的培训内容与要求

指导中小学生科学地锻炼身体的内容包括：活动内容的安排、锻炼方法的选择、运动量大小的控制、场地器材的布置、环境气候的影响、安全因素等方面都能科学的安排，符合学生的年龄、性别、生理、心理的特点。

（二）指导学生锻炼身体能力的培训途径

在所有体育理论课技术课中，凡涉及锻炼方法的都应作为重点讲解，使学生能较好地掌握这方面的知识。在课外活动中，体育教师应积极指导学生通过实践提高这方面的能力[①]。

---

①邓运龙，张海忠.论现代体能训练新理念新方法［J］.军事体育进修学院学报，2009，28（4）：73–75.

（三）指导学生锻炼身体能力的考查方法、要求

指导学生锻炼身体能力的考查方法、要求，可作为考核成绩的一部分。优：能科学地指导中小学生进行锻炼：锻炼项目的安排、锻炼方法的选择、运动量的大小，场地器材的布置、环境气候因素的影响，安全因素都能科学地处理和全面考虑，符合学生年龄、性别、生理、心理的特点。良：能较好地指导中学生进行科学锻炼，所有安排比较合理。

加强体育教师专业实践能力和加强课外体育活动的组织管理能力的培养，是新课改的发展要求，在实施过程中，应把理论教学、实践教学同培养体育教师的能力结合起来，为中小学培养出合格的体育师资。

第三节　多形式优质课活动参与提升能力培养

随着我国教学改革进程的不断推进，中小学体育教学事业获得前所未有的发展，中小学生的健康水平也得到明显的改善。然而，由于转型工作不科学、培训效果不理想等，导致改革进程中衍生出诸多问题，如优质课教学流于形式，课堂评估标准不符合现行教学需求等，从而使教学效果难以实现预期目标，在很大层面上阻碍了改革的进展，如"生本"及"师本"理解差异的悬殊性，"大、多、全"的模糊教学目标设计，重讲解、轻示范的教学技能运用等。因此，如何契合时代发展步伐，提升中小学教学优质课的比重，让体育教学成功纳入素质教育的轨道，已成为当前亟待解决的重要课题。

一、传统体育优质课评价标准

为提高体育课堂教学效果，体育课堂教学的评价一直都非常受人们关注。受传统教育教学思想和评价观念的影响，对体育课堂教学的评价内容主要侧重教师方面，如教师的教学态度、教学手段和方法、教学组织能力、教学语言、应变能力、教学的即时效果等，一些评价标准还引入了心率曲线。传统评价方法使体育优质课的评价成为体育教师的"表演课"，形成教师主动学生被动的局面，脱离了体育教学以学生为主体的本质。虽然传统的评价也有一些涉及学生学习行为的内容，如学生的学习兴趣、学生对运动技能的掌握和运用等，但

最终重点还是放在教师的教学上，体育优质课的评比也只看体育教师的"表演"是否"出色"，而忽视了学生的主体地位。这种体育课堂教学已不能适应新课程标准的要求，亟须制定新的体育课堂教学评价标准。

二、不同群体不同评价标准分析

随着体育基础教育的不断深入和新的《体育与健康标准》的实施以及"健康第一"指导思想的确立，传统上认为合适的体育教学方法现在未必可行，反之亦然。总结在新课程标准下学生、一线体育老师、教育部门领导以及体育教育专家等四类不同人群评价体育优质课的标准。

（一）学生评价体育优质课标准的分析

国家虽然制定了德、智、体全面发展的教育方针，但长期受重智轻体和应试教育的影响，降低了学校体育的地位与作用，体育学科在学校中往往处于无足轻重的从属地位。在我国，学生的身体素质优劣并不关系其升学和劳动就业，这种现象严重影响学生对体育价值的正确认识，使绝大多数学生认为体育只是在课余用来调节学习压力的一种方式，一种欢乐的"练练玩玩"，学生希望在体育课上能够无拘无束，练得开心、玩得尽兴。因此，拥有笑声、自由和交流的机会，是学生评价体育优质课的标准。

（二）一线体育教师评价体育优质课标准的分析

由于师生的社会基础、社会地位和社会角色不同，造成教师与学生对体育课的认识存在差异。正是这种认识的差异，导致学生心目中的体育课与现实中的体育课反差太大，学生在上体育课时怀有失望的态度，致使其逐渐不喜欢体育课，出现了学生喜欢体育运动但不喜欢体育课、运动不心动、夏天躲阴凉、冬天晒太阳等普遍现象。如何调动学生的学习兴趣，让学生积极主动地参与到体育运动中，培养学生良好的运动习惯，是摆在一线体育教师面前的课题，因此，能够让学生在体育课上真正的动起来也就成为一线体育教师评价体育优质课的前提条件。如果学生对体育课抱有懒散的心态，即使教师有较优秀的教学方法，但学生始终抱有反抗的心态，不服从管理，不接受教师的教育和指导，也不能达到体育教学的目的。只有建设和谐的教学氛围，才能促进学生通过积极锻炼，获得体育与健康知识和技能，增进身体健康、提高心理健康水平，增强社会适应能力。因此体育课要建设和谐的教学氛围是一线体育教师评价优质课的一项重要标准。另外，因为体育是教育的重要组成部分，就要在教学思想的指导下，完成一定的教学目标与任务，一线的体育教师认为体育优质课还必须要具备充分体现学生的主体作用，促进全体学生的全面发展的特征。

（三）教育部门领导评价体育优质课标准的分析

学生在学校中的安全问题，一直以来都被教育部门高度重视，特别在"健康第一"的思想指导下，学生在体育课上的安全问题尤为重要。体育教学受教学环境因素（主要设在室外）影响，教学环境开放、教学空间较大、学生身体活动的空间大、人际交往频繁而复杂。同室内教学相比，上课时学生较难管理，课堂秩序难以控制，受外界的干扰因素较多，此外还存在场地、器械等安全问题，体育课存在着较多的不安全隐患。因此，教育部门领导应把安全问题摆在突出的位置，加大力度消除学生在学校中的一切不安全因素，避免学生出现伤害事故，并以此作为衡量体育优质课的首要标准。另外教育部门要起到统筹全局的作用，诸如引导培养学生的创新精神和多种才能，充分发挥学生主体作用，体育与育心相结合，培养学生良好行为习惯和道德品质。

（四）体育教育专家评价体育优质课标准的分析

赖天德先生在《正确理解<课程标准>认真落实课程理念》一文中明确指出四个理念：①坚持"健康第一"的指导思想，促进学生健康成长；②激发运动兴趣，培养学生终身体育意识；③以学生发展为中心，重视学生的主体地位；④关注学生的个体差异，确保每个学生受益。学校体育教学改革可以千变万化，但必须围绕这些新思想、新理念[1]。而对体育课的评价很重要的一条要看体育课是否充分地体现学生的主体作用。体育教育专家是体育改革的领路人，是使体育教育改革不断深化的主力军。他们有较高的认识角度，指导体育教育的改革，对体育优质课的评价标准突出宏观方面的评价，强调体育课是否体现新思想。

---

①赖天德.正确理解《课程标准》认真落实课程理念［J］.体育教学，2004（1）：4.

三、中小学体育教学优质课新特点

体育优质课是拥有良好的人文环境及体育氛围，具有缜密科学的课堂组织以及管理模式，教学中呈现出良好的师生、生生互动情景，教师在教学中不断创新、发挥教学的多重功能，最终使学生达到"过程与方法、技能与知识、态度与情感"的立体化教学目标，养成体育锻炼的良好习惯。基于上述内涵，得出体育教学优质课的新特点：

（一）彰显真正学习

对于中小学体育课堂优质课而言，其核心目的是养成学生积极参与体育运动、养成学习自主化的习惯，通过教学使学生将健康与运动衍变为其内在发展的自觉性行为，将身体锻炼及体育动作的学习视为一件积极快乐的事，并作为生活的一个主要部分，视为一种良好的生活习惯。通过优质化的体育教学，在潜移默化中提升安全意识、生存及生活能力。通过小组竞技、合作学习、差异化教学等提升锻炼效果，最终促使全体学生进行全过程学习，养成终身学习、锻炼常伴的良好习惯，彰显"快乐体育"的乐趣及价值，是优质课追求的新内涵。

（二）体会互动和谐

体育教学优质课应突破传统管理与被管理、控制与被控制的单一化发展模式，形成学生之间、师生之间的和谐关系，卓越体育教师在教学中应充分关注学生的个体差异，制订匹配发展的教学策略及课堂方案，形成一种互相协作、良性竞争的格局，促使体育优质课及情感价值观的和谐发展。在践行中履行"健康第一"的教学使命，促使学生在优质化的教学中提升身心健康同时在新课改背景下，体育教学应积极向"快乐体育"的方向发展。目前对中小学体育教学而言，快乐教育的教学方法主要有竞赛法以及游戏互动法等。卓越体育教师要发挥教师的主导作用，根据新课改教学大纲的设计要求，在充分借鉴其他学校的先进教学方案基础上，以创新驱动为核心，对教学方法进行优化设计，对不同的教学方法进行组合，实现教学手段的多样化和现代化。如教学的形式可以采用集体教学、分组考核、小组活动的形式，展开各种不同项目、不同组别的体育竞赛，让学生有意识地来进行选择和组合，激发学生学习的动力。同时，体育比赛也是一种"调味剂"，在比赛中，赛场沸腾的氛围，往往能让学生发挥最大的动能，激发学生不服输的品质，在享受比赛的同时，一次次突破个人的极限。在中小学的体育课中举行各类比赛，可以锻炼学生身体，调动学生参与的积极性，活跃课堂气氛的作用。

（三）关注个体差异

在中小学体育教学中，个体之间的差异性是不可避免的。因此卓越体育教师在教学中应充分关注学生性别差异、身体发育差异、运动潜力、现存能力差异以及学习兴趣差异等。卓越体育教师在课堂教学设计中进行探究式、引导式的操作，培养学生形成知识搭建及融会贯通的思维能力，确保知识网络架构中的循环性、时序性，保障新旧动作技能的有效利用，体现创新知识化的思维理念[①]；同时在教学中对差异进行充分关注，充分尊重学生的自身潜能，让学生在教学中感知自身的闪光点，体验自身价值，让更多的学生对体育充满兴趣，参与到体育课堂的主动锻炼之中。

（四）探究多元渠道培养学生

调研发现，多媒体教学越来越广泛地出现在国外中小学体育教学体系中，它借助计算机、投影仪、电视机，集声音、动画于一体，创造一个图文并茂，生动逼真的教学氛围，为教师们提供了具体形象的展示表达方式，也为学生提供了充满乐趣的学习场所。多媒体教学，可以减轻教师和学生的负担，使课程更加有趣，也可以降低课后作业的难度，从根本上改变传统意义的教学。多媒体教学的方法和手段，颠覆了传统教学的平白，丰富生动了我们的课堂，使我们的体育教学收到了很好的效果和反馈。

基于此，我们应结合实践需求，考虑视听的结合方式，可以展示给学生精彩的体育比赛，例如NBA比赛直播，诱发学生对篮球的兴趣与激情，延伸学生的视觉、听觉和感觉等感官功能，直接的训练学生思维能力，从而发展其智力，间接地培养学生探究能力。卓越体育教师也可以参照视频进行真实模拟，

---

①李运堂.混合教学过程中信息化资源建立方法与应用实践研究［J］.科技经济导刊，2020，28（1）：181.

使学生生动地参与其中，感触体育运动的激情与活力，发挥自己的创造力和想象力保持良好健康情绪。该模式是对传统固化课堂教学模式的一种革新，有效的提高了学生的学习情趣和积极性，使学生能够主动参与体育锻炼、在潜意识中培养学生"健康第一"的理念，提升其探究能力，培育学习应用及探索性思维，产生良好的实践价值，从而推动中小学生在体育学习中不断进行改变，以满足素质教育下的多重需求。

提高体育优质课的参与，课程前的准备是关键，其重点在于备课的"备"。课程教师在书写教案前应认真钻研教学大纲，吃透教材，明确各教材之间的关系，这样才能在个人准备或集体准备时博采众长，精心策划出优质的体育课堂。

备课内容，即在教学大纲规定的内容中选择、搭配出能全面发展学生集体素质、注重学生个性发展、有利于展示自己或集体教研的成果，符合教师自身特点和学生特点的教材。备课任务，即体育课成功与失败的标准，很关键的部分在课的任务完成上。要想全面、具体、准确地确定课的任务，教师就应明确主要教材的技术、技能在这次课应达到的程度。各种教材在教学过程中随着学习程度的递增可以反映出不同的技术程度和特点。备课教法，即组织和学法。教法，组织及学生的学法是否有突破，是这节体育课是否"优质"的关键。主要涉及：①设计新颖的教法；②构思流畅的组织过程；③学生学法上要有突破。课程教师要真正意识到学生才是教与学这个过程中的主体。

四、优质课参与提高能力评价

评价一节优质课应符合"四统一""四结合"的标准，才能避免片面性、主观性、形式主义，才能全面地、实事求是地、科学正确地评价体育课。

"四统一"主要有以下四个方面的内容（如图11-3所示）：

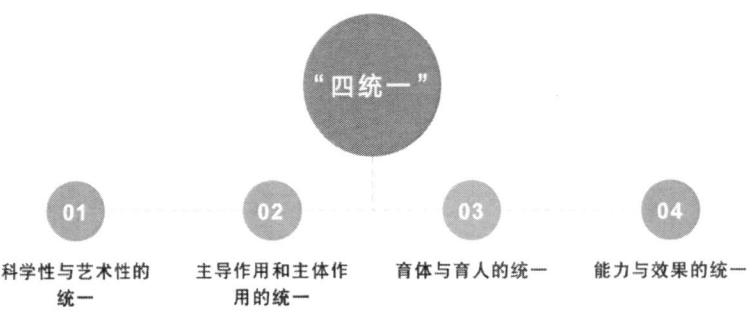

图11-3 "四统一"的内容

（一）科学性与艺术性的统一

无科学的教学缺乏根基，无艺术的教学缺乏活力。通过教学让学生掌握"三基"（即基本知识、基本技术、基本技能），教师必须有明确的教学目标，清晰的表达，突出的重点与难点，较好严密的组织与练习方法以及活跃的课堂气氛。同时，教学要有艺术性，如组织教学的艺术、教学语言的艺术、诱导练习的艺术、动作姿态的艺术等，尤其是一些学生较畏惧的项目，要使学生从教师的各种教学艺术中感觉到此运动是一件快乐的事情，否则只有科学性而没有艺术性的教学，则是呆板、机械、令人窒息的，科学也无从实现。课堂教学的科学性与艺术性是相互依存的，教学的艺术性是机智灵活地运用教学规律的结果，对课的综合评价应是从学生学习反映的角度对课的科学性、艺术性进行一次检验。

（二）主导作用和主体作用的统一

教师的"教"是为了激发学生更好地"学"，教学效果的好坏主要体现在学生主体性的发挥以及学生在课堂上的各种反应。卓越体育教师发挥自己熟练而精巧的教学艺术、个人潜能与个性等方面的优势吸引学生，使学生积极主动地学习，从而把教师自己的知识转化为学生的认识，这样不仅使本节课教学目标圆满实现，还能激发学生后继学习的兴趣和热情。

（三）育体与育人的统一

毛泽东同志在《体育之研究》中指出"体育一道，配德育与智育，而德智皆寄于体，无体是无德智也。"[1]这句话形象地指明德、智、体在教育过程中的辩证统一关系。因此，要求教师紧紧围绕着体育课教学，将知识的传授、能力的培养、身体的发展、觉悟的提高一起抓，从而促使学生全面发展。

---

①毛泽东.体育之研究［M］.人民体育出版社，1979.

（四）能力与效果的统一

教师的各种能力通过教学实践产生效果，体育课的评价是对以教师教学能力为中心的各种能力的全面衡量和鉴定；同时又要对学生通过教学实践作用于生理和心理的各种变化的有关指标进行测定和评估，从客观反映课的效果。一堂显著的优质课应是教师的教学素养、工作态度业务能力和学习效果，身心锻炼效果共同体现[①]。

"四结合"主要有以下四个方面的内容（如图11-4）：

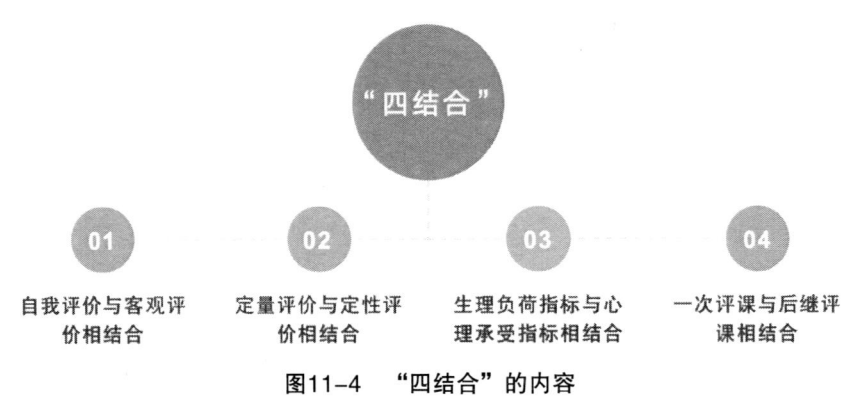

图11-4 "四结合"的内容

（一）自我评价与客观评价相结合

自我评价由授课教师对课的设计、组织教法步骤、运动负荷的安排以及创新之处、机动灵活之处、不足之处等做详细而全面的自我评价。而客观评价则通过集思广议与授课人一道针对课的内容、授课情况以及涉及内容的相关问题进行辩论、讨论，再采用科学的、灵活的集体智慧，作出有较强针对性的、较有价值的评议。二者结合起来，对教师评课、提高有很大帮助。

（二）定量评价与定性评价相结合

定量评价用较充足的数据材料来揭示事物内在规律。定性评价则在理论认

---

①李振，鲍苏云.优化体育课堂教学设计的策略［J］.中国学校体育，2020，39（3）：64.

识的高度上对事物进行科学的分析和评价。定量、定性评价相结合能更客观地反映体育课的质量。只有定性，容易圆滑，失之公允；只有定量，则易死板、教条；二者结合，对评课会更客观。

（三）生理负荷指标与心理承受指标相结合

影响生理负荷的因素并不是简单的或单纯的动作幅度、重复次数、器材的重量等生理现象，且与心理状态十分相关。心理状态不仅影响生理负荷，还影响动作的协调性、准确性、疲劳度等。因此，在评课时，应在生理负荷和心理承受方面制定一些可操作的检查指标，使生理负荷与心理承受指标结合起来进行综合分析、评价，更能体现出体育课和体育本身对人的身心全面影响的作用。

（四）一次评课与后继评课相结合

一次有价值的评课是对授课教师授课教法、内容及软件，进行分析、提炼、发展、创新等课堂各方面的综合评估；如果能多次看课、评课，把后继教学评价中的结论与上次对比，则会真正促进教师不断进步、不断提高。

第四节 混合式教学支撑平台开发与实现能力培养

混合式教学建立在在线学习发展的基础之上，是一种将在线学习和课堂教学相结合的教学模式。混合式教学模式更注重学习者个体的学习特点，具备自主性和个性化需求的优势。设计并开发面向个性化学习的混合式教学支撑平台，有利于有机整合课堂教学和在线学习的优势，为教师提供更加及时科学的反馈，使教学活动更具针对性，从而提高教学效率与效果。

一、混合式教学的理论基础

（一）面向全体学生的掌握学习理论

教学模式起源于工厂标准化、流水线式生产思想的教育教学人才培养模式，是一个要求在规定的时间内，采用标准化的教材、统一的教学方式、统一的教学媒体以及标准化的考核评价方式等实现标准化的教学过程。在教学设计的过程中，教师被迫选择以中等水平的学生群体作为参照，开展教学设计、教学进程安排和教学评价等活动，其结果必然会导致学生之间出现学习差异和成绩分化的现象。学生成绩分化的正态分布曲线，反过来继续强化教师的教学设计并最终形成一种教学设计与学习成效的恶性循环[①]。然而，如果教学是一种有目的、有意识的活动而且富有成效，那么学生的学习成绩就应该是一种偏态分布，即绝大多数智力正常的学生的学习成绩能达到优良甚至优秀。基于上述认识，布鲁姆提出的掌握学习理论认为，只要给予足够的时间和适当的教学，几乎所有的学生对几乎所有的内容都可以达到掌握的程度掌握学习理论[②]。该认识提出后，世界各国教育界进行了大规模的掌握学习实验，但由于受当时条件的限制，还不能彻底解决统一教学与学生个别学习需求之间的矛盾，尤其是优秀学生的学习需求无法得到满足，而使该理论的发展处于停滞状态。时隔50多年后的今天，信息技术对满足学生学习需求的天然优势得以彰显，掌握学习理论为混合式教学尤其是课前知识传递阶段的学习提供了坚实的理论基础。

（二）以问题为中心的首要教学原理

美国犹他州立大学教授大卫·梅里尔（David Merrill）的研究表明：只讲究信息设计精致化的多媒体教学和远程教学产品，虽然这些产品的质量是上乘的、外观也颇吸引人，但由于其并非按照学生学习的要求加以设计，因此只会强化教师讲授式的教学[③]。在结合社会认知主义、建构主义学习理论等多种代表性理论的基础上，提出了以问题为中心的"首要教学原理"，认为当学生解决真实世界中的问题时，其学习会得到促进。围绕面向真实问题的解决，提出了有效教学的四个阶段：激活、展示、运用和整合。其核心思想是，只有当教师的问题设计是面向真实世界且给学生提供相应的问题解决指导的时候，学生的

---

①仲崇霞. 信息化背景下高校体育多元混合教学模式改革研究［C］. 中国体育科学学会.第十一届全国体育科学大会论文摘要汇编.中国体育科学学会：中国体育科学学会，2019：6288–6290.

②郑建. 浅谈布鲁姆掌握学习理论［J］. 外国教育研究，1990（1）：4.

③梁林梅、李晓华. 美国教学设计的过去，现在与未来——访"第二代教学设计之父"戴维·梅瑞尔博士［J］. 中国电化教育，2009（8）：1–7.

有效学习才会发生，教师的教学效能才会得到提升。这一理论的提出，将教学推向更加复杂广阔的真实世界[1]，不仅强调教学设计要关注学生真实世界劣构问题的设计及问题解决方面的指导，还要求教师转变讲授式教学理念，从知识的传递者转变为学生学习过程中的指导者、协助者、促进者。

（三）关注高阶思维养成的深度学习理论

布鲁姆将认知过程的维度分为六个层次：记忆、理解、应用、分析、评价和创造[2]。观察当前的课堂教学可以发现，教师的大部分教学时间仍然停留在如何帮助学生实现对知识的记忆、复述或简单描述，即浅层学习活动。而关注知识的综合应用和问题的创造性解决的"应用、分析、评价和创造"等高阶思维活动，并没有在当前的课堂教学中得到足够重视。深度学习理论研究者正是基于对孤立记忆与机械式问题解决方式进行批判的基础上，提出教师应该将高阶思维能力的发展作为教学目标的一条暗线并伴随课堂教学的始终。

在当今的大部分课堂教学中，学生需要较少帮助的浅层学习活动，发生在教师存在的教室之中。而当学生试图进行知识迁移、做出决策和解决问题等深度学习时，却发现自己孤立无援。基于此，以翻转课堂为代表的混合式教学，将原有的教学结构实现颠倒，即浅层的知识学习发生在课前，知识的内化则在有教师指导和帮助的课堂中实现，以促进学生高阶思维能力的提升。

（四）促进记忆保留的主动学习理论

依据信息加工理论，所有的学习过程都是通过一系列的内在心理动作对外在信息进行加工的过程[3]。美国加州大学圣芭芭拉分校心理学教授梅耶正是从这个观点出发，讨论了学习过程模式中新旧知识之间的相互作用。近年来，认知科学家的研究表明，主动学习是促进知识由短期记忆转化为长期记忆的最佳方式。结合戴尔的"经验之塔"理论[4]可以发现，被动地接受教师教学中传递的抽

---

① 尹继林，李乃琼，陈军."课内外一体化"体育俱乐部教学评价体系构建［J］.体育科技，2016，37（1）：136-138.

② 郑建.浅谈布鲁姆掌握学习理论［J］.外国教育研究，1990（1）：4.

③ 陈杏友佩.从加涅"信息加工"理论看数学学习的迁移［J］.课程教育研究，2017（24）：2.

④ 耿新锁.戴尔的"经验之塔"理论及其现实意义［J］.教育史研究辑刊，2003（2）：4.

象经验和观察经验，学生的记忆保留时间较短，学习效率低下；由于做的经验能以生动具体的形象直观地反映外部世界，故主动参与性的学习活动能够促使记忆长期保留——这与中国近代教育家陈鹤琴先生"做中教，做中学，做中求进步"[①]的教学方法论不谋而合。

正因如此，为促进学生的记忆保留，在混合式教学中通过体育教师的协助和指导，学生以自主学习和合作探究的学习方式参与到真实问题解决的实践活动中，并与同伴协同完成实践活动。在此过程中，学生通过观察与内省获得知识和技能，掌握问题解决的思路与方法，并不断丰富和完善自我的情感、态度和价值观，实现自我超越。

二、ADDIE教学设计模型的构建

系统化的教学设计模型是教学设计理论的抽象化图形描述，以其精简化、可视化、操作性强等特点，成为教育、培训领域课程设计与开发的指导性设计模型。ADDIE模型是一套有系统地发展教学的方法，培训课程开发模型之一，ADDIE模型就是从分析（Analysis）、设计（Design）、发展（Develop）、执行（Implement）到评估（Evaluate）的整个过程。体现通用教学设计特征的ADDIE教学设计模型，涵盖了教学设计过程的一系列核心步骤，它将系统化的教学设计分为分析、设计、发展、执行和评估等五个步骤，以保证高效地进行课程设计与实施。

（一）分析阶段

对于混合式教学的课程设计而言，按照系统论的观点，教学系统要有明确的目的，课程体系要有整体性、要与学生有明确的相关性，并与教学环境相适应。因此，分析阶段的内容主要包括教学对象分析、教学内容分析以及教学环境分析。教学对象分析主要从学生的共同特征、已有知识储备、学习风格等三个方面出发，以便为后续教学目标的确定、教学媒体和策略的选择、教学内容和活动的组织策划等提供实施依据。教学内容是实现教学对象向培养目标确定能力转变的支撑性材料。随着人类对知识内涵认识的深化，研究者从不同角

---

①夏峰. 做中教，做中学，做中求进步——陈鹤琴"活教育"思想与特殊教育实践［J］. 现代特殊教育，2015.

度对知识分类进行了界定，如布鲁姆的教育目标分类法、加涅的学习结果分类等。目前最为权威和流行的一种分类方法是1996年联合国经济合作与发展组织（OECD）提出的知识分类观点，即知识可以分为知道是什么（KnowWhat）的事实知识、知道为什么（KnowWhy）的原理知识、知道怎么做（KnowHow）的技能知识和知道是谁（KnowWho）的人力知识[①]。实践表明，混合式教学的内容分析依此知识分类观点进行知识分类，对于明确教学目标、把握重难点具有较强的可操作性。

　　教学环境是实现教学活动的主要媒介和载体，也是教学目标实现的重要条件保障。混合式教学环境主要包括网络数字化学习环境和课堂教学活动环境——网络数字化学习环境包括网络硬件环境的配置、网络学习平台及其可用资源的建设、学生可用网络学习设备的环境配置等软硬件环境资源；课堂教学活动环境主要包括实验活动室、支持合作探究的研讨型活动室、便于开展讨论辩论的活动室以及便于汇报、展示和交流的多功能教室等[②]。

（二）设计阶段

　　基于前述分析结果，本研究认为设计阶段主要包括教学目标与重难点设计、教学媒体选择和教学策略设计、教学过程与教学资源设计、学习评价设计等四个方面。教学目标与重难点设计是混合式教学设计的灵魂所在，对后续阶段起着统领作用。结合对教学对象和教学内容的分析，可从知识、能力、情感态度价值观等三个方面对教学目标进行分类阐述，并由此确定教师教学和学生学习的重难点，使混合式教学活动的开展有的放矢。教学媒体选择和教学策略设计是为了实现教学目标，而选择并确定信息传递的通道以及师生开展教与学活动的组织方式。混合式教学与传统教学的核心区别之一，就在于教学媒体选择和教学策略设计的不同——传统教学中教学媒体的选择主要考虑如何更加有助于教师教学内容的呈现，而混合式教学中教学媒体的选择更多地偏重于哪些媒体形式能够更好地支持学生的学习。为了更好地激发学生主动学习的动机、促进学生的深度学习，混合式教学策略设计需要考虑教学组织形式，如采用课堂环境的小组合作学习、自主探究学习、讨论辩论式学习以及课下真实任务驱动的研究性学习等，以真正将"学生为主体"落实到具体的教学策略设计过程

---

①孙慕天.知识经济的兴起［J］.哈尔滨市经济管理干部学院学报，2000（2）：14-16.
②黄荣.基于ADDIE模型的数字化体育教学平台［J］.体育研究与教育，2013，28（5）：69-72.

中。教学过程与教学资源设计是在教学策略确定之后，围绕学习活动而开展的具体教学过程和资源的设计。在混合式教学中，教学过程设计不再仅局限于传统的课堂教学这一个环节，而是围绕学生课前、课中和课后三个阶段学习活动而进行整合的设计，包括课前自主学习任务的设计和网络学习资源的设计、课堂教学与研讨活动的策划与设计、课下研究性学习活动的设计等环节。学习评价设计是混合式教学设计的最后一个环节。本研究认为，可以通过学习过程的评价（如学习平台的用户日志和在线测验完成情况）、研究性学习成果评价（如组内自评与互评、组间互评、师生互评）和课程的期末考试等三个方面进行学生学习效果的评定。

（三）发展阶段

立足于分析、设计两个阶段，开发阶段重在选择合适的教材资源，同时制作、开发各种辅助学习资源，以生成具体的教学单元内容。在开发阶段，课前需要完成与学生自主学习相关配套资源的开发，主要包括自主学习任务单的制作和以微视频为核心的在线配套课程资源的建设。需要重点强调的是，自主学习任务是引导学生利用配套学习资源开展学习活动、完成学习任务、实现教学目标的学习支架，因此，以微视频为核心的在线配套课程资源的开发活动应该基于自主学习任务单中的学习任务设计；同时，要注意自主学习任务和导学案的区别，明确自主学习任务中任务设计的核心是将教学内容的重难点转换为面向真实情境的问题解决，以此培养学生的自主学习能力和独立思考能力。

（四）执行阶段

执行阶段旨在通过借助合适的教学媒体，将虚拟环境的优势和现实环境的优势相结合，开展教学和研讨活动，实现人才培养目标。混合式教学的实施可以分为课前、课中、课后三个阶段。

（五）评估阶段

混合式教学设计的价值体现依赖于评估阶段，而评估主要包含形成性评估和总结性评估两个方面。形成性评估贯穿于混合式教学设计的各个阶段，通过调查问卷、访谈等方式收集数据，并在后期阶段中对教学设计方案予以不断完善；总结性评估则在教学实施完成后进行，主要就学生的学习成效、知识掌握、能力养成、价值观完善等进行全面的考察和评鉴，并据此修正教学设计的五个步骤，通过迭代式的循环，形成混合式教学设计的最佳实践。

三、混合式教学的实施流程

通过上述分析不难看出，仅从ADDIE教学设计模型出发进行混合式教学的讨论，并不能体现出混合式教学的特点。因此，有必要对混合式教学的实施流程展开讨论，以便为高校教师开展混合式教学提供更加清晰的操作流程的指引和经验参考。为此，在借鉴翻转课堂教学模式的基础上，按照"课前""课中"和"课后"三个阶段来逐步开展混合式教学，提出了三阶段式的混合式教学实施流程。

（一）课前阶段

在混合式教学正式实施前，卓越体育教师需要将设计并已制作好的自主学习任务单和以微视频为核心的在线配套课程资源上传至学习平台。自主学习任务单可以分为三个部分：①学习指南部分，可以为学生提供课程和教学的相关信息，如本节内容的教学目标、重难点以及学习方法的建议等；②具体任务部分，明确要求学生通过观看微视频并应用相关的配套资源，完成与教学重难点相关的学习任务；③困惑建议部分，学生将学习过程中遇到的困惑提交至学习平台，卓越体育教师据此可以把握学生课前的自主学习状况，并了解学生的问题所在，以便利用网络或在课堂教学过程中进行有针对性的解答和指导[①]。

简而言之，课前阶段是指学生根据自主学习任务单的相关内容，利用网络学习平台上的相关资源开展自主学习，完成教师设定的任务，并将自主学习过程中遇到的相关困惑及建议提交至学习平台，形成课前自主学习反馈；卓越体育教师则利用平台提供的讨论区、聊天室或QQ群、微信群等网络交流工具，与学生进行同步、异步的交流与反馈，进行有针对性的个别化指导。

---

①姜斌. 体育教学研究方法论的哲学视阈［J］. 内蒙古师范大学学报（教育科学版），2019，32（1）：115–119.

（二）课中阶段

课中阶段伊始，卓越体育教师可以针对学生在任务完成过程中存在的共性问题，采用集中讲授或组织讨论的方式进行答疑解惑。网络平台无法完成的个别化指导，也可以在课中阶段通过面对面的方式来完成。值得注意的是，在学生小组学习的过程中，教师既要尊重学生个体的独立性，让其在自主探究的过程中构建自己的知识体系，又要保证在有限的时间内协助学生取得较大的学习效益。同时，指导教师要给予学生动作上的指导，以保证学习活动的顺利开展。自主探究或合作学习活动结束后，便进入课中的成果展示和交流阶段。在这个过程中，学生可以通过动作展示，展示练习成果，分享学习心得和体会。在此过程中，教师不仅要对学生的学习成果予以点评和指导，引导学生反思在知识、动作技能上的收获，还要引导学生进行学习过程、学习态度、学习经验、学习方法等方面的反思和总结，并开展自我评价，构建自我意识。

（三）课后阶段

课中的展示和交流完成后，学生根据卓越体育教师和其他同学的建议，修改、完善、提炼自己的学习成果和反思总结并提交至学习平台，以进行更大范围的交流和传播。教师一方面可以将其作为过程性学习评价的重要组成部分，另一方面也可以将其转化为可重用、可再生的学习文化资源和教育改革资源，以促使教育系统进入一个螺旋式上升的"超循环"和自组织系统[1]。

无论是课堂面对面地教学、远程教学还是混合式教学，对提升教育质量和人才培养质量的追求从未改变。混合式教学作为课堂教学的一种延续性创新，可以为学生提供超越现有教育教学体系的服务，也可以认为卓越体育教师教学学术的发展提供更为广阔的空间。卓越体育教师既是教育改革的实践者，也是教育模式创新的培育者；既要"寻门而入"，又要"破门而出"。只有大家协同一致、共同努力，超越狭隘的个人视野和眼前利益，好的教育模式才能不断涌现。

---

[1]惠志东，徐爱军.体育教学研究效应的特性［J］.中国学校体育，2006（12）：10-11.

本章小结

体育教学系统就是具有学生、教师等各要素相互作用的有机体。体育教学系统作为现在教学研究的重要课题之一，可以推进学校体育教学实践的发展，实现理想的体育教学路径。体育教学是一个由多种要素构成的既复杂而又有规律的系统，要实质性、全方位地推进这次教学改革，卓越体育教师必须对新形势下的体育教学系统构成及其内涵进行全新的认识，并通过自己的知识经验开发与构建出适合自身、适应学生发展的体育教学系统。对卓越体育教师来讲，要提高教学系统的开发与构建能力，可通过不同形式体育活动系统的组织管理能力、多形式优质课活动参与提升能力和混合式教学支撑平台开发与实现能力三个方面来培养。体育活动一方面是学校课外活动的组成部分，另一方面又是学校体育工作的组成部分，历来受到学校的重视，在学校工作中占有重要的地位，在配合学校的全面工作、实现学校体育目标任务中发挥重要的作用。

第十二章 卓越体育教师教学质量的分析与评价能力培养

教学是学校最主要的工作，是培养人才、实现教育目的的基本途径。教师教学质量的分析与评价是每个学校教学的中心工作，是教学质量监控与管理的重要手段，也是提高教学质量和学校办学效益的重要手段，所以，开展对卓越体育教师教学质量分析与评价能力的研究，建立合理的评价体系和教师教学质量评价指标，具有十分重要的意义。体育教师的教学质量分析与评价能力将直接影响体育教师的发展和学校体育教学质量。当前体育教师教学质量分析与评价存在着评价方法单一、评价指标制定不规范、缺少评价主体参与、评价结果不能及时反馈等诸多问题，这一系列问题的解决需要体育教师的总体素养与能力提升。因此，培养一批教学质量分析与评价能力扎实的卓越体育教师，是提高学校教学质量的关键。科学合理的教学质量评价是提高教学质量的重要保证，是优化学校教育管理的出发点，是满足国家创新型人才需求的源泉[1]。对卓越体育教师教学质量分析与评估能力进行培养，可增强卓越体育教师的教学责任感和发挥卓越体育教师的教学积极性、创造性，促进教学改革。同时也让学校和主管部门对以后的教学改革、科学地管理和动用教师提供重要依据。对教师教学质量的分析与评价能力的培养，在客观上成为教师提高教学质量的一种动力。因此，卓越体育教师教学质量的分析与评价能力应该受到教育界的高度重视。

第一节 体育教学质量分析与评价概况

体育教学质量分析与评价标准在于教育能否促进学生全面发展，能否达到国家的教育目标和标准，能否为社会提供符合需求的专业、高素质的人才。通

---

[1]杨瑞静，赵竟全，李焕喜，等.试谈高校课堂教学质量评价工作［J］.北京航空航天大学学报，2005（18）：37-39.

俗的讲，就是看学校在进行教育时是否遵循教育自身的发展规律，教育教学方法是否科学规范，并能使学生将学到的知识充分利用到社会中去，同时又能够注意学生个性和人格的培养。教育质量的标准也是随着社会进步而不断变动的，每一所学校都应具有自己的特色，展示出不同的教育教学成果。卓越体育教师教学质量分析与评价能力的培养需紧扣体育教学质量分析与评价的理念，规避一切影响教学质量分析与评价能力发展的因素，深知教学质量分析与评价能力对整个教学过程的作用，进而有目的、有计划、有组织的培养自身分析与评价能力。

一、体育教学质量的内涵

体育教学质量是什么？目前的研究尚未有一个明确的界定，多数研究都是围绕体育教学质量的影响因素、构建评价体系以及体质健康等相关问题的研究，对体育教学质量内涵的研究较少。《教育大辞典》的解释："教育质量是对教育水平高低和效果优劣的评价，最终体现在培养对象的质量上，衡量标准是教育目的和各级各类学校的培养目标。前者规定受培养者的一般质量要求，亦是教育的根本质量要求，后者规定受培养者的具体质量要求，衡量人才是否合格的质量规格"[1]。

质量是学校的"生命线"，教学是学校的中心工作，是学校生存和发展之本。中共中央、国务院印发《关于深化教育教学改革全面提高义务教育质量的意见》（以下简称《意见》）[2]，这是中共中央、国务院印发的第一个聚焦义务教育阶段教育教学改革的重要文件，是新时代我国深化教育教学改革、全面提高义务教育质量的纲领性文件。《教育部关于进一步深化本科教学改革全面提高教学质量的若干意见》[3]中为贯彻落实党中央、国务院关于高等教育要全面贯彻科学发展观，切实把重点放在提高质量的战略部署上，现就今后一段时期进一步深化高等教育教学改革，全面提高教学质量的工作提出全面贯彻落实科学发展观，进一步加强对教学工作的领导和管理，切实加强对教学工作的领导。人才培养是学校的根本任务，质量是学校的生命线，教学是学校的中心工作。按照把重点放在提高质量上的要求，进一步加强教学管理制度建设。

---

[1]袁正守.教育大辞典［J］.辞书研究，1992（6）：58.

[2]中共中央 国务院关于深化教育教学改革全面提高义务教育质量的意见［N］.人民日报，2019-07-09（1）.

[3]教育部关于进一步深化本科教学改革全面提高教学质量的若干意见［J］.中华人民共和国教育部公报，2007（5）：37-40.

构建合理的体育教学质量保障体系对提升教学效果，解决当前学校体育教学质量危机，扭转学生体质下降趋势具有重要意义。《全国高等学校本科教育工作会》提出了要推进"四个回归"①（见图12-1），把人才培养的质量和效果作为检验一切工作的根本，对教育教学质量保障体系建设提出新的挑战。

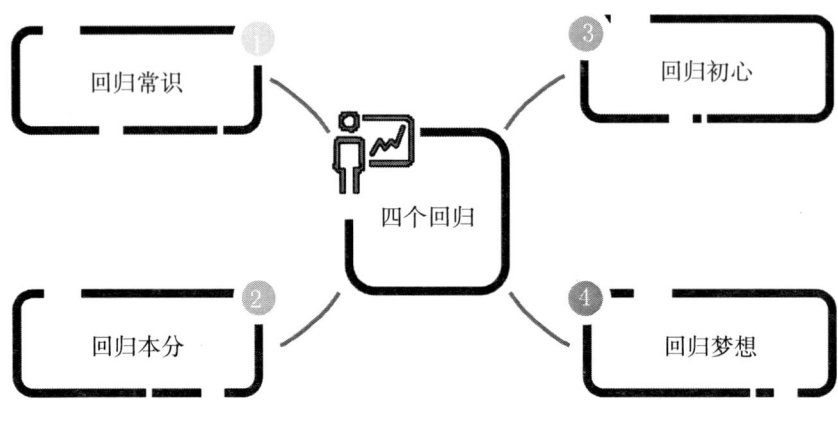

图12-1　《全国高等学校本科教育工作会》"四个回归"

二、体育教学质量分析与评价理念

课堂教学质量的分析与评价是落实课程标准、提高教师课堂教学实践能力和学生学习成就的关键环节。教学评价理念由最初的"对学习的评价（Assessment OF Learning）"，逐渐转变为英国评价改革小组（Assessment Reform Group）提出的"促进学习的评价（Assessment FOR Learning）"，之后还有一些学者提出"评价即学习（Assessment Is Learning）"的观点。教学评价不再仅仅是学生选拔淘汰的工具或教师评比的手段，研究者普遍意识到其对教学改善作用的重要性，重视其甄别性和形成性功能②。课堂教学质量的评价理念也从最初的经验性为主，过渡到利用科学的评价框架或评价体系，系统合理地评估教师教学表现。

20世纪80年代开始，研究者开始重新审视课堂教学评价理念，逐渐重视评价在教学中的作用，评价理念从对学生学习、教师教学的诊断功能，发展到

①唐景莉.坚持"以本为本"　推进"四个回归"——新时代全国高等学校本科教育工作会议述评［J］.中国高等教育，2018（Z2）：11-12.

②钟启泉.课堂评价的挑战［J］.全球教育展望，2012，41（1）：10-16.

运用评价结果，对课堂教学质量、教师教学水平、学生学习状况进行了解和提出相应改善策略。纳特洛（Natriello G.）认为课堂评价的目的是提高课堂教学质量，提出了包含八个阶段的课堂评价过程模式，不再将评价看成某阶段学习后的测验小结，而是贯穿整个教学和学习过程，可以指导教师及时调整教学流程。克鲁克斯（Crooks T.J.）的研究揭示了课堂教学评价影响学生动机和学业成就的形成性机理，为评价的价值性功能理念提供了实证依据。萨德勒（Sadlerd D. R.）将课堂评价主体从教师发展到学生，使评价与学生学习关系更为紧密，强调评价的调整、改善功能。

综上所述，国内外对课堂教学评价的理念都在从单一工具性、诊断性功能面向改善性、导向性功能转变。课堂教学质量的分析与评价意义也变得愈加重要，评价成为改善课堂教学、提高教师专业发展技能的主要途径之一，科学合理的课堂教学质量的分析与评价体系是对学校教育有效性的重要保证，是卓越体育教师教学质量分析与评价能力发展的重要依据。

三、体育教学质量分析与评价的影响因素

一般来说，教学质量分析与评价是对教师的教学过程以及教学效果进行价值判断的动态过程，是引导、促进教师改进教学工作、提高教学质量的系统性管理活动[①]。无论是优奖劣罚，还是反馈建议改进提高，教师教学质量评价的最终目的是促进教育、教学质量的提高[②]。但是，目前一些学校内部自我主动评估、进行质量监控的意识仍然较差，不清楚究竟在哪些环节还存在问题，也缺少对主要教学环节的质量监控与信息反馈以及下一步的整改措施。很多学校都有很明确的管理办法，但执行力有限，操作起来比较困难，缺乏现代科学评价体系和符合学校实情的评价标准。

当前影响我国教学质量分析与评估体系的因素有很多，这其中就有教学设施、教材以及环境等，这些都对教学质量监控系统有着很大的影响。除此之外，国外很多管理方法传入国内，对我国教学质量分析与评估体系有着深远的影响。与国外教学质量分析与评估体系相比，我国教学质量分析与评估体系仍然存在着一些不足之处：

---

①黄成林. 国外教师教学质量评价发展的研究及启示［J］. 清华大学教育研究，2006（6）：101-105.

②刘燕，周长峰. 高校本科教学质量学生满意度评价指标体系构建研究［J］. 当代经济，2012（18）：
　106-107.

（一）教学条件的有效分析与评估不足

教学条件的有效分析与评估不足主要来自学校领导层的不重视，学校领导作为教学的决策者，对教学条件有着密不可分的关系。与国外优秀学校相比，在教学条件的分析与评估上，国内学校缺乏一个统筹的规划与评估，对信息的反馈缺少专门的部门来实行分析与评估。在学校的日常管理中，管理者的精力与目光还是主要放在最容易取得外界关注的环节，从而忽视教学条件的有效监控与评估。与此形成对比的是国外学校，它们更加注重自身素质的提高，在办学条件这些实用性的方面倾注了更多的精力进行一系列有效的分析与评估，这些都是值得国内学校向国外学校借鉴的建议。

（二）教学管理水平的分析与评估不足

在教学管理水平的分析与评估方面，国内学校与国外优秀学校存在着明显的分析与评估的差距，尤其是在日常的教学管理的监控与评估。国外优秀学校更加注重整体性与全面性的发展，在日常的教学管理中，它们不会忽视这一块水平的监控与评估。教学管理是学生学习的前提，也是教师因材施教的基础，教学管理水平对于统筹整个学校的教学具有指导性意义，国内学校的领导更加注重对外的展示而忽视对内教学管理水平的分析与评估。教学管理行之有效的分析与评估对整个学校的层次是有着质的提升，也是需要学校重视的一部分。

（三）教师教学质量的分析与评估力度不足

教师是学校教学的主力军，也是学生学习的引导人，对教师教学质量的分析与评估是对教师教学实施力度的评估，对教学管理有着很大的影响，同时也是对学生学习的一种负责的保证。不可避免的是一些教师的教学进程中会出现偏差或者精力不集中的现象，对这时候出现的教师教学质量的问题进行及时分析与评估，可以及时反馈给学校以及教师进行进一步的修正与提升。这不仅是对教师自己负责，也是对学生及学校负责。但在当前的教学情况下，学校经常会忽视教师教学质量的分析与评估力度，国内学校对于教师更加关注的是教师的名气与能带来的效益，对教师研究成果的重视程度远远高于教师日常教学质量的监控与评估，这就是对学生的不负责，也是急需学校以及校领导及时发现与改进的一个重要问题。

（四）学生学习情况的分析与评估不足

对学生日常学习情况的分析与评估是教学质量监控的开始。学生在学习过程中难免会遇到这样或那样的问题，有时候，他们并不敢直接与老师沟通，时间长了就会出现问题，这样的情况是对今后的学习是一种致命的打击。及时发现学生在日常学习中的问题，不能仅靠学生自己来反馈，应当对学生的学习情况进行及时的分析与评估，在一定的时间内掌握学生学习情况，这有助于教师对学生学习情况的管理，同时学生整体的学习情况反馈出来的信息也有助于教师对于自身教学情况的反省，这是一种双向的监控与评估。但在当前，国内学生的学习情况的监督与评估中，监督与评估力度的不足对学校的教学质量是一种致命的打击，学生掉队，学校并没有及时发现，依旧按照之前的进度，时间久了，学生对于学习就会出现厌学等现象，上课也只是形式。对学生的学习情况的分析、评估与监督不足的问题需要学校各级领导的重视，从而提升教学质量。

四、教学质量分析与评价的作用

美国心理学家布卢姆指出："评价是为了某个目的而进行的，对于各种想法、作品、解答、方法、资料等的价值做出判断的活动。[①]"教学质量评价是为了提高教学质量，对教师的授课质量（包括过程和结果）在事实判断的基础上进行价值判断的过程，是进行科学管理的一个重要组成部分；是相关组织根据教学目标和标准，通过系统地搜集教学信息，对信息进行科学分析，对教学质量做出评价的过程。教学质量评价具有诊断、导向、反馈、甄别等功能。

（一）调控诊断作用

学校领导和管理者对教学质量进行及时调整并做出决策，需要有客观的信

---

① C.K.纳珀，张学忠. 教学评价和美国心理学家B.S.布卢姆的学习分类［J］. 外国教育动态，1983（2）：
54–57.

息为依据；确定教师教学质量水平，改善教学质量，也需要有客观的信息为依据；而这一切都可以通过教学质量的分析与评价来实现。教学质量分析与评价的过程不仅是收集信息的过程，它还有比较严格的程序，能够较全面、科学地判断信息的客观性，从而有助于及时调控教学目标，诊断教学过程中存在的问题，达到不断改进工作，提高教学质量的目的。

（二）导向激励作用

教学质量分析与评价的目标、指标体系及其标准为教师指明了努力的方向和奋斗的目标，能激发教师的积极性。同时，教学质量分析与评价过程既是一个检查考核的过程，又是一个互相交流的过程。一方面，教学质量评估可以检查教师的教学质量水平，并把检查的结果作为对教师业务考核的一个重要依据；另一方面，通过教学评估活动，教师可以交流教学经验、体会、集思广益、取长补短。

（三）反馈教育作用

教学质量分析与评价过程又是再教育的过程，通过教学评估，可以全面收集来自各方面的信息，客观地认识和评价老师，使教师增强自我意识、自我认识、自我教育、自我控制和自我提高的能力，及时矫正不良教学行为，不断发掘自己的潜力，发挥自己的聪明才智，更好地体现教师个体的价值。

（四）甄别鉴定作用

教学质量分析与评价可以对教师教学过程、方法、形式、成就等进行价值判断和估计，使教师的劳动得到应有的肯定，产生信任感、公平感和成就感。定期的教学分析与评价工作克服了"干与不干一个样，干好干坏一个样"的现象，使教师心理上感到满足与平衡，并不断激发教师的工作热情。

第二节　卓越体育教师教学质量的分析与评价能力体系构成

体育教学质量水平的高低体现在教学目的的达成度上，是学生参与学习的集中体现。卓越体育教师如何分析并评价教学目的是否达到、学生的学习状态如何、体育教学质量的高低，都需要标准化的评价体系去检验，通过分析其根源，卓越体育教师在分析与评价教学质量时，应重点从"有""懂""会""能"四个要素去分析和评价学生的学习状态和教学质量的好坏，从探讨体育教学质量评价方法和原则以及必要性入手，直切难题，促进体育教学质量的提升。

一、教学质量的分析与评价要素

用目标达成度来衡量体育教学质量水平的高低，依据是清晰的，而且是能够进行定性和定量综合评价的。为了更便于确定体育教学质量的特征，本研究从学生的学习效果以及目标的达成情况出发，初步将体育教学质量评价要素归纳为："有、懂、会、能"。其中，"有"是指学生通过学习具有了运动的兴趣、习惯和一定的态度；"懂"是指学生通过学习懂得了需要掌握的知识、技术和方法；"会"是指学生通过学习学会了与人交往、合作，并学会了学习；"能"是指学生通过学习能够掌握、提高和运用所学技能（见表12-1）。因此，用"有、懂、会、能"简单概括体育教学质量的各维度，不但依据清晰（依据体育新课程目标），简单明了，且便于分层设定体育教学质量评价指标体系。当然，体育课堂教学最终能否达到这些目标，受诸多因素的影响。

表12-1 体育教学质量评价要素

质量因素	内容	含义
有	有兴趣	有参与运动的兴趣
	有习惯	有参与并坚持锻炼的习惯
	有态度	有积极、乐观的态度
懂	懂知识	懂体育运动知识、卫生保健知识等
	懂技术	懂技术动作原理、懂技术结构及特征等
	懂方法	懂学习运动技能方法、体育健身锻炼方法等
会	会交往	会与同伴在运动中沟通和交流
	会合作	会与同伴在运动中分工合作
	会学习	会听讲、观察、讨论、练习等
能	能掌握	能基本掌握课堂教学内容
	能提高	能提高体能、基本运动能力和技能水平
	能运用	能运用所学知识、技能和方法

从以上对体育教学质量的分析可以看出，体育教学质量与体育教学本身有所区别，体育教学质量与课程教学目标的达成情况有着密切的关系，而且目标的达成度越高教学质量越高。由于目标的多元性意味着体育教学质量也将从多个角度来衡量。

二、卓越体育教师分析与评价教学质量的方法

不同的评价方法运用到不同课堂类型会具备不一样的效果，在使用不同评价方法时要根据体育教学目标及其有关的标准，对整个体育教学过程进行系统的调查，并评定其价值和优缺点以求改进。

（一）课堂观察

课堂观察是最常见的教师评价方式。课堂观察有多种形式，用来测量教学的不同方面，且实施也各不相同。在课堂观察工具的研制者方面，教师观察可能是用来给予形成性反馈；在课堂观察内容方面，课堂观察可以用来测量教师的一般教学实践，也可以测量具体学科的教学技术；在课堂观察的计划性方面，课堂观察可能是经过正式的规划安排，也可能是随机发生在学年的某一节课或某一段教学时间内。究竟采用何种观察形式，主要依据学校管理者的评价目的而确定。

（二）学校领导评价

学校领导是具备专业教学方法、课堂评价技术以及学科内容的专业教师。领导者需要根据教学、学术、社会服务或实践的标准对教师进行年度绩效评价。可以通过观察教学有效性、审查由被评教师准备的总结性评价、形成性评价以及项目评价的文件。一般来说，结构化的活动报告被分发给所有教师，用来提供过去一年各方面的成就全景。报告中要求的报告类别越明确，对教师来说完成起来就越容易，对管理者来说评价起来也越容易。管理者可以根据报告对其中的各个类别进行总体质量的评定。管理者评价的结果可以用于决定教师的绩效工资。学校领导的评价一般是基于二手资料，而不是直接观察教学或其他方面的表现。这些二手资料提供了一个不同于其他评价方式的视角，为教师绩效评价和晋升提供了一定的参考依据。

（三）教学档案袋评价

教学档案袋是由教师汇编的，能够代表教学实践的一系列材料，通常包括与学生学习和发展有关的教学工作范例和反思性评论。其中，教学工作范例的收集并不是教育领域独创的，在60多年前这种方式已经被应用于商业、工业领域，用来评价雇员的表现。相较于传统的教学评价方式，教学档案袋评价有许多优点，如可以由教师自己而不是他人汇编其教学档案袋，将评价过程中的许多责任转交到被评价者，在评价过程中教师不再是被动的接受者。档案袋收集材料的过程对教师来说是一个发展经验的过程，因为这个过程要求教师反思、反省其教学目标和策略。此外，教学档案袋评价具有多种功能，且能适用于不同的评价目的，包括对教学有效性进行形成性和总结性评价；教师职务的评定；对优秀教师进行教学奖励等。教学档案袋的结构和内容应体现它的目的，当用于形成性评价时，教学档案袋应关注具体的课程目标和教学方法、创新性实践、学生成绩和可供总结的经验；当用于总结性评价时，教学档案袋所包含的大量内容便于评价者对不同教师的教学档案袋进行比较，如学生评价的概述、教学大纲、教学哲学的陈述、改进的教学工作等。

（四）教师自我报告

教师自我报告，又称教师自我展示材料，是教师自我评价实施最为常见的形式。教师活动报告描述了上一年度教师的教学、学术研究、社会服务和实践活动。这些信息会被管理者当作绩效管理决策的依据。但是，这种方式并不是真正对教学有效性的自我评价。[1]教师自我评价的一般方式是要求教师对其教学进行哲学性的陈述，包括讨论他们的教学目标以及他们如何通过教学实践支持其教学目标。这些陈述也会讨论教学的优点、改进的计划、对所在学院或机构教学需要的贡献。对总结性评价目的而言，这样的陈述可以为解释其他来源的评价信息提供有益的参照。对形成性评价而言，准备这样的陈述对教师本身来说也是一个有益的过程，因为它要求教育者反思他们在课堂中的行为以及行为背后的原因。

---

[1]王红，余元冠. 我国院校评估指标体系研究——从影响本科教学质量因素的视角［J］. 华东师范大学学报（教育科学版），2014（4）：55–62.

（五）学生评价

高等教育中学生评价教学的历史非常悠久。20世纪20年代，美国华盛顿大学在心理学家戈斯里（E.T.Guthrie）发起的通过学生进行评价教学。20世纪60年代末70年代初，北美大多数大学和学院都开始使用学生评教的方法。此后，学生评价在欧美等国家广泛使用。在90年代的美国，甚至有学者将学生评价看作是大学教师评价的同义词（Seldin，1999）。学生评教一般是指由学生通过对等级量表（通常是四或五个等级）的作答来评价教师教学。学生对教学的多个方面进行评价，从课程内容到具体的教学实践和行为。鉴于学生是与教师接触最多的人，也是教师服务的最直接消费者，通过学生评教似乎能获得丰富的、有价值的信息。但是学生评教却是一个非常具有"争议性"的话题。支持这种方法的人认为定期评价对教师教学技能的提升具有积极影响，但同时他们也认为只有参加评教的学生是受过教育指导的，这种教师评价方式才能发挥作用[1]。

（六）教师同行评价

教师同行评价在评价教师、课程或是整个教育教学项目中具有重要的功能。教师同行评价者通常来自被评价教师同一个部门或教育教学项目的教师同行。这些评价者一般是资深教师，有时是具有大量教学专业知识的初级教师。参与教师同行评价的评价者数量一般为2～4人。所选择的教师同行评价者必须满足以下标准[2]，见表12-2。

表12-2　教师同行评价

标准	要求
机构性经验	评价者要对被评教师所在部门、项目、学校和机构的目标以及同行评价过程十分熟悉，这样才有助于评价工作的开展
正直、公正	评价者必须承诺正直、公正地评价，客观理解被评教师教学选择背后的原因

---

①刘振天. 回归教学生活：我国新一轮高校本科教学评估制度设计及其范式变革［J］. 清华大学教育研究，2013（6）：39-45.

②李广，冯江. 回归教学：大学教学评价的基本价值追求——以东北师范大学为例［J］. 教育研究，2016（10）：150.

（续表）

标准	要求
信任	在评价过程中多个评价者需要共同合作，评价者之间的互相信任能够使评价工作更加有效地开展
指导者	被评价的教师常常是容易受到伤害且焦虑的，因此评价者如果能够在评价过程中为其提供风度的、得体的反馈和支持，将更有助于被评教师的发展
周密且具有实践性	评价者应能够提出清晰且全面的代表评价的总报告，并且为被评价者提出具体且实用的建议

三、卓越体育教师分析与评价教学质量的原则

科学合理的评价体系构建过程可以保证教学能力评价工作的权威性、科学性以及合理性。所以，教学能力指标体系的建立必须有正确的原则作为指导，这样才能够确保评价结果的客观公正。在构建体系时我们应遵循下列原则：

（一）科学性原则

构建评价指标体系的首要原则是科学性原则，在构建评价指标体系的过程中需要我们科学合理地设立每一项指标，提出科学、合理、有针对性的评价细则，使其在结构上合理，严谨且符合逻辑，并避免出现重复和相互矛盾的评价指标，最大化的将评价体系的可信度提高[1]。评价指标体系在推广和使用前需要不断修正和完善，逐步增强指标体系的科学性，经得起教学实践活动的检验。

（二）整体性、系统性原则

教学评价指标的设计要尽可能考虑到教学的整个过程，内容应包含影响被评价对象教学能力的各项要素，使指标体系能最终系统完备地体现研究对象。将体育相关理论作为基石和依据，并再在此基础上，依据一级指标具体内容上

---

[1] 张先锋. 体育教育专业羽毛球专修学生教学能力评价体系构建的研究［C］. 中国体育科学学会（China Sport Science Society）；2015：2.

依次找出二、三级指标，其中应注意正确处理好各级指标之间的相互关系，各级指标之间应做到相互独立有一定的区分度、还要预防各指标之间相互转移，减少各指标之间的抑制作用、促进各指标之间的良好转移[1]。

（三）针对性原则

针对性原则是指对于评价指标对象而言，评价对象是指定的一类群体。教学能力评价指标体系必须具有针对性，评价体系的制定不仅包含普通教学评价体系的结构内容，还要与体育项目高度相关，指标的选取既要符合体育教学手段、方法和内容，还要结合专业理论和专业技术要求，且指标的选取是要立足于体育教育专业的实际情况来设置指标，使得指标更为完善且有针对性。

（四）直观性原则

选取指标中重要和具有代表性的，并且在课堂上能够直接表现出来，使教师和学生能够直观感觉到每一个指标的具体含义。选取的指标要注意通俗易懂，并且评价者和被评价者都能够充分理解指标含义。直观性从一方面反映了学生对教学能力的直观认识。学生可根据新的评价体系，对该项目教学能力形成科学全面的概念，另一方面保证评价的过程可靠和便利，使教学能力评价更加有效[2]。

四、建立卓越体育教师教学质量分析与评价体系的必要性

（一）落实"强化体育课"的需要

《中共中央关于全面深化改革若干重大问题的决定》中明确提出"强化体育课"[3]需要很好的落实，然而如何强化体育课？这既是一个中央决策问题，

①张先锋.体育教育专业羽毛球专修学生教学能力评价体系构建的研究［C］.中国体育科学学会（China Sport Science Society），2015：2.
②房弘.体育教育专业体育舞蹈专修学生教学能力评价体系构建的研究［D］.北京：北京体育大学，2019.
③中共中央关于全面深化改革若干重大问题的决定［N］.人民日报，2013-11-16（1）.

又是课程改革要把握的方向性问题，更是一个促进学生体质强健的关键性问题，体育课是否得到了应有的强化，需要有一个评判标准来衡量。为此，建立完善的体育教学质量评价标准体系十分必要。就现实情况看，由于体育课本身的质量有分层，因此，需要建立分层的质量评价标准体系。

（二）落实"提高质量"的需要

《国家中长期教育改革和发展规划纲要（2010—2020年）》中明确提出了"提高质量"[①]的工作方针，然而，如何提高质量？这既是一个国家教育总体改革的目标导向问题，又是一个教育发展标准化问题，更是一个促进学生体育学力水平提高的根本性问题。质量是否得到了应有的提高，依然需要有检验和衡量的标准，该标准既要能够对现有体育教学质量水平进行评判，更要能够对如何促进质量提高提供依据。由此，体育教学质量评价标准体系的建立势在必行。

（三）提升教师专业技能的需要

无论处于何种发展阶段的教师都需要在原有基础上不断提升自己的专业技能，然而，如何提高教师专业技能？这既是一个课程改革的需求问题，又是教师成长中的核心问题，更是一个促进学生全面发展的保障问题。专业技能水平是否得到了应有的提高，除了从教师的角度多元化评判以外，学生学习的效果是间接衡量教师专业技能水平高低的重要因素。如何检验学生参与体育学习的效果？体育教学质量评价标准体系的建立将对该问题的解决起关键性作用。

（四）进学生体质健康的需要

体质健康水平的高低是衡量体育教学质量的重要指标之一。因此，需建立包括体质健康评价指标在内的体育教学质量评价标准体系。科学的评价体系，不仅能够评价出学生真实的体质健康状况，还能够为体质健康促进提供更有针对性的指导。

---

① 国家中长期教育改革和发展规划纲要（2010—2020年）［N］.人民日报，2010–07–30（13）.

第三节　卓越体育教师教学质量分析与评价能力的改进

卓越体育教师教学质量分析与评价是提高教学质量的一种有效方法。教学质量的分析与评价都是以教学为基础进行的，它是对教学过程的一种监控。从而保证教育教学工作在各个时期内都能够发挥所长，达到预期的教学目的和效果。教学质量的评价是根据教育教学的整体表现，对教学进行专业的评估，提出专门化的意见和建议，将结果进一步的剖析和升华。教师教学质量分析与评价两者之间互相促进，从而使教学质量得到显著提高。卓越体育教师教学质量分析与评价是以教学为目的，采用一切可行的分析技术对教师的教学质量进行测定、测量和价值判断的过程。从理论层面上，及时、客观地对现阶段体育教师教学质量分析与评价能力进行分析，了解体育教师教学质量分析与评价能力的不足，以此明确培养的方向。此外，教师教学质量评价可以调节教师的教学策略，尝试新的教学媒体和方法[①]。

一、我国体育教师教学质量分析能力现状

体育教学过程中运动训练对整个体育教学质量起关键作用，但是多数体育教师往往只注重课堂教学，对课下的运动训练巩固不是十分重视，因此造成学生在课堂学习后的训练中没有得到巩固与加强，在体育学习过程中，很多学生体育选修课并不是十分优秀，造成学生能力层次水平不同，教师在安排训练任务过程中采用统一的训练模式，使原本基础较差的学生没有得到针对性的训练，导致对课堂讲授的知识掌握不好，最终影响教学质量。因此，教师的教学质量分析能力显得尤为重要，它可以帮助教师分析一节体育课的好坏，分析每一个学生的实际情况，找到教学过程中的优点或缺点，对体育课教学进行充分的认识和理解。

（一）教学模式保守，学生学习积极性不高

虽然我国体育教学课程在不断改革，但是由于自身的发展无法跟上社会的

---

①肖军.咸宁市初中体育教师继续教育现状调查与分析［J］.咸宁学院学报，2010，30（12）：104-106.

需求，对教学内容也采用比较保守的模式进行教学。因此，在教学内容的设置上略显单调，在学生学习过程中，由于教学内容比较枯燥，导致很多学生在学习过程中，并没有较高的学习热情，同时加上体育课的特殊性，多数学生抱着一种比较松懈的态度进行学习，使教学质量低下，最终导致体育教学目标的无法实现。

（二）体育课不受重视，教师教学观念陈旧

体育教师的教学目标也是比较单一的，尤其是在高校学生的学习中，体育是一门辅修专业，多数的体育教师认为学生成绩在期末能够达到及格就可以。因此，在进行课程的教学目标和课堂的管理方面都比较低，这也就造成在体育教学过程中，学生自我松散，影响自身对体育的学习，体育教学质量也就大大降低。

（三）体育教师专业性不足，教学过程受阻

很多教师并不注重教学过程中的观察，体育教师在体育课程讲授的过程中往往是主体，学生只是被动的接受，由于上课环境的特殊，学生对一些体育课程的难点掌握不准确，造成学习阻碍，学生对基础教学没有充分的掌握，进而影响后期的体育跟进学习，基础不牢固，使学生在后期的学习中无法深入学习，因此造成后期体育学习质量低下，影响体育教学质量。

（四）体育教学定位不明确，师生校色定位模糊

很多学生都不关注体育训练科学性的重要性，在接受训练过程中总是被动接受。对训练了解的也不够全面，认为运动训练无非就是在提升自己的体能，对训练也有些反感，在训练过程中不够重视，总而言之，学生对不科学的训练模式的认识还很片面，对总体缺乏有效认知[①]。体育教师要引导学生发挥主观能动性，了解各个专业所需要的身体素质和能力，了解体育训练科学化的重要

---

① 刘国厂，夏宝宏. 高校公共体育教学质量下降原因与对策——以黄河科技学院为例［J］. 现代经济信息，2018（21）：388.

性，提升自己的训练效果，进而提高自己的能力水平①。

二、体育教师教学质量分析能力的改进

学校体育课程的开展是一个全面的身体活动，学习过程中需要融合一体的教学模式，整个教学过程是长期的过程，在教学过程中有些学生对学习体育的热情不够，影响体育教学过程，要想解决体育教学质量的影响因素，需要不断深入改革教学过程中出现的问题，帮助学生养成体育兴趣，让学生从基础知识学习，通过每一个简单的动作来严格要求自己，不断培养自己的体育意识，帮助学生了解体育动作的基本技术原理，总结出适合自己的学习方式，这对其他学科的学习也是非常有帮助的。体育课程学习是一个循序渐进的过程，教师要对体育学习过程中的重难点动作进行统一讲解，合理安排课堂教学时间，给学生留有足够的练习时间，提高学生的体育学习质量，进而达到体育教学目的。体育教师可以通过以下方法改进自身教学质量分析能力：

（1）完善教师竞争机制，强化教师的自我学习意识，利用一切机会不断提升教学水平与能力。

（2）重视在职教师的培训与锻炼，及时更新知识结构与教学技能。

（3）是优化课程设置，将理论课、实践课、人文课、思想品德课等进行有机结合，扩大大体育知识视野，提升体育综合素养。

体育作为一项参与性的课程，做好学生的积极动员是十分有必要的，学生之所以对课堂教学没有兴趣，主要原因是课堂教学内容的枯燥，因此作为授课教师需要做的就是将课堂的教学内容变得更加具有趣味性，这样才能保证学生对教学内容感兴趣，也能够更加积极地投入教学活动中，从而进一步提升课堂教学效果。

作为体育教师，所面对的学生不仅仅是学生，由于学生处在全面发展的阶段，学生的兴趣决定着学生对某一方面的学习，体育教学质量的高低，主要取决于学生的兴趣，体育教学过程中需要激发学生体育学习兴趣，根据自身研究结果进行课程内容的改革。在课堂学习过程中，教师所教授的都是学生所热爱学习的内容，势必会大大提高学生的学习兴趣，当学生的学习兴趣提升后，能

---

①秦浩.高校体育教学质量影响因素分析［J］.当代体育科技，2018，8（29）：82–83.

够帮助学生学习课堂知识，进而提升体育教学质量，其次要合理地安排体育课程，由于体育课程是一项体力活动，学生在长期的训练之后需要进行合理的营养补充，并留给学生充足时间去自我探索，达到专业锻炼的效果。

作为学生需要转变自己对体育学习的态度，尤其是大学生，作为即将进入社会的成年人，需要有自己的态度，在长期的学习过程中，不能抱有任何侥幸的心理，上课逃课开小差，对实用性体育了解的也不够全面，认为体育课无非就是在繁忙的学习后放松心情。也有同学认为实用性体育对工作并没有多大作用，自己平时注意锻炼身体就可以达到提高身体素质的效果[①]。这些都是影响体育教学质量的内在因素。教师单方面的努力只能保证体育课程更加地科学化和规范化，学生才是体育教学质量的决定性因素，要想提高体育教学质量，必须做好学生观念的转变，让学生能够正确地对待体育教学，养成正确的体育观。

三、我国体育教师教学质量评价能力现状

我国对教学质量关注兴起于20世纪80年代，对教学评价方式研究也从80年代以来逐渐加强。当前，体育教学质量评价研究广泛，并取得了许多成果。这些研究主要关注教学质量评价体系构建、教学质量影响因素、应用数学模型构建的方法研究教学质量评价体系、教学质量评价的一般性理论研究等。但我国体育教学质量评价仍然处于应用层次，理论研究较少，如评价与教学的关系，评价对教学促进的大小，评价的理论模型等[②]。

（一）评价存在重管理轻提高，重过程轻结果的问题

关于普通高校体育教学质量评价体系研究影响因素、评价方法占很大比重，而在"如何办"上关注很少，即怎样通过评价体系建设促进高校体育教学质量，具体提出了哪些措施或者教学模式、教学案例。例如，方强的研究认为学生能力培养是高校质量评价的重要指标，问题不在于得出能力培养这个结论，而在于如何进行能力培养，需要采取哪些措施，进行哪些能力培养。

① 秦浩. 高校体育教学质量影响因素分析［J］. 当代体育科技，2018，8（29）：82-83.

② 杨惠，陈洪鑫. 普通高校体育教学质量评价体系现状与对策［J］. 湖北体育科技，2017，36（9）：820-822.

（二）教学质量及教学质量评价理论研究有待深入

目前为止教学质量内涵没有权威说法，布鲁姆认为：教学质量指如何向学生提供线索或者指导，学生参与学习活动的程度，也包括如何吸引学生学习。我国不同学者对教学质量的定义不同，较有代表性的概念认为，教学质量就是教学对学生达到预期教育结果的促进程度。教学质量评价标准更不清楚，教学质量评价体系指标过多，不同研究者有不同的评价指标和评价模型。教育质量评价的指导思想亦不明确，教学质量评价依赖数据定量分析操作性不强。

（三）体育教学质量评价追求量化，评价效度不高

当前绝大多数的体育教学质量评价局限于理论框架构建，缺乏课堂行为的实证作为支持。这种自上而下的理论推导无论从指标的信度和效度上还是从提升教学效果上都没有多大意义。虽然按照西方教学质量评价做法构建课堂教学质量评价体系在一定程度上促进了我国体育课堂教学质量，但其也存在着过度使用、评价僵化机械等弊端。

（四）教学质量评价流于形式

以听课或者专家评估为例，他们在听完老师的一堂课之后给出自己的评价分数，至于为什么会是这个分数而不是更高的分数往往说不出自己的理由。换句话讲，这些评委、专家并不清楚讲课老师因为什么原因而失分，这样的评价并不能真正帮助老师发现问题、改进教学、促进专业发展以及提高教学质量。此外，当前教学质量评价缺乏对体育课师生行为客观准确观察与记录。当前大多数对体育教学质量评价的研究还停留在指标设定与权重确定上，体育新课标强调发挥评价的反馈与激励作用，只有对课堂行为准确客观观察才能对课堂教学做出深刻分析与判断。此外，我国普通高校体育教学质量评价还存在着诸如评价内容不全面，缺乏科学性；主体缺乏广泛参与性；结果缺乏透明度和时效性等问题[①]。

---

①杨惠，陈洪鑫.普通高校体育教学质量评价体系现状与对策［J］.湖北体育科技，2017，36（9）：820–822.

四、教学质量评价能力的改进

推进教育质量评价，我们已经做了大量工作，取得了一些成绩，但要做到真正改进卓越体育教师教学质量评价能力，我们需要从以下几个方面着手：

（一）深入理解育人为本，教育评价要关注学生个体发展

"以人为本"已经讲的很多，也讲了多年，但是有时候，"以人为本"讲的比较泛化。"以人为本"的人，有多重含义和理解，可以叫作人力资源，也可以说是人民群众，如要办人民满意的教育，还指人的生存、人的需求、人的发展等。

"以人为本"在教育上主要体现为"育人为本"，这里的"人"有如下几个含义：一是面向全体学生或学习者，这是我们经常提及的；二是面向每一个学生，目前我们的育人为逐渐转向每一个学生；三是育人着重培育学生的发展能力及学习能力，这是教育发展深化的体现，也是教育的本质要求。在教育工作中，笼统的"人"是不存在的，体育教师所面对的都是一个个具体的学生，为了学生的发展，也就是为了每一个学生的发展，而每一个学生都是特殊的，都是不一样的，卓越体育教师如何促进他们的发展。这是给卓越体育教师教育评价提出的问题，教育评价，无论是理念还是方法，不仅将学生做出一个集群的评定和判断，需要更多地关注和促进学生的个体发展，通过评价促进学生的发展能力要直接作用于学生个体。

（二）教育质量的核心是学习质量，评价的主线是学习者的发展

教育质量是学习质量，就是学生的学习质量，当然教育质量还包括很多，教育的外围、硬件、软件等，但是最根本的是学习者的发展，卓越体育教师在做教育评价的时候，一定要认清学习者发展这个主线，其余相关的因素都是为学习者发展来服务的，这也是国际上非常关注的。联合国儿童基金会关于《教育质量的定义》有五个要素，首先是学习者，其次是教育环境、教育内容、教育过程和教育成果，认为要从这五个方面监测教育的质量。联合国《全民教育全球监测报告2005：提高教育质量迫在眉睫》的报告，首先从学习者特征出发构建旨在监控和提高教育的分析框架。我们国家也是这样做的，教育部《关

于推进中小学教育质量综合评价改革的意见》提出：基本建立体现素质教育要求，以学生发展为核心，科学多元的中小学教育质量的评价制度。在这方面，我们做了不少的工作，但是还有继续努力和改进的空间，学科、学业是教育评价的重要维度，但要避免唯学科、唯学业的可能倾向，卓越体育教师在教育评价中是不是形成了清晰的、符合学生特点或者说从学生出发的思路，应该引起关注和思考。

（三）关注学业水平和综合素质评价中的学习能力

大家非常关注学业水平和综合素质，其评价的结果不是一般水平和一般素质的呈现，这里面最根本的还是学习能力。有时，学业水平测试比较好并不代表学生学习能力强，学业水平的测试结果也等同于学习成绩，有些地方往往把学业水平测试当成学习成绩，这是对学业水平测试不全面的理解。同时，综合素质也应该体现在评价中，综合素质评价要体现能力的描述而不是一般的写实描述。综合素质中最根本的就是学习能力，有没有学习能力是学习质量的重要标准，而不能简单以学习成绩来看。如综合素质里的道德品质，学生也是有道德学习能力的，但卓越体育教师在这些方面关注并不是特别多。

另外要防止用学科和学业来简单地替代学生的综合素质和学习能力，有些情况并不能在学业水平中完全体现。举一个例子，有一个大学教授想跟启功先生联合带书法博士生，启功先生就让这位教授回答他的问题"什么样的字是博士的字？什么样的字是硕士的字？"教授没有回答出来。所以，有些事情不能简单地从学科和学业水平来测定一个人的能力和综合素质，特别是在大数据时代，我们根本不可能把所有的知识都教给学生，学生终身的发展是靠他在学校学习阶段所获得的学习能力。现在社会所形成的信息和数据有90%是这两年才出现的，这些数据和信息每隔三四年就要翻倍，教师既教不过来，学生也不可能学得过来。我们要做的就是促进学生学习能力的提升，教育评价如何测量和培育学生的学习能力，我认为这是我们卓越体育教师需要特别关注的。

（四）借鉴国际经验，丰富学习能力的内涵

学习能力是每一个教育人要关注的问题。从国际经验上来看，学习能力的内涵是非常丰富的，我们需要对学习能力赋予学科社会意义，学科不仅仅是本学科的一个特征和教学大纲一样的描述，每一个学科都有社会意义，像

（PISA）不仅仅是测数学、语文、科技素养和水平，它是有社会意义附在里面的。我们所做的每一项工作、评价的每一个因素，都需要更多地考虑到其社会意义。

同时，在评价中要注重学习的活学活用。陶西平先生也讲到过这个问题，"你是评价死的知识还是评价活的能力"，我们目前是评价死的知识有办法、有招数，评价活的能力需要加强、提高，也需要形成共识。日本全国学力考试将国语和算数（数学）的试卷分为A、B两套，A卷为"知识"部分，B卷为"活用"部分，它能够在一定程度上说明学生掌握知识怎么样，运用知识怎么样，教育评价也应该考虑学生如何活学活用知识。

以核心素养引领学科教学。在这方面澳大利亚的做法值得关注，澳大利亚从核心素养出发，最后才到学科的教学。首先，他们有一个价值观引领下的教学描述，"要做成功的学习者，自信和有创造力的个体，积极和明智的公民"；其次，根据这个意愿衍生出各学科需要关注的十大通用能力的概念框架；最后，才是渗透各个学科领域的内容描述和成就标准中，形成分年级水平的学习序列[①]。在教学设计和安排，包括在教育评价中，我们往往非常关注第三个问题，我们需要对前两个问题有一个更清晰的描述和指引。评价指标、一级指标的设计要有明确的导向，我们现在很多一级指标是没有导向、没有判断，甚至不是概念。在这方面，国际上的做法给我们提供了很大的启示，就是在指标设计上，要明确地以价值观要求设定指标，而不是按分类要求设定指标。欧盟终身学习核心素养及其内涵一级指标：母语交流、外语交流、数学素养和科学与技术素养、数字化素养、学会学习、社会和公民素养、主动与创新意识、文化意识与表达，这是它的一级指标，这些一级指标简明扼要的直奔主题。

（五）掌握适合自己的学习方法，评价关注个性化学习

现在的评价主要是对大面积学习的评价，较少体现学生学习的个性特征，实际上，每一个学生的学习都有自己的特点，提升自己的学习能力总要有自己的方法。学习是自组织和他组织的统一，这是很重要的问题，真正好的学习，使学生具有可持续发展的能力，一定是自组织的学习。现在很多的学生学习是组织下，按学校的要求、老师的要求学习，这势必会影响我们教育质量，影响

[①]基于核心素养的澳大利亚F-10健康与体育课程标准解析与启示［C］.中国体育科学学会.第十一届全国体育科学大会论文摘要汇编，2019：2.

学生学习的质量。我们为什么说教育中的"千人一面""千篇一律"现象，老师是按照统一的要求教学，学生按照统一的方法学习，就是指学生学习的个性正在被消磨掉。"如果学生无法适应我的教学方法，那就让我教会他们以自己的方式学习"，这句话很好。卓越体育教师的评价既要做面上的评价，也要能有利于推动学生的个性化学习。只有个性化的学习，学生才能够提升自己的学习能力，才能够催生创新的意识，这也能够解决我们教育中创新教育的难题。

（六）学情调查纳入评价视野，评价服务要贯穿于教育的全过程

目前的教育评价发挥了很重要的作用，但是基本上是在过程中或者在过程后的阶段来评价，教育评价要关注前置的评价，就是要开展学情的调查，学情调查是否应该纳入教育评价的范畴，这也是值得讨论的。学情调查就是通过一定的方法和工具对学生进行关于学习的测量，了解学生的认知倾向、思维类型和学习感受，做出分析和判断，根据这样的分析和判断改进我们的教学，变革我们的教学。有关学情调查的实验与研究表明，这样做有利于促进教学，也有利于提升学生的学习能力和方法。

第四节　卓越体育教师教学质量分析与评价能力的提升思路

21世纪的竞争是人才的竞争，培养创新创业人才是高校在新历史时期的重要担当。人才培养质量是高校的立身之本，教师教学质量的优劣直接影响学生学习质量的高低，所以教学质量的提高是高等教育事业的首要任务。做好教学质量的分析与评价工作是提高教学质量的重要保障，也是优化学校教务管理的抓手，更是满足创新型国家人才需求的源泉。在高等教育大众化背景下，开展卓越体育教师教学能力的研究与实践，有效提升卓越体育教师的教学质量分析与评价能力是实现高等教育规模与质量协调发展、保障人才培养质量的必然要求。

一、从准确性上把握体育教学质量分析与评价的目的

体育教学质量分析与评价至关重要的就是要准确，假如分析偏离应有的轨道，评价的意义就会丧失。但是，如何才能做到准确评价？首先需要了解为什

么要评价，即评价的目的要明确。体育教学质量评价的目的有两个方面：一方面是检查教学的有效性，便于了解教师的专业技能，促进教师专业技能水平的提高；另一方面，通过了解学生学习的效果，判断质量缺口，为进一步提出提高质量提供依据。明确这些目的，接着就要确定质量反映在哪里，不是反映课堂上教师讲课水平的高低，而是集中反映在学生的学习效果上，说明质量评价的对象是学生。

除此之外，体育教学质量评价体系是由谁建立，是为谁建立也都要明确，假如对学校而言，要评价本校学生体育学习的效果，评价体系的评价内容就要结合本校特点、学生特点、实际教学内容等建立，在评价维度相对统一的前提下，构建评价体系；假如是用于第三方对体育教学质量的监测，就要考虑是省市区还是国家层面的监测，不同范围、不同类型的监测，需要不同的有针对性和实效性的评价内容。

二、从全面性上把握体育教学质量分析与评价的内容

就学生的学习效果而言，哪些是需要分析的指标？在评价标准体系建立过程中这是一个最为重要的首先需要解决的问题。从国家近几年对中小学生的体育教育质量监测情况来看，既有笔试的体育与健康知识、运动心理品质等内容，又有现场操作的体质健康、运动技术和基本运动能力等内容。因此，既有知识、技能学到什么程度的测试（如体育与健康知识测试，运动技术测试），又有通过学习有了什么改变和提高（如运动心理品质、基本运动能力、体质健康）的测试。这样的评价内容既考虑到了当下，又能够对未来发展有一个相对全面的预判。如果与国际教育接轨，还需要考虑相关方面的评价，尤其是在评价内容上，具体测试什么需要更加全面。

三、从层次性上把握体育教学质量评价的方法

体育教学质量评价具体操作起来并非一件易事，因为，它不但涉及评价对象、评价内容而且由于学段不同学习内容和发展需求不同，评价指标的确定和评价内容体系的建立也需要充分考虑其差异。因此，分层评价不但要考虑内容分层还要考虑操作方式分层，采用大统一、一刀切的方式评价是不客观的，也是难以有效操作的。但如何分层？首先，需要在教学内容分层的前提下考虑评

价的分层问题。如同样是篮球学习，要评价不同学段甚至是不同年级学生学习篮球的效果，就要明确不同学段、不同年级在学习时，是否已经有明确的具体内容和难度的规定。如果规定清晰，分层建立评价指标和内容体系便具有较强的可行性[①]。其次，一旦有了分层规定的内容，在设计分层评价体系时，需要考虑评价操作方式，要结合不同发展阶段学生的特点来设计可行性评价方式。如小学学段的质量评价是否可以减少笔试内容，倾向于基本运动能力的测试；初中学段的质量评价是否可以倾向于运动技术和知识及方法测试；高中学段是否可以倾向于运动技能、运动心理品质的测试而体质健康测试需要贯穿到各个学段。

四、从科学性上把握体育教学质量评价的效果

体育教学质量分析评价标准体系的建立需要充分考虑评价的科学性，否则就难以达到预期的目的。然而，科学性如何体现？首先，在确立评价指标体系的时候需要充分的论证，既要有一线教师的经验，还要有体育教学研究者对体育教学质量评价的综合认知，更要有科学的方法筛选并确定评价指标体系。初步建立评价指标体系，是否具有可操作性和实效性，还需要通过反复的实践验证，并不断加以完善。其次，体育教学科学评价指标体系的建立，就是把难以完成的评价工作变为可能，把复杂的评价构想变成简单的操作工具。因此，要想达到理想的评价效果，科学评价体系的建立十分必要。

五、从操作性上把握体育教学质量评价的过程

建立体育教学质量评价标准体系，一个至关重要的问题就是要便于操作，否则，仅仅是理想的构建还难以实现最终评价的目的。可操作性就是要切合实际设计评价指标和内容。

首先，需要考虑评价的时间控制完成一次评价需要多长时间，假如时间过长，就难以将评价工作落到实处。因此在时间上，应尽量考虑在一节或两节课时间完成，如评价内容较多学生需要分段多次评价。如果是第三方抽测评价，一个班级一次性测试的时长最好控制在半个学习日之内否则会对学校其他工作造成影响。

[①]毛振明."领会十八届三中全会精神，强化体育课和课外锻炼"系列讨论文章之三：明确质量标准提高教学质量［J］.体育教学，2014，34（3）：4-8，2.

其次，需要考虑场地器材的条件，评价工作要能够在现有的场地器材条件下完成，不因评价而增加额外负担，如购买大量器材、扩大场地类型或面积等。因此，评价的内容需要充分考虑是否能够落实。如评价学生的基本运动能力，要设计成多项基本运动能力综合测试的话，就要充分考虑其场地大小以及所需器材是否能够满足教学需要。

最后，是否建立评价标准，测试结果如何，除测试内容、测试方式确定以外，测试后的判断也是需要考虑的问题。评价标准是决定评价结果能够准确评价的前提和保障。

六、从相对性上把握体育教学质量评价的价值

体育教学质量评价需要统一的评价指标维度，评价时不能一刀切，由于学生的先天差异，用同一个标准衡量不同条件的学生显然不合理。体育教学质量评价的最突出价值，是有利于促进学生更好地发展。假如因评价损伤了学生对体育学习的热情，评价就失去了意义。首先，在确定评价标准的时候，需要对学生的身体形态、运动技能、身体素质等有一个初步的了解，力求建立一个相对客观的能评出有利于发展的指标体系。其次，需要做到体质健康水平评价与先天体形相结合、运动技术评价与学习态度和进步幅度相结合等。由于体育不仅是为了增强体质还有较为强大的教育功能，因此，学生究竟得到了什么教育效果，是学习态度更加端正了，参与运动的积极性更高了，还是在学习运动技术上有明显进步了等。充分考虑体育课程的多功能性，有利于建立具有实效性的评价标准体系。

本章小结

对卓越体育教师教学质量分析与评价能力的培养，主要从教学质量分析与评价的概况、构成、改进和提升思路四个方面进行论述。教学质量分析与评价的概况包含教学质量的内涵、教学质量分析与评价理念、教师教学质量分析与评价的影响因素和作用几个方面。厘清内涵、明确理念、了解作用是我们培养卓越体育教师教学质量分析与评价能力的前提。当前，我国教学质量分析与评价体系存在着一些不足之处，教学质量分析与评价体系的构成包含教学质量分析与评价的理念、教学质量的分析与评价原则、教学质量的分析与评价体系构建和评价方法的运用。评价体系的构建是保障教师教学质量的分析与评价能力

的培养为前提要求，从评价制定的理念看，专家聚焦有效性教学与教学评价目的；构建教学能力评价指标体系的科学性原则、系统性原则、针对性原则、直观性原则。评价方法主要运用于课堂观察、学校领导评价、教学档案袋评价、教师自我报告、学生评教和教师同行评价。教学质量分析与评价体系的改进包含我国体育教师教学质量分析能力和评价能力的现状，教学质量分析能力和评价能力的改进。我国体育教学课程在不断改革，但是由于自身的发展无法跟上社会的需求，对教学内容也采用比较保守的模式进行教学。我国体育教学质量评价仍处于应用层次，理论研究较少，教学质量评价能力的改进需要借鉴国际上通用的自评、第三方评价、教学专业认证和排名，这都是强有力的大学体育教学质量的外部保障。学生的学习情况是教学质量最终的体现形式，卓越体育教师要深入理解育人为本，同时，还应关注学生学业水平和综合素质，并将学生学情调查纳入教学质量的分析与评价视野。除此之外，卓越体育教师还要不断学习和借鉴国际经验，丰富自己的知识体系，掌握适合自己的学习方法，以此来进一步提高分析和评价教学质量的能力。